国家出版基金项目
NATIONAL PUBLICATION FOUNDATION

"十四五"国家重点图书出版规划项目
国家出版基金资助项目

中国德育研究大系

家庭与社会德育研究

总 主 编 | 檀传宝
本册著者 | 卜玉华 等

長江出版傳媒 | 湖北教育出版社

图书在版编目（CIP）数据

家庭与社会德育研究 / 卜玉华等著. -- 武汉 : 湖北教育出版社, 2023.12

（中国德育研究大系）

ISBN 978-7-5564-5980-3

Ⅰ. ①家… Ⅱ. ①卜… Ⅲ. ①德育－研究－中国 Ⅳ. ①G41

中国国家版本馆CIP数据核字(2023)第191465号

ZHONGGUO DEYU YANJIU DAXI · JIATING YU SHEHUI DEYU YANJIU

中国德育研究大系 · 家庭与社会德育研究

出品人 方 平

责任编辑 许 梅 朱 琪　责任校对 李庆华　封面设计 荆棘设计

版式设计 刘静文　责任督印 刘牧原

出版发行 长江出版传媒 430070 武汉市雄楚大道268号

湖北教育出版社 430070 武汉市雄楚大道268号

经　销 新华书店

网　址 http://www.hbedup.com

印　刷 湖北新华印务有限公司

地　址 武汉市硚口区长风路31号

开　本 710mm×1000mm 1/16

印　张 23.5

字　数 321千字

版　次 2023年12月第1版

印　次 2023年12月第1次印刷

书　号 ISBN 978-7-5564-5980-3

定　价 126.00元

总　序

重视道德教化、以伦理组织社会，是中国传统文化的显著特点。[①] 新中国成立后，中国共产党继承并发扬了这一优良传统，先后提出了“德育为首”[②]“德育为先”[③]等命题,并从“落实立德树人根本任务”[④]的战略高度来定位德育的崇高地位和神圣使命。这既为中国当代德育研究提供了良好的政治条件和社会氛围，也对德育研究提出了迫切的期望和最高的要求。

不同于古代的经验型教育，包括德育在内的现代教育早已是一种以科学研究为基础的专业性实践活动。而德育研究作为一种严肃的学术活动，其目的正在于揭示德育问题、探寻德育规律、建构德育理论，从而引领德育实践。中华人民共和国成立以来，我国德育研究直面社会现实需要，关怀学校德育实践，取得了许多重要成就。70余年的当代中国德育研究大致经历了批判化改造、灾难性停滞、科学化探索、人性化追求和本土化建构五个不同历史阶段。总体上看，中国德育研究不断拓展研究领域，不断深

---

① 梁漱溟.中国文化要义[M].上海:上海人民出版社,2005:20－21.

② 江泽民.在庆祝中华人民共和国成立四十周年大会上的讲话[J].党建研究,1989(8):2－12.

③ 教育部关于整体规划大中小学德育体系的意见[J].中华人民共和国教育部公报,2005(6):25－29.

④ 习近平.决胜全面建成小康社会 夺取新时代中国特色社会主义伟大胜利[M].北京:人民出版社,2017:45.

化研究主题，已经初步建立了富有中国特色和时代精神的德育理论体系。

一、新中国德育研究不断发展的历史脉络

中国很早就有礼仪之邦的美名。在传统中国社会，道德、政治、教育三位一体，相互为用。几千年的中华文明史，伦理道德、道德教育或道德教化占据了相当重要的位置。

辛亥革命推翻清朝专制统治建立中华民国之后，国人开始了建立新道德的伦理努力和教育尝试。共和国的主体是公民，而公民需要相应的公民道德,公民教育因而是民主政治制度建立的基石。五四运动在呼唤“德先生”（DEMOCRACY）、“赛先生”（SCIENCE）的同时，也没有忘记还有一位“莫先生”（MORALITY）。中国共产党的创始人之一陈独秀先生就曾指出，只有伦理的觉悟才是最后的觉悟。在此背景下，民国时期的德育研究有一定程度的开展，出版了不少著作。[①] 同一时期高校的教育系，也开设了德育原理（训导原理）等课程。有论者据此认为，现代德育论开始在中国建立起来。[②]

随着 1949 年中华人民共和国成立，中国政治、教育、教育研究都进入了新的时代。[③] 社会主义制度的建立，在根本性质与根本方向上提出了告别传统道德、传统德育的新要求，理所当然地要求建立自己的德育理论与德育体系。迄今为止，新中国德育研究历经风风雨雨 70 多年，大体以 1978 年改革开放为界，分为“前三十年”和“改革开放四十年”两个大的

---

① 主要有：蒋拙诚．道德教育论［M］．上海：商务印书馆，1920;吴俊升．德育原理［M］．上海：商务印书馆，1935;姜琦．德育原理［M］．重庆：柏庵书屋，1944.

② 檀传宝．学校道德教育原理［M］．北京：教育科学出版社，2000：16;郑金洲，瞿葆奎．中国教育学百年［M］．北京：教育科学出版社，2002：288.

③ 陈元晖．中国教育学七十年［J］．北京师范大学学报，1991(5)：52－94.

历史时期。若进一步细分，则有五个重要历史阶段：批判化改造（1949—1966 年）、灾难性停滞（1966—1976 年）、科学化探索（20 世纪 70 年代末至 80 年代）、人性化追求（20 世纪 90 年代）和本土化建构（2000 年至今）。

（一）德育研究的批判化改造（1949—1966 年）

1949 年，新中国成立。中华人民共和国，这个新生的人民政权、社会主义国家，在根本性质上与封建专制社会、资本主义社会存在本质差别。这从根本上决定了必须对那个半殖民地半封建的旧中国进行脱胎换骨的改造。新生的人民政权、新中国的领导人也从不避讳这一点。毛泽东在《论人民民主专政》中明确指出要对反动阶级实行专政，即强制性改造；对人民则用民主的方法，进行教育和改造。[①] 在这样的历史背景下，新中国要建立自己的德育理论与德育体系，首要任务就是改造旧的教育体系，特别是改造旧思想。1949 年 12 月，教育部召开了第一次全国教育工作会议，讨论新中国的教育方针和对旧教育进行改造的问题，强调“把改造思想作为理论学习的直接目的”[②]。

那么，用什么来改造？改造的底气从何而来？

当然是用社会主义思想来改造，用马列主义毛泽东思想来改造。教育的目的是“以社会主义思想教育学生，培养他们成为社会主义社会全面发展的成员”[③]。改造的底气来自共产党领导的中国革命的巨大成功。在大革命时期、土地革命时期、抗日战争时期、解放战争时期，只要是建立了新的革命政权的时期，就有新的道德标准产生，就把整个旧的风俗习惯基本上改变过来。正如徐特立所说：“中国在帝国主义和封建统治下的社会状

---

① 毛泽东选集：第四卷［M］. 北京：人民出版社，1991：1468－1482.

② 冯刚，沈壮海. 中华人民共和国学校德育编年史［M］. 北京：中国人民大学出版社，2010：5.

③ 中央人民政府政务院关于改进和发展中学教育的指示［J］. 人民教育，1954 (7)：16－17.

况总是土豪劣绅、土匪盗贼、流氓地痞等，横行乡里，民生不安，国家衰败……大革命，土地革命，到抗日的民族革命，凡是改变了社会关系的地区，即实行了减租减息平分土地以及发扬起广大人民民主的地区，于是社会习惯和个人道德也就来了历史上空前的大转变：犯法作乱的人，很少看见；烟赌盗贼，不禁自绝；以至夜不闭户，一切坏分子都变成劳动者。"[①]这种新旧社会的巨变，新旧社会关系的巨变，带来了社会风气的根本好转，带来了个人脱胎换骨的改造。徐特立还对此进行了理论总结，即社会决定人的好坏、善恶。他强调，这种社会决定人性论是符合马克思主义的，因为马克思说"人的本质不是单个人所固有的抽象物"，而是"一切社会关系的总和"。[②]

德育改造的目的是弘扬共产主义道德，培养共产主义新人，根本方针就是学习苏联的共产主义道德教育。"学习苏联的教育理论和教育经验也是必要的和正确的，……是我们刚开始在全国建设社会主义的时期的必要步骤和有效的方法。"[③]当时被介绍到中国的苏联的道德教育是这样的：一是对劳动采取共产主义的态度，即"劳动是一种荣誉的物事，是一种光荣的物事，是一种勇敢和英雄主义的物事"，而剥削阶级认为劳动是辛苦的、耻辱的；二是培养苏维埃爱国主义精神，即"爱祖国、爱人民、爱光荣的共产党及其领袖——列宁、斯大林，养成随时为祖国的幸福牺牲一切的精神"；三是集体主义的教育，"所谓集体，并不是许多同样的儿童一种简单的机械结合,而是儿童的各种活动建立在同志爱和友爱的基础上"。[④]在"一边倒"的学习苏联的方针下，克鲁普斯卡娅、加里宁、凯洛夫等人的理论被介绍到中国，并风靡一时。

---

① 徐特立. 论国民公德：上［J］. 人民教育, 1950 (3) : 17 − 19.

② 马克思恩格斯选集：第一卷［M］. 北京：人民出版社, 2012 : 135.

③ 陈元晖. 中国教育学七十年［J］. 北京师范大学学报, 1991 (5) : 52 − 94.

④ 王雁冰. 介绍"苏联的新道德教育"［J］. 人民教育, 1950 (4) : 67 − 70.

在这一历史阶段，德育理论批判改造的对象主要有两个方面：一是彻底批判中国封建社会的传统道德。因为“无产阶级忠于祖国、忠于人民、忠于党、忠于社会主义事业的道德原则是‘从无产阶级斗争的利益中引伸出来的’”[①]。二是彻底批判以杜威为代表的西方资产阶级的德育思想。因为“杜威关于道德的理论，是帝国主义时期资产阶级用以确立善恶标准和规范人类行为的罪恶工具，是资产阶级统治人民思想意识的理论武器”[②]。“杜威关于道德教育的理论是荒谬而反动的。……是一些资本主义国家进行道德教育的指针；而且就我国而论，由于过去教育深受杜威的影响，……存在着杜威理论的残余毒素；所以对于杜威的道德教育论给以彻底的批判……”[③]

比德育理论、学术上的批判更为猛烈的是舆论上对思想界的批判浪潮。1951 年批判电影《武训传》，1954 年批判胡适，1955 年批判胡风反革命集团，1957 年反右派斗争，1963 年批判母爱教育。在一浪高过一浪的批判浪潮中，德育改造逐渐演变成德育领域的阶级斗争，从而为十年“文革”期间德育及其研究的灾难性停滞埋下了伏笔。

在批判旧世界的同时，也有许多建立共产主义、社会主义道德教育理论的努力。在对社会主义新道德以及中国特色教育路径的探究中，徐特立、王焕勋、黄济、胡守棻等一批教育研究者投入了道德教育的研究。1957 年出版的胡守棻编著的《中小学共产主义道德教育的内容和方法》，可以视为这种努力的突出代表。该书共分四章：第一章说明什么是道德（承认道德是人们共同生活及其行为的标准和规则，特别强调道德是社会意识形态之一），什么是共产主义道德（其阶级本质是工人阶级的道德，是从无产阶级斗争利益中引申出来的，同时也代表着全体劳动人民的利益，“它是

① 阎长贵．必须坚决摒弃封建道德：从忠孝谈起［J］．哲学研究，1963 (6) : 16 − 25 + 15.

② 滕大春．批判杜威的道德论［J］．哲学研究，1957 (4) : 60 − 72.

③ 滕大春．批判杜威关于道德教育的理论［J］．河北天津师范学院学报，1957 (1) : 1 − 11.

人类历史上最高类型的道德”“它是未来全人类的道德”[①]），共产主义道德教育的意义和任务是什么。第二章介绍中小学共产主义道德教育的内容（爱国主义、国际主义、爱劳动和公共财物、自觉纪律、集体主义精神、坚强意志与性格）。第三章讲共产主义道德教育的方法。第四章说明各种道德教育的相互联系，以及如何创造性地运用道德教育方法。

（二）德育研究的灾难性停滞（1966—1976 年）

1981 年党的十一届六中全会通过的《关于建国以来党的若干历史问题的决议》明确指出，“实践证明，‘文化大革命’不是也不可能是任何意义上的革命或社会进步”，而是一场“给党、国家和各族人民带来严重灾难的内乱”。2021 年《中共中央关于党的百年奋斗重大成就和历史经验的决议》也明确指出，十年内乱“使党、国家、人民遭到新中国成立以来最严重的挫折和损失，教训极其惨痛”。

由于德育所具有的突出的特殊性，“文化大革命”对新中国的德育事业来说当然更是灾难，学校教育饱受摧残，德育完全沦为“阶级斗争”的简单工具。正如有研究者指出的那样：无情批判、战斗的“革命道德”取代了讲究温良恭俭让的传统道德；人与人之间关爱、诚信、友善等千古流传的道德准则被推翻，团结友爱、助人为乐和勤勤恳恳为人民服务的美德，被斥为缺少阶级观念；公正无私、实事求是、诚实正直的德行，被诬为缺乏革命斗争精神；学校德育对学生提出的那些道德要求，诸如礼貌谦虚、尊长爱幼、遵纪守法及文明行为等，不仅被认为是无关痛痒的“小德”，而且被指为“资产阶级之德”“修正主义之德”。[②]

这一时期德育的一个突出特点是否定个性、否定独立思考，反对个人

---

① 胡守棻．中小学共产主义道德教育的内容和方法［M］．上海：新知识出版社，1957：7.

② 蒋制心，张嘉馥．德育概念运用上的混乱应该结束［J］．兰州学刊，1980（3）：89－91＋96.

奋斗，倡导禁欲主义。青少年在思想汇报或介绍学习“毛选”的心得体会时，都以自己个人的情感、需要和利益为鞭挞的内容，主张“灵魂深处爆发革命”“狠斗私字一闪念”，把“无欲”“无我”奉为至高的道德大加宣传。[①]奉行没有“小我”的禁欲主义道德原则被认为是无产阶级道德的本质特点。由于个人的合理利益被完全否定，极端的国家第一、集体至上的观点泯灭了青年一代的主体意识，个人的独立思考被全然否定。

憎恨教育、斗争教育、禁欲教育造成了教育的非人性化。德育事业也因此遭到了严重的破坏。这表现在：其一，师生关系严重扭曲。中国师道尊严的教育传统被推翻，学生在肉体上毒打老师、在精神上羞辱老师的案例层出不穷。有研究指出，中学教师受到的冲击比小学教师大，大部分批斗教师的事件发生在中学。[②]其二，阶级观点在学生群体之间制造了对立。家庭出身不同的学生、注重学习成绩的学生和追求政治积极的学生之间形成矛盾与对立。其三，在这样一种教育氛围中，学生们是非混淆。在教育与生活中，同情心不再被肯定，善良不再被肯定；无情被误认为革命的坚定性，野蛮被错看作革命者应有的勇敢。一种畸形的情感和道德观形成。

这一时期德育如果说有什么“理论成果”，那就是“阶级斗争德育论”的形成。其主要内容是：

第一，强调道德是阶级的道德，阶级性是道德的本质属性。在阶级对立的社会，“道德始终是阶级的道德”[③]。

第二，教育是为阶级斗争服务的，是阶级斗争的工具。“教育从来就是阶级斗争的工具，我们从不讳言我们的教育是无产阶级斗争的工具，必

---

① 孙少平 . 十年“文革”时期学校德育的实践特征及其异化[J]. 现代教育论丛, 1998 (6): 17 − 20 + 16.

② 于珍 .“文革”时期农村基础教育的面相：一项口述史的研究[J]. 中国校外教育, 2014 (21): 56 + 87.

③ 畅广元 .“知、仁、勇”是为“复礼”服务的反动道德[J]. 陕西师范大学学报(哲学社会科学版), 1974 (1): 39 − 43.

须为无产阶级的政治服务。为了在与资产阶级争夺下一代的斗争中取得胜利，把儿童培养成为共产主义事业的接班人，我们就必须对他们加强无产阶级的阶级教育，抵制剥削阶级思想对他们的侵蚀。”①

第三，学校德育的根本任务是培养无产阶级道德，提高学生的社会主义觉悟。“学生社会主义觉悟的提高，共产主义道德的养成，无产阶级世界观的树立，主要是德育的任务。德育主要是以社会主义、共产主义思想来武装学生的头脑，培养学生的无产阶级的道德品质。”②

第四，学校德育的内容尽管有多个方面，但核心是阶级观点的教育。“归结起来，就是对学生进行马克思列宁主义、毛泽东思想的教育，使学生具有无产阶级的阶级观点、革命观点、群众观点、集体观点和劳动观点……核心就是阶级和阶级斗争的观点。”③

第五，阶级教育的具体内容：其一，使学生具有阶级和阶级斗争的基本认识；其二，让学生了解阶级斗争的历史；其三，使学生了解社会主义时期阶级斗争的实际，增加不断革命的思想；其四，让学生认识国际工人运动和民族解放斗争的情况；其五，教育学生学习、继承和发扬无产阶级的革命精神，培养革命的品质和作风；其六，帮助学生学习运用阶级观点和阶级分析的方法来观察问题，提高阶级觉悟。④

第六，阶级斗争一抓就灵，阶级斗争也是学校德育工作的好方法。由于现实生活中普遍存在着阶级斗争，一小撮阶级敌人企图腐蚀青少年，所以，“发现一条规律，就是学生的思想反复，总是同南京路上阶级斗争的风浪息息相关”⑤。总之，阶级斗争是一门主课，忆比教育（回忆旧社会的

---

① 曾尚友．掌握儿童特点，加强阶级教育［J］．江苏教育，1965 (2) : 10 − 12.

② 何辛．学生阶级教育在德育中的地位和内容［J］．学术研究，1964 (1) : 48 − 52.

③ 同②.

④ 同②.

⑤ 上海市培光中学党支部．毛主席哲学思想指导我们做好学生思想工作［N］．文汇报，1972 − 12 − 01.

苦难，对比新社会的成就与人民的幸福生活）是一种基本方法，参加现实的阶级斗争是基本途径，学习马列和毛主席著作是学校主导性的课程安排（低年级学习语录，中年级学习马列和毛主席的部分著作和章节，高年级通读《毛泽东选集》和马列部分著作），最终目的是把学生培养成为反修防修的战士。[①]

（三）德育研究的科学化探索（20世纪70年代末至80年代）

1976年，“文化大革命”结束。在经历了短暂的徘徊之后，党的十一届三中全会决定冲破长期的“左”的错误的严重束缚，把全党的工作重点和全国人民的注意力转移到社会主义现代化建设上来，由此导致了德育价值观的转折，即由德育“为阶级斗争服务”转变为德育“为社会主义现代化建设服务”[②]。

从教育学界来看，人们最初是通过否定“文革”、反思“文革”来寻找教育发展的方向的。潘懋元先生曾经谈到，“文革”结束后，我国教育界在反思时，提出要研究、探索教育规律，因为“文革”的教训就是不尊重教育规律。[③]理所当然地，要做好德育工作，就必须尊重德育规律，按德育规律办事。这就是当时理解的德育科学化的内涵。因此在德育理论界，对德育过程规律的探寻成为研究的热点。几乎所有的德育理论研究学者，

① 大寨大队党支部．加强党的领导，把学校办成无产阶级专政的工具［M］//瞿葆奎．教育学文集·德育．北京：人民教育出版社，1989：352－359.

② 鲁洁，班华．德育理论在科学化轨道上前进［J］．教育研究，1988（12）：6.

③ 潘懋元．对高等教育若干问题的思考［J］．西北工业大学学报（社会科学版），2018（2）：26－30.

如鲁洁[①]、班华[②]、郭文安[③]、李道仁[④]、涂光辉[⑤]等都先后参与了德育过程规律的研究，仅《教育研究》就先后发表了30余篇相关论文。由此，德育过程规律研究成为改革开放之后我国德育理论研究的第一个高峰，研究内容涵盖德育过程的概念、本质、特点、结构、要素、基本矛盾，中国古代的德育过程思想，苏联的德育过程理论等，特别是把德育过程与人的思想品德形成过程区分开来，把有目的的德育影响与自发的社会影响区别开来。

从目前已有的总结反思改革开放初期德育研究的著述来看，改革开放初期对德育过程理论研究的意义与价值被大大低估了。总体上看，这一研究表达了尊重德育规律、追求德育科学的雄心；表达了不甘心智育第一、德育第二的现实窘境；与当时的学科制度化活动相互促进，促使德育原理成为一门独立的学科（以1989年胡守棻主编的高等院校教材《德育原理》出版为标志）。当时所研究的问题，事实上奠定了德育学科的理论基础，引发了对德育本质、德育功能、德育人性化的研究，具有建构独立的德育学科的建设性价值，并具有德育原理的奠基性价值。

当然，这一阶段德育研究的主题还包括德育与个性发展、德育目标的依据与层次性、德育内容序列化、德育方法科学化等。

---

① 鲁洁．德育过程初探［J］．教育研究，1981 (2) : 56 − 60；鲁洁．试评我国古代教育家有关德育过程的论述［J］．南京师大学报（社会科学版），1980 (3) : 21 − 25.

② 班华．思想品德教育过程［J］．教育研究，1980 (3) : 78 − 83.

③ 郭文安．试论青少年学生的德育过程［C］//北京师范大学教育系资料室．德育过程论文选编，1983 : 23 − 40.

④ 李道仁．试析德育过程的基本规律［J］．教育研究与实验，1984 (1) : 32 − 38.

⑤ 涂光辉．试论德育过程的基本规律［J］．湖南师院学报（哲学社会科学版），1984 (3) : 8 − 12.

（四）德育研究的人性化追求（20 世纪 90 年代）

以人为本是教育的基本逻辑。鲁洁曾经指出："总结……近 10 年来（1988—1998 年——作者注）德育理论的发展，便会发现一个明显的趋势，那就是一方面德育理论继续在科学化的轨道上前进，另一方面表现出人性化倾向，而且二者正在逐渐走向整合。"① 班华也曾撰文论述了新世纪德育的人性化走向。②

20 世纪 90 年代，德育研究在科学化探索之后，之所以出现人性化的追求，原因是多方面的。

第一，源于从计划经济向市场经济或者商品经济转型所带来的冲击，中国人的人格要求由计划经济下的单位人、被动人、集体人，转向主体人、自由人等。③ 这是现实生活的需要，是最根本的需要。学术研究的转向是对这种社会现实和社会实践的表达和回应。

第二，源于德育理论界对道德、道德教育本质与功能的创新性认识。鲁洁提出，"道德教育是一种超越"，"道德教育不是对现实的行为与关系的复制与重现，而是按照某种超越于现实的道德理想去塑造与培养人，促使人去追求一种理想的精神境界与行为方式"。④ 道德不全部是、不纯粹是规定、限制人自己的力量，也是人探索、认识、肯定、发展和创造自己的力量。

第三，源于思想界和学术界关于人道主义的论争，使人和人的主体性成为哲学的主题。人性化是对教育的本质、人的本质认识的提升，是对把

---

① 王啸，鲁洁．德育理论：走向科学化和人性化的整合［J］．中国教育学刊，1999 (3)：17 － 21.

② 班华．德育理念与德育改革：新世纪德育人性化走向［J］．南京师大学报（社会科学版），2002 (4)：73 － 80.

③ 同①.

④ 鲁洁．道德教育：一种超越［J］．中国教育学刊，1994 (6)：2 － 8.

人的本质完全归结于阶级性，把个人完全看作社会的工具、集体的工具的阶级人性论的反对。

因而，在这个时期，“人是主体”的教育思想得以确立，主体性德育思想应运而生。主体性德育认为道德教育应以培养学生主体性道德人格为目标，以人的内在需要为动力，把价值引导与自主建构相结合，在活动与交往中生成主体性道德人格。①

这个时期，不仅追求德育的人性化，同时也追求德育的现代化，二者相互交织。教育要现代化，德育也要现代化。②学者们批判指出了当时学校德育的低效及无效问题，试图在借鉴西方德育理论与德育实践的基础上勾画出现代德育的理想特征。鲁洁、王逢贤主编的《德育新论》（1994 年）、班华主编的《现代德育论》（1996 年）以及戚万学、杜时忠编著的《现代德育论》（1997 年）等著作或教材，均试图围绕现代德育构建、促进德育现代化的中心议题发力突围。而活动德育论③、情感德育论④、德育美学观⑤等当代中国德育理论的创新与建构也使中国德育研究开始呈现出百花齐放的局面。与此同时，在德育现代化话语的召唤下，西方道德教育的理论与

① 肖川．主体性道德人格教育［M］．北京：北京师范大学出版社，2002：152－183.

② 班华．近十年来德育思想现代化的进展［J］．教育研究，1999 (2)：18－22.

③ 戚万学．活动道德教育论［M］．南京：南京师范大学出版社，1994; 戚万学．活动道德教育模式的理论构想［J］．教育研究，1999 (6)：69－76.

④ 朱小蔓．情感教育论纲［M］．南京：南京师范大学出版社，1993; 刘慧，朱小蔓．多元社会中学校道德教育：关注学生个体的生命世界［J］．教育研究，2001 (9)：8－12; 朱小蔓．情感德育论［M］．北京：人民教育出版社，2005.

⑤ 檀传宝．德育美学观［M］．太原：山西教育出版社，1996; 檀传宝．让德育成为美丽的风景：欣赏型德育模式的理念与操作［M］．合肥：安徽教育出版社，2006; 檀传宝．美学是未来的教育学：德育世界的探寻［M］．上海：华东师范大学出版社，2015.

实践，如道德认知发展理论[①]、价值澄清理论[②]、建构主义德育理论[③]等也被大量引介到中国，成为中国德育人性化、现代化理论与实践探究的思想资源与历史镜鉴。

（五）德育研究的本土化建构（2000年至今）

经过20多年的改革开放，当历史的车轮跨入21世纪时，我国的经济、社会、教育、文化都发生了巨大的变化，德育理论也进入了一个多元化发展的新时期。这是因为：第一，德育理论经过科学化与人性化两个阶段的积累，已经有了比较深厚的基础。第二，世纪之交的基础教育改革为德育理论研究提供了难得的机遇与广阔的舞台（生活德育论大有用武之地）。第三，随着大量的、多样性的西方德育思想、德育理论的引进，我国德育理论研究也在不知不觉中融入了多元化的趋势。第四，社会转型的文化冲突、文化危机导致各种文化思潮的兴起，“这也直接影响了德育理论流派的产生与交替”[④]。

在这一时期，中国德育研究不断回应本土性需要，走上了本土化建构的道路。典型表现有三个方面：

第一，推进中华优秀传统文化研究。经过20世纪80年代、90年代的理论储备，复兴中华优秀传统文化已经势不可挡，并从底层走向政策、从理论走向实践，成为主导学校德育的一股重要力量。研究者多认同中华优

---

① 郭本禹．道德认知发展与道德教育：科尔伯格的理论与实践［M］．福州：福建教育出版社，1999; 岑国桢．吉利根对道德认知发展理论的修正［J］．心理科学，1992 (4) : 33 − 37 + 66.

② 冯增俊．价值澄清德育理论述评［J］．海南师院学报，1992 (3) : 28 − 33 + 43.

③ 肖川．建构主义学习观与学校德育［J］．教育导刊，1998 (Z2) : 36 − 37; 肖川．建构主义与道德教育中的灌输［J］．河北师范大学学报（教育科学版），1999 (4) : 10 − 15.

④ 叶飞，檀传宝．改革开放30年德育理论发展脉络探析［J］．教育研究，2009 (1) : 19 − 24 + 85.

秀传统文化是中国人的精神家园，在西方强势文化风靡世界的时候，必须要坚持走文化自主路线。[①] 有论者认为，2014 年教育部颁布《完善中华优秀传统文化教育指导纲要》，意味着中国的德育指导思想实现了结构性变革，即由 2010 年之前受马克思主义和社会主义道德一元指导的局面，调整为一种复合型建构性的德育指导方针。[②] 一些研究者致力于从传统文化中发掘现代道德教育的资源，探讨全球化进程中具有中国本土特色的道德教育。如认为传统道德可贵之处在于其强调精神，道德教育的中国形态应该是精神形态，而非西方的理性形态；强调伦理与天理良知相通，而非理智狡黠的算计。[③] 或认为传统"天人合一""仁民爱物"道德观可生发出现代生态道德教育思想。或认为传统道德蕴含丰富的生命教育意识、德性教育传统可资利用，可以将传统美德中的感恩教育、孝道教育、自强教育、责任教育作为突破口，开拓新德育。[④] 或主张在教育理论研究中，应以整体的、多视角的范式来实现对中国传统道德文化的多层次、立体式开发与利用，而非简单的、分割的碎片式继承。[⑤]

第二，加强社会主义核心价值观教育。社会主义核心价值观凝聚着社会价值共识，吸纳了世界先进思想，中华优秀传统文化是社会主义核心价值体系建构的前提与基础。社会主义核心价值观明确而完整地回答

---

① 鲁洁 . 应对全球化 : 提升文化自觉 [J] . 北京大学教育评论 , 2003 (1) : 27 － 30.

② 张亚月 . 德育的历史性变革 : 从政治认同走向社会认同 [J] . 中国青年研究 , 2016 (8) : 35 － 40.

③ 樊浩 . 道德教育的"'精神'形态"与"中国形态" [J] . 教育研究 , 2013 , 34 (2) : 44 － 53.

④ 沈建华 . 传统文化视角下青少年道德教育的活化和链接 [J]. 教育研究 , 2015 , 36 (11) : 25 － 29 + 48.

⑤ 易连云 . 传统道德教育研究的范式转换 [J] . 教育研究 , 2010 , 31 (4) : 30 － 33.

了“教育之道”，表达了中国学校教育的价值立场。[①]对于教育来说就是要解决好学生的人生价值取向问题。培育和践行社会主义核心价值观需要从理论引领、舆论宣传、文化熏陶、实践养成和制度保障五个维度入手。[②]社会主义核心价值观应通过具体化、日常化、形象化和生动化的形式引导学生自觉认同。[③]社会主义核心价值观融入学校教育，应立足于优秀德育教材的开发、高水平师资队伍的建设、德育话语体系的合理转换及德育方式的多元创新。有论者指出，把社会主义核心价值观融入教材，要掌握三种逻辑，即知识逻辑、生活逻辑和教育逻辑，打通三个世界，即符号世界、意义世界和生活世界。[④]

第三，立足于中国学校德育实践场域的多种德育理论应运产生。20世纪80年代以来，中国经济高速增长，取得了举世瞩目的经济奇迹。然而，也产生了环境污染、道德滑坡、贫富悬殊、官员腐败诸多问题。德育研究者们冷静审思伴随着现代化进程而泛滥的经济主义、唯科学主义、极端个人主义、工具理性至上及人类中心主义等谬误[⑤]，凸显生活、情感、生态、制度等过去被忽视、压抑或被边缘化的主题，由此形成了多种德育理论“百花齐放”的可喜局面。除了上一时期出现的活动德育论、情感德育论、德

---

① 杜时忠，曹树真．社会主义核心价值观“进教材”的教育学探索［J］．教育研究，2015，36（9）：34－39．

② 王琰．将社会主义核心价值观融入高校立德树人全过程的五个维度［J］．思想理论教育导刊，2015（1）：124－127．

③ 靳玉军．论社会主义核心价值观教育的实践要求［J］．教育研究，2014，35（11）：4－7＋15．

④ 同①．

⑤ 鲁洁．教育的返本归真：德育之根基所在［J］．华东师范大学学报（教育科学版），2001（4）：1－6＋65．

育美学观继续活跃之外，这一时期新产生的主要德育理论有生活德育论①、公民教育论②、制度德育论③等。

综上所述，新中国成立以来，“前三十年”的德育研究伴随新民主主义革命胜利之后的喜悦与自信，力图改造旧道德、旧德育。它以革命者的姿态，否定中国传统道德文化与德育思想，否定西方近现代德育理论与德育模式，“一边倒”地学习苏联思想、政治与道德体系、教育经验与教育理论，也尝试在德育理论建构上追求中国特色。“文化大革命”期间，由于错误地估计了国内外形势，错误地坚持无产阶级专政条件下“继续革命”的理论，强调“阶级斗争”，最终导致学校德育沦为阶级斗争的工具，德育理论的发展也处于完全停滞的状态。

以改革开放为始的“后四十年”的学校德育研究，则在解放思想的旗帜下，乘改革开放的东风取得了重要进步。其重要原因，一是彻底反思、批判并否定错误的教育理论，二是大胆学习借鉴外国德育研究成果。反思与批判中，最根本的教训就是两条：一是不尊重教育规律；二是不尊重人，

---

① 鲁洁 . 德育课程的生活论转向：小学德育课程在观念上的变革［J］. 华东师范大学学报（教育科学版），2005 (3)：9 － 16 + 37；鲁洁 . 生活 · 道德 · 道德教育［J］. 教育研究，2006 (10)：3 － 7；高德胜 . 生活德育论［M］. 北京：人民出版社，2005；高德胜 . 生活德育简论［J］. 教育研究与实验，2002 (3)：1 － 5 + 72.

② 檀传宝，等 . 公民教育引论：国际经验、历史变迁与中国公民教育的选择［M］. 人民出版社，2011；李萍，钟明华 . 公民教育：传统德育的历史转型［J］. 教育研究，2002 (10)：66 － 69；万明钢 . 论公民教育［J］. 教育研究，2003 (9)：37 － 43.

③ 杜时忠 . 制度德性与制度德育［J］. 教育研究与实验，2002 (1)：38 － 43；刘超良 . 制度德育论［M］. 武汉：湖北教育出版社，2007；杜时忠 . 制度何以育德？［J］. 华中师范大学学报（人文社会科学版），2012，51 (4)：126 － 131 + 4；杜时忠 . 人文教育与制度德育［M］. 合肥：安徽教育出版社，2013；杜时忠，张敏 . 国家道德即德育［J］. 教育研究与实验，2013 (1)：7 － 10；张添翼，杜时忠 . 再论制度何以育德［J］. 教育研究与实验，2018 (5)：12 － 15 + 25；杜时忠 . 德育十讲：制度何以育德［M］. 武汉：华中师范大学出版社，2019；杜时忠，张添翼 . 三论制度何以育德［J］. 教育学报，2020，16 (4)：20 － 29.

否定教育主体性。对前者的反思，产生了探索教育规律、德育规律，追求德育科学化的思潮，典型表现就是对德育过程规律的研究；对后者的反思，引燃了主体性教育、主体性德育思潮。大胆学习借鉴外国德育研究成果，则给德育研究带来了最新研究信息、理论想象力和世界眼光。当然，当代中国德育研究并不满足于反思过去，更期待未来，不仅借鉴，更追求创新。它既客观理性地批判，更热情洋溢地建设，那就是追求并建构现代化、科学化、人性化的德育理论，并在本土德育理论建构方面收获了累累硕果。毫无疑问，这四十来年是中国德育研究突飞猛进、全面进步的时期，是中国德育学术发展历史上最好的时期。

二、新中国德育研究的重要成就、局限与发展逻辑

新中国德育研究走过了 70 多年不平凡的历程，在思想产出、学科建设、人才培养、实践引领等方面都取得了显著成绩。德育研究获得了独立的学科地位，初步建立起具有明确研究对象、体现时代精神的德育理论体系。与此同时，德育研究也面临着十分严峻的时代挑战，存在着知识体系比较陈旧、研究方法比较单一、原创性成果十分稀少等亟待解决的问题。

（一）德育研究的重要成就

1. 德育研究获得了丰硕的理论成果

新中国成立以来，在 70 多年的理论探索中，不同思想的交锋让中国德育理论研究不断取得进步。在德育研究中实际上存在两种学术争鸣：一种表现为历史性的反思，另外一种表现为同一时期不同理论观点的竞争、交流，最终促成了百花齐放的繁荣局面。特别是 20 世纪 90 年代以来，中国德育研究在不长的时间内，围绕德育本质、德育功能，以及德育与个体、

德育与社会生活的关系等主题开展了有影响力的学术争鸣，彰显了德育研究的学术魅力，提升了德育研究的科学品质，提高了德育研究的学术声誉。

与学术争鸣相伴而生的，是我国德育研究在科学化、人性化论述上的新进展，先后出现了主体德育论、活动德育论、情感德育论、德育美学观、生活德育论、公民教育论、制度德育论等多种德育理论主张。它们从不同的视角出发，运用多种方法，对学校德育乃至社会道德现象和问题进行了深入的研究，各成一家之言，并以各自的方式力图影响和变革学校德育实践。它们深化了我们对德育的认识，丰富了德育理论体系，促进了德育研究的繁荣。

2. 德育研究取得了独立的学科地位

德育逐渐从教育学的一个研究领域，分化发展成为一个独立的二级学科。人们一般在两种意义上使用“学科”一词：一是依学问性质而划分的知识门类，如物理、化学等；二是学校教学的科目，如语文、数学等。无论在哪一意义上，德育科学研究，尤其是“德育原理”，都已经成为教育学体系中一门相对独立的重要分支学科。其主要理由有三：

首先，德育学科是关于德育的学术知识体系，既有明确的研究对象（德育现象或德育问题）[①]，也具备了相应的研究方法（虽无特有的研究方法，但社会科学常见、通用的方法或移植于其他学科的特色方法似乎足以支持德育学科的研究需要），还形成了自己的理论体系。

其次，德育学科是教育学科中的一类教学内容。在高等院校，特别是师范院校或者教育学院中，“德育原理”“德育论”或“德育学”是作为一门课程广泛开设的，德育学科作为一个教学科目是普遍的社会事实。

---

① 班华．略论德育论学科对象与任务的几个问题［J］．教育科学研究，2007 (4)：5 － 9；班建武．“十一五”期间德育学科发展的回顾与总结［J］．教育科学研究，2011 (7)：67 － 75.

最后，德育原理内部，也正在形成一个可观的分支学科群，包含德育主体论[①]、德育过程论[②]、德育课程论[③]等，以及与其他学科交叉而产生的德育心理学[④]、德育社会学[⑤]等。这样，德育原理不仅从教育学母体中分化独立出来，而且成为一个拥有众多分支学科的独立学科群，其学科地位和学科特色日益彰显。

德育研究成为独立的学科体系的突出标志，是德育原理形成了相对完整的理论体系：一是思想观念体系，如道德是可教的，品德发展及道德教育是有规律可循的，德育的本质是一种超越，以道德的制度培养道德的人等；二是概念范畴体系，如道德、品德、德育，直接德育、间接德育、隐性课程意义上的德育，以及品德形成、德育过程、德育实效等；三是教材结构体系，目前已经相对稳定，大体分为"学科总论""理论基础""实践应用"等几大部分，具体展开为德育学科论、德育本质论、品德发展论、德育目的论、德育过程论、德育课程论、德育方法论、德育环境论、德育管理论、德育评价论、德育比较论等。

经过70多年的努力，我国建立了自己的德育理论体系。值得一提的是，这不是通过全盘否定中国传统德育文化和接受西方德育理论而实现的，而是更加理性地对待中国传统德育文化和世界先进德育理论。许多学者都主张要实现传统德育的创造性转化，包容、自信地借鉴国外德育理论，从单向度地盲从外国德育理论，到提出教育研究、德育研究的中国化，建立具有中国风格、中国气派的德育理论。

---

① 肖川．主体性道德人格教育［M］．北京：北京师范大学出版社，2002; 于光．德育主体论［M］．北京：中国社会科学出版社，2010.

② 范树成．德育过程论［M］．北京：中国社会科学出版社，2004.

③ 佘双好．现代德育课程论［M］．北京：中国社会科学出版社，2003.

④ 韩进之，王宪清．德育心理学概论［M］．上海：上海人民出版社，1986.

⑤ 鲁洁．德育社会学［M］．福州：福建教育出版社，1998.

3. 德育学科的社会建制逐渐完备

综合经典和现代学科分类理论，可以认为：一门学科的独立或成熟，两个方面标准或条件最为重要：一是专业化的知识建构，如明确的研究对象、行之有效的研究方法和严谨的理论体系；二是制度化的社会建制，如专门的研究机构、专业性的研究共同体、专业研究期刊，以及专门人才培养等。德育学科在制度化建设上从无到有、从弱到强，显示出德育研究得到了越来越多的社会支持和越来越高的社会认可。

70 多年来，中国德育研究共同体日益壮大（2017 年全国专业德育研究者有 70 人左右，关注德育研究的专业研究者约有 500 人[①]），不仅成立了全国性的德育论专业委员会（现为“全国德育学术委员会”）等专业学术团体，而且一些大学还建立了多个专门德育研究机构，如教育部人文社科重点研究基地南京师范大学道德教育研究所、北京师范大学公民与道德教育研究中心、华中师范大学道德教育研究所等，还出现了多种专业期刊，如《中国德育》《中小学德育》《班主任之友》《班主任研究》等。此外，在全国众多的教育学术刊物中，也有为数不少的德育栏目，发表大量的德育研究论文。在德育研究专业人才培养方面，我国从 20 世纪 80 年代开始招收硕士生、博士生，目前已经形成了一个由学士、硕士、博士和博士后构成的完整德育人才培养体系，目前在校研究生约为 1500 人。这既是德育学科兴旺发达的标志，更是德育学科持续发展的根本支撑。

4. 德育研究提升了对于德育实践的影响力

我国德育研究有强烈的实践取向，并体现出鲜明的时代特征。“直面社会现实、关怀德育实践，是 40 年来中国德育学科发展最重要的理论品格。

---

① 刘峻杉，平和光．知识生产视角下我国德育研究的特征与展望［J］．全球教育展望，2017，46（9）：61－72＋85.

从 20 世纪 80 年代对于基础道德重建的呼吁、世纪之交对于新世纪挑战的思考，到近年对于社会主义核心价值观教育、国际理解教育等议题的集中关注，中国德育理论工作者均及时回应了当代社会对于德育实践变革的迫切需要……”①

德育研究者积极参与国家德育决策，指导中小学德育改革。如主持修订义务教育阶段国家德育新课程标准、主编德育教材、开展学校德育诊断、推动教师德育专业化、通过大学与中小学合作（U–S 协同）推进学校德育深度变革等。在德育理论研究的推动之下，我国学校德育正在发生可喜的变化：由过度政治化的强制灌输式的德育逐步走向科学化、人性化、生活化的德育，由追求不食人间烟火的圣贤道德转变为追求社会正义和社会关怀的现代伦理，从封闭式德育走向开放性德育，从学校德育的教育孤岛走向学校、家庭、社会相互支持的合力德育。

（二）德育研究的现存局限

新中国德育 70 多年的发展，在取得长足进步的同时，也存在一些亟待突破的局限。这集中表现在：

1. 德育研究的学科视野相对封闭

道德现象与道德行为是复杂的，是多学科的研究对象。道德理论研究者往往强调道德是社会行为，忽略道德行为的多学科基础，导致对于哲学、伦理学的研究关注较多，而对生物学、心理学、人类学、社会学、经济学、政治学等相近学科关注较少，对于语言学、美学、艺术等跨学科领域对人类道德行为研究成果则更为陌生。一个明显的证据是，尽管对于哲学、伦理学的新进展相对敏感，但德育研究者也仍然未能敏锐地把握当前人文社

① 檀传宝，陈国清．改革开放 40 年我国德育学科建设的探索与进步［J］．中国教育学刊，2018 (10)：28 − 34.

会科学研究范式的转换，对于道德哲学和伦理学、政治学研究中的权力批判和语言转向等还比较漠视。

权力批判的目的是要揭示道德与权力之间的联系，将道德从压制性的意识形态中剥离出来，以防权力借助道德之名畅通无阻。许多研究者批判道德专制与道德灌输，然而其批判的语言依然是大而化之的宏大叙事，未能深入地揭示与批判微观领域中权力运行规则，诸如借用道德之名所实施的隐蔽的性别偏见、歧视、压制以及不平等。哲学和伦理学研究的语言转向,强调思维必须通过语言符号体现,思想的内容受制于说话的方式。同样，研究道德教育问题必须依凭语言来进行，研究所用的概念不清会带来理论混乱。如有人支持道德的相对性，有人反对道德相对主义，有人赞扬消费文化的好处，有人批判消费主义的害处，但道德的相对性与道德相对主义、消费文化与消费主义之间的本质区别是什么，其界限该如何准确划分，则缺乏必要的语言学澄清。对语言缺乏审视，限制了理论研究者之间的对话与交流，使得许多德育理论研究无奈地成了研究者们的“自说自话”。

2. 德育研究的方法论基础相对薄弱

许多德育理论研究者仍然坚守着哲学思辨范式，尤其是受规范伦理学的影响，以直线性演绎逻辑为主，缺乏复杂性、动态性及整体性思维方式，德育研究的方法论基础相对薄弱。表现在：第一，大量研究直接套用哲学、伦理学、政治学的术语与理论来诠释德育问题，对于理论的教育适切性缺乏反思；第二，德育研究注重对道德规范进行合理性论证，轻视批判性思维的培育，也轻视个体道德内化的生成过程；第三，道德哲学—主体维度的研究偏重于道德认知，对于道德情感的研究则相对薄弱。①

此外，许多德育研究者往往忽视也窄化了实证研究，习惯于运用问卷

① 孙学功．道德情感研究综述［J］．哲学动态，1998 (1)：17－19.

调查去“处理”复杂的德育问题，而对于批判主义与诠释主义视角下的质性研究则相当陌生。与之相对，一些研究者已经用高质量的研究成果证明，质性研究的两种方法——人种志研究和扎根理论，都是可以较好地从经验中通过归纳来建构理论的方法，它们既保留了理论的系统性，又不阉割教育事实的丰富性。

3. 对重大现实问题缺乏道德审视

“道德教育是整个共同体的事业……进而，它对我们有双重意义。它指教育在某种程度上是道德的，所有计划和实施着的教育都努力将所有与道德相关的内容包括在内；它指这样一种教育，旨在提升受教育者的伦理理想，使得他们能够持续地与他人道德地相遇。”①因此学校教育的伦理基础理应包括自由、公正、民主、关怀、幸福等基本道德价值。这些基本价值不仅是教育哲学、政治哲学的研究领域，更应是道德教育研究者思考的重大问题。德育理论研究有义务追问什么样的教育是道德的，如何以道德的方式培养道德的人，依循这个思路，道德教育研究者对现实的反思和批判力度是不够的。

在教育制度领域，道德教育研究者需要思考如何突破教育制度科层化、等级化、工具理性化的桎梏，将学校建设成为道德共同体以及民主生活共同体②；在教育政策领域，道德教育研究者应审视教育政策的正当性，审视政策制定的程序正义与实质正义③；在教育改革方面，道德教育研究者应批判反教

---

① 诺丁斯．关心：伦理和道德教育的女性路径［M］．武云斐，译．北京：北京大学出版社，2014.

② 金生鈜．为什么要塑造学校的道德文化：学校作为一个道德共同体的再道德化思考［J］．西北师大学报（社会科学版），2005（4）：71－75.

③ 杜时忠，张添翼．教育制度和教育政策的伦理属性及其实现［J］．中国教育科学（中英文），2017（4）：91－105.

育行为的伪改革，将教育的道德标准作为重要的维度纳入评价指标之中[①]。

此外，我国德育研究还存在一些“痼疾”。比如，不少研究者习惯于做当下教育政策的简单诠释，而损害了德育研究应有的科学品质，其结果是德育概念的大而不当、名实不符等问题至今悬而未决。依据我国学校教育的制度安排，德育的外延远远超出道德教育，不仅包含了政治、思想、道德、心理、法治五大内容，而且教育政策上强调的所有不属于智育、体育、美育的教育任务都会归于“德育”名下。为了迁就这一现实，德育原理教科书只好宣称我国的德育是“大德育”。然而在实际的德育研究中，无论是德育理论的建构、德育规律的阐述，还是德育过程的展开，以及学生品德发展规律的论述等，实质内容仍然主要是道德教育而没有包括政治教育、思想教育、心理教育和法治教育。[②]德育概念理解“守一而望多”[③]的原则落实，仍然任重道远。

（三）德育研究发展的学术逻辑

上述成绩与不足同时存在，其中原因值得深思。人文社会科学与研究物质世界、强调事实与规律的自然科学不同，有其自身的学术逻辑，即以人文世界、社会世界为研究对象，关注价值与意义，注重呼应时代精神、回应时代挑战，强调研究活动的社会历史和人文精神属性。德育研究本质上属于人文社会科学研究，有其内在的学术逻辑，有其内部独特的矛盾和困惑要去面对和解决。在学科信念上，是学科独立与学科依附之间的拉锯；在价值取向上，是集体主义与个人主义的博弈；在发展路径上，是西方化与本土化的此消彼长；在研究方法论上，是人文主义与科学主义的融合。

---

① 吴康宁．教育改革成功的基础［J］．教育研究，2012，33 (1)：24 − 31.

② 张忠华．论中国特色的德育概念之研究［J］．现代大学教育，2008 (3)：86 − 92 + 113.

③ 檀传宝．学校道德教育原理［M］．北京：教育科学出版社，2000：4 − 5; 檀传宝．德育原理［M］．北京：北京师范大学出版社，2017：4 − 5.

1. 德育研究的学科信念：学科独立与学科依附之间的拉锯

在教育学的众多二级学科之中，德育研究的政治从属性特别明显。这一特征可能与其研究对象的政治属性有着重要的关联。德育最突出的特点之一是深受政治影响，因为道德与政治之间具有千丝万缕、密不可分的亲缘关系，有的道德要求本身就是意识形态的要求。从理论上讲，道德教化、道德教育是政治实施的基石。[①] 在我国传统政治思想中，“修身”一直是“治国”与“平天下”的逻辑起点。今天，“培养什么样的人”依然是教育的核心问题，它决定道德教育的走向。因此，道德教育不应也不可能摆脱政治的影响。

然而，德育研究作为揭示德育问题、探索德育规律的科学活动，毕竟不能直接混同于政治上意识形态的宣传工作，不能满足于对现行政策的简单解释和论证。故如何保持学科的相对独立性，这成为道德教育学者们努力的一个重要方向。鲁洁曾经指出：“……基础性的工作，就是努力把德育作为一门学问来研究它，既不是对党和政府的政策的诠释，也不是直观经验的描述。”[②]

改革开放以来，道德教育研究经历了三次重大的主题转换，其中对人的关切一直是不变的价值诉求与研究基点。[③] 德育研究者以其对人的关切、对人性的呼唤来建构学科的独立性，来促进学科的原创性。主体性德育、欣赏型德育、生活德育、情感德育、制度德育、公民教育等理论都是围绕着德育的现代化与人性化而进行理论建构的，它们响应了时代精神，试图将德育从政治的附庸变成为人的德育、属人的德育。尽管各自使用的术语

---

① 任剑涛．道德与中国传统政治的合法性［J］．华中师范大学学报（人文社会科学版），2005 (1) : 27 － 34.

② 鲁洁．回望八十年：鲁洁教育口述史［M］．北京：教育科学出版社，2014 : 233.

③ 胡金木．改革开放以来道德教育研究主题的回顾分析［J］．江苏教育研究，2009 (4) : 16 － 18.

不同，但它们的追求完全一致。第一，反对道德教育的专制化、唯知识化、唯理性化，希冀道德教育促进人的完整发展、促进人的美好生活；第二，德育理论研究更多地关注儿童，特别是儿童的解放，更多地借鉴现代道德心理学的研究成果，更多地关注儿童的道德发展与道德学习；第三，追求道德理性、道德自主和道德宽容，而反对道德强制、道德绑架和道德高压。

2. 德育研究的价值主线：集体主义与个人主义的博弈

中国德育研究面临的一个理论难题是在社会日趋多元的环境下，如何重构道德价值，并形成道德共识。新中国成立以后，共产主义、集体主义道德观实际上延续了中国传统伦理观中的整体主义（由家族血缘伦理转到集体组织伦理），如重义轻利、重群轻己的道德价值观。之后，集体主义教育在学校教育实践中产生了异化，否定了个人合理欲望及追求个人幸福之行为存在的价值。[①]改革开放后，随着市场经济对个人利益的肯定、保障及刺激，义利关系发生了重大的变化与重组，即大众意识形态推崇义利并举，甚至重利轻义。这一过程持续了数十年，使得学校德育面临一个复杂的社会道德环境。社会主义核心价值观的提出，在某种意义上可以看作义利关系重组过程的阶段性完成，自此义利并重、群己和谐应该成为主导的价值观。

在义利关系和群己关系的转型中，道德价值观逐渐突破了传统价值观，走向多元。诺丁斯的关怀伦理的引入[②]，不仅符合中国重视人际关系的传统，而且其充满人性关怀的笔触也填补了康德、涂尔干、杜威理论中忽视个人情感的缺陷，成为教育理论的润滑剂。并且，诺丁斯所代表的女性主义伦理学，对过于注重理性与公正伦理的男性主义伦理学提出了挑战，引入了

---

① 杨建朝．从虚假到真实：集体主义教育反思［J］．教育学报，2011，7 (5)：41 － 47.

② 侯晶晶，朱小蔓．诺丁斯以关怀为核心的道德教育理论及其启示［J］．教育研究，2004 (3)：36 － 43；孙彩平．在道德关系建构中生成德性：析诺丁斯道德教育的新理念［J］．比较教育研究，2003 (9)：6 － 10.

道德教育的性别视角，进一步推进了道德教育理论的多元化。21 世纪以来，随着社会发展不平衡矛盾的凸显，大众对社会公平的呼声渐高。在这种背景下，罗尔斯的社会正义理论产生了广泛的影响。① 至此，德育理论界基本达成了价值共识，即推崇康德式的道德自由与罗尔斯式的社会正义、涂尔干式的理性权威、杜威式的教育民主与诺丁斯式的教育关怀。自由、正义、理性、民主、关怀已经成为德育学者共同的价值追求，这与整个中国社会转型中的时代精神是相符合的。

3. 德育研究的路径选择：西方化与本土化的此消彼长

中国现代化进程包括现代教育发展中始终有一组基本的矛盾，即如何处理传统文化与现代文化之间的冲突，如何在东方文化与西方文化之间进行取舍。

自五四新文化运动直至整个 20 世纪 90 年代，传统文化都被视为落后文化、黑暗文化而被攻击、被批判。于是，教育现代化的目标一度是科学化与民主化，其过程是不断舍弃传统文化，不断学习、引进和复制西方文化教育。②21 世纪以来，随着经济全球化过程中民族主义的复兴、后现代哲学思想对西方中心主义和后殖民主义的挑战，世界各国的文化自觉与本土化需求变得越来越强烈和深刻，传统文化复兴成为必然的趋势。现代化不是西方化、一元化，而是本土化、多元化。这一趋势同样表现在德育理论研究中。德育理论研究者开始自觉地反思全球经济和信息一体化带来的价值多元与文化多元对道德教育的冲击③，批判现代化对人精神需求的漠

---

① 罗尔斯 . 正义论［M］. 何怀宏，何包钢，廖申白，译 . 北京：社会科学出版社，1988; 赵敦华，江立成 . 罗尔斯的正义说［J］. 求索，1994 (2) : 66 − 68; 姚大志 . 罗尔斯正义理论的道德基础［J］. 江海学刊，2002 (2) : 37 − 42.

② 杨东平 . 艰难的日出：中国现代教育的 20 世纪［M］. 上海：文汇出版社，2003 : 4.

③ 黄书光 . 全球化时代的学校德育思考［J］. 思想・理论・教育，2002 (2) : 3 − 7.

视，自觉地肩负起道德教育研究应承担的社会责任与文化使命。德育研究者业已形成的共识是：德育现代化必然立足于中国大地，必然包含传统文化教育的现代转型，也必然包含德育理论本土化的探索。[①] 当前对传统德育资源的挖掘，对优秀传统道德文化的重新阐述，对中国特色的德育理论的探索，均属于德育理论本土化的自觉尝试。

4. 德育研究的方法转换：人文主义与科学主义的融合

纵观中国德育研究的主题，经历了从学科本位、主义本位到问题本位的发展历程。20 世纪 80 年代，德育理论研究的重点是探索德育规律，推动学科独立。20 世纪 90 年代，德育理论大量借鉴西方哲学流派和社会思潮，同时，德育各分支学科也开始萌芽，如德育社会学、德育文化学等。及至 21 世纪，聚焦于德育问题的研究更多了，特别是关于德育实效、德育课程、德育改革等实践命题的研究，问题导向得到了前所未有的强调。

从学科本位、主义本位到问题本位，这一过程背后也体现了德育研究方法论的转换。学科本位、主义本位侧重于哲学思辨，主要的研究方法是逻辑演绎，即用某一哲学理论的视角来看德育问题，将其基本原理推至德育研究，其思维方式是整体的、人文的，关涉很多问题，并不聚焦于特别具体的教育实践问题。而以问题为本位的研究，则聚焦于一个个具体的德育问题的解决，常常不拘泥于教育学科，而是用多学科的视野来研究，从而凸显了德育研究的跨学科性质[②]；或者运用实证研究的方法对问题存在的频率、后果进行揭示，用定量研究方法尤其是以问卷法为主、访谈法为辅来揭示德育问题成为一种普遍的做法；或者用行动

---

① 易连云．全球共同利益视阈下的中小学德育课程改革思考［J］．教育学报，2018，14 (1)：45－50.

② 戚万学，唐爱民，韩笑．改革开放 40 年德育理论研究的主题及进展［J］．教育研究，2018，39 (10)：20－31.

研究来验证德育理论的效用，用质性研究方法对教育现象的精神意味做更深入、立体的揭示。总体看来，目前中国德育研究在方法论上正在努力超越简单的“主义”与“问题”的二元对峙，逐步走向人文主义与科学主义的深度融合。

以上，我们在回望70多年中国德育的发展历程的基础上，努力总结了中国德育研究的历史、成就与不足以及德育学术发展的基本逻辑。“缺什么，补什么。”这一历史的全面总结，尤其是现存局限的分析，其实已经构成了对未来中国德育研究发展应有趋势的严肃探讨。

当然，任何理论研究从来都不可能没有实体性研究对象或者研究的“质料”。对中国德育研究未来发展方向更为准确的把握，当然还需要从对于新时代中国社会的发展方向以及由这一方向所决定的中国德育发展的逻辑中去获得进一步的深入理解。也就是说，只有清晰了解新时代中国需要有什么样的德育，我们才能更为明晰也更为脚踏实地回答新时代中国德育研究应有的努力方向。

三、时代逻辑的转换与中国德育事业及德育研究应努力的方向

2017年，党的十九大宣布“中国特色社会主义进入新时代”，我国社会主要矛盾已经转化为“人民日益增长的美好生活需要和不平衡不充分的发展之间的矛盾”。[①] 与此相应，新时代的中国德育如何为切实解决“人民日益增长的美好生活需要和不平衡不充分的发展之间的矛盾”作出应有贡献？进一步说，依据新时代的发展逻辑，我们需要什么样的德育实践、德育研究？对于这些时代之问题作出全面、认真的回答，实乃新时代中国德

① 习近平．决胜全面建成小康社会　夺取新时代中国特色社会主义伟大胜利［M］．北京：人民出版社，2017：11.

育理论工作者必须承担的重要历史使命。

（一）新时代教育发展逻辑的重要转换

由于改革开放以来中国社会经济的长足发展，我们已经进入了一个“物质丰裕的时代”，而这无疑是新时代教育发展逻辑转换的物质基础。

我们可以2019年的经济发展指标为例。这一年，中国有两项发展指标特别具有划时代意义：一是人均GDP首次超过1万美元（国家统计局的数据显示，2019年中国人均GDP达到10276美元[①]）；二是城乡居民平均恩格尔系数（居民食物支出占家庭生活总支出的比重）首次降到30%以下（国家统计局的数据显示，2019年全国城乡居民平均恩格尔系数为28.2%[②]）。

人均GDP首次超过1万美元、恩格尔系数首次降到30%以下，都是了不起的成就，但对于人民的幸福生活而言，平均恩格尔系数显然更为重要。这是因为国家、社会发展的终极目标都是人民生活的改善，而恩格尔系数所直接反映的，正是人民生活水平的高低。虽然横向比较，我们与发达国家尚有不小差距，现实发展的挑战甚多（如基尼系数居高不下），未来发展也未必会一直一帆风顺，但若纵向比较或做大历史的总体考察，我们仍然要承认一个基本的事实——中国已经进入了一个全新的历史发展阶段：几乎所有国民都摆脱了极端贫困、解决了温饱问题、实现了全面小康，国家在整体上已经进入了一个国民物质生活普遍较为富足的新时代——而这一点具有特别重要的历史意义。因为支持各项事业发展的经济基础日益雄厚，所以我们才有可能、有底气达成许多过去可能难以企及的成就。即便还存在教育质量有待提升等诸多挑战，我国教育事业已有长足的发展就

---

① 据《每日经济新闻》2020年1月17日发表的文章，2019年，中国人均GDP首破1万美元，GDP总量与日、德、英、法四国之和大体相当。国家统计局2022年2月28日公布的《2021年国民经济和社会发展统计公报》显示，2021年中国人均GDP已经达到80976元，按当时的年均汇率折算为12551美元，已经超过世界平均线。

② 2019年全国居民恩格尔系数28.2%　连续8年下降[N].中国青年报，2020-01-22.

是不争的事实。我们再以2019年的数据为例。据有关部门的统计：2019年，我国九年义务教育巩固率为94.8%，义务教育普及程度达到世界高收入国家的平均水平；2019年，我国高等教育毛入学率从2000年的12.5%提高到51.6%[①]，高等教育在校学生总规模超过4000万人，实现了从大众化向普及化的历史性跨越，中国已建成世界上最大规模的高等教育体系[②]……这些成就，无疑都以改革开放以来国家综合国力大幅度提升从而能够有力支持教育事业的发展为基本前提。以国家对教育的投入为例，2012年以来，国家财政性教育经费支出连年超越GDP的4%，总规模以数万亿元计[③]。因此，我们完全可以预期，只要国家保持目前的发展势头，不断提升的经济实力、综合国力也必定会在未来支撑中国教育事业的进一步腾飞。

不过，“物质丰裕”的社会对人类发展，尤其是对教育事业的发展的挑战也是空前巨大的。中国教育事业发展从现在开始必须直面的挑战至少来自两个方面：一是教育需求类型的升级；二是社会人口结构的变化。

所谓教育需求类型的升级，指的就是无论受教育者（学生）还是教育者（教师），大家接受和从事教育的动机类型都已经悄然发生范型上的变化。受教育者，以后当然还会继续考虑教育的工具性价值（如获得文凭、找一份好工作），但越来越多的人会从过去接受教育的“饥饿逻辑”（如“跳农门”、找工作等）的控制中逐步摆脱出来，更多地关注通过教育去追求修身养性、实现人生梦想等教育的本体性价值。2020年，湖南省一位贫困家

① 根据美国学者马丁·特罗的研究，以高等教育毛入学率为指标，可以将高等教育发展历程分为精英(15%以下)、大众(15%至50%)和普及(50%以上)三个阶段，当高等教育毛入学率超过50%，高等教育就进入了普及化阶段。

② 据《2019年国民经济和社会发展统计公报》，2019年我国九年义务教育巩固率达到94.8%。据2021年全国教育事业统计主要结果，2021年我国九年义务教育巩固率达到95.4%，各种形式的高等教育在学总规模4430万人，高等教育毛入学率达到57.8%。以上数据均不包括我国港澳台地区。

③ 国家统计局数据：2020年教育经费总投入达53014亿元。

庭出生的高分考生不顾网上许多人的劝阻，没有选择更赚钱的金融专业而毅然报考了自己所心仪的考古系，就是一个典型案例。贫困子弟的这一抉择，虽然未必已是普遍现象，但在过去物质匮乏的时代却一定是更难想象的。类似心理需求的变化,在教育工作者身上也呈现出了同样的变化趋势。2015 年河南省一位重点中学教师辞职的理由居然是“世界那么大，我想去看看”，这封“史上最具情怀的辞职信”，当然不是说明教师们以后都不在意薪酬、待遇了，而是意味着在新的历史时期，除了物质上的回报，将会有越来越多的人更倾向于在教育工作、日常生活中寻求生命的安顿、意义的获得。

以上接受、从事教育的动机范型的变化,其实是可以理解的。因为“仓廪实则知礼节，衣食足则知荣辱”（《管子・牧民》)。依据心理学家马斯洛的需要层级理论，当一个人的基础需要获得满足之后，其“优势需要”就一定会转移到对真善美、自我实现等高级需要、超越性需要上去。接受教育、从事教育的心理需求类型变化，或者学习与工作动机类型的变化，正是悄然发生的时代巨变的典型表征之一。就德育而言，获得良好生活所需的道德教养、建构安身立命的价值观念、追求人生的终极意义，同时在社会生活中成为拥有公共参与能力的有尊严的社会主体，对于新时代学习者的重要性将越来越大。

所谓社会人口结构的变化，指的是由于社会经济以及教育事业的迅速发展，我国人口的社会阶层、文化素养等正在悄然发生的结构性变化。首先是中等收入群体（或者中产阶层）的不断壮大。目前中等收入群体有多大，学术界尚有争议，但是改革开放以来中等收入群体迅速发展壮大的趋势，则是大家普遍认可的。而且，只要中国经济、社会继续向前发展，中等收入群体就会不断壮大。中等收入群体，并不只是一个合乎某些财富指标的人群，其突出特征之一就是基本生活问题已经解决，与之相应，心理需要的类型也会随之变革——与获得个体尊严、寻求社会正义等精神需要相关的自由、平等、公正、民主、法治的意识、诉求都会普遍提高。

除了社会阶层结构的变化，还有一项与教育发展直接相关的结构性变化，就是人口文化素养结构的变化——中国受教育人口的比重已经达到前所未有的高度。与新中国成立初期 80% 以上国民是文盲相比较，九年制义务教育已经全面实现、高等教育进入普及化阶段的中国，其人口文化素养结构——其实就是受教育人口占比已经发生翻天覆地的变化。越来越多的国民接受了良好的基础教育、高等教育，固然是我们时代最伟大的成就，也更有利于国家治理现代化的实现，同时，由于“民智已开”，包括教育治理在内的全部社会治理将面临全新的挑战，也是不言而喻的。我们可以肯定地讲，许多不讲公平正义或“不讲道理”的社会治理与教育治理的旧模式必将越来越不合时宜，而社会主义核心价值观所蕴含的自由、平等、公正、民主、法治等精神，将成为我国公民普遍而真实的现实诉求。近年来一些人们过去习以为常的社会“小问题”常常能在一夜之间就迅速形成重大网络“舆情”，重要原因之一，也在于此。

总之，“中国特色社会主义进入新时代”，或者中国进入“物质丰裕的时代”，都已经让国家教育需求的类型、社会大众的结构发生了重要变化。中国教育只能顺应历史大势，努力做出与时俱进的改革。换言之，新时代教育发展逻辑即将发生重要转换——中国教育实践与理论建设一定要有回应“2019 年以后”时代要求的范型之变[①]——以提供优质、公平的教育供给为教育事业发展的基本逻辑。而在德育领域，顺应“物质丰裕的时代”来临的历史大势，我们应该努力做出与时俱进的变革，形成优质、公平的教育供给，至少包括完成在德育主题（内容）、德育形态（形式）两个方面的继往开来与品质提升。

再换言之，依据新时代教育发展的大逻辑，中国德育研究如何为推进德育实践在教育主题（内容）、教育形态（形式）两大转型提供全面、专

---

① 檀传宝.发展范式转型的意味：论“2019 年以后”的中国与中国教育应有的变革［J］.中国教育学刊，2022（8）：64－69.

业的理论支持，也就势必成为新时代中国德育理论建构责无旁贷的使命。

（二）新时代必须坚守的德育主题

1. 加强基础道德教育——讲求基本人伦与道德教养

人类生活有一个重要且普遍的常识：若日常社会生活不讲基本人伦和道德修养，社会成员行为粗鄙，人际以及家庭、社会关系普遍紧张，何谈美好生活？所以，加强基础道德教育，既是教育领域一个千古不变的旧主题，又是“物质丰裕的时代”亟待应对的新课题。

中国是一个伦理型的文明古国，一直有强调基础道德的传统。孟子有云：“恻隐之心，人皆有之；羞恶之心，人皆有之；恭敬之心，人皆有之；是非之心，人皆有之。恻隐之心，仁也;羞恶之心，义也;恭敬之心，礼也;是非之心，智也。仁义礼智，非由外铄我也，我固有之也，弗思耳矣。”（《孟子・告子上》）“四端”说固然重点讲的是仁义礼智的发端，但也同时强调了基础道德发乎自然的“天理”属性。“父子有亲，君臣有义，夫妇有别，长幼有序，朋友有信”（《孟子·滕文公上》）等“五伦”与天理的自觉结合，强化了基础道德教育的重要性。故古代设立学校，“夏曰校，殷曰序，周曰庠，学则三代共之，皆所以明人伦也”（《孟子・滕文公上》）。“明人伦”等道德教育无疑是学校德育的基础或者根本。

“道德教育是学校德育的根本”①其实也是许多西方教育学家的共识。杜威曾经明确指出：“民主政治热心教育，这是众所周知的事实。”“民主主义不仅是一种政府的形式；它首先是一种联合生活的方式，是一种共同交流经验的方式。人们参与有共同利益的事，每个人必须使自己的行动参照别人的行动，必须考虑别人的行动，使自己的行动有意义和方向，这样

① 檀传宝．道德教育是学校德育的根本［J］．全球教育展望，2001(6)：9－14.

的人在空间上大量地扩大范围，就等于打破阶级、种族和国家之间的屏障，这些屏障过去使人们看不到他们活动的全部意义。”[①]美国著名的品德教育倡导者里克纳也曾经明确指出：“我们民主的奠基人认为，道德教育是我们民主社会得以存在的关键。”“他们的理由是：民主的政府是由人民当家做主，人民自己对社会的自由与公正承担责任。这意味着人民至少在某种意义上说必须是善良的，他们必须理解民主的道德基础，并为之尽责……”[②]因此他们的一个共同点就在于他们看到了政治教育虽然重要，但必须建立在最基本和最有效的道德教育基础之上。

对于当代中国社会而言，基础道德教育不仅具有永恒的、理论的意义，而且还具有十分迫切的现实意义。这是因为，物质生活的相对富裕会凸显人们对于精神生活的强烈需求。2014 年，人民论坛问卷调查中心曾经进行过一项有关中国“社会肌体健康”的调查（调查对象 8015 人）。据此形成的分析报告显示，超过八成的受访者认为当前中国社会正处于“亚健康状态”（“若请您为当今中国社会的健康程度打分，从 0 到 10，分值越高越健康，您的打分是？”选择 5 分及 4 分以下的各为 24.4% 和 57.7%），网民们认为最大的“社会病”包括：信仰缺失（55.3%，百分比越高意味着越多人认为这是最大的“社会病”）、看客心态（48.7%）、社会焦虑症（44.5%）、习惯性怀疑（40.4%）、炫富心态（38.9%）、审丑心理（36.5%）、娱乐至死（34.3%）……传统中国是一个乡土社会，特别强调以道德和信仰形成社会规范来规约各种利益主体。但这一调查发现，当今社会有高达 88.0% 的人认同（完全认同、比较认同者分别占 60.2% 和 27.8%）“信仰缺失、道德滑坡”是中国当代社会一种普遍的“社会病”。[③]基础道德本身及其信仰基础的缺失，恰好与先秦儒家、宋明理学建立的基础道德的“天理”“伦常”的论证逻辑

---

① 杜威．民主主义与教育［M］．王承绪，译．北京：人民教育出版社，1990：92.

② 里克纳．美式课堂　品质教育学校方略［M］．刘冰，等译．海口：海南出版社，2001：5.

③ 数据来自人民论坛问卷调查中心 2014 年 9 月发布的《当前社会病态调查分析报告》。

以及杜威和里克纳的共识走向了完全相反的方向，同时也反映出了日渐富裕的中国社会在精神层面的饥渴状态以及人民群众心理需求的时代转向。

为了因应新时代社会发展趋势和人民群众的精神需要，2019 年 10 月 27 日，中共中央、国务院印发了《新时代公民道德建设实施纲要》。该纲要开宗明义指出：“中国特色社会主义进入新时代，加强公民道德建设、提高全社会道德水平，是全面建成小康社会、全面建设社会主义现代化强国的战略任务，是适应社会主要矛盾变化、满足人民对美好生活向往的迫切需要，是促进社会全面进步、人的全面发展的必然要求”，“要把社会公德、职业道德、家庭美德、个人品德建设作为着力点。推动践行以文明礼貌、助人为乐、爱护公物、保护环境、遵纪守法为主要内容的社会公德，鼓励人们在社会上做一个好公民；推动践行以爱岗敬业、诚实守信、办事公道、热情服务、奉献社会为主要内容的职业道德，鼓励人们在工作中做一个好建设者；推动践行以尊老爱幼、男女平等、夫妻和睦、勤俭持家、邻里互助为主要内容的家庭美德，鼓励人们在家庭里做一个好成员；推动践行以爱国奉献、明礼遵规、勤劳善良、宽厚正直、自强自律为主要内容的个人品德，鼓励人们在日常生活中养成好品行。”对于教育工作者来说，这不仅是对社会发展中道德建设的强调，更是对于基础道德教育最为明确的强调。

基础道德教育既是对儿童道德发展逻辑的尊重，也是完整人格建设逻辑的必然要求。因为儿童总是在与身边人友好相处的日常生活中发展其道德的；而没有基本道德人格建设，任何宏大的社会政治理想、价值观念都会失去其有效生长的起码逻辑基础。强调基础道德教育，既是一个超越时空的永恒、普遍的教育命题，也是当代中国德育直面当代中国社会现实精神需要必须作出的理性回答。

2. 开展民主法治教育——协力政治文明建设

“美好生活”一定是共和国每一个公民都拥有人格尊严，合法权利都得到充分保障的生活。因此“不断满足人民对美好生活的向往”，一方面要求大力加强民主与法治建设，建设社会主义政治文明，另一方面则需要扎实开展民主、法治教育，确保公民成为负责任的权利主体、共和国真正的主人翁与建设者。因此，民主与法治教育、社会主义民主政治教育，或者中国特色社会主义的公民教育的开展就是这一美好生活建构的应然之义。

关于人的现代化，美国社会学家阿历克斯·英格尔斯曾经有过精彩的论述。在深入研究西方发达国家现代化进程并考察了第三世界国家现代化发展出现的诸多问题之后，英格尔斯发现：一个国家或企业即使有先进的制度，但如果缺乏能赋予这些制度以真实生命力的广泛的现代心理基础，如果执行和运用这些现代制度的人自身还未从心理、思想、态度和行为上都经历一个现代化的转变，那么就会导致制度的畸形发展甚至失败。再完善的现代制度和管理方式、再先进的技术工艺，也会在一群“传统人”的手中变为废纸一堆。这就是著名的“英格尔斯效应”。因此，英格尔斯断言：“人的现代化是国家现代化必不可少的因素。它并不是现代化过程结束后的副产品，而是现代化制度与经济赖以长期发展并取得成功的先决条件。”①

中共中央、国务院于2019年2月颁布的《中国教育现代化2035》明确指出，要“大力推进教育理念、体系、制度、内容、方法、治理现代化，着力提高教育质量，促进教育公平，优化教育结构，为决胜全面建成小康社会、实现新时代中国特色社会主义发展的奋斗目标提供有力支撑”。而与之配套的由中共中央办公厅、国务院办公厅印发的《加快推进教育现代化实施方案（2018—2022年）》所制定的5年教育现代化总体目标则是：“经过5年努力，全面实现各级各类教育普及目标，全面构建现代化教育制度体系，教育总体实力和国际影响力大幅提升。实现更高水平、更有质量的普及，教育改革发展成果更公平地惠及全体人民，教育服务经济社会发展的能力显著提高，社会关注的教育热点难点问题得到有效缓解，多样化可

① 英格尔斯．人的现代化［M］．殷陆君，编译．成都：四川人民出版社，1985：8.

选择的优质教育资源更加丰富，人民群众受教育机会进一步扩大，学习大国建设取得重要进展。”在以上两个文件中，无论是“推进教育理念、体系、制度、内容、方法、治理现代化，着力提高教育质量，促进教育公平，优化教育结构”，还是“教育改革发展成果更公平地惠及全体人民，教育服务经济社会发展的能力显著提高，社会关注的教育热点难点问题得到有效缓解，多样化可选择的优质教育资源更加丰富，人民群众受教育机会进一步扩大”，都说明教育现代化在制度、观念层面均得到了前所未有的强化。这是因为，无论我们的教育现代化在器物层面的进步指标如何亮眼，若教育制度民主与法治水平还不够高，若我们培育的社会主义建设者和接班人还不完全具备独立人格和创造精神、不能积极和理性参与社会治理，若我们不能在制度、精神层面实现彻底的现代化，我们就不可能真正意义上全面实现教育现代化。

若是做国际比较，社会主义民主法治教育、社会主义民主政治教育、社会主义核心价值观教育，其实就是世界各国所说的公民教育。我们与他人的区别，只在于我们的公民教育是中国特色社会主义的公民教育。公民教育所要培育的“公民”，既与“臣民”相对，也与“私民”相对。前者要求社会成员告别等级社会和人身依附，成为民主社会的权利和责任主体，因此公民教育的核心内容就必然包括自由、平等、公平、正义、民主、法治等；后者要求受教育者告别自给自足、不问政治的小农人格，成为有责任感、有能力参与社会治理的社会成员，因此公民教育的内容就必然包括道德责任、法治精神、爱国、敬业、诚信、友善等。无论中外，公民教育的目的，都在于促进受教育者健全的公民身份（Citizenship）的建构，从而在人格上告别人身依附和小农人格，实现人的现代化。正是在这个意义上，公民教育是现代教育性质的体现，是现代教育的目的性要求，因而公民教育意味着“全部教育的转型”[①]。当然，中国公民教育是中国特色社会主义公民教育。

① 檀传宝．论公民教育是全部教育的转型：公民教育意义的现代化视角分析［J］．安徽师范大学学报（人文社会科学版），2010，38 (5)：497 － 503.

教育即生活。要实现人的现代化、培养现代公民，不仅需要设置如“道德与法治”“思想政治”等专门的德育课程，还需要系统“重构学校制度生活”。因此加强学校制度建设以及开展与之相应的制度德育，就成为加强民主与法治教育的必然选择。依据制度德育论的理论主张，第一，“制度是教育资源”，应当彰显学校制度正向的多方面的育德功能；第二，“制度是教育过程”，应当确立优良学校制度的品质，对现行学校制度进行批判性审视，建构公平正义、民主平等、自由发展的学校教育制度，把制度建构活动变成教育过程；第三，“制度是生活方式”，应当把成文的制度规定与有组织的制度活动，通过内化与外化双向机制，变成稳定的制度化行为模式，化为学校制度生活，通过学校制度生活来培养学生品德。[①] 从本质上看，制度德育论是从学校制度重建、优化的角度主张加强教育生活意义上的民主与法治教育。

3. 推进“人类命运共同体”教育——促进全球公民责任和团结

当代社会，人类生活已经是一个相互依存的整体。一国人民的“美好生活”，一定与其他国家有直接和间接的关联。所以近年中国一直大力倡导构建“人类命运共同体”（a Community of Shared Future for Mankind）。“人类命运共同体”这一理念的提出，既是为了维护中国人民的尊严，维护国家的核心利益、主权、安全及发展，也是为了更好地承担国际义务，反对单极化霸权，推动建立更加公平正义的全球治理新秩序。“人类命运共同体”，是一种政策宣示、一种社会理想，更是一种客观现实。[②]

“人类命运共同体”理念之所以成立，首先是因为世界经济的“全球化”

---

① 杜时忠．制度何以育德？［J］．华中师范大学学报（人文社会科学版），2012，51（4）：126－131＋4.

② 据中国外文局当代中国与世界研究院2020年9月15日发布的《中国国家形象全球调查报告2019》，已有六成以上海外受访者认可“人类命运共同体”这一理念对个人、国家、全球治理的积极意义。

已经是一个具有突出现实性、普遍性的客观事实与发展趋势。市场经济的发展已经使得全球化市场成为当代各国经济面临的客观现实，产业、市场、资本的全球化分工会使得资源配置更好地实现优势互补，世界经济的发展也更有效率与活力。所以尽管在理论上一直存在对于全球化进一步加剧了国家间的贫富差距，加重资本对于普罗大众的经济剥削、政治压迫，导致政治、文化、生态危机日益严重等广泛的批评，尽管近年一些发达国家出于一己之私也采取了许多“逆全球化”的政策干预，经济全球化仍然是一个不可阻挡的历史潮流。

经济全球化除了使得世界变小、成为“地球村”，还加快了科技、文化、教育的交流，互联网的产生与发展，新媒体尤其是智能化的社交媒体的涌现和全球化覆盖，也使得整个世界在信息交流方面实现了前所未有的相互开放，而更加开放的世界反过来又使得全球化的范围和程度不断加深，“人类命运共同体”建构的现实性也因此得到进一步强化。

此外，当代世界还面临着许多亟待解决的现实问题，如战争与冲突、环境和气候问题、发达国家与发展中国家的贫富差距等。这些问题也都具有全球性，非一个国家或者某一国家集团可以单独解决。因此，各国如何和平相处、各国国民如何作为“全球公民”参与国际秩序的重建，迫切需要我们努力在德育上开展“人类命运共同体”意识的教育或者“全球公民”身份的培育。

联合国教科文组织 2015 年发布的《反思教育：向“全球共同利益”的理念转变》（*Rethinking Education: Towards a global common good*, 2015）[①] 明确指出，虽然“目前关于公民的定义仍以民族国家为核心，但在全球化

---

① 中文版已经由教育科学出版社于 2017 年出版。原文“common good”应译作“公共善”而非“共同利益”(common interest)。公共善着眼于社会正义，共同利益强调利害关系。联合国教科文组织的这一报告强调应该重新思考教育的使命，将教育视作在全球范围内促进公平正义、培育全球公民身份的事业。

的影响下，这种概念和相关做法正在改变”①。跨国社会和政治共同体，民间社会和行动主义都是新型“后国家”公民的表现形式。全球化创造出了超越民族国家的新型经济、社会和文化空间，正在促成超越民族国家界限的新的身份认同和动员模式。而“国家教育”面临挑战，人类社会要“重新思考多元互联世界中的公民教育”。②

超越民族国家层面的“人类命运共同体”教育，与国际上通行的“全球公民教育”（Global Citizenship Education，简称 GCE）相通。总结联合国及世界各国全球公民教育的政策与实践经验，为了真正“促进全球公民责任和团结”，“人类命运共同体”教育，或者“全球公民教育”至少应当包括如下几个重要的教育主题：第一，文化理解与和平教育。第二，经济发展与可持续发展教育。第三，全球治理与公民的建设性参与。

以上基础道德教育、民主法治教育、“人类命运共同体”教育，刚好构成了一个由近及远的逻辑系列。只有在教育内容上不断扎实强化这些主题的教育，我们的世界才可能更加美好，中国德育也才能满足人民群众对于美好生活的向往。但无论是基础道德教育、民主法治教育还是“人类命运共同体”教育，在内容选择、界定和有效开展上，都有许多需要德育理论工作者勇敢面对、深度回应的重大课题。

（三）新时代应当建构的德育形态

实现优质、公平的教育供给这一新时代中国教育事业发展的基本逻辑，不仅要求有高品质的德育内容安排，也要求有高品质的德育形式保障。让中国德育在教育形态上更加美好、让新时代少年儿童有更多接受优质德育

---

① 编译自 TAWIL S. Education for ‘global citizenship’: A framework for discussion［C］// ERF Working Papers, Series No. 7. Paris: UNESCO, 2013.

② 联合国教科文组织．反思教育：向“全球共同利益”的理念转变［M］．联合国教科文组织中文科，译．北京：教育科学出版社，2017：57.

的幸福感，具体说来，让中国德育成为专业的德育、审慎的德育、美好的德育，理应成为新时代德育形态变革的主要方向。

1. 让德育成为专业的教育——对德育规律的严格遵循

立德树人是教育的根本任务，故在教育上“人民日益增长的美好生活需要”也就自然表现为人民群众对于德育实效提高的广泛期待。而要让中国德育实效提高、让德育形态更为美好，这就需要严格遵循德育的客观规律，实现经验型德育向专业化德育的历史转型。

首先，由经验型德育向专业化德育的历史转型，要求德育实践充分尊重儿童道德发展的客观规律。

关于儿童的道德发展，劳伦斯·柯尔伯格（一译科尔伯格）曾经在道德认知发展上有过经典的描述。柯尔伯格不仅通过实证研究归纳出了儿童道德判断三水平（前习俗、习俗、后习俗）、六阶段（奖惩与服从定向、工具主义的相对主义定向、好孩子定向、法律与秩序定向、社会契约定向、普遍伦理原则定向）的发展轨迹，而且通过图利尔等人的试验得出结论：发展性道德教育的第一个心理学原则是，儿童只能同化在发展意义上合乎他们自身水平的那些道德说理；第二个心理学原则是“道德发展上的向前运动不仅依赖于向儿童揭示下一阶段的思维，而且要使儿童体会到运用他们自己当前的思维水平到道德问题情景中发生认知冲突的经验，如果经验不到足够多的认知冲突和不确定性，道德发展就不会发生”。[①] 柯尔伯格的道德认知发展理论及其生发出来的两难讨论、公正团体等德育方法至今仍然有重要的应用价值。当然，儿童道德发展并不只有道德认知发展一个维度，精神分析理论、社会学习理论、积极心理学等许多品德发展理论都从

---

① KOHLBERG L.Cognitive-developmental theory and practice of collective moral education［M］// WOLINS M, GOTTESMAN M. Group care: the education path of youth aliyah. NY: Gorden & Breach,1971 : 367.

人格发展、道德情感、亲社会行为等方面补充了儿童道德发展的其他维度。即便是儿童道德认知发展理论本身，通过图利尔、努奇等人的努力，也发展出了社会认知领域理论，将道德发展领域与社会习俗、个人生活领域的发展严格区分开来，人们对儿童道德认知发展图景的描绘也越来越具体、准确。吉利根、诺丁斯等人则以他们在关怀教育理论上的杰出贡献，从性别视角补充了我们对于儿童道德发展的认识。道德发展理论的不断发展已经告诉我们的基本常识是，儿童道德发展的阶段性特征是客观存在的，发展的逻辑也是有规律可循的。而要求得德育实效提升，教育实践只能遵循这些规律。若我们将“德育”定义为思想、道德、法治、心理教育等更广泛的领域，则思想、道德、法治、心理教育等教育实效提升的前提，也一定是对儿童思想、道德、法治、心理发展实际与客观规律的敬畏与遵循。

其次，由经验型德育向专业化德育的历史转型，还要求德育实践充分尊重德育活动的客观规律。

在当代中国德育实践探索中，德育的课程改革一直是德育实践改进的重点领域，而德育课程改革的一大进步，就是在课程理念上对于德育规律的尊重。其中最重要的就是鲁洁所倡导的“生活德育”理念对于课程改革的巨大贡献。鲁洁指出：“道德学习的本质，不是知识学习，而是生活的、实践的学习。”[①]“当代的教育却无视道德之知的实践特性，同其他知识一样也把它放在科学理性主义的过滤器中筛选成普遍化、客体化的知识，彻底割断了它长在母体身上的脐带，断绝了它与生活实践的联系，也就使它再也回不了自己的家。”[②]因此，“新德育课程的基本理念是回归生活。德育课程要‘源于生活，通过生活，为了生活’，在课程的实施中，不仅要关注课程的内容贴近生活，

---

① 鲁洁．江苏社科名家文库：鲁洁卷［M］．南京：江苏人民出版社，2015：18.

② 鲁洁．边缘化　外在化　知识化：道德教育的现代综合症［J］．教育研究，2005 (12)：11 － 14 + 42.

还要努力促使课程学习能真正改变生活”[①]。德育课程改革的具体目标应当表现为“道德观：从知识道德向生活道德转变”“课程观：从唯知识论走向生活经验论”“学习观：从单向传输转向交互作用”[②]。

不管德育课程标准与课程实践如何发展，我们可以肯定的是：不仅德育课程，而且全部德育实践，在坚持中国特色社会主义德育方向的同时，如何克服德育内容“假大空”、德育方式“强制灌输”等违背规律的德育惯习，始终是中国德育追求进步的重要方向之一。

再次，由经验型德育向专业化德育的历史转型，在教育实践上必然要求德育工作专业化水平的全面提升。

“德育专业化”既是历史的趋势，也是逻辑的必然。在进入现代社会之前，包括德育在内的所有教育活动都是经验型的。从事个体化教学工作的教师，其教育实践与手工艺人师傅带徒弟的模式并无本质差异。其基本逻辑在教育内容上都是“会什么，教什么”，在教育形式上也都是借助经验探索教育的有效性。尽管中外都不乏杰出的教育家和教育思想家，但是他们的教育实践、教育理论都是经验性的探索。以机器大工业为代表的现代生产的迅猛发展以及义务教育普及运动所催生的大规模学校教育，特别是“师范教育”的产生，是经验型教育到专业化教育的一个重要分水岭。师范院校的产生，意味着人类社会在制度上认可了教育工作两种专业性：一是在教育内容上，现代科学各学科知识意义上的“学科专业性”得到进一步认可；二是在教育方式上，教育学、心理学、教学法等所代表的“教育专业性”得到了体制性的认可。如果说“学科专业性”是旧式教育“会什么，教什么”逻辑的延续与升级，那么“教育专业性”则是现代教育与古代教育的根本区别所在。从此，包括德育在内的全部现代教育，都必须

① 鲁洁．江苏社科名家文库：鲁洁卷［M］．南京：江苏人民出版社，2015：18.

② 鲁洁．德育课程的生活论转向：小学德育课程在观念上的变革［J］．华东师范大学学报（教育科学版），2005 (3)：9－16＋37.

兼顾“学科专业性”和“教育专业性”。在这一意义上，现代教育、德育必须实现由经验型到专业化的范式变革，当然就是一个历史的必然。

之所以说“德育专业化”不仅是历史的趋势而且也是逻辑的必然，还因为：若全部教育都要承认“学科专业性”和“教育专业性”，实现由经验型到专业化的范式变革，德育作为教育的“根本任务”当然也要完成这一历史的转型。而要完成这一历史转型，德育就必须在研究、决策和教师的德育专业化等方面做出应有的努力。

完整的“德育专业化”无疑应当包括德育研究的专业化和德育决策的专业化。因为没有研究的专业化，德育决策及实践就没有“专业”的基础，专业化也就无从谈起。而德育决策的专业化则是德育事业专业化发展的关键。因为没有对于儿童道德发展规律的把握，没有对于德育原理、德育规律的尊重，就不可能有教育政策所追求的德育实效的取得与提高。“文革”时期一些政策对于德育规律的否定直接导致了德育内容的混乱以及德育方式非理性，其结果是灾难性的。“文革”结束后，“五讲四美三热爱”运动在全国范围内广泛开展，其实就是因为绝大多数国民已经意识到基本德性丧失的灾难性后果。20 世纪 70 年代末 80 年代初出现的青年一代的“信仰危机”更是意味着强制灌输无法建构真正的信仰。而新世纪伊始开启的德育课程改革之所以取得重要进步，最为根本的经验无疑也是教育决策对于德育专业或德育规律的应有尊重。

“德育专业化”还应当包括教师德育专业化。[①] 迄今为止，日常教育生活中人们常常将教师专业化理解为课程、教学意义上的专业化，这是一个严重的“概念的缺损”。其结果，“一方面，教师大学毕业拿到教师资格证书时基本没有学习过如何进行德育，在继续教育过程中对德育的学习也是偶然和不系统的，故所有教师都在以‘摸着石头过河’的方式

① 蓝维．德育专业化的关键：德育教师的专业发展［J］．教育研究，2007 (4)：26 － 27.

从事德育；另外一方面，现代教育与心理科学已经在德育理念、德育基础理论、德育策略与技能、品德及德育心理等许多维度都累积了十分丰富的研究成果，但这些成果只在教育研究者圈子里面循环，而较少与一线教师和其他实际教育工作者联系”①。因此，如何分门别类让所有实际承担着德育使命的从教人员都获得相应教育岗位所必需的德育观念、德育理论与德育事务等方面的专业知识与能力，是新时代中国教育事业尊重德育规律，实现德育实效、品质提升的关键之关键。

2. 让德育成为审慎的教育——对后真相时代的理性应对

当前，由于经济全球化的不断深化以及媒介生活形态的突飞猛进等原因，社会生活的复杂性、价值观的复杂性都已经空前提高。如何应对“后真相时代”的挑战成为全球性话题。

2016 年，《牛津英语词典》将“后真相”（post-truth）一词选为年度词汇，并将之定义为“诉诸情感与个人信仰比陈述客观事实更能影响民意的一种情形”。尔后《经济学人》在一篇文章中将“后真相”解释为：“真相并未被篡改，也未被质疑，仅仅是变得次要了。”②也就是说，“后真相时代”的公众在求真相没有希望的情况下，往往不再“较真”，人们更趋向于相信他们在情感上愿意相信的“事实”。概括说来，“后真相时代”的突出特征有二：一是由于种种原因，尤其是基于各种利益的考量，与过去相比，当代社会已是一个真相更难把握的社会；二是由于媒体发达、信息爆炸，人类很难像过去那样轻易获得真相，因此许多人便“方便行事”“反求诸己”，只相信自己愿意相信的“真相”。后者不仅让形形色色的民粹思维大行其道，也让真相的求索、共识的形成变得更为困难。而“未经反思就接受的观点

① 檀传宝．再论“教师德育专业化”［J］．教育研究，2012，33（10）：39－46.

② NOGUEIRA J. Post-truth politics：art of the lie［J］. The Economist，2016（9）：a27－a33.

和草率作出的决定有可能给我们的家庭、朋友、同事、社会、环境以及星球造成破坏性的灾难”①。

虽然“后真相时代”的到来,也有碍于自然世界里真相的发现,但是“诉诸情感与个人信仰比陈述客观事实更能影响民意的一种情形”肯定更多地发生在社会领域，尤其是价值观及其教育领域。故在当代社会，德育不可避免地面临两大维度的时代挑战。

首先是在教育目标、内容上，当代德育会面临不同价值观的同台竞技，其次是德育的形式方面，如德育的方式、方法等，同样会在不同制度、不同意识形态的国家间竞争，这都要求德育能够帮助道德学习主体在复杂的当代社会生活中作出明智且经得起考验的价值选择。此外，在“后真相时代”，人们对情感与信仰的服膺往往超过了对事实真相的究问。批判性思维有助于人们基于事实追求道德生活的真相。故在“后真相时代”，德育要理性应对上述挑战,批判性思维（Critical Thinking,又译作“审慎性思维”）就显得前所未有地重要。

所谓批判性思维，不过是“做出有目的、自我监督的判断的过程”，是“就观点和行为建构一个合理且公正的判断”。②批判性思维的关键能力，包括质疑能力和理性思考能力。③与彼得·法乔恩的前述定义相似，诸希克列举过另外三个有代表性的定义：“批判性思维是合理的、反思性的思考，着重于决定相信什么或做什么”（来自恩尼斯）;“批判性思维是熟练的、可靠的思考。因为它对背景很敏感，依赖于标准，并且是自动调整的，所以有助于形成有效的判断”（来自李普曼）;“批判性思维是你

① 法乔恩.批判性思维:思考让你永远年轻［M］.李亦敏,译.北京:中国人民大学出版社,2013:6.

② 同①7.

③ 美国学者恩尼斯的观点,转引自 COTTRELL S.批判性思考:跳脱惯性的思考模式［M］.郑淑芬,译.台北:寂天文化,2007:12.

在思考的时候，考虑自己的想法，以使自己更好地思考”（来自理查德·保罗）。[①]

批判性思维所要求人的，不过是严肃反思自己的判断和行动，不过是“讲理”（reasoning）——依据“理”（依据可靠标准并推理）、“据”（客观事实）作出理性的抉择并服从真理。批判性思维是一种明智的思维方式，其本身并不等同于某种道德上的善或恶。换言之，一些邪恶之徒也可能具有某种批判性思维的能力并让这一能力为犯罪服务。但对于德育而言，批判性思维要求分析信息来源与背景，依据一定标准，通过重新组织概念、展开逻辑推理，从而合理反思、评估所获取的信息及其附着的价值观，这不仅会帮助个体获得事实意义上的真相，更有利于帮助个体在置身于价值信息的洪流时能够以公正客观的态度作出理性的道德判断，避免无意中被未经反思的道德情感带来的猛烈冲击俘获而成为无脑的“乌合之众”。很显然，当代人要在纷繁复杂的价值世界中真正安顿自己、安顿年轻一代的精神生命，与其在眼花缭乱的价值观面前无所适从，不如在德育实践中强化批判性思维的培育，让德育对象在“风吹雨打”中自由、理性地选择并牢固建构起自己的价值观。由于批判性思维具有特别强调反思、强调标准、强调真实、强调理智等特性[②]，批判性思维的培育当然也一定会让合理的德育活动在内容、形式的竞争中拥有更强大的竞争力。

“物质丰裕的时代”和“后真相时代”无疑是同一个时代。前者意味着精神需要的凸显和德育对于这一需要高质量回应的必要；后者则要求高品质的德育，应该将批判性思维纳入日常德育生活，不仅提升德育的实效，而且因为实效的获得而让德育对象体会自主、自由地接受德育的美好。

---

① 诺希克．学会批判性思维：跨学科批判性思维教学指南［M］．柳铭心，译．北京：中国轻工业出版社，2005：2.

② 同①3－5.

3. 让德育成为美好的教育——主体自由的真正实现

如果用发展批判性思维的方式去应对“后真相时代”的德育的挑战是一种相对“防守”的策略，那么更为积极的教育战略就是让德育成为一种最“美好”的教育事业。当代德育应当成为一种能让道德学习主体自由真正实现的德育，一种自主、生活和审美的德育。

与自主的德育相反，在德育领域最不美好的学习体验，当然就是蔑视学习者的主体性、“按着马头让其喝水”（杜威语）式的强制灌输了。关于“灌输”，或者“强制灌输”，柯尔伯格曾经有过一段十分精辟的论述：“灌输既不是一种教授道德的方法，也不是一种道德的教授方法。说它不是一种教授道德的方法，是因为真正的道德应当包含对可能出现的价值冲突作出审慎的抉择；说它不是一种道德的教授方法，是因为合乎道德的教学必然意味着尊重儿童正在发展的对所学内容进行推理与评价的能力。”①

与灌输式的德育相反，让道德学习主体自由真正实现的德育，一定是自主、生活的德育。“唯物辩证法认为外因是变化的条件，内因是变化的根据，外因通过内因而起作用。”② 因此自主的德育不仅是现代教育学、心理学的主张，也符合唯物辩证法的基本原理。就像石头不可能孵化出小鸡一样，没有德育对象内在学习动机的发动，没有对特定价值观念的情感接纳、认同，没有学习者学习经验（生活）、发展阶段等“内因”条件的支持，就没有任何有效学习发生的可能性。由于涉及情感、态度、价值观的改变，与一般文化课知识学习相比较，强制灌输在德育上会更加无效。也正是因为这一点，柯尔伯格才说灌输“不是一种教授道德的方法”。自主的德育、自我建构的德育不仅是教育“效益”的要求，而且是教育伦理的要求。现

① POWER C, KOHLBERG L. Using a hidden curriculum for moral education［J］. Education Digest, 1987 (2) : 12.

② 毛泽东选集：第一卷［M］. 北京：人民出版社，1991 : 302.

代德育乃至全部教育之所以区别于古代德育、教育，一方面是彻底的人身依附的否定，另一方面是教育基于人是目的而非手段的伦理基础。因为无视学习主体的尊严，将学习者看作达成某种目的的工具或者器皿，所以“按着马头让其喝水”式的强制灌输意义上的德育才“不是一种道德的教授方法”。就是说，由于违背现代教育伦理，德育的强制灌输范式在本质上是反德育的。

自主的德育可能面临价值观教育的强制与放任之间的矛盾；强调生活的德育也可能面临德育对生活的适应与超越之间的张力。而促成价值引导与自主建构的矛盾解决的“中庸之道”，在于德育内容与形式的审美化。因为“道德教育的内容与形式如果可以处理成一幅美丽的画、一曲动听的歌，那么与这幅画、这首歌相遇的人就会在‘欣赏’中自由地接纳这幅画、这首歌及其内涵。道德教育的价值引导与道德主体的自主建构两个方面就可以在‘欣赏’过程中得以统一”[①]。所以，让道德学习主体自由真正实现的德育更一定是审美的德育。

正如自主、生活德育的意义不仅在于德育绩效的提升，也在于教育伦理的落实一样，审美化的德育最为重要的也不仅仅在于通过对德育内容、形式、师生关系等的审美化改造而使得德育更为生动、克服道德规范之于学习者的“顽强的疏远性”，审美化的德育最重要的意义，也在于席勒所言的“在有文化教养的圈子里，在审美的国度里，人就只需以形象显现给别人，只作为自由游戏的对象而与人相处”[②]这一极富美感的教育境界的达成。由于道德及其学习自由的真实获得，德育才可能让学习主体摆脱奴隶式的被动道德规训状态，也脱离“人和人以力相遇”的丛林法则所支配的

---

① 檀传宝．德育美学观［M］．北京：教育科学出版社，2021：224.

② 席勒．美育书简［M］．徐恒醇，译．北京：中国文联出版公司，1984：145.

野蛮生活。因此，审美化的德育实践是一种能使道德主体的意义求索和学习自由兼得的当代德育之道。

无论是自主的、生活的、审美的德育，或是其他许多浪漫、理想的中国当代德育理论主张，本质上都是在主张让德育成为因道德学习主体自由的真正实现而变得更加“美好”的教育，而这正是“物质丰裕的时代”中国社会对于德育最核心的要求。

依据新时代的发展逻辑，我们需要什么样的德育实践、德育研究？

我们认为，加强基础道德建设、开展民主法治教育、促进“人类命运共同体”的形成，应该成为新时代必须坚守的最重要德育主题；让中国德育成为专业的德育、审慎的德育、美好的德育，理应成为新时代德育形态变革的最重要的改革方向。如果上述德育主题（内容）、德育形态（形式）的发展方向的确是新时代发展逻辑的必然，那么新时代的德育研究理所当然服从这一时代转型的逻辑去求得自身的发展。新时代的中国需要高品质的德育，相应地也就需要与之相应的更高品质的德育研究。换言之，如果中国德育理论工作者要“将论文写在大地上”，就一定要投身于以高质量的学术研究推进中国德育在内容与形式维度的品质提升这一伟大的事业之中。

在这一时代背景之下，《中国德育研究大系》可谓当代中国德育学人对于高品质德育实践与理论建构这一时代责任的一次集体性的学术承担。

四、《中国德育研究大系》的缘起与编撰历程

湖北教育出版社是一家情系教育、志存高远的专业出版社。自 2002 年以来，出版社曾经与多位德育研究者一起合作研制、出版国家义务教育新课程标准教材《品德与生活》《品德与社会》（鄂教版），为基础教育课程改革添砖加瓦。在愉快而高效的合作过程中，出版社与德育专家们不仅加深了了解，而且获得了高度互信。2020 年 10 月，全国德育学术

委员会第29届学术年会在海南召开，湖北教育出版社方平社长专程与会，提出与全国德育学术委员会合作出版《中国德育研究大系》的详细设想。《中国德育研究大系》选题价值也受到了全国德育学术委员会许多专家的高度肯定。会后，我们就立即着手谋划书系的框架、邀请和遴选作者、商讨编撰工作的日程安排。

2021年6月，《中国德育研究大系》启动会在华中师范大学召开。长江出版传媒股份有限公司领导、湖北教育出版社领导和多位编辑参加会议，全国德育学术委员会时任理事长檀传宝教授、副理事长杜时忠教授，以及十位作者：孙彩平教授、卜玉华教授、齐学红教授、唐爱民教授、程红艳教授、班建武教授、叶飞教授、刘长海教授、李敏教授、刘春琼副教授参会研讨。为了认真总结中国当代德育研究的重要成果、应对德育研究面临的时代挑战、回应社会对德育实践的重大关切，与会专家一致认为在"两个一百年"的历史交汇点，编写《中国德育研究大系》适逢其时。在这次会议上，大家对《中国德育研究大系》的编写思想、风格定位、内容体例等问题进行了深入讨论，并形成如下共识：第一，丛书要成为高水平研究成果的集成，要优先考虑德育研究的学术性、专业性。第二，要突出时代气息和中国特色，充分反映中国德育发展和德育理论进步的整体风貌。第三，要具有国际视野、中国立场，要成为一个具有民族特色和世界眼光的德育研究精品系列。

最终呈现的《中国德育研究大系》由《德育基本理论研究》《学生品德发展研究》《教师道德研究》《德育课程研究》《班级德育研究》《家庭与社会德育研究》《德育方法研究》《德育评价研究》《中国传统德育研究》《中国德育研究新进展》十个分册组成，基本实现了预期目标。为了确保《大系》的学术水准与出版质量，在十册图书编写、审校完成后，我们又特别邀请了十位学者分别对上述十部书稿进行了审阅，他们分别是：周小李教授、张添翼副教授、蔡辰梅教授、郑航教授、李家成教授、李太平教授、朱晓宏教授、唐汉卫教授、冯永刚教授、郑富兴教授。十位审稿人认真阅读了书稿，并提出了大量中肯而有益的建设性意见，各册作者在此基础上进行了修改完善。

在此，我们对十位审稿人表示衷心感谢！

这十册图书汇集了中外德育研究的最新成果，在深入探讨德育基本理论、中国传统德育及面向未来的中国德育等诸多理论课题的同时，也系统分析、回应了教师道德、品德发展以及影响青少年品德成长的课程、教材、教学评价等德育领域的重大实践课题。《中国德育研究大系》既是汇集当代德育研究成果的百科全书，更是推进中国特色社会主义德育理论建构的工作平台。它不仅为中国特色社会主义德育理论的建构提供了一个系统、深入的崭新起点，更为构建方向正确、内容完善、学段衔接、载体丰富、常态开展的新时代德育工作体系，大力促进德育工作的专业化，提升德育的创新性、实效性，落实立德树人的根本任务，奠定了重要的教育理论之基。再加上作者团队——全国一批深具专业实力的德育研究者的积极参与和倾情奉献，我们有充分的理由相信：这是一套集权威性、公益性、原创性和实用性于一体的集大成之作。其出版，无论对于中国德育理论的建设还是德育实践品质的提升，都具有十分重要的时代意义。

汇集一批好学人，做成一桩大事情。在《中国德育研究大系》即将出版之际，作为主编，我们由衷感谢出版社有关领导、编辑团队对于本书系的有力支持，真诚感谢十位作者在百忙之中的积极响应、倾情投入和高品质的产出。与此同时，我们更是和全体作者一样，由衷地希望与更多的读者们同行，携手迎接一个中国德育研究更加美好的新时代！

檀传宝　杜时忠

目录

导 论

20世纪最后20年至21世纪前20年的大约40年是中国社会的转型时期。在此期间，中国的家庭和社会生活领域在结构与内涵意义上都发生了深刻变化，家庭和社会生活中的道德风气、人际关系以及道德实践也出现了诸多被称为“问题”“风险”和“危机”等状况。本书所探讨的便是学术界对中国家庭与社会德育的研究及理论认识状况。具体任务有两点：一是厘清40年中国社会转型期有关家庭与社会德育研究的发展脉络与基本主题；二是分析研究界如何理解和阐释中国社会转型期家庭与社会德育的现象。

本书的核心概念是家庭德育和社会德育。在我国教育理论语境下，人们谈起德育概念时，更多是指学校德育。虽然人们常用“大德育”概念以表示此概念超出学校德育概念以外的内涵，包括社会德育和家庭德育，但是家庭德育和社会德育的内涵到底如何界定几乎没有人作过正面解释。我们在研究时发现，如果直接用这两个词作为关键词检索文献，与之相对应的文章或研究成果寥寥无几，即便有几篇，也大多在日常话语的意义上进行表达，没有对这两个概念作严格界定。而明确这两个概念的内涵是我们准确把握这两个领域理论与实践问题的重要前提。所以，我们有必要先对这两个概念的理解与使用进行定位。

首先是“家庭德育”与“家庭教育”“家庭伦理教育”等相近概念的关系。在家庭德育内涵的理解上，我们遭遇了诸多再理解的困难。一是“家庭德育”与“家庭教育”的概念难以区分。在检索文献时，当用“家庭德育”为关键词检索时，这方面的文章要少得多，当用“家庭教育”检索时，文献就非常多，文献内容所讲的也多是德育问题，包括立身、处世、待人、接物等内容。因此，虽然名不同，但内涵相似或相近，于是，本书运用了大量家庭教育方面的研究资料。二是“家庭德育”与“家庭伦理教育”的概念有较高重合度。有很多人是用家庭伦理教育来探讨家庭德育问题，为此，本书也关注了家庭伦理教育方面的研究成果。我们发现，从家庭伦理教育角度解读家庭德育能够极大丰富对家庭德育的理解，并可突破从学校教育视角，尤其是基础教育阶段的视角理解家庭德育的狭隘内涵。因为人们习惯于从基础教育阶段的学校教育理解家庭德育，大多想到的是家长如何教育儿童的德行成长问题，很少想到家庭德育常常是家庭成员之间在日常生活中进行的伦理教育，如：如何与长辈相处，兄弟姐妹如何相待，亲戚朋友如何交往，以及与社会他人如何沟通，等等。再比如夫妻伦理、婆媳伦理、“婚外恋”等婚姻伦理，也属于家庭伦理教育的内容。这些对于个人一生的幸福生活而言都是相当重要的道德素养，也应该成为家庭德育的重要内容之一。所以，家庭伦理教育视角下的家庭德育研究非常有意义和有必要。当然，即使这样，有关家庭德育方面的文献，我们仍然会有许多把握不够之处。

其次是“社会德育”与“社会伦理教育”“社会道德建设”等概念的关系。我们发现在伦理与道德概念的关系上，人们对社会道德的理解更多是从社会伦理角度进行，因为相当多的人认为伦理是指向群体的，而道德则是指向个体的，所以，虽然在生活中我们常常混用社会伦理与社会道德，但严谨的学者们一般会严格区分伦理与道德的用法，常用“社会伦理教育”谈社会道德现象及其教育，而很少用“社会道德教育”这一说法。比如，学者为此进行了辩护，认为伦理是一种外在的规范，是人们所认识和理解的人与自然、人与人、人与自身的应然性关系；道德则是人们对这种应然性伦理关系的反思、认同和实践，以及在此基础上形成的有关“应当如何”的观念、品格、规范和行为；伦理是道德的来源和依据，道德则是伦理的展开和实现，表现出既相通相依、又相互限定的张力关系。[①]从伦理与道德的区别上看，伦理主要指居住在一定区域内的人在人与人、人与自然的长期互动中形成的约定俗成的伦常秩序（风俗习惯），具有社会性；而道德则可以理解为是人们长期遵行一定风俗习惯而形成的品性和德行。比如，我国传统社会中典型的家庭关系有夫妻关系、父母子女关系、兄弟姐妹关系。这些关系是客观的、实在的，其辈分、长幼次序是带有必然性的，这是形成家庭伦理关系的客观基础。这些关系如果要和谐且融洽，就需要遵循一定的规范或道理，如传统社会把维护或遵守“五伦”的品性理解为义、慈、友、恭、孝等，这些便是道德内涵。相对于伦理的客观性，道德规范具有较强的主观性，比如父慈子孝在传统社会几乎是唯一的道德行为规范，但在现代社会，父子之间的道德规范还应当有平等尊重的要求。这是因为道德规范具有一定的时代性、文化性和主观性。因此，从此意义上讲，当我们探讨社会德育时，我们是在社会伦理道德教育的意义上谈论的，议题涉及社会伦常秩序、风俗习惯以及人们道德品行等方面的教育，内容既包括社会伦理教育，也包括社会道德教育。与“社会德育”相似的另一个概念是“社会道德建设”。在研究社会德育时，很难检索到以“社会德育”命名的文章或书籍，但当我们用“社会道德建设”作为关键词检索时，发现这方面的文章非常多，这说明在社会领域，人们虽从事的是与社会道德教育有关的工作，但其工作并不限于社会道德教育，所以就用“建设”一词表达他们在社会道德教育领域的工作。基于这一考虑，我们也把“社会道德建设”作为“社会德育”的重要范畴纳入研究范围。

最后是家庭德育与社会德育的内在关系。一方面，两者互为基础，相互生成。从人类发展史看，家庭是最悠久的亲属团体和社会组织形式，又是人类最现实、最直接的伦理实体。德国古典哲学家黑格尔曾经指出家庭

---

① 李建华，刘仁贵．伦理与道德关系再认识［J］．江苏行政学院学报，2012 (6)：24－29.

是一个“伦理实体”[①]。恩格斯在《家庭、私有制和国家的起源》一书的序言中指出一切社会关系和社会矛盾都必然地这样或那样地反映到家庭中并不同程度地受到家庭关系的制约和影响。有学者断言：“以血缘为纽带的家庭关系作为一种最基础最普遍的社会关系，则曾经是人类伦理道德产生的始基，并在往后的社会发展中一直充当着一种社会伦理实体。”“家庭伦理虽然是社会伦理在家庭领域中的具体体现，它具有社会伦理所具有的一般特征，但它又以其特殊的内容和作用影响着社会伦理的发生和发展。”[②]因此，研究社会道德，第一步就要从研究家庭伦理开始。另一方面，两者关注的重心不同。在现代社会，家庭德育属于私人领域，具有私密性、个体性、局部性和情感性等特征；社会德育则属于社会公共领域的道德教育，要求社会个体能够以利他、契约、公共意识、群体取向等作为基本的道德精神和行动取向，这与家庭德育就具有一定的冲突性。因此，在私与公的意义上，两者又存在着极大的分野。这种分野是我们划分两者关系时的基本边界。

此外，本书的研究对象是家庭与社会德育，何以把媒体德育放进了本书主题之中呢？传统上，人们对德育范畴的分类是学校、家庭与社会，这是实体德育的分类方式。但现代社会是网络社会，现代媒体已经成为人们生活中不可或缺的一部分，自然也是德育传播的重要载体和主渠道，其重要性不亚于家庭、学校、社会，甚至比家庭、学校和社会的传播面更广，渗透性更强，影响力也更大。因此，其重要性之大不可不关注。同时，现代媒体的主体既有政府，也有社会个体，虽然不能被家庭德育和社会德育全部覆盖，但与家庭德育和社会德育的范畴交叉范围最大。因此，有必要

---

① “伦理实体”系德国古典哲学家黑格尔提出的一个概念，其主要意蕴是指具有普遍性和必然性的社会关系结构。他在《法哲学原理》一书中认为伦理实体经过家庭—市民社会—国家一系列发展环节，只有国家才是伦理实体发展的真正理性阶段。

② 唐凯麟 . 家庭伦理三题散论［J］. 道德与文明 , 2002 (6) : 37 － 42.

在本书论题下将之涵盖进来。

本书研究思路和研究方法大体有三方面。第一方面，从伦理价值秩序着眼，探讨家庭德育和社会德育问题。与学校德育相比，家庭德育和社会德育是融合在家庭生活和社会生活之中进行的，具有渗透性、泛在性和自发性，家庭和社会的伦理与道德风气、社会的政治法律秩序是其重要内在力量。伦理是社会的自组织，道德是个体的自组织；伦理的基本功能在于建立社会生活的秩序，处理的是人与人、个体与社会的矛盾，而道德处理的是个体自身的理智与欲望、义与利的矛盾，从而建立其内在的生命秩序。在不同社会，伦理与道德所建立的社会与个体生命秩序是不同的，原因在于其所依托的社会生活与经济形态有所差异。中国传统社会的五伦秩序是建立在自给自足的小农自然经济基础上的，人们在自给自足的自然基础上，伦理与情感也是自给自足的，家庭伦理关系不仅能够维持社会交往关系，也能够让个体在精神上“安身立命”，而且伦理关系的存在是建立经济关系的前提。但是，在市场经济社会之中，市场经济的根本原理是通过市场这个“看不见的手”来进行资源配置，在市场中，人们建立的是纯粹的经济关系，对人伦关系和谐的追求为市场竞争所取代，传统的伦理秩序不再发挥作用，这时就会出现许多道德不良现象。但道德行为的教育，需要以伦理秩序的重建为前提，这是因为伦理是在价值引导下社会成员对自己的行为和相互关系的自我调节，只有伦理秩序清晰明确了，身处关系中的个体道德行为才会以此为方向和尺度，合适地度量与引导自己的道德行为。这就是说，在研究家庭与社会德育时，我们需要首先从伦理研究入手，清晰道德发展与教育的上位伦理秩序建设状况。因此，在本书第一章，我们首先追问的是当代中国转型社会的伦理秩序建设状况。

第二方面，依据宏观政策把握家庭与社会德育的发展脉络。在分析家庭德育与社会德育在这 40 多年里的发展脉络时，我们发现一些研究问题在不断被论述，基本观点变化也不大，甚至所揭示的问题和原因分析都基本一样，学术研究的阶段性特征非常模糊。这或许是因为研究成果以经验性成果居多，而严谨的学术成果较少。但这 40 多年间我国宏观政策的主题内容在脉络上相对清晰。因为国家每次出台的相关德育政策，既能够指明当时家庭与社会德育的基本状况，也在很大程度上具有引领和驱动的作用，会产出大量相关研究成果。所以，我们依据政策文献梳理了这一领域 40 余年的发展线索。

第三方面，从大数据和类型学的角度把握基本议题。本书第三个主要任务是把握和分析 40 多年家庭德育和社会德育中的基本议题。如何判断哪些是基本议题呢？一是依据大数据。即主要利用现代信息检索技术所呈现的大数据，从中分析每个领域文章的分布数据集中点，从而大体上判断每个时段的热点问题所在。比如，在家庭德育的主题确定方面，大量数据显示研究主题集中于离异家庭、随迁子女家庭和留守家庭等方面。这些自然也就成了这个专题中的基本议题。二是依据类型学。并不是所有的研究主题都能够进行大数据分析，比如媒体德育的研究论题就很难进行大数据分析，这是因为媒体德育的研究尚处于起步阶段，研究论域尚不清晰，一些研究者大多是随机地从不同方面对其进行零散的论述，有时专业术语表达也不是十分严谨。为此，我们进行这类论题的分析时，就不得不采用类型学的方式对材料进行归类处理。

全书框架遵循总分总的结构。导论和第一章是总述部分，第二章至第八章属于分述部分，第九章作关系性总论。

全书特色体现为跨学科性、事理互证性和分类学研究。跨学科性体现在涉及德育理论、教育学、伦理学、文化学、家庭学、社会学和传播学等多个学科，将家庭与社会德育问题放置于多个学科对话中呈现。事理互证性体现在本书第二章至第九章的三个议题的论述上。每一个议题均分为两大板块：第一板块先陈述历史事实和发展现状，这是事实依据；第二板块呈现研究状况，通过研究成果揭示事实之理。这样，事与理互证，能够较完整地呈现 40 多年我们国家家庭与社会德育发展与研究的全貌。分类学研究是一种寻找共性，抓典型性和代表性的研究方法。“分”即鉴定、描述和命名，“类”即归类，按一定秩序排列类群。我们在梳理 40 多年家庭与社会德育研究成果的过程中，为了抓住主要对象、线索和议题，便采取了此类研究方法。比如，在第一章，我们采用了影响广泛的典型道德事件作为理解社会道德发展状况的主线索；在家庭德育中，对独生子女家庭、离异家庭、留守儿童和流动儿童家庭德育进行分类研究；在社会德育中，从时空两个维度，按社会基层组织、社会团体、社会场馆和节假日进行分类研究；在媒体德育中按媒体类型进行分类研究，等等。通过这一分类学研究，就把纷纭杂沓的德育现象及主要问题以简约的方式清晰地呈现了出来。

以上是对本书的总体说明。研究内容本身可能并不具有独创性，但我们对研究成果的梳理与分类，也算是一种贡献吧！

第一章
家庭与社会德育发展总样态

本章将探讨两个问题：改革开放以来的40多年，中国社会转型发展对家庭德育和社会德育形成了哪些总体挑战？现代社会家庭与社会德育发展的基本状态如何？这两个问题意在以“见林再见树”的方式，为全书议题率先提供总样貌。

第一节　转型社会的精神图像

20世纪70年代末至21世纪前20年的40多年，本书称这一时段为当代社会，它是中国社会一个不同寻常的发展阶段，学者们将此阶段的社会发展性质称为“转型期”。转型意味着创新与冲突并存，新与旧的对峙，以及社会精神生活的混乱与转变。因此，把握家庭与社会德育在这一时段的发展状况，首先需要把握转型社会的基本性质、特征和人们精神面貌的基本样态，它是孵化家庭和社会德育的基本条件。

一、转型社会的基本特征

关于当代社会的发展性质，我国理论界的基本共识是“转型社会”。

转型体现在从计划经济到市场经济，从家国一体到公共领域，从神圣化到世俗化，从共同体到社会，从农业社会到工业社会等多个维度和多个层面。

有学者认为要判断一个社会是否为转型社会，要看一个社会的多个领域是否具有异质性、形式主义和重叠性。[①]异质性体现为多个方面，如经济上体现为自然经济与市场经济并存，政治上体现为权威管理与民主管理并存，社会伦理上体现为传统伦理与现代伦理并存，如此等等。这些都是转型社会的多个向度，体现为从点到面到体的渐进发展过程，极为正常，也正因此而使社会中充满各类张力。形式主义是指理论与事实的脱节现象。比如，文件中规定要为人民服务，但事实上却出现违背人民利益的做法，一些政策只是形式上正确合理，事实上很混乱。这种现象在转型社会非常普遍，常常造成民众对政府的不信任。重叠性是指社会组织或个人一般具备多种角色或功能。比如在传统社会，家庭不仅是生活单位，还是生产单位，甚至还是教育单位，集经济生产、生活、社会交往和教育等多重功能于一身，体现出了家庭功能的全面性，但是，到了现代社会之后，一些职能开始分化，家庭失去了经济生产功能，更多地转向了生活功能，甚至因为学校教育的产生而失去了大部分的教育功能。但家庭仍然需要经济作为基础，因此，家庭有时还需要进行经济活动以满足生活所需，也需要承担学校所无法承担的教育功能，由此观之，现代社会中家庭一方面越来越聚焦于生活，同时又无法完全摆脱传统功能而具有重叠性。个人同样如此，在传统社会，社会伦理关系是个人为人处世的主要依据，而在现代社会，专业、职业和能力则是为人处世的基本依据。但有时个人为了谋取更高的职位，又不得不行身份之便去获得职位，这时，他就处于身份与专业的重叠身份之中。显然，这种重叠性身份常常造成过渡性人格，导致社会伦理道德中不良风气的产生。如果以上述三个基本特质为标准，当代中国社会发展的许多样

---

① 金耀基．从传统到现代［M］．北京：中国人民大学出版社，1999：73－77.

态都有所体现。因此，称当代中国是一个转型社会，应当是一个较为准确的判断。

关于我国社会转型的历史起点，有学者认为，从广义上说，社会转型是指“洋务运动以来一个半世纪的社会发展变迁与转型的历史过程；狭义的社会转型特指我国 1978 年实行改革开放以来至今的社会转型过程”①。在狭义社会转型的论述范畴内，不少学者又提出了第二次社会转型说。胡鞍钢认为“进入 21 世纪……中国共产党需要进行第二次战略转型，即从经济建设为中心转向制度建设为中心”②。迟福林在 2010 年时认为，中国已经由生存型社会进入发展型社会新阶段，中国需要进入到以发展方式转型为主线的第二次转型。③金耀基等基本认同这一观点，他认为 2009 年开始，我国便进入转型期的另一个 30 年，而这个 30 年，中国将完成一个百年来的重大命题，就是现代转向。④无论是一次转型，还是二次转型，显然，当代中国已经是个转型社会。

综上，中国转型社会的特征可概括为：经济体制从计划经济转向市场经济，产业形态从农业社会转向工业社会或后工业化社会，生存方式从单位人转向社会人，等等。

（一）经济体制从计划经济体制转向市场经济体制

新中国成立后的 30 余年里，党和政府对社会主义新型国家的建设处于探索期，既有成功经验，也有失败经验。对此，邓小平坦诚地说：“从一九五八年到一九七八年整整二十年里，农民和工人的收入增加很少，生

---

① 陈先哲．我国社会第二次转型与高等教育秩序重建［J］．高等教育研究，2012，33 (1)：5 － 9.

② 胡鞍钢．第二次转型：以制度建设为中心［J］．战略与管理，2002 (3)：34 － 38.

③ 迟福林．第二次转型：处在十字路口的发展方式转变［M］．北京：中国经济出版社，2010.

④ 李怀宇，金耀基．“现代转向”就在下个三十年［N］．时代周报，2009 － 04 － 30.

活水平很低，生产力没有多大发展。”[①] 所以，20 世纪 90 年代，我国实行市场经济主要是对计划经济的深刻反思与批判的结果。

我国经济体制改革是在党和政府一系列政策推动下完成的。社会经济改革首先从农村开始。1978 年 12 月，召开了党的十一届三中全会，初步总结了新中国成立后中国农村建设的经验与教训，并直面问题，反思了人民公社制度的利弊。党的十一届三中全会后，在农村开始实行“家庭联产承包责任制”。与此同时，国家还推出了一系列鼓励农业发展的措施，并大幅度提高农副产品收购价格。这些政策措施大大激发了农民生产的积极性，农业生产连年丰收。从此，我国农村真正解决了温饱问题。1984 年 10 月，召开了党的十二届三中全会。这次会议将市场化改革的重点转移至城市。改革对象主要是国有企业，改革矛头对准了如何破除城市中的计划经济体制。1992 年 10 月，党的十四大召开，正式确立了社会主义市场经济体制改革的目标。1993 年 11 月，党的十四届三中全会审议并通过了《中共中央关于建立社会主义市场经济体制若干问题的决定》，明确了社会主义市场经济体制的基本框架。2001 年 11 月，中国正式加入世界贸易组织，标志着中国从此成为世界经济贸易的重要成员，是中国深度参与经济全球化的里程碑。“全球化的哲学意蕴在于，打破一切封闭的体系，使人以及与人相关的各种因素都进入到一个流动的过程之中。这就是开放性与流动性。在这种开放性和流动性不断增长的过程中，国家与国家之间、地区与地区之间、人与人之间都趋向于平等，在平等的基础上开展合作。”[②] 加入世界贸易组织对中国社会发展意义重大：一是推动了思想解放、凝聚了共识，全社会清晰了未来向何处去；二是推动开放、促改革、促发展；三是

---

① 邓小平文选：第 3 卷［M］. 北京：人民出版社，1993：115.

② 张康之. 全球化、后工业化时代的社会特征［J］. 河南大学学报（社会科学版），2012, 52 (5)：98 − 107.

释放活力。① 习近平在中国共产党的十九大报告中提出“推动形成全面开放新格局”，党的十九届五中全会绘制了建设更高水平开放型经济新体制的新蓝图，进一步推进了我国的市场化、法治化、国际化营商环境建设。

目前，社会主义市场经济体制是我国社会主义基本经济制度的重要组成部分。从计划经济到市场经济体制，改革内容涉及多个层面，包括：“农村经济体制改革、国有企业改革、所有制结构改革、收入分配体制改革、政府行政体制改革、财税体制改革、金融体制改革、公共服务体制改革、对外开放体制改革及经济体制改革。” ②

（二）产业形态从农业社会中经工业化社会，并迅速转向后工业化社会

中国由计划经济体制向市场经济体制转型的过程，也同时推动了中国产业形态的转型，即从农业社会转向了工业社会，体现为工业化和城镇化快速发展与相互促进。一方面，工业化过程是更有效的劳动分工、利用技术创新、以机械化和大批量生产取代个体手工劳动的过程，流水线取代手工，劳动效率大大提高，经济快速增长。历史证明，工业化有力地推动了我国农村经济社会发展要素（如土地、劳动力）迅速向城镇集聚，于是，城乡结构也由传统乡村社会转变为以城镇为主导的社会，城乡结构发生了根本性转变。另一方面，农村经济及传统生活形态也受到了极大冲击，其原有的经济结构和组织形态也需要重新建构。③

进入 21 世纪后，现代科学技术的快速发展，有力地推动我国社会进入

---

① 张燕生，裴长洪，毕吉耀，等．中国与世界贸易组织：回顾与展望［J］．国际经济评论，2022 (1)：9 － 30，4.

② 陈宗胜，王晓云，周云波．新时代中国特色社会主义市场经济体制逐步建成：中国经济体制改革四十年回顾与展望［J］．经济社会体制比较，2018 (4)：24 － 41.

③ 王永昌．我国进入“转型发展”的 13 个基本特征［J］．中国党政干部论坛．2016 (4)：51 － 55.

后工业化阶段。对此，有学者这样分析：在工业化阶段，其科学基础是“进化论”“细胞学说”和“能量守恒与转化定律”，这三大科学发现是对自然界规律的发现与模仿，“工业社会的全部技术都只能看做是一种在认识了自然规律的基础上进行的模仿”，但与此不同的是，“自 20 世纪后期以来，科学技术中的许多新成就都突破了模仿型技术的范式，成为真正的创造型技术”。[①] 这预示着工业社会的技术范式正在被突破，后工业社会技术范式将要发展的新技术，如生命科学的“克隆技术”、信息科学的“网络技术”和“纳米技术”的出现与运用，意味着人类社会将从模仿型技术范式走向创造型技术范式。

在生命科学发展方面，“克隆技术超出了模仿的范畴，成了一种全新的创造型技术。虽然这项技术还具有一定的局限性，那就是需要从生物活体中获得‘原材料’，但是，它已经不再直接使用‘精子’‘卵子’等，而是对细胞加以改造和培植，然后用这些经过改造了的‘材料’去创造生命。这就是这项技术所包含的哲学内涵，它意味着我们走出了工业社会的‘模仿的时代’而进入了一个全新的‘创造的时代’”[②]。

信息网络技术的出现，使得虚拟世界成为可能。2021 年，元宇宙开始成为一个热词，引发世界许多国家、大型科技公司以及科研单位的关注，并投入了大量的资金。元宇宙在很大程度上就是虚拟世界的代名词，这个新的第三维世界的到来将打破虚实世界的边界，真正的去中心化时代将极大可能会到来。这意味着“人必须穿行于三个世界之间，而且，一切处理人与自然的关系、人与人的关系的思想和理论，都需要考虑到虚拟世界这样一个新的变量”[③]。元宇宙具有交融性和虚拟性的特征，它对产业形态的

---

① 张康之．全球化、后工业化时代的社会特征［J］．河南大学学报（社会科学版），2012，52（5）：98－107.

② 同①.

③ 同①.

影响是："交融性特征决定了元宇宙给第一和第二产业带来的可能变革是：虚拟和现实之间不断地交融"，而"元宇宙文明性对第三产业的影响，应该是将第三产业全面数字化和智能化"。[①]

同样，纳米技术也深刻地影响着人类产业形态的转换。目前，生物医学、航空航天、能源和环境等领域都深度运用了纳米技术。我国民用方面的纳米技术处于领先世界的先进水平，国内一些地方甚至建设了纳米技术产业化基地。苏州和北京的一些工业园区都建设有这类工业园。比如苏州工业园区"是国内发展水平最高、竞争力最强的国家级开发区之一，已集聚了 24 家国内外著名高等院校或其研究教学机构、160 多家年产值共达近百亿元的纳米技术企业"[②]。

（三）中国人的生存方式从单位人身份转向社会人身份

1949 年新中国成立，重组了中国社会的组织结构。大量新的国家行政组织、企事业组织、农业生产集体组织在城市和乡村建立起来，俗称"工作单位"。在城市，行政事业机构或企业组织是工人阶层的主要工作单位；在乡村，人民公社、生产大队和行政村是农民的主要生产单位。这些单位仿照国家行政体系，具有较强大的管理功能，职工职级晋升、发展机会、学习等福利待遇等都基本掌握在这些单位手中。单位几乎全面负责成员的生产生活，所以当时的人被称为"单位人"。单位与个人之间因此形成了较紧密的相依关系，单位与个人荣辱与共，单位的地位、声誉等也影响着个人的地位与声誉。

所以，从 20 世纪 90 年代中期开始，有两项社会变迁推动了"单位制"的深刻变化。一是市场经济和城镇化进程促进了广泛的社会流动。1995 年，

---

① 方凌智，沈煌南．技术和文明的变迁：元宇宙的概念研究［J］．产业经济评论，2022 (1)：5 – 19.

② 纳米技术催生产业革命［J］．新材料产业，2017 (6)：1.

在国有和集体企业就业的人数，占城镇就业人数的 60% 左右；到 2008 年，国有和集体企业的就业人数，只是城镇就业人数的 23.5%；而 2013 年，这一数字又降到 18%；其中，截至 2012 年，在机关行政事业单位就业的人数，只占城镇就业人数的 4.5%。① “在基层乡村，2000—2010 十年间，全国自然村由 363 万个减至 271 万个，有 90 多万个自然村销声匿迹。” ② 二是职业组织的多元化发展。大量新型的经济组织和社会组织产生，年轻人开始到这些组织中就业。然而，这些经济组织和社会组织在角色上与传统的单位有很大不同，其特点在于：“除了付给劳动者报酬，它们基本不承担‘政府代理’的义务，不再是劳动者身边的应责和代表组织。”“结果必然是体制外的大量劳动者，依赖组织解决社会问题的效能普遍降低，他们的很多诉求找不到解决渠道，他们的利益也缺乏传递和影响途径，对社会不公正的感受也就逐渐积累而成。” ③ 也就是说，对于当代个体而言，他们不再像传统单位人那般通过单位紧密地与国家建立内在联系，社会中的人际交往已是松散的陌生人关系，这说明陌生人社会生存已经成为当代大部分中国人的基本生存方式。如何与整个社会相处便成为个体人生中的重要内容。

二、转型社会下人的道德精神图像

社会转型在推动人的生存方式和身份角色转型的同时，也极大地影响了人的道德精神面貌。金耀基在社会学者勒纳(Daniel Lerner)观点的基础上，认为社会转型期的人具有“过渡人”的性格。所谓“过渡人是站在‘传统—现代的连续体’上的人”，处于传统世界与现代世界的过渡地带，既似两

---

① 根据国家统计局官网数据统计。

② 张静，董彦峰．组织分化、政治整合与新时代的社会治理［J］．文化纵横，2018 (4)：76 － 87.

③ 同②.

种世界的人，又不属于两种世界中的任何一个，某种意义上是“新”与“旧”的混合体，“一只脚踩在新的价值世界中，另一只脚还踩在旧的价值世界里。他不是静态的‘传统者’，他是‘行动中的人’”。[①]

金耀基对中国转型社会中人的精神画像多少带有从西方看中国的色彩，同时，他也没有经历中国改革开放以来 40 多年快速转型的历程，但他的一些判断在一定意义上确实触摸到了一些中国人的精神面貌。因此，我们还需要再进一步探讨中国大陆学者的分析研究。这里，不妨从三个阶段分析每个阶段社会精神生活发展的核心特征及其相互影响。

（一）理想与现实张力中的伦理困惑：20 世纪 80 年代的“潘晓讨论”

20 世纪 80 年代初发生了一场有关人生意义的大讨论，被称为著名的“潘晓讨论”。这次讨论充分反映了当时中国人，尤其是年轻人的精神状况和伦理困惑。所以，我们对那个时代中国人精神的讨论先从这个思想事件说起。“潘晓讨论”事件的情况大体如下：“潘晓”由当时两个青年的名字拼合而成，讨论的议题是：“主观为自己，客观为别人。”这个议题以潘晓的名义写信发出问题：“人生的路呵，怎么越走越窄……”[②] 这封信于 1980 年发表在《中国青年》5 月号上，后被《中国青年报》《工人日报》转发。三大报刊发出这封信后，数千万青年卷入了这场涉及社会伦理和人生观的大讨论。引爆这场讨论的“潘晓”来信及其讨论，清楚地呈现了当时青年们精神状况的两面性：“一方面是苦闷、虚无、破坏性的愤世嫉俗；另一方面是对这种状态的强烈不满、不甘，对意义感明确、强烈、饱满人生的充分渴望。而与这一两面性所对应的，便是其时精神史可往建设性也可往

---

① 金耀基 . 中国“过渡人”画像［J］. 法人，2018 (6)：92 － 93.

② 彭波 . 潘晓讨论：一代中国青年的思想初恋［M］. 天津：南开大学出版社，2000：3 － 29.

破坏性这相当不同的两个方向发展的历史可能性。”[①] 因此，此次“潘晓讨论”可以说是一次思想解放运动，是新闻媒体面对改革开放初期中国人，特别是青年人的精神危机作出的反应。

为什么会在当时出现青年人对人生意义的追问呢？有的学者归因为“文革”的负面影响，有的学者归因为功利主义思想和资本主义自由化思想的盛行，有的学者归因为中国社会没有经过真正的现代启蒙，还有学者认为从历史的视角进行分析，认为把集体意义、大历史意义替代或掩盖个体的人生意义和个人真实需求，强烈地影响到一代人对人生应该存在样态的理解。[②] 也有学者认为，计划经济时代，号召人们去关注国家和社会的大问题，偏重引导人们的历史崇高感和时代使命感，导致忽视了日常生活中的具体问题和自我身心发展问题的独立性，当新的时代到来，宏观叙事的神话被打破，年轻人被拉回日常生活，直面自身生活的小世界时，困惑产生是难免的。[③] 也就是说，伦理标准过于单一是危险的。

到了 20 世纪 90 年代，乃至今日，整个中国社会现代化转型的速度进一步加快，出现了两种发展趋势：世俗化和个人权利本位的无限扩张。世俗化是现代社会的基本特征，是社会成员内在取向的总体反映。市场经济的价值诉求是催生世俗化的重要力量。世俗化包括三重含义：一是现实性，指人们的价值观和制度规范的正当性不再基于宗教制度、超自然信仰以及相关物，人们更关注日常生活或现实生活，比如现世的快乐、物质利益和相关的生命质量。二是理性化，承认人的欲望合理性，承认快乐主义与功利主义是人生的基本法则，其结果便是物质主义和消费主义意识形态的强势

---

① 贺照田．当前中国精神伦理困境：一个思想的考察［J］．开放时代，2016 (6)：108 － 122，8.

② 彭波．潘晓讨论：一代中国青年的思想初恋［M］．天津：南开大学出版社，2000：13.

③ 贺照田．从“潘晓讨论”看当代中国大陆虚无主义的历史与观念成因［J］．开放时代，2010 (7)：5 － 44.

出场。加之21世纪之后，科技的迅猛发展，更是让人们看到了科技经济带来的无限物质利益，青年人可以在游戏中追求快感，人们似乎不需要宗教，不需要人文和伦理关怀就可以在现实的世界中获得物质救赎。三是民众化，即“市场经济体制所蕴涵的平等与自主的精神、现代知识的传播以及教育的普及，容易使社会成员培育出一种自主参与社会事务的意愿与能力”①。

至于个人权利本位的无限扩张，是指个人过度主张自身的权利而置他人或社会权利于次级位置的思想观念。有人认为这是一种错误的人性假设：因为“它自负地抛弃了各种悠久文明传统对人性的丰厚理解，而将人简化为个人权利的承担者，这是对人性的扭曲”，其后果是“将自由的概念界定为个人的选择自由，一切都交给个人自己去选择，但却完全缺乏或无法提出选择的标准——正确选择所需要的真理标准和价值标准”，个人“从而陷入无从选择或任意选择的局面，导致了相对主义与虚无主义的大行其道，最终使个人自由沦为节制的‘欲望解放’”。② 最为可怕的是权利本位的个人主义易将现代精神生活置于危机中，体现在三个方面：在精神生活领域，现代人无法定位人生的价值与意义，过度关注个人自我小世界而失去与社会、历史、自然等外部大世界的有机关联，从而造成精神上的空虚与迷惘，或是自我欲望的放纵。在道德实践领域，权利本位的个人主义让人的低级欲望变得正当化，欲望成了首位的价值追求，从而引发了大量社会道德失落现象的产生。在政治生活领域，过度关心个人利益的个体无法成为具有政治责任和政治参与能力的公民，导致公共生活的“蜕化”或“去政治化”。

（二）公共道德冷漠化：21世纪初的典型社会道德事件——“彭宇案”

21世纪初，传统道德的消解大势仍在进行，最为负面的影响是公共道

---

① 吴忠民，赵慧珠．世俗化：含义·表现·隐忧［J］．理论与现代化，1996 (1)：19 － 21.

② 刘擎．做一个清醒的现代人［M］．长沙：湖南文艺出版社，2021：140 － 141.

德精神的建设面临诸多挑战。

这里，我们可以通过一些影响面较大的社会道德事件进行说明。其中，最为引人关注的是好心人被其帮助过的人勒索的事件。尽管勒索好心人的案件很少发生，但它对社会信任、同情心和互惠原则产生了严重的负面影响，反映了当代中国社会不断变化的道德景观。

2006 年 11 月 20 日，一位徐姓老太太在南京市一公交站台被撞倒后骨折。彭宇扶起老太太并将其送医，徐老太则指认彭宇撞倒了自己，将彭宇告上法庭并向其索赔 13 万多元。彭宇表示无辜。一审法院裁定彭宇向徐老太支付 45876.6 元。这一裁决引起了广泛的公愤，许多人认为彭宇是个受冤枉的好人，徐老太是个贪财的人。当时，多家媒体报道了这起案件，其中，许多媒体对法院的裁决持批评态度。二审前，双方通过庭外调解达成和解，彭宇一次性补偿徐老太 1 万元。事后彭宇承认确实和老人发生过碰撞，对调解结果也表示满意。在这场轩然大波之后，“做好事的悲哀”引发公众广泛的讨论。

“悲哀”具有双重含义：一是对无辜者进行虚假指控；二是强迫无辜者对已有伤害或损失进行经济赔偿。由于其为非同寻常的敲诈勒索行为，加上媒体和其他渠道广泛传播有关此类案件的故事，一种新的、令人不安的共识出现了，即在当今世界，在公共场所帮助陌生人既不明智又不安全。每当媒体报道新的非同寻常的敲诈勒索案件时，人们对被错误指控和遭受敲诈勒索的恐惧就会加剧。

不用说，这种普遍的恐惧大大降低了普通人从事社会利他行为的意愿，破坏了中国社会伦理的基础。传统上，善良被视为仁爱的一个方面，仁是传统中国伦理中人之为人的内在条件，即当一个人目睹弱者和无助者的痛苦时，同情心就变得最为强烈。然而，现代社会中这类非同寻常的敲诈勒索现实迫使许多人开始质疑同情的价值，因为受害者的行为可能会成为富有同情心的人的噩梦，甚至会对中国传统伦理精神造成致命打击。

人们知道，中国传统文化中有一种报恩或感恩信念，即如果一方善待另一方，另一方也会做出类似的善举；如果一个人在紧急情况下得到某人的关键帮助，所得到的帮助被称为恩情，这是一种最高的恩惠。人们认为，正确的行为不仅是对帮助者做出平等的回报，而且要永远记住帮助，并做更多的事情来表达自己的感激之情。因此，勒索救助自己生命的人是严重违反道德准则的行为。

这类非同寻常的敲诈勒索案件所造成的另一种精神损害是对社会漠不关心的辩解甚至鼓励。由于好心人很容易受到不正当的指控，不仅要为自己防止受到勒索辩护，还要对执法人员对自己行善行为的怀疑进行辩护，公众舆论已经从谴责勒索行为转变为支持自我保护的论点。这一点最明显地反映在旁观者的评论中，例如“如果一开始没有帮助，他就不会有麻烦”。渐渐地，帮助陌生人被视为一种愚蠢的行为，而不是同情或英雄行为。可以推断为了保护自己的孩子，许多父母会利用敲诈勒索的故事来教育他们的子女永远不要伸出援手帮助陌生人。

事实验证了此种可能性。比如，2006 年时，同样在南京，一位老人摔倒在地上长达 4 分钟，周围有许多人在围观，甚至说要赶快送医院，但就是没有一个人上前扶起。这时，一位 5 岁的小女孩看到后，要上前扶老爷爷，但一旁的妈妈马上呵斥说不要多管闲事，担心被赖上。事发后不久，黄卓琳在《现代快报》报道了这起事件后，有一场在线讨论，讨论这位母亲是否做了正确的事情。在 21 篇评论中，有 17 篇称，母亲责骂小女孩并离开现场是正确的。有两篇建议用比责骂更好的方法来教育孩子学会自我保护，而只有两篇不同意，认为母亲应该教女儿做一个同情和善良的人。

那么，是什么让这些原本普通的公民卷入勒索骗局，同情心和报恩难道不是人类社会最基本的美德吗？对此，人们有各种阐释：在社会层面，是因为社会快速变革，社会主义计划经济向市场经济的社会转型，以及提倡个人及时享乐的消费主义意识形态等促成了道德滑坡；在道德变化层面，是因为 20 世纪初对中国传统价值观的批判与否定，以及传统和社会主义道德价值观的消亡所留下的真空。然而，除了外在的社会因素之外，还可能与这些老人的思想观念仍然停于传统中国伦理的框架之中有关。如费孝通先生所描述的，中国传统社会是差序格局的，人们对待他人的仁爱之心从内到外，是逐渐递减的，遭遇到陌生人之间的仁爱情意是极其薄弱的，所以，执法者不相信有人会违背传统常识去帮助一位陌生老人；老人会觉得反正你不是我的亲人，我让你受点委屈也无妨。

（三）公共道德秩序的新生力量：2008 年汶川地震的"志愿者"

当然，改革开放以来，新生代的道德观念已经远不同于老一代的道德观念，而是呈现出新的道德精神面貌。陈映芳在 2006 年时指出，当时各种民间组织、志愿者团体纷纷出现于中国社会的各个领域，各种社会团体，虽然背景、宗旨、角色各不相同，但其共同之处在于它都是自发的民间力量，区别于正统社团的要求，也非来自党政权力系统的安排，"其中以服务社会为宗旨的社会团体在扶贫、支教、助学、民工培训、特殊群体支持等方面，显示出独特的作用和意义，也为新型社团在中国拓展了难得的生存空间"[①]。据观察，2008 年汶川地震中的民间志愿者呈现出多个特征：一是自发性。即许多志愿者事先并没有等候志愿组织号召，而是自发进入灾区服务，在当地看有志愿者队伍的标识就向其表示愿意做其中的一员。二是人数多。各地区招募抗震救灾的志愿者消息公布后，报名人数大大超出组织者意料。据调查，各省市进入四川灾区服务的志愿者超过十万人；四川各地参与灾区服务的志愿者超过一百万人；全国各地参与赈灾宣传、募捐、救灾物资活动的志愿者超过一千万人。[②] 其他特征还有志愿服务的内容广、影响大等。当被问及原因时，许多人回答说，他们深为受害者的痛苦动容和震惊，因此他们想提供帮助。他们对陌生人的同情与传统中国

---

① 陈映芳．不再陌生的公民社会［J］．南风窗，2006 (24)：50 － 51.

② 谭建光．汶川大地震灾区志愿服务调查分析［J］．中国党政干部论坛，2008 (7)：59 － 61，58.

老一辈大不相同，在某种程度上，在新生代身上可以看到超越地缘、血缘、族缘、经济和社会阶层界限的公民道德新纽带正在产生。

（四）21 世纪伦理精神的基本样态与伦理道德发展总状况

下面，我们基于现有研究对 21 世纪伦理精神的基本样态与伦理道德发展总状况进行简要概述。

1. 伦理精神的基本样态

目前，这方面的研究尚不多，但从樊浩在 2006—2013 年前后进行的三次全国性调查中发现，21 世纪中国人伦理精神图像呈现出如下三个基本样态：

第一，“不宗教、有伦理”。所谓不宗教，是指“宗教信仰远没有成为现代中国社会精神生活的主流，即使最高值也没达到五分之一”；所谓“有伦理”是指“伦理手段依然是当今中国社会处理人际关系的首要和主流的调节方式”。

第二，“伦理道德现状：基本满意，但忧患度高”。樊浩三次调查发现：大多数受访对象对社会的伦理道德状况表示满意或比较满意，高达 98.7% 的受访对象对自己的道德状况表示非常满意或比较满意，有 32.3% 的人对社会的伦理道德状况不满意或比较不满意。樊浩认为这反映了中国人的忧患意识较高。

第三，家庭血缘伦理高于“个人与社会”“个人与国家”的伦理关系。樊浩认为，现代中国遭遇的最大难题，不是家庭在文化和社会体系中本位地位是否动摇，而是家庭结构本身的重大变化，比如家庭结构的瘦化，核心型家庭的诞生，使得现代家庭虽然依然是直接的和自然的伦理实体，但却难以“继续承担作为伦理策源地的文化功能”。①

---

① 樊浩. 伦理道德现代转型的文化轨迹及其精神图像[J]. 哲学研究，2015 (1)：106－113.

2. 社会伦理道德发展的总状况

众所周知，中国传统伦理道德的坐标是“五伦”与“五常”。在“五伦”方面，调查显示，在中国人心目中五个重要的伦理关系分别是：父母子女，夫妻，兄弟姐妹，“个人与国家”关系，朋友，即同事同学关系。[①]这说明家庭依然是现代伦理关系体系中不可动摇的基石，表明现代中国伦理的特殊民族精神气质；同时，伦理精神的构造依然是“天伦”与“人伦”，伦理的精神规律依然是“人伦本于天伦而立”[②]。而在“五常”方面，樊浩的调查研究显示：现代中国社会最重要的五种德性是：爱、诚信、责任、正义（公正）和宽容，其中，爱和诚信是传统德性，责任、正义和宽容则是现代德性；责任、公正、宽容，既是全球化背景下与西方相接相通的德性，也是体现现代或传统向现代转化的德性。[③]

概而言之，目前中国人的伦理与道德发展总状况是：守望传统伦理，走向现代道德。这种状况总体上是积极的、乐观的，是符合我国社会发展和人的精神品格成长需求的。

第二节　转型社会下家庭与社会德育的实践状况

本节从社会道德的宏观领域转向家庭和社会伦理道德实践的中观领域，主要探讨两个基本问题：一是转型社会下家庭结构转型及其伦理道德实践的发展状况，二是转型社会伦理道德实践的转变脉络及发展状况。

---

① 樊浩．伦理道德现代转型的文化轨迹及其精神图像[J]．哲学研究，2015(1)：106－113.

② 同①.

③ 同①.

一、家庭伦理与德育的实践状况

中国家庭伦理与德育的实践状况深受社会转型期家庭结构转型的影响，婚姻伦理成为当代家庭的主要矛盾，因此，接下来先从这两个方面进行分析，再讨论家庭德育的实践状况。

（一）中国家庭结构的两次转型

古德（William J. Goode）在《世界革命与家庭模式》中指出，伴随着社会现代化的发展，家庭将经历从血亲家庭制度向夫妻式家庭制度转变，个人主义和平等主义的价值观将成为家庭的基本价值观之一，家庭整体利益大于个人利益的传统关系将走向瓦解；个人与扩大亲属制度相联系的义务关系亦同时被削弱；原来由家庭承担的生产、就业、情感支持、教育、福利（照料老人）等功能，随着工业化和现代化的发展开始部分外溢。[①]“与此同时，家庭变得越来越核心化，这一家庭结构的变迁被研究者称为‘家庭革命’。”[②] 对照这些特征，40 多年来的社会转型中我国家庭结构也发生了类似的转型。

自 20 世纪初中国社会进入现代化进程以来，中国家庭大体上经历了两次转型。第一次是 20 世纪初至 20 世纪 90 年代，从传统型家庭向现代家庭的转型，它以宗法型家庭结构的瓦解为标志。20 世纪 90 年代时，这次转型基本完成。第二次是 20 世纪末开始的家庭结构变革，主线是主干

---

① GOODE W J. World Revolution and Family Patterns［M］. New York: The Free Press of Glencoe, 1963.

② 狄金华，郑丹丹. 伦理沦丧抑或是伦理转向 现代化视域下中国农村家庭资源的代际分配研究［J］. 社会，2016，36 (1)：186 − 212.

家庭向核心家庭的转变。[①] 根据 1990 年第四次全国人口普查资料，中国家庭户总数为 27694 万户，其中直系家庭，即由一对老年夫妇与一对已婚子女夫妇及其子女组成的直系家庭户占 17.9%，核心家庭，即一对夫妇与其未成年子女构成的标准核心家庭户占 57.81%，说明传统的大家庭结构失去了主导地位。第二次家庭转型的直接结果就是家庭中心由父子关系转向夫妻关系，家庭关爱也随之重心下移，出现亲子关系疏远和孝亲观念淡化等“代际”关系的危机。于是，家庭的道德实践样式也随之发生了转变，夫妻关系、老年赡养、亲子关系以及婆媳关系等都在发生伦理转向，并出现了新型的道德实践样态。

下面我们主要将中国婚姻伦理发展作为分析视角，探讨中国社会转型期的家庭伦理及其道德实践状况。

（二）家庭婚姻伦理的变化

婚姻是社会风俗习惯和法律规范化的人类两性相结合的形式，是社会认可并得到社会保证的两性关系，是一种社会行为，受到社会诸多因素的影响。新中国成立后，我国社会的婚姻伦理发生了明显的转型变化。

1. 新中国成立后婚姻伦理的转型脉络

第一阶段是新中国成立后到 20 世纪 80 年代，是传统婚姻伦理向现代婚姻伦理的转型，标志是男女平等，但这次转型并不彻底。1950 年 4 月 30 日，中央人民政府发布由毛泽东主席签署的《关于公布施行中华人民共和国婚姻法的命令》。《中华人民共和国婚姻法》（以下简称《婚姻法》）“自公布之日起，所有以前各解放区颁布的有关婚姻问题的一切暂行的条例和法令均予废止”。《婚姻法》中指出“废除包办强迫、男尊女卑、漠视子女利益的封建主义婚姻制度。实行男女婚姻自由、一夫一妻、男女权利平等、保

---

① 朱贻庭．现代家庭伦理与传统亲子、夫妻伦理的现代价值［J］．华东师范大学学报（哲学社会科学版），1998 (2)：20 – 24，32.

护妇女和子女合法权益的新民主主义婚姻制度”。“禁止重婚、纳妾。禁止童养媳。禁止干涉寡妇婚姻自由。禁止任何人藉婚姻关系问题索取财物。”此次婚姻伦理包括结婚伦理、夫妻伦理、亲子伦理和离婚伦理四个方面。在结婚伦理方面，倡导以爱情为基础的婚姻，倡导优生和文明风尚。夫妻伦理方面，倡导夫妻关系平等，互敬互爱，权利平等，为未婚青年男女建立了新式夫妻关系的道德规范。亲子伦理方面，明确父母对子女有抚养教育的义务，子女对父母有赡养扶助的义务，以及父母子女有相互继承财产的权利。显然，这些是中国传统美德中慈、孝、仁、义等在现代社会的传承与发扬。离婚伦理方面，要求遵循自由和实质公正的原则，同时也对离婚作出了一定的限制，这些都体现了婚姻伦理的严肃性和道德性。新中国成立后的婚姻伦理原则和婚姻伦理规范的建构，勾勒了新中国的婚姻伦理体系，并为新中国的婚姻伦理实践奠定了基础，纵观 20 世纪 50 年代—80 年代，我国这一时期的婚姻伦理实践体现了自由与平等的原则，当然，也因时代背景不同，政治化的婚姻色彩也比较浓厚。同时，“婚姻领域也随之出现了新情况和新问题——包办买卖婚姻重新抬头、借婚姻索取财物有恃无恐、遗弃、虐待老人行为有所增加、‘三快婚姻’（登记快、结婚快、离婚快的婚姻）比例增高”①。

第二阶段的转型是 20 世纪 80 年代至 21 世纪 20 年代。这次婚姻伦理转型体现在：婚姻家庭关系主轴由传统的重亲子关系转变为重夫妻关系；夫妻观念发生质的变化，平等、自主、质量成为新型夫妻伦理关系的重要内涵。②2002 年 4—6 月，全国妇联开展的“全国婚姻家庭道德状况问卷调查”结果显示：情感已成为维系现代夫妻关系的主导因素。超半数的青年择偶时把感情深厚与否放在第一位。结婚后重视彼此的思想交流和感情

① 王歌雅．中国婚姻伦理嬗变研究［D］．哈尔滨：黑龙江大学，2006：336.

② 周立梅．试论当代中国婚姻家庭伦理关系的新变化［J］．青海师范大学学报（哲学社会科学版），2006 (5)：45 − 48.

沟通，渴望通过交流和沟通，增进彼此的了解，拉近相互的距离，强化自己在对方心目中的位置。2006 年的一项调查研究显示，在广州市区 29 岁及以下的年轻夫妻中，经常共同参加社交活动的占 21.5%，经常一起散步、游玩的占 55.1%，经常相互交流、交谈的占 87.1%；在 30 岁至 60 岁的中老年夫妻中，有 76.67% 的人处于感情和睦状态，有 56.84% 的人经常交流思想感情。[①] 或许是由于夫妻伦理成为家庭的重心，致使现代婚姻伦理也出现了一些新的问题，主要体现在性伦理、传统家庭伦理、离婚伦理、生育伦理等方面。

现代婚姻伦理转型的另一个特征体现为从封闭转向开放。这主要体现在性伦理方面。有学者在 1991 年、1995 年、1997 年和 2001 年四次随机抽样中调查了全国大学生的婚前性行为，前三次比例均在 9.4％到 10.7％之间，2001 年出现激增，男生当中达到 20.0％，女生达 12.8％，总计 16.9％。[②]2018 年的调查研究发现这个数字有所上升，即 18.68% 的女生有过婚前性行为。[③]

2. 婚姻伦理转型的精神实质

学界对于婚姻伦理转型的精神实质有不同的看法。有的认为这是传统道德衰落的表现。当传统农业社会中以“父子同一”为核心的家庭关系转化成现代工商社会中以夫妻为主体的家庭关系后，家庭中的孝道随之衰落。[④] 有学者将老年父母为儿女提供的支持看作其获得赡养的交换基础。[⑤] 有学者通过对一例农村养老纠纷个案的剖析再现了子女对父母赡养的有条

① 闫玉．当代中国婚姻伦理的演变与合理导向研究［D］．长春：吉林大学，2008 :120.

② 同 ① 110.

③ 伍丽燕，李小梅，苏丽嫒，等．1927 名女大学生婚前性行为及生殖道感染情况调查分析［J］．中国卫生产业，2018, 15 (19) : 178 − 179.

④ 许烺光．祖荫下：中国乡村的亲属、人格与社会流动［M］．台北：南天书局，2001 : 225.

⑤ 陈皆明．中国养老模式：传统文化、家庭边界和代际关系［J］．西安交通大学学报（社会科学版），2010，30 (6) : 44 − 50，61.

件性，即如果父母对子女不好，或父母没有尽责帮助子女，子女便有理由减少对父母应尽的相应的义务。[①]由于过于强调个人的权利与利益，不重视个人对他人的义务，这种新兴的个人主义具有强烈的扭曲性。这样的个人不具备公民的基本道德素质，因此被有的学者称为“无公德的个人”[②]。

有的研究者认为，这实质上是家庭伦理从“实体出发”向“原子式地单个人出发”的伦理方式的转变。[③]这种转变所产生的影响不可小视。中国传统社会中家国一体的建构是从实体性出发、完全伦理式的，个人在其中从来不是以个体的形式存在，而是以家国成员的形式存在，“在没有宗教信仰传统的中国社会，家庭就是神圣性的源泉，它不仅是社会的基本单位，更是社会的结构范型；它不仅是个体自然生命的发端，更为个体提供了安身立命的精神家园”[④]。在进行伦理的考察时，原子式的考察是没有精神的，个体失去“在一起”的普遍意志，这一点广泛地体现在将夫妻的结合以法律允准的方式表达出来。法律过多地侵入到婚姻的行为中去。以婚前财产公证为例，即将结成夫妻的两个人在婚前就将财产分成“你的”和“我的”，在物质层面就破坏了“我们”在一起的基础，在更深层的意义上体现为个体没有组成家庭实体的意愿和意志。[⑤]由于夫妻伦理成为现代家庭伦理的核心，夫妻伦理转型相应地引发了家庭伦理的巨大变化，包括老人赡养、亲子关系、生育，以及离婚、婚外情等产生的诸多家庭问题与之

---

① 郭于华．代际关系中的公平逻辑及其变迁：对河北农村养老模式的分析［J］．中国学术，2001 (4)：221－254.

② 阎云翔．私人生活的变革：一个中国村庄里的爱情、家庭与亲密关系：1949—1999［M］．龚晓夏，译．上海：上海书店出版社，2006：20.

③ 胡盛澜．中国婚礼的伦理意义及其现代嬗变［D］．南京：东南大学，2019：42.

④ 许敏．现代中国家庭伦理方式的蜕变［J］．东南大学学报（哲学社会科学版），2015，17 (4)：55－60，147.

⑤ 同③46.

都密切相关。

对于以上结论，有的研究者并不认同，他们将家庭资源的分配行动置于完整的代际链（三代）之中予以考察后发现：导致部分家庭赡养资源供给不足的原因并不总是“伦理沦丧”，而是“伦理转向”所导致的，即下位优先分配原则凸显也可能是造成亲代赡养资源供给不足的重要原因。因此，以“‘伦理沦丧’作为对农村老人赡养资源供给不足的解释也许并不成立，对老人赡养资源供给不足较为合理的解释可能是家庭资源代际分配出现了‘伦理转向’，即个体在进行家庭资源分配时，选择优先将资源供给自己的成年子女而不是父母，‘恩往下流’可能构成当下中国家庭资源代际分配的一种趋势特征”[①]。在现实的养老实践中，年老的父母总是自觉选择对自己高标准要求，同时对子女表现出极大的宽容，他们总是为子女着想，对于子女在“孝”方面未能尽到的责任给出自我满意的解释，他们绝不会挑剔自己的子女，而子女只要在这一方面做了一点一滴，他们就会非常感激非常满意。[②] 对此，“更合理的解释可能是社会分化与社会竞争的加剧‘倒逼’老人自行降低自己的福祉”[③]。

（三）家庭德育实践的变化

家庭道德实践的变化主要体现在子女对父母的赡养实践发生变化，父母对待子女的关系上也略有变化，其实这两者是一体两面的关系，从一面便可以观另一面，因此，限于篇幅，我们这里只讲一个方面，即子女对父亲赡养关系的变化。

---

① 狄金华，郑丹丹. 伦理沦丧抑或是伦理转向 现代化视域下中国农村家庭资源的代际分配研究［J］. 社会，2016，36 (1)：186 − 212.

② 杨善华，贺常梅. 责任伦理与城市居民的家庭养老：以“北京市老年人需求调查”为例［J］. 北京大学学报（哲学社会科学版），2004 (1)：71 − 84.

③ 同①.

“抚育幼儿，赡养老人是一切社会必须解决的问题。中国传统社会就是采取反馈模式来解决这个问题的。”① 在根深蒂固的孝道文化传统下，赡养老人是中国传统家庭代际关系的主题之一，也是亲子关系中自下而上的反哺过程。在传统社会，子代在接受父辈抚育而成年后，对老年父母具有经济供养、生活照料和精神慰藉，以及照顾老年父母其他特殊需要的义务，这是理所当然之事。但是，在最近的 40 多年里，这种抚育与赡养之间的反馈模式发生了变化，越来越走向了社会负责的模式。

20 世纪 80 年代，费孝通对江村的研究发现 ：“在家庭结构的变动中，反馈模式基本上是保持的，因为尽管已婚的儿子和父母分家，他对父母经济上的赡养义务并不改变，而且在实行工分制的集体经济中还得到集体组织的保证。但是在精神方面，老年的父母是否能从已婚的儿子方面得到感情生活上的反馈是个比较复杂但又十分重要的问题。中国人对西方接力模式的反感就在于人到晚年不能享受天伦之乐。”②

进入 21 世纪之后，情形发生了较大变化。比如，2011 年的研究发现，随着社会的快速转型，城乡人口流动也为农村养老带来了诸多的难题 ：子女的流出使老年人的照料受到很大影响 ；子女因务工带来的收入改变了父母与子女的家庭地位，老人权威随之下降，渐渐失去了对家庭的主导权，家庭代际主导关系出现变化 ；子女常年外出务工，家里农活全部落在老人的肩上，还要代子女抚养孙辈。当然，家庭养老的秩序并没有发生实质性的变化，尽管秩序所规范的子女对父母的孝与子女对父母的养因人口流动与代际关系变化而出现了失衡。③

① 费孝通 . 家庭结构变动中的老年赡养问题 : 再论中国家庭结构的变动［J］. 北京大学学报 (哲学社会科学版), 1983 (3) : 7 − 16.

② 同 ①.

③ 高法成 . 孝与养的失衡 : 一个贵州侗族村寨的养老秩序［D］. 北京 : 中央民族大学 , 2011 : 152.

2017 年的调查研究发现，传统的“以儿养老”养老方式和养老理念在养老实践中已发生了实质性转变，绝大部分老年人在居住安排上选择偶居方式，且倾向自我服务或与配偶互助，养儿防老或许是老年人年龄增加、丧失配偶、经济收入有限、健康状态变差等多种因素导致的最后选择。①

在中国，“孝”承受着特殊的文化之重。在传统文明的顶层设计中，它承载着终极关怀的重托，是对生命永恒不朽的期许与承诺。在独生子女邂逅老龄化的现代，孝承受着“超载”的文化重负，由于血脉传承压过了不朽的期许，世俗自救替代彼岸超越，在寻找经济、社会、科技的世俗替代中孝道失序、失用、失能，最后面临失传的巨大风险。在未来文明中，孝道承担着伦理型文化传续的文化重任，它有待追问一个问题：如果没有孝道，文化将会怎样？独生子女邂逅老龄化下悄然兴起的“新家庭主义”也许为孝道的复兴提供了契机。必须唤醒孝道，捍卫孝道，因为捍卫孝道，就是捍卫文化，捍卫文化安全。②

二、社会伦理与德育的实践状况

根据一些学者对现代社会伦理关系的划分，中国“新五伦”中前“三伦”是父母子女关系、夫妻关系和兄弟姐妹关系，后“两伦”是个人与社会、个人与国家的关系。③我们把前“三伦”作为家庭伦理的范畴进行分析，把后“两伦”关系作为社会伦理的范畴进行分析。

---

① 封铁英，高鑫．家庭特征、居住安排与赡养行为：基于陕西省 1061 份老年样本的实证分析［J］．求索，2017 (9)：105 － 114.

② 樊浩．孝道的文化之重［J］．江苏行政学院学报，2017 (6)：5 － 13.

③ 樊浩．中国社会价值共识的意识形态期待［J］．中国社会科学，2014 (7)：4 － 25，204.

（一）社会伦理道德变化轨迹

社会伦理的发展轨迹，大体上体现为两个方面：一方面，家庭价值、区域共同体价值被贬低而日渐式微，人权、民主、公平、正义等现代价值在社会道德动员中的作用很有限。陈映芳认为，近40年，中国与东亚国家社会转型所产生的伦理道德问题具有高度的一致性。体现为个人、社会与国家的价值关系上，即整个价值规范情境体现为始终存在一个国家地位优先的价值规范体系，以及国权压倒民权的政治结构。也就是说，东亚各国都“经历了家庭价值、区域共同体价值被贬低而渐趋式微的过程，但这一变化换来的，不是个体价值相对于整体价值的平等性，而是国家价值的至上地位。在这个过程中，‘个人’、‘自由’、‘民主’等等的现代价值，是依附于民族国家的价值而获得其相应的地位的”[①]。与此价值逻辑相一致，现代社会的道德价值发育也并不成熟，比如，人权、民主、公平、正义等现代价值在道德动员中所起的作用很有限。

另一方面，社会团体的道德资源正在出现。比如，近年来在一些地方呈现出的此起彼伏的“保卫家园”运动正在以公民权利、民主和环境正义等更具现代价值的方式发起，“有利于运动团体在全社会动员起广泛的道德资源”[②]。樊浩的研究似乎也在印证着这一结论。他认为经过30多年改革，中国社会呈现出“道德问题—社会信任危机—伦理上的两极分化”的轨迹：个体道德问题向群体道德问题的积聚，群体道德问题演化为伦理存在和伦理认同危机，伦理存在和伦理认同危机演化为伦理上的两极分化，有可能表现为：“单一物”与“普遍物”的伦理两极；“高贵意识”与“卑贱意识”的“理”的两极；“贪民”与“贱民”的人格的两极。樊浩认为

---

① 陈映芳．行动者的道德资源动员与中国社会兴起的逻辑［J］．社会学研究，2010，25(4)：50 － 75，244.

② 同①.

这标志着大众意识和伦理道德发展进入发生重大转换的敏感期与关键期，价值共识的形成走到了十字路口，国家意识形态干预的最佳时机已经形成，意识形态战略必须建立紧迫感和机遇意识。[①]这是他们在 2013 年对社会伦理道德发展状态的总体判断。10 年以后的状况如何，可惜不再有新的调查研究成果。

（二）社会德育实践状况

社会道德是社会公共生活中的基本行为规范，是全体社会成员遵守的最基本的道德规范，通常反映在人与人、人与社会和人与自然的三层基本关系中。

自 20 世纪 80 年代以来，随着我国社会各领域的崛起，个人如何参与社会公共生活成为一个新的问题。这方面的研究也日渐多了起来，我们以“社会公德”为主题在相关期刊网页上进行检索，发现 1993—2023 年的 30 年间，有关社会公德的研究呈现出较大波动状态，涉及的论题主要包括社会公德、社会公德教育、社会公德建设、当代大学生、公民道德建设、公民道德、职业道德、思想道德建设，等等。在这些论题的研究中，关于什么是社会公德的内涵研究，更多是现实研究，尤其是有关社会公德的问题研究比较多，自 20 世纪 90 年代一直持续到 21 世纪的 20 年代均运用社会公德“缺失”等表达我国社会公德问题，说明这一问题一直没有从根本上得到解决。下面，主要就我国社会公德发展状况作总体梳理。

第一阶段是 20 世纪 80 年代至 21 世纪初。1996 年，中国共产党召开十四届六中全会，这次会议总结了社会主义精神文明建设的经验教训，如：锐意改革、开拓进取、大胆创新、艰苦奋斗的精神和集体主义精神、奉献

---

① 樊浩．当前中国伦理道德的“问题轨迹”及其精神形态［J］．东南大学学报（哲学社会科学版），2015，17（1）：5－19.

精神、执着追求理想信念的精神、科学精神等出现淡化。[①]2001 年，中共中央印发的《公民道德建设实施纲要》也指出："社会的一些领域和一些地方道德失范，是非、善恶、美丑界限混淆，拜金主义、享乐主义、极端个人主义有所滋长，见利忘义、损公肥私行为时有发生，不讲信用、欺骗欺诈成为社会公害，以权谋私、腐化堕落现象严重存在。"

有研究者指出这一阶段的社会道德存在的主要问题是"随地吐痰、乱抛废物、言语粗鲁、态度蛮横、缺乏博爱、'见义不为'等有损人与人关系的行为，乱闯红灯、破坏公物、不遵守公共秩序等有损人与社会关系的行为，乱砍滥伐、偷捕偷猎等破坏自然环境的行为"[②]，以及友善意识淡化，功利主义、拜金主义意识膨胀，集体公益意识淡化，极端个人主义和利己主义意识增强，遵纪守法意识淡化等[③]。青少年群体的公德意识也不理想。比如余逸群对在北京一些大、中学校共发放问卷 1800 份，同时辅以个别访谈、实地观察、资料收集等方法进行了一次"北京青少年社会公德状况"的调查，发现：青少年群体的公共道德状况特点表现为公共卫生不卫生、公共秩序无秩序，公共财产遭劫难。[④]当然，也有研究表明当时的青年人在社会公德意识整体上的表现是不错的。比如易志等人对广州青年的社会意识进行调查发现：他们的社会公共意识总体较强，是积极的，但无私助人的意识较弱。[⑤]这说明这一时期，中国人在道德观念和道德行为两方面都没有做好准备。

---

① 黄渭高．关于精神文明建设的几个问题：学习中共十四届六中全会《决议》札记［J］．宜春师专学报，1997 (3)：7 － 9.

② 张震．当前社会公德建设的现状、原因及对策［J］．东岳论丛，2003 (6)：66 － 69.

③ 戴升．对社会转型期社会公德建设若干问题的思考［J］．理论学习月刊，1997 (10)：30 － 33.

④ 余逸群．令人堪忧的青少年社会公德问题［J］．百科知识，2001 (4)：46 － 47，59.

⑤ 易志．广州青年"个人与社会"主题调查之一 广州青年的社会意识［J］．青年探索，1994 (4)：3 － 8.

这一时期，社会道德问题的产生主要是由于我国市场经济及其道德建设刚刚起步，各项规章制度还不完善，加之改革开放过程中消极因素的影响。《公民道德建设实施纲要》指出建立和完善社会主义的社会道德体系需要做到四点：一是必须增强与社会主义市场经济相适应的道德观念，包括自立意识、竞争意识、效率意识、民主法制意识和开拓创新精神。二是正确处理社会主义市场经济中个人与社会、竞争与协作、先富与后富、经济效益与社会效益、效率与公平等关系。三是重申社会主义的义利观，坚持把国家和集体利益放在首位的前提下，充分尊重公民个人的合法利益的社会主义义利观，同时反对拜金主义、享乐主义和极端个人主义。四是重申和强调了社会主义职业道德，大力倡导以爱岗敬业、诚实守信、办事公道、服务群众、奉献社会为主要内容的职业道德，鼓励人们在工作中做一个好的建设者。①

第二阶段是 21 世纪的第一个十年，这一阶段是以《公民道德建设实施纲要》为指导的十年。或许由于研究方法的不同，这一阶段的一些调查研究和期刊文献有关社会公德发展状况的判断是相互冲突的。有的研究认为，青少年社会公德的主流是好的，有着积极向上的精神风貌，正朝向有利于自身健康成长的方向发展变化，符合社会进步的要求。②但另一些研究则用“公德缺失”来描述当时的发展状况，如有研究指出其“表现在人与人的关系上，不讲文明礼貌，不尊重他人，不诚实守信；表现在人与社会的关系上，不爱护公物、损害公共利益，维护公共秩序意识淡漠；表现在人与自然的关系上，过分追求经济利益，肆意破坏自然环境”③。原因在

---

① 许启贤.建立与社会主义市场经济相适应的道德体系：学习《公民道德建设实施纲要》[J].求是，2001(23)：18－20.

② 叶松庆.当代青少年社会公德的现状、特点与发展趋向[J].青年研究，2008(12)：28－24.

③ 贾立平.当代中国社会公德缺失问题研究[D].石家庄：河北师范大学，2008：14－15.

于封建传统的消极影响、“十年动乱”的破坏、计划经济的负面影响、市场经济的冲击，以及社会公德自身建设的不足，等等。

21世纪第二个十年是第三阶段。这一阶段的特点主要是各类网络道德、媒体道德现象开始出现并日益突出，人们对此问题的探讨日益增多。同时，人们对社会公德始终有一个不变的判断——“社会公德的缺失”，当然，人们研究所列举的现象、原因有些变化。这一阶段社会公德缺失现象的研究出现了一个令人不可思议的现象，即大学生公德缺失的研究非常多。我们用“社会公德缺失”作为主题词在“中国知网”上进行检索，发现自2010年至2023年，这一主题的文章约有80篇，而其中，以“大学生社会公德缺乏”为主题发表的文章近40篇，几乎占了一半。按理说，大学生应当代表着社会主体的最高文明水平，研究者们之所以研究他们是因为他们的社会公德真的缺失，还是因为研究比较便利？同时，我们还发现这些文章的研究方法运用比较简单，有的是凭借生活经验或感受判断当代大学生社会道德品质的发展状况，有的虽做了调查研究，但调查研究方法本身的科学性也非常值得怀疑。

总之，40多年来，社会转型本身带来了我国家庭结构的深刻变化和社会利益关系的深度调整，人们的世界观、人生观、价值观都发生了极大变化。可以说，这一阶段是家庭和社会生活中道德问题层出不穷的时期，对我国政府、学术界和实践界提出了巨大挑战。我国政府和社会各界都为此作出了诸多努力，努力解读转型时代的新问题新挑战，探寻化解转型时代家庭和社会德育矛盾的新路径，积累了丰富的成功经验，为我国家庭和社会在大时代的风浪中保持稳定性和发展韧劲，为个体走向健康光明的人生方向，作出了重要贡献！

第二章
家庭德育的发展脉络及其研究

自 1978 年改革开放以来，我国社会便进入到一个深刻变革的大时代，社会政治、经济、文化和教育等都不约而同地卷入到这场大转型之中。这一转型的关键特征体现在工业化、全球化、开放化、市场化、信息化、网络化、流动化、多元化等上。这期间独生子女、流动儿童、留守儿童、儿童权益保护、二孩政策、三孩政策等与家庭生活变革相关的话题也此起彼伏，显示着我国家庭生活的巨大变化。家庭不仅是儿童成长和生活的地方，也是儿童品格形成的第一个摇篮。在中国传统社会中，家庭德育更是儿童品德成长的重要途径。虽然现代社会儿童接受的教育渠道变多，但家庭作为儿童品德成长的第一个摇篮，其重要性仍然不可忽视。基于此，本章想探索改革开放以来，我国政府如何认识和引导家庭德育工作，其政策演变的脉络如何。同时，重点梳理国内学术界如何认识我国家庭德育的时代发展问题。分析中国家庭德育在政策与学术研究上的发展脉络，需先考察中国家庭和家庭德育的变迁及特点，这是理解中国家庭德育政策和相关研究的背景。基于此，本章先梳理当代中国家庭变迁与家庭德育变迁的宏观背景，接着分析我国家庭德育政策的发展历程及其特征，最后解读我国家庭德育研究的发展阶段及特点。

第一节　中国家庭及其家庭德育的变迁

改革开放以来，社会经济生活的深刻变化重新刻画了中国家庭乃至整个社会的形貌，政府也通过人口、婚育与社会等相关政策的制定与实施间接参与了家庭活动，成为家庭变迁的巨大推力。本节主要阐述改革开放以来中国家庭及其家庭德育的变迁历程。

一、中国家庭的变迁

现代化的发展带来社会结构的分化和人口流动的加剧，加上低生育率、老龄化社会和独生子女政策、新型城镇化进程以及经济的改善包括住房条件的改善等，这些使得中国家庭的结构、功能与观念悄然改变。具体来说，发生了以下几种变化。

首先，家庭结构从复合结构转向小型结构。随着工业化和城镇化的推进及计划生育的实施，从总体上看，中国复合家庭逐渐减少，结构不断趋于简化，已呈现出核心家庭为主，扩展家庭和单人家庭为辅的格局，表现出主干式、核心式、单亲式、隔代式等多种样态[①]，具有家庭规模逐渐小型化、家庭人数减少、家庭形式稳定、居住安排多样化等具体表现特点[②]。

家庭结构的变迁对家庭生活产生了相应影响。一方面，家庭规模的小型化和结构核心化有利于家庭关系的平等与和谐家庭氛围的形成，有利于个体在家庭中地位的上升，给予个体更多的私人空间，改变了传统的家庭

---

① 邹强．中国当代家庭教育变迁研究［M］．天津：天津大学出版社，2011：85－90.

② 杨菊华，何炤华．社会转型过程中家庭的变迁与延续［J］．人口研究，2014，38（2）：36－51.

模式，提高了家庭生活的效率。[①]另一方面，家庭规模的小型化、核心家庭的空巢化以及单人家庭和再婚家庭的增加，也给家庭带来了新的挑战，如离异家庭、流动家庭等非传统类型家庭大量涌现，出现了留守儿童和重组家庭子女的教养困难等社会问题。

其次，家庭传统功能不断被消解和替代。传统家庭集政治、经济、娱乐、教育功能等为一体，而40多年来我国家庭功能发生了重大变化，一定程度上改变了传统家庭功能的存在方式。现代家庭的功能出现了许多新的元素，或外化，或强化，或调适，或弱化，具体表现在：第一，生养功能被异化。传统家庭的生育更多意味着家庭内部的传宗接代。但由于近现代的人口被纳入整个城市规划中，因此颁布了一系列的计划生育、二孩、三孩等政策，家庭的生育职责与我国劳动人口的经济优势密切挂钩。[②]第二，家庭养老功能不断外化。传统家庭的养老更多是通过家庭内部来解决，而40多年来我国越来越多的老人晚年生活在养老院等社会机构，形成了越来越多的分居养老模式。[③]第三，家庭生产功能也逐渐社会化。自然经济背景下自给自足的家庭生产模式已成为过去，随着信息化社会和全球化的到来，社会的生产越来越离不开家庭的参与，家庭的生产与现代社会及全球经济密切相关。其中，社会化最为明显和彻底的是家庭的经济生产功能。如今，几乎没有家庭可以成为一个独立的生产单位。[④]第四，在社会转型期家庭教育功能受到强化。家庭始终是社会教化第一场所的观念不断增强，家庭德育方式也随之从专制向民主型转向。[⑤]

---

① 史宝琴．论家庭变迁与人口的生育行为［J］．人口学刊，2003(2)：54－60.

② 胡亮．由传统到现代：中国家庭结构变迁特点及原因分析［J］．西北人口，2004(2)：29－31.

③ 邹强．中国当代家庭教育变迁研究［M］．天津：天津大学出版社，2011：103.

④ 杨菊华，何炤华．社会转型过程中家庭的变迁与延续［J］．人口研究，2014，38(2)：36－51.

⑤ 同③93.

最后，家庭传统的婚姻观、伦理观、生育观和养老观正发生着巨大的变化。随着近现代家庭结构和家庭功能的变化，家庭婚姻观念、家庭伦理观念、家庭孕育观念和家庭养老思想等家庭观念也随之转变。具体表现在：家庭规模的小型化和部分家庭功能的社会化带动着家庭关系由父系结构向夫妇关系双结构转变，致使家庭成员的自主性与个体价值得到更充分的体现，家庭内部夫妻关系、亲子关系越来越走向平等[①]；个体婚姻家庭观念发生改变，呈现注重素质和精神的人本主义恋爱观的特点[②]；传统家庭生育观念式微，由传宗接代转向注重家庭和个体价值，由过去的“早生、多生”向“少生、优生、优育”的生育观转向[③]；而随着市场经济理性思潮以自私的方式入侵家庭价值体系，家人之间的互动关联受到影响，家庭关系既亲密又疏离[④]；代际之间的经济和伦理关系发生分化，家庭老年照料的整体功能逐渐式微[⑤]。人们的家庭养老观念及老人的地位受到前所未有的动摇，致使城乡家庭养老和照料陷入困境，并引发了一系列如赡养纠纷、房产纠纷、虐待老人、空巢老人等问题。

二、中国家庭德育的变迁

家庭结构从传统到现代的转型，必然会影响包括道德教育在内的家庭功能的发挥。当代家庭结构的核心化、小型化和家庭功能的转变给家庭德

---

① 沈崇鳞，李东山，赵峰．变迁中的城乡家庭[M]．重庆：重庆大学出版社，2009：2－127.

② 邹强．中国当代家庭教育变迁研究［M］．天津：天津大学出版社，2011：82.

③ 陈慧．从建国以来女性婚姻家庭观念的变迁看女性意识的嬗变［J］．内江师范学院学报，2009，24（11）：60－63.

④ 唐灿，陈午晴．中国城市家庭的亲属关系：基于五城市家庭结构与家庭关系调查［J］．江苏社会科学，2012（2）：92－103.

⑤ 戴卫东．中国家庭老年照料的功能变迁与价值转向［J］．安徽师范大学学报（人文社会科学版），2021，49（1）：64－73.

育环境、理念、方式方法、内容等方面带来了诸多机遇与挑战。具体表现如下。

一方面，家庭结构功能的改变影响着家庭德育环境和德育资源。首先，家庭规模和结构的调整使得家庭中的生育功能弱化，生产功能和养老功能向社会转移。在此背景下，家庭成员渐渐从传统的束缚中走出来，家庭成员交流机会增多，关系更加紧密，父母与子女之间的情感纽带更加深厚。情感慰藉的增强改善了德育环境，家庭的情感支撑和德育功能更为凸显。[①]其次，相对以前的联合家庭和主干家庭，家庭人际关系变得更加简单，加之家庭财富、家庭教育资源、家庭文化资源等方面的改善，家庭德育环境和资源进一步优化。[②]家庭成员关系简单，内耗较少，容易排除扩展家庭中矩阵式人际关系的干扰，父母可以在时间分配上更加科学，把抚育子女的责任明确化。例如，更易于达成教育子女的一致行动，对于下一代的时间投入更多，对子女的教育理念容易达成一致，为子女提供更广阔的发展空间等。但是,家庭德育资源的优化与集中也使得父母在“情感”和“控制”上的投入不均衡，造成当代社会中独生子女家庭父母对子女的溺爱。子女变得拜金化、物质化、自私化，缺乏对于父母的孝敬观念。[③]此外，家庭结构的转型中出现了离异家庭、留守家庭、隔代家庭等“非传统结构”家庭，这些家庭由于父母一方的缺失也制约了未成年人道德教育的发展，甚至成为诱发青少年犯罪的重要因素之一。[④]

---

① 石春梅 . 家庭结构变迁下的课程德育建设［J］. 安庆师范学院学报（社会科学版），2010，29 (12)：12 − 16.

② 朱黎丽 . 转型期家庭结构、功能的变迁及其家庭德育实效研究［D］. 武汉：华中师范大学，2011：21 − 23.

③ 郭娅，冉益群，陈勇 . 转型时期法科学生素质教育探讨：以西南民族大学为例［J］. 西南民族大学学报（人文社科版），2006 (12)：271 − 274.

④ 杨静慧，张长立 . 家庭变迁对道德教育的影响及其优化［J］. 学术论坛，2016，39 (4)：166 − 170.

另一方面，家庭结构功能和家庭代际方式的转变影响着家庭德育观念、内容及其方式方法。首先是家庭结构的核心化和代际层次的简单化对德育观念、内容和方式方法的双重影响。从积极一面来看，有利于家庭成员间彼此尊重、和谐相处，在平等的关系中进行互动，有利于提高子女的独立性和自理能力，利于子女的心理健康教育、子女健康人格的养成。[①] 从消极一面来看，家庭代际层次简单、家庭关系简化和家庭人口减少也会导致家庭德育观念出现"重智轻德"的异化现象，家庭道德教育方式出现重言传轻身教的现象等。[②] 其次，家庭结构功能的现代化促使德育方法的多元化和科学化，这有利于父母在下一代的道德教育、思想教育、政治教育等方面充分发挥先导性作用。[③] 但同时，家庭结构的扁平化和代际层次的简单化让传统优良道德内容的教育缺位，也就是说，祖父母的缺席使得孩子缺乏祖孙互动体验，也无法从父母与祖父母的日常交往中感悟"孝"等代际美德[④]，这不利于孩子与祖辈共同生活的感情积淀和孝老意识的培养，也使得孩子缺乏在多维人际关系中获得人际关系教育的机会。

第二节　中国家庭德育政策的发展历程与特征

目前我国并没有任何一份政策文件是专门以家庭德育的名称颁发的，但事实上家庭德育是历来党和国家制定家庭政策关注的重点。基于研究主题上的需要，我们把法律、通知、讲话、规定等与家庭德育相关的条文都

---

① 廖建东 . 家庭教育社会学［M］. 南京 : 南京师范大学出版社 , 1999 : 178 − 188.

② 同 ①.

③ 朱黎丽 . 转型期家庭结构、功能的变迁及其家庭德育实效研究［D］. 武汉 : 华中师范大学 , 2011 : 1 − 3.

④ 杨静慧 , 张长立 . 家庭变迁对道德教育的影响及其优化［J］. 学术论坛 , 2016 , 39 (4) : 166 − 170.

称之为与家庭德育相关的政策文件。在主题上，与家庭德育政策相关的文件多出现在家庭教育相关政策中，也存在于德育、儿童（未成年人）发展、婚育等相关政策文件中，因此本章从这两方面入手搜集资料，通过中华人民共和国教育部政府门户网站、各省教育厅政府门户网站、中华人民共和国中央人民政府、中国妇女网、全国人大网、中国文明网等数据库，搜集并筛选 1978 年改革开放以来颁布的与家庭教育、家庭德育直接相关的法律与法规、政策文件、重要报告讲话、条例、规章制度等资料。最终梳理出 50 部法律法规，其中法律共 8 部，行政法规规章和重要领导人讲话共 42 部（则），并以政策颁布的自然年为序，构建文本分析语料库，作为改革开放 40 多年来家庭德育政策变迁研究的数据库。

家庭教育政策与家庭德育政策在发展脉络上有相似性、关联性，也有独特性。想要厘清二者的关系，需先澄清德育、家庭教育和家庭德育的内涵。在中国，德育概念存在泛化现象，不仅指道德教育，还具有政治教育、思想教育、法纪教育、心理教育等多重内涵。① 因此，为更好地探索具有中国特色的家庭德育变迁，本文采用广义的德育概念来界定家庭德育的内涵。家庭德育是传承中国传统道德文化中的精髓，以社会主义的道德规范为准则，有计划、有目的、有组织地对家庭成员施加系统的教育和影响的活动。② 家庭德育的主要内容包括思想品德教育、社会主义核心价值观教育、中华优秀传统文化教育、生态文明教育和心理健康教育。从理论上区别家庭教育与家庭德育的概念范畴有一定的难度，我们可从实然政策文件的表述入手进行区分。2016 年印发的《关于指导推进家庭教育的五年规划(2016—2020 年)》指出要准确把握家庭教育核心内容，就需要注重突出家庭道德教育内容，由此可以判断家庭教育的内涵范畴大于家庭德育，家庭教育包括更多的内容，如学业教育等，家庭德育则是家庭教育的种概念。

---

① 张忠华. 论中国特色的德育概念之研究［J］. 现代大学教育, 2008 (3) : 86 − 92, 113.

② 汤致琴. 当代中国家庭道德教育研究［D］. 武汉 : 武汉大学, 2013 : 15 − 17.

基于此，我们认为家庭教育政策和家庭德育政策的相似性在于，从教育角度而言，家庭教育和家庭德育作为一种教育，其发展逻辑紧紧围绕“儿童”主体展开，因此与儿童相关的政策文件较大影响了一定时间段国家和教育界对教育主体的总体认识，也影响了家庭领域的政策制定。二者的关联性在于，从政策制定逻辑而言，总体政策制定符合宏观带动微观的一般政策制定逻辑，由此可知，一方面家庭教育政策统领着家庭德育政策，另一方面家庭德育的宏观规划政策统领着微观的家庭德育实施类政策。二者的独特性在于，从理论层面而言，家庭德育既嵌入“家庭”范畴，也嵌入“德育”范畴，从实然发展层面上看，家庭德育有其自身的政策发展脉络。

一、中国家庭德育政策的发展历程

整体来看，国务院 1992 年颁布的《九十年代中国儿童发展规划纲要》和 2011 年颁布的《中国儿童发展纲要（2011—2020 年）》两份文件是我国儿童发展的重点政策文件，以此为时间节点，可把我国家庭德育政策划分为儿童权益和家校社共育框架下家庭德育的觉醒探索期（1978—1991 年）、家庭德育的推进发展期（1992—2010 年）和家庭德育的全面建设时期（2011 年至今）三个主要阶段。以下具体陈述每个阶段政策的特点和趋势。

（一）家庭德育觉醒探索期的政策（1978—1991 年）

改革开放初期，我国经济逐渐恢复并进入快速发展轨道，教育也开始回归正轨。1992 年，联合国《儿童权利公约》在我国正式生效，儿童教育与保护事业受到空前重视。经回溯梳理，从 1978 年至 1991 年，有关家庭德育的政策共有 8 份，其中包括全国人民代表大会通过的 3 份法律文件，中共中央通过的 4 份德育政策文本，中国共产党的 1 份党规党纪。这些政策法规所强调的内容如下。

第一，强调家庭在儿童权益保护和品格成长中的主体责任。这一时期，全国人民代表大会相继颁布了义务教育和未成年人保护范畴的法律，对家庭需要进行保障教育的职责和内容作出了规定。1986 年，我国正式颁布了《中华人民共和国义务教育法》，该法指出家庭等主体要“依法保障适龄儿童、少年接受义务教育的权利”，这是新中国成立后第一次以法律形式确立了儿童的受教育权，并把家庭作为重要的教育权益保护者规定在其中。1991 年实施的《中华人民共和国未成年人保护法》进一步规定家庭等要对未成年人进行理想教育、道德教育等，并强调以健康的思想、品行和适当的方法教育未成年人。

第二，强调家校社合作共育机制下的家庭德育。比如 1985 年中共中央发出《关于改革学校思想品德和政治理论课程教学的通知》指出：“家庭教育和社会教育都要与小学教育密切配合。”1988 年中共中央下发的《关于改革和加强中小学德育工作的通知》强调家校社合作共育，指出中小学校应主动指导家庭教育，并且要加强与社会的合作，加强与学生家长的联系，鼓励家长转变教育方式方法。

（二）家庭德育推进发展期的政策（1992—2010 年）

到 20 世纪 90 年代，我国改革开放进入快速发展阶段，社会主义市场经济的步伐加快，我国经济社会不断向快、向好的形势发展。21 世纪初时，政府意识到社会与经济发展需要物质文明和精神文明两手一起抓，于是，教育也被摆在越来越重要的战略位置。从 1992 年到 2010 年，我国共发布了 26 份涉及家庭教育主题的政策文件，其中包含 6 份教育规划与改革类文件，3 份未成年人保护和妇女保障类文件，4 份德育工作类文件，2 份儿童发展纲要，6 份家庭教育文件，5 份家长学校建设文件。家庭德育作为家庭教育的子系统依托于家庭教育工作向前发展，在国家治理体系和教育变革的推动下进入推进发展期。在这一阶段，党和国家对家庭德育工作的指导有了新进展，具体如下。

第一，加强对家庭德育工作的整体部署和全面指导。为积极响应 1990 年世界儿童问题首脑会议通过的《儿童生存、保护和发展世界宣言》和《执行九十年代儿童生存、保护和发展世界宣言行动计划》，1992 年国务院发布了《九十年代中国儿童发展规划纲要》，该份文件既立足儿童视角对家庭德育提出了新要求，又从立法、目标、队伍、宣传、科研等方面对家庭德育工作作出了总体部署，指出家庭要为儿童创造良好的家校社联合育人机制。就高校的人才培养而言，倡导逐步开设家庭教育课程；就学术研究而言，有关学术机构和学术团体要开展家庭教育的理论研究，为实践提供理论支持；就实践层面而言，倡导办好家长学校，提高家长教育水平，培养家庭教育工作骨干。在此指导下，1996 年，全国妇联和国家教委联合印发了第一个专门性的家庭教育规划《全国家庭教育工作“九五”计划》，该计划把家庭教育发展目标定位为“培养有理想、有道德、有文化、有纪律的社会主义事业的建设者和接班人”，并强调了家庭德育要注重子女思想品德和行为习惯的培养。

进入 21 世纪，国家相继颁布了《中国儿童发展纲要 (2001—2010 年)》(2001 年)、《全国家庭教育工作“十五”计划》(2002 年)、《关于全国家长学校工作的指导意见》(2004 年)、《家长教育行为规范》(2004 年)、《关于在全国开展“争做合格家长、培养合格人才”家庭教育宣传实践活动的通知》(2004 年)、《全国家庭教育工作“十一五”规划》(2007 年) 和《全国家庭教育指导大纲》(2010 年) 等政策，从理论和实践两方面对家庭德育提出规范和要求。

第二，强调 21 世纪的家庭德育应具备儿童立场。2010 年，全国妇联、教育部等部门颁布的《全国家庭教育指导大纲》提到家庭教育要“把‘修德做人’放在首位，强化儿童的伦理道德意识”；在德育观念和方式方法上强调“尊重和信任儿童，促进良好的亲子沟通”，“以平等的姿态与儿童相处……学会采取正面方式激励儿童”，“发挥道德榜样作用”等。“尊重”“信任”“平等”等词体现了主体性教育观念下的儿童立场，“正面方式激励”“发挥道德榜样作用”等体现了家庭德育的现代儿童立场下的教育理念和方式。

第三，强调21世纪家庭德育的家国一体化意识。这体现在国家同时强调家庭德育应注重儿童个人品行与注重儿童的爱国情感和公民品德教育。为引领社会精神文明建设，1994年中共中央印发了《爱国主义教育实施纲要》，将爱国教育规定为家庭德育的重点，指出“要重视发挥家庭在青少年教育中的特殊作用，把热爱祖国作为开展五好家庭、文明家庭活动和文明市（村）民教育的重要内容”。后续，为治理市场经济带来的多元道德价值观乱象，公民道德建设的必要性日益增大，中共中央相继印发了《公民道德建设实施纲要》（2001年）以及《关于进一步加强和改进未成年人思想道德建设的若干意见》（2004年），更加系统地对家庭德育工作作出指导，均明确了家庭德育在培养未来国家公民思想道德建设中重要的、特殊的启蒙作用。《家长教育行为规范》（2004年）等指出家长应当对社会负责，对后代负责，讲究教育方法，培养子女良好的品德和行为习惯，强调家长在培养思想品德方面的重要作用，要求家长应该“树立为国教子、以德育人的思想”，“教育子女树立正确的理想信念”。

第四，继续强调家庭德育的合作育人机制。《九十年代中国儿童发展规划纲要》（1992年）进一步指出“建立起学校（托幼园所）教育、社会教育、家庭教育相结合的育人机制，创造有利于儿童身心健康、和谐发展的社会和家庭环境”。之后，1993年颁布的《中国教育改革和发展纲要》、1999年颁布的《关于深化教育改革　全面推进素质教育的决定》、2010年颁布的《国家中长期教育改革和发展规划纲要(2010—2020年)》等教育类改革文件，均强调学校、家庭、社会的合作育人机制问题。

第五，强调家庭德育的规范化和机制建设。我国发布了《关于全国家长学校工作的指导意见》（2004年）、《家长教育行为规范》（2004年）、《全国家庭教育指导大纲》（2010年）等文件，对家长学校提出了建设学校、家庭、社会三结合的工作桥梁的目标，并在考勤考核制度、教学形式、检查评估制度、家长委员会建设等方面作出规定。可见，党和政府对家长参与教育工作的重视达到空前高度，这也说明家庭德育的合作育人工作制度建设不断推进，家庭德育的实践落实机制更加规范化，家庭德育政策的体系化更强。

第六，留守儿童、流动儿童等特殊家庭德育问题受到关注。伴随中国城镇化进程加快，大量年轻劳动力涌入沿海经济发达地区定居，流动儿童与留守儿童家庭德育问题逐渐浮出水面。为解决现实的问题，1992 年第七届全国人民代表大会第五次会议通过了《中华人民共和国妇女权益保障法》，该法律指出政府等应保证贫困、残疾和流动人口中的适龄女性少年儿童完成义务教育。2002 年全国妇联和教育部发布《全国家庭教育工作“十五”计划》，指出要“办好为特殊儿童、特殊家庭儿童服务的家长学校”。2007 年全国妇联、教育部、中央文明办等 8 部门发布《全国家庭教育工作“十一五”规划》，该规划将特殊儿童具体化为农村留守、流动儿童。2010 年全国妇联、教育部等部门发布的《全国家庭教育指导大纲》更是将特殊家庭的家庭教育指导作为专门板块，将特殊儿童的群体丰富化，明确指出加强对离异和重组家庭、服刑人员家庭、流动人口家庭以及农村留守儿童等特殊家庭的家庭教育指导，要求各级各类家庭教育指导机构和相关职能部门、社会团体、宣传媒体等“多与儿童交流沟通，对儿童的道德发展和精神需求给予充分关注”。可见，党和国家对特殊儿童家庭德育的规划更加周全，涉及离异、孤儿、留守儿童等各类型的儿童群体。这也反映出家庭结构自身变化与国家的家庭德育工作调整产生了良性联系。家庭的变迁致使“非传统结构家庭”的产生，而这种家庭结构更趋向于作为行动者与国家产生互动，国家通过制度化的意见予以反馈，以此形成灵活的、能动的良性互动关系，并且与此相伴的是“支配型”家国关系的改变及其家庭德育工作的理念转向。

第七，随着社会主义事业的推进，党政干部的家风建设工作更加突出。1992 年，江泽民在中国共产党第十四次全国代表大会上作了《加快改革开放和现代化建设步伐，夺取有中国特色社会主义事业的更大胜利》报告，其中强调党员干部要带头教育好自己的子女，形成良好的家风教育，做反腐的表率。1986年，党的十二届六中全会提出全面开展社会主义精神文明建设的要求。在此格局下，国家进一步明确了党员干部要加强家风建设，党员干部的家风和工作作风都影响着人民的评价。[①]可见，国家多次强调党员干部要正确教育子女，将家风建设作为党风政风建设的内在要求融入工作过程中。这既体现了我国重视良好家风的培育与传承，体现了中华民族的优良传统，也表明了家风根植于家庭文化，它和党风、政风、社会风气相辅相成、互相促进，有着密不可分的联系。

（三）家庭德育全面建设时期的政策（2011年至今）

以国务院2011年发布的《中国儿童发展纲要（2011—2020年）》为标志，我国家庭德育进入全面建设时期。至2021年底，我国共发布家庭德育相关政策文件16份，包括1份教育规划与改革类文件，1份德育工作类文件，2份儿童发展纲要，6份家庭教育文件，6份其他类型文件。这一阶段，家庭德育的政策法规精神体现出如下几大特点。

第一，家庭教育工作正式进入法治化时期。2010年中共中央、国务院印发的《国家中长期教育改革和发展规划纲要（2010—2020年）》明确指出在国民教育体系中家庭教育发挥着极为重要的作用，该纲要还在立法层面强调了家庭教育的重要地位。除此之外，经过中华全国妇女联合会倡议，家庭教育法列入预备审议项目在全国人大常委会2020年度立法工作计划中被提上了议程。2021年10月，为贯彻全社会注重家庭、家教、家风的家庭德育工作理念，形成家庭幸福与社会和谐的景象，为更好培养德智体美劳全面发展的社会主义建设者和接班人，中华人民共和国主席习近平签署了中华人民共和国主席令第九十八号，即《中华人民共和国家庭教育促

---

① 韩澎，黄辉．领导干部要带头树立好的家风［J］．党建研究，1998（7）：46，5.

进法》，这是新中国成立以来颁布的第一部家庭教育法，意味着我国家庭教育进入到法治化建设时期，家庭德育自然也在其中，也意味着教育子女成为父母或儿童监护人的重要义务。

第二，家庭德育成为社会治理体系的重要组成部分。在此阶段，家庭德育工作成为城镇公共服务发展格局中的重要内容，家庭德育指导服务被纳入城乡治理体系，家庭家教家风在社会治理中的重要地位不断提升，适应城乡发展的家庭德育指导服务体系发展格局得以构建并不断完善。2017年教育部印发的《中小学德育工作指南》要求“要积极争取家庭、社会共同参与和支持学校德育工作，引导家长注重家庭、注重家教、注重家风，营造积极向上的良好社会氛围”。2021 年中宣部、中央文明办等联合印发的《关于进一步加强家庭家教家风建设的实施意见》更是指出要呼吁群众注重家庭家教家风，从“小”家融入“大”家，积极参与社区治理；注重发挥家风建设在基层社会治理中的重要作用。随着逐渐融入公共服务体系，家庭德育突破了传统的内部私人领域，成为社会治理体系的重要组成。这也表明国家想要增强家庭的社会德育功能，以使其与社会治理体系形成良性互动关系。

第三，注重家庭德育中的公德教育与私德教育并举。2016 年，全国妇联联合教育部、中央文明办等部门共同印发了《关于指导推进家庭教育的五年规划（2016—2020 年）》，其中明确指出“注重突出家庭道德教育内容。将社会主义核心价值观宣传教育融入到课题研究、指导服务、亲子活动等家庭教育各个环节”。2019 年中共中央、国务院印发的《新时代公民道德建设实施纲要》中将家庭道德内容规定为培养儿童“养成孝敬父母、尊敬长辈的良好品质；倡导忠诚、责任、亲情、学习、公益的理念，让家庭成员相互影响、共同提高，在为家庭谋幸福、为他人送温暖、为社会作贡献过程中提高精神境界、培育文明风尚”。

第四，注重家庭德育的“三全育人”实践机制。随着党和国家对“培养什么人”问题的进一步澄清，家庭德育的意义与价值被提升到新高度。

国务院印发的《国家教育事业发展“十三五”规划》（2017 年）、教育部印发的《中小学德育工作指南》（2017 年）、中共中央、国务院印发的《中国教育现代化 2035》（2019 年）等文件都倡导推进家庭和学校共同育人，并提出从“全面落实立德树人”的角度来实现“全员育人、全过程育人、全方位育人”（称“三全育人”），即要坚持学校教育与家庭教育、社会教育相结合，形成学校、家庭、社会协调一致的育人合力。在此格局下，家庭德育在家校社合作局面中的地位进一步凸显。2004 年中共中央、国务院印发《关于进一步加强和改进未成年人思想道德建设的若干意见》，要求各级政府及相关部门必须重视家庭教育的作用；2015 年教育部更是发布了《关于加强家庭教育工作的指导意见》，将加强家庭教育列入“奋进之笔”项目中一项新的攻坚任务，提出了研制指导手册、家校共育机制实践试点等推动家庭德育工作的具体措施；2018 年，习近平在全国教育大会上更是强调教育、妇联等部门要合力统整资源来支持家庭教育；2020 年第十三届全国人民代表大会常务委员会修订的《中华人民共和国未成年人保护法》再次着重强调家庭教育在儿童思想品德中的作用及家庭教育联合其他教育的途径。可见，家校社背景下家庭德育对于落实立德树人任务的重要性进一步凸显，同时在学校德育工作的指导下，家庭德育工作的专业性不断突出。

二、中国家庭德育政策的发展特征

正如上述，家庭德育政策经历了觉醒探索期、推进发展期和全面建设时期，不同时期家庭德育政策有不同的侧重点。除了发展的阶段性，我们还需从发展特征的角度来窥视改革开放以来家庭德育政策的发展。因此，基于上述我国家庭德育政策的历史发展脉络，现简要小结演变的特征。总体来看，可以分为以下四点。

（一）家庭德育政策发展内嵌于社会转型，与历史发展相适应

从纵向来看，社会历史洪流中的不同因素起伏交织推动了家庭德育工作的整体进展。改革开放初期，国家处于快速发展和制度探索时期，教育领域还处于恢复发展中，家庭德育也处于觉醒探索状态，因而涉及的相应政策文本较少，政策文本表述较为简要化。进入改革开放深化期，一方面，随着国家治理逐步走向理性化，与市场经济相匹配的国家治理模式逐步形成，家庭参与社会治理的作用不断凸显；另一方面，伴随城镇化发展及人口结构的转变，家庭功能和结构的相应调整带来了许多家庭德育新问题，加之素质教育改革大幕拉开，教育界的力量开始注入家庭德育。因此，一方面家庭德育系统内部不断向前发展，另一方面家庭德育工作的外部推力变大，进入推进发展期，具体表现为党和国家加强对家庭德育工作的整体部署和全面指导、强调家庭德育的规范化和机制建设、特殊家庭儿童德育问题受到关注等。最近十多年来，随着国家治理体系现代化的发展，家庭作为国家治理的重要载体越来越受到重视，如党和国家在摸索中颁布了许多相关的生育、婚姻、人口政策等来支持家庭的福利供给，推动家庭走到公共事务的重要位置。加之，立德树人理念下现代教育整体转型变革不断寻求协调育人的良好教育生态，家庭德育在少年儿童思想道德发展中的独特作用被重视。因而在家国关系的互动中家庭德育政策逐渐向纵深发展，迈向全面建设期，具体表现为家庭德育成为社会治理体系的重要组成部分、注重家庭德育的“三全育人”实践机制等。

（二）强调现代社会精神文明为现代家庭德育建设的价值基础

整体上看，改革开放至今，一方面，中国家庭德育政策一直在不断适应我国社会现代化转型期的冲击。传统家庭私德教育强调的是亲人之间因血亲关系而形成的孝敬、友悌等品格，更多强调面向私人领域的品德。当代中国家庭德育政策突破了传统儒家的家庭德育思想的一些局限，不

断突出民主、平等、自由等现代社会文明的基本价值理念，强调儿童的权益，注重家庭成员，尤其是父母与子女之间的民主、平等、自由等观念。另一方面，又以我国社会主义核心价值观作为整体价值坐标，注重优良的传统家庭德育思想与现代家庭德育、家庭私德教育与公德教育等的内在统一。

（三）家庭德育建设越来越趋向公共化和专业化，逐步形成具有中国特色的政策体系

回溯 40 多年的家庭德育政策演变，可以发现其内容和结构不断公共化和专业化。首先，公共化体现在：其一，家庭德育内容不仅要体现家庭德育传统私人领域内容，还要体现国家意志和公民品德教育。其二，家庭德育实践的规范化或法治化，即家庭不仅要与学校、社区形成共育机制，还要接受一定的考核与评估，最明显的体现是 2021 年《中华人民共和国家庭教育促进法》的出台。

其次，家庭德育的专业化发展趋势体现为：在内容表述上，政策术语逐渐与现代化教育理念相匹配，教育性和科学性不断增强，并且当前政策要求家庭德育要与学校、社会协同发展，并接受学校的指导。在指导思想上，家庭德育工作指导思想实质上逐渐回归以“儿童”为核心的价值理念。改革开放以来，从注重以知识为核心的教育到注重以人为本的教育，我国教育改革目标不断向“儿童”靠近。与此同时，在终身教育和学习型社会等理念深入人心的背景下，家庭德育在教育体系中的意义也不断深化。在政策价值取向上，家庭德育政策体系从原有的作为维护儿童权益的补充型政策向以构建家庭功能和提升家庭发展能力的发展型政策价值导向转变。并且党和政府对家长作为重要教育力量的意识逐渐觉醒，推出多个相关的家长教育的政策，不断使家庭德育的理论和实践落地生根。

最后，中国特色体现在：一方面，在发展过程中不断强调要注重中华民族重视家风的传统，鼓励将儿童和青少年阶段的爱国主义教育及家庭德

育与党的政治建设相结合；另一方面，根据时代带来的家庭新问题作出变化调整，推进家庭德育内容和维度逐渐清晰化和丰富化，如出现留守儿童现象后，立即制定了与留守儿童相关的政策，努力实现政策与中国家庭变迁现实步调相协调。

但需注意的是，家庭德育政策规划性及其系统性还有待提升。由于政策制定部门涉及较广，包括中共中央、国务院、教育部、妇联等，而多部门之间资源难以整合以实现有效配置，相关要求依然有待细化和明确。

（四）家庭德育政策精神在“家庭主义”和“去家庭主义”的张力中寻求平衡

40 多年来，家庭德育政策在价值定位上始终左右调整，一方面希望家庭功能回归传统德育，另一方面不断抓住家庭德育的阵地，让家庭承担一部分国家和社会德育的功能，这无形中在弱化家庭私德传统。在价值取向上，前者可称为家庭主义（Familialism）取向，后者可称为去家庭主义(De-Familialism) 取向。家庭主义原指西方国家中家庭承担其成员主要福利职责的价值观。后来，考斯塔 · 艾斯平 – 安德森（Gosta Esping-Andersen）发展了此概念，并引入“去家庭主义”概念以描述国家对家庭的两种不同态度。[①] 经莱特纳 (Sigrid Leitner) 的总结，家庭主义主要指通过某种介入来强化家庭对儿童的照护和教养功能，而去家庭主义则指为减轻家庭负担，通过市场或社会来提供儿童的照护和教养等福利供给模式。[②]

家庭主义观念虽起源于西方，但在中国视域下既可以从历史洪流中探到依据，又可以在家庭德育现代转型中找到发展理路。在一般的西方理念

① ESPING-ANDERSEN G. Social Foundations of Postindustrial Economies［M］. New York: Oxford University Press, 1999 : 51.

② LEITHER S. Conservative familialism reconsidered: the case of belgium［J］. Acta Politica, 2005 , 40 (4) : 419 – 439.

中，家庭被认为是一个私人领域，因此古有“家国异构”的现象，而在中国传统文化中，“家国”与“国家”密不可分，传统中国国家治理呈现“家国同构”的模式。[①] 伴随现代社会的到来以及法治化建设，国家治理向现代化转型，家庭也越来越走进公共社会，传统的“家国同构”向“家国合力”转变。[②] 因而，改革开放以来，为应对社会变化及人口结构剧变带来的家庭传统价值观、结构与功能的冲击，党和国家在摸索中努力平衡家庭德育政策以实现家庭主义和去家庭主义张力下的良性发展，一方面，强调家庭作为教育主体的重要作用，推动家庭德育在宏观教育格局中重要位置的形成，使家庭德育承担更多教育责任。例如，2019 年 10 月印发的《新时代公民道德建设实施纲要》突出强调了家庭在公民道德建设中独特功能的发挥。另一方面，近年来，国家坚持政府主导和家长尽责的原则，采取其他力量支持家庭德育的实施。《关于指导推进家庭教育的五年规划（2016—2020 年）》中指出政府要发挥重要作用，并鼓励其他社会力量加入，推进家庭教育公共服务的常态化和普惠性，如推动公益教育场所青少年宫转型以助力家庭与社会共育等。总体而言，在两种价值取向的张力中，我国家庭德育政策在左右平衡中形成了具有中国特色的家庭德育指导体系。

第三节　中国家庭德育研究的发展阶段及特征

对此问题的研究，我们首先在“中国知网（CNKI）全文数据库”中以 1978—2021 年为时间段进行检索，主题搜索词为家庭德育、家庭思想品德、

① 周靖．“家国同构”与“家国异构”：中西传统家国关系对法的影响的比较［J］．法制与经济（下旬），2012 (1)：125 － 126.

② 孔新峰．“家国同构”的家国之理［J］．人民论坛，2020 (17)：134 － 135.

家庭道德教育、家庭 + “政治教育、法制教育、法纪教育、心理教育、心理健康教育、情感教育、价值观教育、理想教育、爱国主义教育、集体主义教育、社会公德、社会主义核心价值观教育、中华优秀传统文化教育、理想信念教育、生态文明教育、公民意识教育、公民道德、革命理想和革命传统教育、职业道德”等，截至 2021 年 12 月 31 日，共检索出 1150 篇相关文献。去除会议通知、征文、报道、培训以及与主题不相关或者重复的文献，参考被引量和期刊级别，再进行阅读筛选后，最终得到 1001 篇有效文献。其中，我们重点筛选了 1992—2021 年的核心文献。因 1978—1992 年没有核心文献之说，我们主要根据被引量进行筛选，并借助 Excel 和 Cite Space 5.8. R3 软件，先对文献进行计量统计，再对不同时间段的书籍文本进行了整理。

为更好梳理 40 多年来家庭德育热点研究主题的变迁，我们选择关键词为核心依据对大量的文献进行统计，得出家庭德育的研究关键词频次表（表 2–1）和研究关键词聚类图（图 2–1，由 Cite Space 生成）。因为关键词是论文中创造性思想的凝练，与研究热点高度相关。① 而且，关键词中心性是估量某个节点与其他节点连接的重要依据。关键词中心性超过 0.1 为较强，说明通过该点展开的研究较多，具有广泛性和较强影响力。② 是否是热点关键词需要同时考虑中心性和频次。为避免关键词标识差异影响研究效度，此处对关键词进行同义合并，通过 Cite Space 统计，得出频次前十三位的关键词表 2–1。图 2–1 的模块值 Q 约为 0.7017，大于 0.3 说明结构显著；平均轮廓值 S 约为 0.8988，大于 0.5 说明代表合理，因此绘制效果良好。从关键词统计来看，可以分为两类：第一类是家庭德育的主体，

---

① 刘则渊，王贤文，陈超美．科学知识图谱方法及其在科技情报中的应用［J］．数字图书馆论坛，2009 (10)：14 − 34.

② 许鑫，冯诗惠．互联网金融领域研究热点与前沿探讨：基于 Citespace 的分析［J］．华东师范大学学报（哲学社会科学版），2015，47 (2)：133 − 139，172.

包括青少年、留守儿童、儿童、大学生；就关注的年龄段而言，青少年和儿童多于大学生。第二类是德育内容，包括家庭教育、心理健康、家庭、家庭德育、道德教育、对策、教育和家风。

表 2-1　频次前十三位的关键词一览表

频次	中心性	起始年份	关键词
95	0.00	1987	家庭教育
81	0.00	1990	心理健康
46	0.00	2002	青少年
45	0.00	1999	家庭
34	0.00	1994	家庭德育
33	0.00	2006	留守儿童
31	0.00	2002	道德教育
23	0.00	1993	儿童
22	0.00	2003	对策
20	0.00	1992	家庭道德
19	0.00	1999	教育
18	0.00	1998	大学生
17	0.00	2003	家风

为更好地通过关键词探讨 40 多年来家庭德育的研究脉络，我们把文献按时间顺序排序并进一步阅读热点关键词关联的文献，尝试归纳总结出 40 多年来家庭德育研究阶段主题的变迁情况。根据文献梳理，我们发现家庭德育研究整体在家庭德育政策指导下发展，因此将家庭德育研究的发展分为三大阶段：恢复与探索期（1978—1991 年）、丰富与拓展期（1992—2010 年）、探究与深化期（2011 年至今）。整体而言，家庭德育的研究处

于不断发展中，还未形成核心理论体系，因此其研究主题紧随时代热点、时代需求的变化而改变，研究主题具有多样分散的特点。虽然一些研究主题自改革开放以来一直都在讨论，但并没有成为每个阶段的核心关切。鉴于此，本章将每个阶段最核心关切的主题归类整理以作陈述。以下对每个阶段的研究主题及其总体变化展开分析。

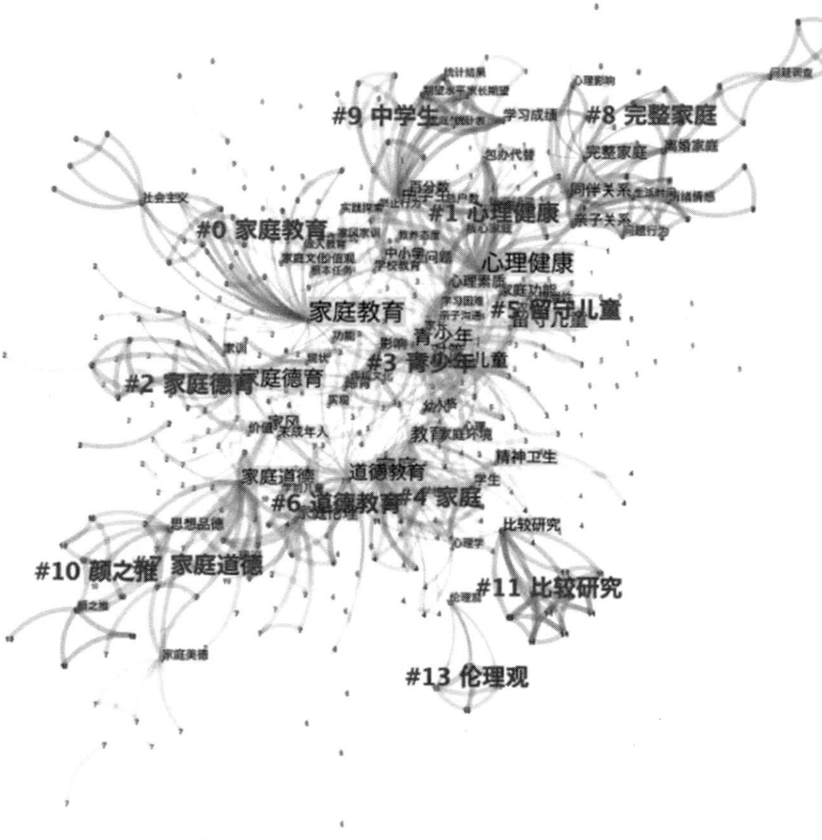

图 2-1　关键词图谱

一、中国家庭德育研究的发展阶段

家庭德育的学术研究是梳理家庭德育发展脉络的重要依据。改革开放以来，家庭德育发生了巨大的变化，家庭德育研究也经历了不同的发展阶段。以下，以研究领域为关键线索分三个阶段阐述中国家庭德育研究的发展阶段。

（一）恢复与探索期（1978—1991 年）

改革开放后，教育学术研究逐渐走上正轨，家庭教育的研究也随之恢复。20 世纪 80 年代，家庭德育研究走上了正式复苏的探索道路。20 世纪 80 年代，我国多数省、市和区县陆续建立了地方性家教研究会，20 世纪 90 年代，我国陆续颁布了《中华人民共和国未成年人保护法》等法律，从国家层面要求家长重视家庭德育。至 20 世纪 90 年代，学界开始关注家庭德育的理论问题，出现了家庭德育专题的著作，一些具有时代色彩的研究主题也浮现了出来，如对离异家庭子女的德育和心理问题的探讨等。这一时期研究成果较少，主要聚焦于以下几个方面。

1. 家庭德育的基本理论问题

这一时期家庭德育基本理论问题的研究内容主要是家庭德育的重要性、特点、问题和方法等，采用的方法主要包括说理、经验总结和引用国外实证数据等。整体上看，这些研究认为家庭是传播道德规范的良好环境，在宣传社会道德、个体品德启蒙两大方面发挥着重要作用，如有研究者认为家庭道德教育具有早期启蒙、个别指导、终身塑造的特点。[①] 并且从学者们的研究内容可以看出，当时家庭德育普遍存在几大问题，一是注重私德教育，忽视公德教育，如许多家长以为父母争光为理念来教育孩子，对爱国主义、集体主义、社会主义则闭口不谈；二是家庭德育与学校德育、社会德育脱节，没有形成教育合力；三是家长教育素质较差，教育能力不足；四是对家庭道德和对家庭应尽的义务不清晰。

---

① 袁敏．谈谈家庭道德教育的特点［J］．道德与文明，1990 (5) : 21 − 22.

2. 离异家庭子女的德育和心理问题

改革开放以来，大量新鲜事物迅速涌入社会，新旧观念在不断冲突中交锋，社会急剧转型给中国的家庭带来了一系列新的特征。其中之一便是离异家庭的增多。在此背景下，对于离异家庭子女健康成长和德育的研究开始兴起。一部分采取比较法，即通过与完整家庭的对比探究离异对子女心理和情绪的影响；另一部分通过调查研究、描述统计和差异分析进行研究。研究普遍认为离异家庭影响着其子女的学习、社会性发展、同伴关系、情绪、性格、品德、亲子关系等，但是离异家庭子女和完整家庭子女的认知发展水平既无显著差异，也没有明显的性别差异。① 离异家庭子女的心理发展过程也是研究者们关注的重点，研究者发现面对父母离异，儿童情绪、情感的变化过程大体经历了愤怒痛苦、盲目乐观、流动、出走阶段、闭门不出、获得新生六个阶段。②

3. 家教故事或者名人思想的总结

改革开放以来，家庭的财富问题迅速增加，随之而来的是家庭财富的分配、赡养、分割等纠纷问题，家风家教的价值重新受到重视。在此方面，学者们采用例证的方法对国内外著名家庭教育家的思想进行了总结，如苏霍姆林斯基、马卡连柯、朱庆澜、颜之推等。此类研究基于经验总结出“提倡不允许养而不教”“父母要给孩子做出样子”③ 等教育原则和“榜样与威信结合”“制定一定的生活制度”“提倡适当体罚，反对娇生”“提倡严格要求和关心慈爱”“提倡言行一致”“重视学以致用”“提倡以身作则”“重视理想”④ 等教育方法。

---

① 贺琛，秦园珠，陈传锋．离异家庭对子女心理影响的调查报告［J］．江西教育学院学报（综合版），1990 (3)：67 − 76.

② 张铁成，李淑民，谭欣．离异家庭子女情绪情感特点及变化过程的研究［J］．心理发展与教育，1990 (1)：1−8.

③ 唐其慈．苏霍姆林斯基的家庭教育思想初探［J］．外国教育动态，1982 (5)：8 − 11，30.

④ 段文阁．《颜氏家训》中的家庭道德教育思想初探［J］．齐鲁学刊，1989 (3)：126 − 129.

总之，这一阶段研究的特点为：文献数量偏少，学界关注度较低，研究视域狭窄，聚焦于基础理论研究，应用研究较少。多是进行经验总结、案例分析或者家庭教育故事的阐述，缺乏理论的抽象性和升华性。虽然这些研究给予家庭德育一定的启发，但是缺乏科学严谨、结构完整的论证。研究方法以理论思辨为主，虽已有少许研究采用实证方法，但是使用的统计方法较为简单，多是描述性统计，统计与结论之间的逻辑常常无法自洽与衔接。

（二）丰富与拓展期（1992—2010 年）

到改革开放深化期，国家出台了《九十年代中国儿童发展规划纲要》（1992 年）、《全国家庭教育工作“九五”计划》（1996 年）等系列规划和大纲，使得我国家庭德育事业发展有了更加科学全面的政策指导，家庭德育的相关研究进一步推进，进入丰富与拓展期。相比前一时期，这一时期的理论问题探讨更加系统化，出现了第一部家庭德育的专著《家庭德育与子女成才》，并且多本较为系统的著作问世，如《学校德育文库：学校、家庭、社会德育网络》《中小学生亲子关系与家庭德育研究》《古代家庭道德教育》等。总体上，此阶段的家庭德育研究受到广泛关注且研究内容丰富，研究主题多元化，进入了丰富与拓展期。以下具体陈述这一阶段学界主要关注的几大主题及其研究进展。

1. 家庭德育基本理论命题持续拓宽

首先，相比上一时期，家庭德育的定位和独特性问题受到关注，研究的专业性增强。不少学者开始立足家庭德育的独特性，聚焦于家庭德育何以作为一个独特的领域，试图阐述家庭德育在教育中的独特功能，如从基础性、互补性等特点出发阐述了在家庭环境中施以德育的独特性。[①] 并且越来越多学者意识到家庭作为思想道德教育之重要阵地的独特育人价值，

① 檀传宝. 试论家庭环境的特殊性及其对学校德育的环境作用［J］. 江西教育科研，1995(1)：32－35.

微观家庭环境中的思想道德教育、和谐家庭建设中的思想道德教育、高校思想政治教育视域下的大学生家庭教育、单亲家庭思想道德教育环境等主题被热烈讨论。此外，就家庭德育自身的内涵范畴而言，大多数学者认为家庭德育属于大德育的范畴，这一阶段家庭德育在“大德育”概念体系下发展。但由此也出现了家庭德育泛化的现象，如有研究将家庭德育理解为养成教育、劳动教育、现代观念教育、人际交往教育、生活指导、学习指导、智力发展等①，将“学习指导”“智力发展”等内容纳入家庭德育范畴。这说明此阶段将家庭德育作为独特研究领域的意识正在崛起，但同时也存在泛化现象。

其次，家庭德育的特点及其重要性的话题被持续讨论。与前一阶段相似的是，研究者们也是从家庭德育的浸染性、潜移默化性、情感性、权威性、广泛性、灵活性、统一性、继承性、早期性、连续性等特点进行总结，从社会精神文明、个体道德提升等维度对其作用进行阐述。与前一阶段所不同的是，面对 21 世纪的时代变迁，不少学者认为急需立足于新旧体制的转换中重新思考家庭道德教育的内涵和特点。例如，相比传统家庭德育的价值导向，有学者认为时代变迁后现代家庭的伦理价值应包括和谐幸福的价值、教育人格的价值、安宁归宿的价值，这些价值的实现需要爱情和义务的统一、严慈与孝敬的统一、谦让与友爱的统一、情与理的统一等。②

最后，由于经历了 20 世纪到 21 世纪的时代转型，社会转型对家庭德育的挑战和要求受到普遍关注。学界普遍认为社会中各个因素对家庭的影响越来越大，社会道德秩序的剧烈变化给家庭德育带来了道德判断的不稳定时期，时代转型给家庭德育带来了道德观念的更新，并导致孩子对家长依赖的削弱，家长履行向孩子传授社会道德规范的责任的削弱，青少年缺乏家庭和社会责任感，“望子成龙”“望女成凤”、重智育轻德育等现象普

---

① 詹万生．家庭德育：第 18—20 册［M］．北京：中国民主法制出版社，1998.

② 王引兰，樊婧．现代家庭伦理价值及其基本要求［J］．道德与文明，1999 (1)：24 – 26.

遍出现，以及教育内容偏颇、重私德轻公德等问题出现。总之，家庭德育在时代转型的过程中遭遇了不顺，也面临着时代的新要求。对此，学者们从转变观念、更新内容、建立现代体制、探索有中国特色的社会主义家庭德育模式[①]等方面提出了建议之思。

2. 学校、家庭、社会德育一体化研究增多

在改革开放初期，有不少政策提及要家校社合作，但相关研究却极少。1999 年中共中央、国务院颁布的《关于深化教育改革全面推进素质教育的决定》拉开了素质教育的大幕，在推进教育治理现代化的过程中，家校合作成为学界共识，相关研究数量快速增加。

对于家校社一体化的基本学理研究，研究者们一般倡导“三育合一”，强调学校、家庭、社会德育一体化的功能互补，并倡导学校的主导作用，主张家庭和社会全力配合学校对学生进行道德教育以发挥三合一的作用。例如，有学者指出“以学校教育为主渠道，把德育工作摆在首位，充分发挥学校的龙头作用”，同时也要“强化家庭教育的法律责任……充分发挥家庭的基础作用”。[②]有学者认为学校德育的主导地位亟须加强，在学校、社会、家庭协调一致的德育系统中，学校德育的作用是任何家庭教育和社会力量所不能替代的。[③]

除了基本学理研究，不少学者指出了当前家校社合作的现状和问题，如现实中学校、家庭和社会往往不能互相配合，没有形成方向一致的合力，并试图通过案例介绍和理论阐述两种途径分析解决问题的举措，如有学者

---

① 时伟. 社会转型期的家庭道德教育研究［D］. 无锡：江南大学，2008；关颖. 世纪之交：家庭德育面临的新问题［J］. 当代青年研究，1999 (6)：17 − 20.

② 张圣豪，邓加航. 坚持“三位一体”增强德育实效：对学校、家庭和社会协同教育的思考［J］. 思想政治课教学，2005 (1)：65 − 67.

③ 才忠喜. 构建“学校、家庭、社会”三位一体的大学生思想教育体系［J］. 教育与职业，2009 (17)：74 − 76.

尝试通过实践案例的方式给当下问题解决带来一定的启发。[①] 再譬如有学者提出学校、家庭和社会要努力把德育环境建设落到实处，积极充实形成德育综合力量的物质基础,搭建家庭与高校互动的平台,形成教育的合力。[②] 但总体而言，这些策略多以倡导性论点为主，论证性及理论性不足，给予实践的启发性和指导性不足。

3. 独生子女的家庭德育研究

20 世纪 70 年代末，我国实施了独生子女政策，起初，心理学、教育学、社会学、人口学、体育科学、医学等多个不同领域的学者围绕我国独生子女的总体特点做了大量的调查研究和实验，讨论了独生子女是不是“问题儿童”、独生子女的个性特征如何、独生子女具有什么样的人格特点、独生子女是不是“小皇帝”等相关问题，但这些研究只停留在宏观层面上的对其特点的分析和推测，聚焦家庭以及德育的研究很少。而伴随着独生子女的长大，90 年代以来关于独生子女的研究越来越丰富，一方面一些学者继续将独生子女作为研究对象，探讨独生子女的个性特征、社会化、社会适应等问题以及把独生子女作为研究变量，探讨独生子女现象对家庭、社会的影响；另一方面独生子女的教育问题逐渐聚焦，越来越多学者从家庭和整体、系统的角度思考独生子女的德育问题。如有论者探讨了独生子女家庭德育的研究价值，分析了其中存在的问题及原因，并构建了当代中国独生子女家庭德育的体系[③]；有论者从主体与环境关系入手，发现独生子女家庭教育中的突出矛盾[④]，分析了独生子女的心理障碍及其原因、解决策

① 詹万生．学校德育文库：学校家庭社会德育网络［M］．北京：中国民主法制出版社，1998.

② 徐建培．努力创造高校、家庭、社会大德育工作格局［J］．中国高等教育，2000 (11)：21－22.

③ 赵红丽．当代中国独生子女家庭德育问题研究［D］．苏州：苏州大学，2009.

④ 洪明．教育生态视域下独生子女家庭教育问题及治理［J］．中国青年研究，2010 (8)：96－99，116.

略[①];有论者从教育生态学视角切入，利用教育生态学中主体与环境、遗传与变异、平衡与失衡、共生与竞争的分析框架分析独生子女的家庭教育问题[②]。

整体而言，我国独生子女家庭德育研究起步较晚，高水平的研究还不多见，研究对象多聚焦于中小学，对年龄较大的独生子女研究较少。研究方法上，单因素或多因素的简单横向比较的研究较多，深入进行实验研究和对某一特性做较长时期的追踪研究较少，方法的科学性亟须提高。

4. 特殊儿童的家庭德育研究

伴随城镇化综合水平的提高，老龄化社会的到来，隔代家庭等非传统家庭不断出现，越来越多特殊儿童群体的家庭德育问题备受关注，如留守儿童、单亲儿童等。与上一阶段相同，学者们继续关注单亲家庭儿童的心理健康及其教育对策，通过问卷、访谈、叙事等普适性调查来研究离异家庭学生的心理状态、心理障碍、心理健康、心理问题、心理适应、道德教育问题，但相比之下关注的学段更加广泛，包括大中小学。就横向的心理发展来说，研究者们普遍发现父母是否离异影响着小学生总体心理压力水平、个体适应性、大学生的心理健康等。[③]就纵向的离异家庭子女的心理发展过程而言，与上一阶段类似，学者们普遍发现离异家庭儿童心理适应经历巨变期、适应期、定型期三个递进的发展阶段。[④]

同时，其他特殊儿童的家庭德育问题受到关注，相比前一时期更多通过说理论证，该阶段不少学者借助描述统计和相关性分析等量化手段探究

① 汪慧. 当代中国家庭结构转变与家教定位：浅析独生子女心理障碍的家庭因素及对策［J］. 当代青年研究，1997 (3)：31 － 34.

② 洪明. 独生子女家庭教育问题探析：教育生态学的视角［J］. 少年儿童研究，2009 (4)：15 － 22.

③ 余欣欣，郑雪. 离异家庭小学生心理压力状况调查［J］. 中国特殊教育，2007 (6)：75 － 79，84；张东宁，王欣. 单亲家庭大学生心理健康状况调查［J］. 中国组织工程研究与临床康复，2007 (30)：5949 － 5951.

④ 李慧，陈英和，王园园，等. 离异家庭儿童的心理适应阶段探析［J］. 中国教育学刊，2007 (6)：17 － 20.

农村留守儿童的心理健康、社会化等问题，发现留守儿童心理问题与亲密度、情感表达、组织性、道德宗教观和娱乐性呈显著负相关关系，与矛盾性、控制性则呈显著正相关关系。[①]

可见，这一时期对特殊儿童的家庭德育研究更关注心理层面，专门对思想道德探讨的研究不多，且采用实证调查法多于理论阐述。

5. 古代家庭道德教育思想及传统家风家训分析

进入 21 世纪后，随着物质文明的发展，社会道德也出现了新问题，而社会道德的问题也转移到家庭道德中。因此一方面，与前一阶段相似，学者们不断从传统家庭德育思想或家训家风中总结经验，如有学者分析了宋明理学的理念及理学家作为本家族的精神领袖或家族精英而对各自家庭(家族)教育的深刻影响[②]；有论者总结了家庭中榜样教育的实现途径[③]，分析了曾国藩、颜之推等人的思想[④⑤]。除此之外，也有少部分学者基于时代转换联结古今，为家庭德育的现代性发展提供新思考，如洪明大力倡导家训形式的道德教育，并提出家训形式的道德教育应实现当代转型[⑥]；施敏锋分析了传统家庭道德观教育、立志向学教育、勤勉成才教育、节俭品行教育、护生仁爱教育等内容，并指出对当时思想政治工作改革的借鉴意义[⑦]。

---

① 李松 . 农村“留守儿童”家庭环境、心理健康及学业成绩的分析 [J] . 湖北社会科学，2009 (9) : 182 － 185.

② 张学强 . 家族与家庭教育 : 宋明理学的观点及其实践 [J] . 宁夏大学学报 (人文社会科学版), 2009, 31 (6) : 199 － 203, 233.

③ 张良山，李建昌，赵爱平 . 试论我国古代的榜样教育：以家庭教育为例 [J] . 继续教育研究，2009 (7) : 92 － 95.

④ 舒英 . 曾国藩家庭教育思想探析 [J] . 山西师大学报 (社会科学版), 2006 (S1) : 82 － 84.

⑤ 郭齐家 . 颜之推的道德教育观 [J] . 中小学管理，1994 (11) : 34 － 35.

⑥ 洪明 . 简析家训在当代社会建设中的道德教育功能 [J]. 天津社会科学，2010 (4) : 140 － 142.

⑦ 施敏锋 . 传统家训中的伦理道德教育理念及其当下价值探析 [J] . 黑龙江高教研究，2010 (3) : 92 － 93.

总之，中国社会经历世纪之变，引发了家庭结构和功能的转向，越来越多学者关注家庭德育的研究，研究成果产出丰富化。整体而言，该阶段家庭德育研究的学理性不断提升，研究论题不断丰富和拓展，现代家庭德育的转变及其理论发展问题、独生子女家庭德育、特殊儿童家庭德育、家校社合作德育等具有时代印记的问题成为热门主题。在研究方法上，研究方法多元化，调查类的实证研究增多，分析技术有所提升，说理论证类的研究仍然持续发展，但论证性加强。就切入角度而言，研究家庭德育的学科更多元化，且形成了一定的研究倾向，即心理学领域主要探讨家庭因素对子女心理的影响；伦理学领域主要研究传统家庭伦理及现代转型；政治学领域主要论证家庭在思想政治教育中的作用发挥。

（三）探究和深化期（2011 年至今）

随着《中国儿童发展纲要 (2011—2020 年)》(2011 年)、《关于指导推进家庭教育的五年规划 (2011—2015 年)》(2012 年)、《新时代公民道德建设实施纲要》(2019 年 ）等政策的发布，德育工作被摆在教育工作的首要位置，家庭德育在德育体系中的重要性也越来越凸显，家庭德育研究也随之进入探究和深化期。基于新时期社会特征的变化，家庭德育的研究主题也发生了变化，这一阶段家庭德育基本理论问题的研究持续深化，家校社合作共育、特殊家庭儿童德育等热点主题内容不断拓展。

1. 家庭德育基本理论问题的持续深化

相比前一阶段，越来越多专业的学者加入到家庭德育的研究阵地来，研究的专业性、专门性和学理性不断提升，这一时期的研究全面回答了家庭德育的内涵、目标、理论基础、基本内容、历史发展、问题、意义、理论指导、路径对策、方法等基本问题。与上一阶段相同，社会变迁背景下的家庭德育变迁受到关注。不少研究立足 21 世纪的时代背景专门研究了当代中国家庭道德问题，如当代中国家庭道德问题及对策研究、转型期中国青少年家庭道德教育失范及对策等，出版了较为丰富的专著如《家庭道德教育研究：以独生子女道德教育的视角》《家庭德育论》《当代中国家庭道德教育研究》等。研究者们一方面立足当下，检视 21 世纪背景下家庭德育的问题，出版了《回到家庭谈德育：我国家庭德育状况及改进研究报告》等现状报告，发现在家庭变迁的现实背景下，新形势下人们对待家庭道德的观念出现新的变化，导致我国家庭的夫妻关系、代际关系、邻里关系等出现了诸多问题，致使社会转型期的家庭结构、家庭模式、家庭教育功能、家庭生存方式、家庭价值观表现出多样性、复杂性、灵活性、不确定性等特点，家庭思想品德教育也面临着教育观念、教育内容、教育方法、教育环境、教育能力、教育目标等方面的诸多问题和挑战。另一方面，学者们通过问卷调查和访谈、理论探讨等方法，发现家庭变迁进而导致了以亲子陪伴资源缺失和朋辈教育缺失为主要表现的未成年人道德养成资源性缺失、以道德传承断裂和道德认同分化为主要表现的代际性冲突、以“重智轻德”、专制灌输、溺爱包办、忽视放任为主要表现的教养方式错误等困境，影响了青少年价值观和青少年道德行为的形成。[①]

与前一阶段的基本理论研究相比，本阶段的研究与时代和国家精神的联系更密切，如对于家庭德育的理论指导，有论者结合马克思主义唯物史观、中国特色社会主义理论、江泽民同志“三个代表”重要思想以及社会主义核心价值体系等展开论证[②]；有学者尝试探讨社会主义核心价值观、思想政治与家庭德育的融合[③]、家庭开展思想政治教育的路径[④]。这说明家庭德育研究已从初步理论思考转变到较为系统地去思索这个领域，研究的时代

---

① 徐运华. 当代中国家庭道德教育研究［D］. 芜湖：安徽师范大学，2011；东长孟. 转型期家庭道德教育对儿童道德人格养成影响研究：以山东省泰安市某地区为例［D］. 武汉：湖北大学，2014.

② 汤致琴. 当代中国家庭道德教育研究［D］. 武汉：武汉大学，2013.

③ 李强. 家训文化视域下高校社会主义核心价值观培育探析［J］. 教育探索，2016(8)：91－94.

④ 杜柳. 家训融入思想政治教育的路径［J］. 中学政治教学参考，2018(9)：53－54.

性和专业性增强，家庭德育作为一个独特的研究领域越来越凸显。

2. 家校社合作共育问题

在政策引领和实践诉求下，家校社合作研究相比前一阶段有了新进展，家庭在家校社体系中备受重视，如有研究提到要“建立政府为主导、家庭为基础、学校为主体、社会为平台、多元化多层次的合作体制和工作机制”[①]。不少学者采用理论论证、量化等方法探索了家校合作的价值取向、管理模式、协调机制、基本结构、育人模式、过程机制、价值阐析、问题检视、实践策略等内容。相比前一阶段，不少研究开始以系统视角来看待家校社的关系，学者们更多关注机制或引入更多理论来进行研究，如依据协同理论构建家庭、学校和社会三位一体的德育网络[②]；利用一些理论或者模型去分析家校合作中不能协同的原因，如借助机会主义行为模型分析家庭和学校在德育中是否能够承担相应责任[③]。这一时期还出现了专著来比较学校与家庭道德教育的异同以更好促进学校教育与家庭教育相互配合、协调运转。总之，这一时期的家校研究的核心期刊数量剧增，家校合作研究更加系统，研究理论性大大提升。

3. 特殊儿童家庭的家庭德育问题

随着21世纪的社会变革，空巢家庭、隔代家庭、丁克家庭、独居家庭等非传统家庭数量上升，特殊家庭的儿童德育问题受到广泛关注。首先，就特殊家庭研究的内容范畴而言，离异家庭和留守家庭儿童的心理问题及其教育路径继续受到关注，不少学者探索了单亲家庭儿童的心理韧性、心理健康、心理状态相关心理问题及道德问题，相比之前的研究，分析的手段更加复杂化和科学化。与之相似，对于留守儿童的关注大部分研究也从

① 单志艳．家校社合作育人协同机制初探［J］．少年儿童研究，2021 (2)：66－72.

② 刘大伟．协同理论视域下的德育网络构建［J］．教育理论与实践，2011，31 (31)：45－48.

③ 刘爱芳，初春．家庭和学校德育教育合作中的机会主义行为分析［J］．学术论坛，2015，38 (10)：161－165.

心理切入，关注心理健康、心理状态、心理适应、心理素质等相关问题，少量研究直接落脚于留守儿童的道德教育问题，通过问卷调查和个案访谈以及扎根分析和量化分析等方法尝试为留守儿童的道德教育提供建议。

其次，就特殊家庭类型而言，更多的特殊家庭受到关注，如隔代抚养方式对心理健康的影响、隔代抚养儿童的道德教育存在的隐患和问题、流动儿童的心理健康状况及其他因素对心理发展的影响等问题受到关注。随着二孩政策来临，二孩家庭中的孩子道德教育问题也进入初步探索期，如有学者研究了二孩家庭中大孩的心理与行为变化及其疏导问题。①

4. 家风家教研究

党的十八大以后，由于建设中国特色社会主义文化的需要，对于传统家风及习近平家风思想研究的趋势逐渐加强。近年来更是发布了《关于进一步加强家庭家教家风建设的实施意见》（2021 年）等家风家教的相关文件，迎来了中国家风的现代复兴。因而，此阶段更多是立足现代家庭和领导人的思想展开家风家教的研究，一方面，学者们从古寻今的意识更强，不少学者从古代经验中寻找现代借鉴，探究了中国古代家庭德育环境及当代启示、传统家训、优秀传统文化借鉴等问题，另一方面，国家领导人习近平的家庭教育思想备受关注，学者们对习近平家庭德育重要论述的理论内涵、习近平家风观的形成等论题展开了研究。

总之，在这一阶段，家庭德育基本理论问题的研究持续深化，研究主题不断拓宽，整体研究的理论水平提升，学理性不断增强。相关热点主题如家校社合作德育、特殊儿童家庭德育等也持续推进。就研究方法而言，研究方法的科学性和合理性不断增强，质性和量化研究相比之前有所丰富，但质性研究整体较为缺乏。总之，在学者们的奋力深耕下，较为扎实的中国家庭德育研究理论体系正在形成。

---

① 张莉．二孩家庭中大孩的心理与行为变化及其疏导［J］．学前教育研究，2019 (7)：85 － 88.

二、中国家庭德育研究的发展特点

自从20世纪80年代家庭德育的研究复苏以来，我国学界便展开了相关的理论与实践探索，经过40多年不间断的探索，已经初步形成了具有中国特色的、成果较为丰硕的家庭德育研究。

（一）研究内容时代性强，与社会发展关系密切

家庭德育研究经历了恢复与探索期、丰富与拓展期、探究与深化期三个层层递进的发展阶段。国家治理转型、教育改革等时代因素在历史洪流中起起伏伏、交织错落，影响着家庭德育研究的整体进程走向和内容转向。改革开放初期，国家处于快速恢复和探索时期，教育领域的发展也在不断恢复推进，家庭德育研究也处于探索时期，因而涉及的相应研究较少。进入改革开放深化期，一方面，随着国家经济发展大步迈进，家庭在社会中的作用逐渐凸显，另一方面，随着城市的转型，家庭和人口也迎来了巨大的变化，时代赋予了家庭德育许多研究的新问题，因此，家庭德育作为家庭教育重要一维其内部不断向前发展，越来越多不同学科的学者开始从事家庭德育的研究，更为系统的家校社德育合作和特殊家庭儿童德育问题等受到关注，所以家庭德育研究进入丰富与拓展期。最近十多年来，随着国家治理体系现代化进程的推进，加之立德树人理念下家庭德育的独特作用被重视，家庭德育的研究队伍越来越庞大，家庭德育的理论问题不断深化，迈向探究和深化期。

（二）研究者队伍不断发展壮大，学科视角多元

40多年的家庭德育研究中，研究者队伍不断发展壮大，研究的人员背景丰富，学科切入视角多元。曾爱平、赵忠心等教育学领域学者，绍龙宝、刘颖等伦理学领域学者，丁芳等心理学领域学者，徐涛等法学领域学者尝

试以自身的专业视角切入家庭德育的研究，丰富了研究的主题和视域，也体现家庭德育研究多学科交叉视野的特点，这有利于实际问题的解决和理论层面的创新。但整体而言，未能形成核心研究团体。根据普赖斯提出的核心作者计算公式来计算核心作者的发文量（计算结果为 2.247，取整为 2 篇）[①]，发现王常柱、赵忠心、绍龙宝、曾爱平、李丹、刘霞、丁芳、刘颖、王小亚、徐涛等作者发文量都超过 2 篇，说明有一批较为稳定的学者在进行研究，但是相较于其他较成熟学科，个人发文量不算多，满足核心作者计算条件的共有 45 位，远远低于其他一般性研究领域。因此，从现有的核心作者撰文数可以判断尚未形成核心作者群，由此也导致了相对缺乏标志性的学术著作和高质量的学术论文，难以为解决家庭德育实践难题提供更多理论参考。

（三）研究方法不断丰富，视野多样化

家庭德育研究方法随着时间的推移越来越丰富，理论论证、量化研究、质性研究等多种方式丰富了研究范式。但整体研究方法较为单一，理论研究与实证研究不均衡，呈现理论论证研究较丰富，实证研究相对较少的研究局面。实证研究方法多用于讨论家庭教育的心理问题层面，其他如家庭劳动教育、思想品德教育、生命教育等领域缺乏深度研究。实证多以量化研究为主，质性研究及二者结合的研究方法较少。就量化研究而言，量化分析的手段从描述统计到相关分析、差异分析到中介分析等高阶分析，研究的问题更加细致、研究更加科学和严谨。

（四）研究内容不够细化，研究体系尚在形成

从研究深度来说，40 余年家庭德育研究理论性和科学性增强，不断从

---

① 闫伟东. 数字图书馆发展的可视化分析［J］. 公共图书馆，2012 (1)：30－34.

经验总结走向理论论证和实证研究，逐渐形成了相对完整的研究体系，然而整体研究以基础理论研究为主，应用性研究还相对缺乏，研究问题不够具体，研究体系深度还不够。家庭德育基础理论研究还有深化的空间，许多基本理论问题尚未解决，如家庭德育指导研究领域的核心概念尚不明确，指导内容存在争议，内涵和外延界定不清，开展家庭德育指导的主体不确定等。基础概念的界定不清，致使研究者在不同的话语体系开展家庭教育指导研究时，各说各话，给系统理论体系的形成带来了一定的困扰。

从研究宽度来说，涵盖的研究论题较为广泛，包括家庭德育的内涵、特点、价值、特殊儿童群体的家庭德育、传统家风家训等方面，紧密围绕时代的所需和社会热点问题。但学者多从宏观角度探讨家庭教育指导体系的构建，缺乏对实践过程中具体问题的回应，这导致实践问题难以有效解决。再者，研究对象具有一定的局限性，缺少对每一个年龄阶段学生的家庭德育状况的研究，多集中于对青少年的研究，对大学生以及成人家庭德育研究较少，研究的宽度需要不断拓宽。

第三章
家庭德育研究的基本领域

基于对改革开放以来有关中国家庭德育的文献回顾发现，研究者关于中国家庭德育的研究主要涉及基本理论问题研究、家庭德育现状的研究、特殊类型家庭德育研究、家校社合作中的家庭德育研究以及家风家教建设研究五大基本论题。然而，也可以发现，研究者的关注点较多集中于对家庭德育相关基本理论问题以及家庭德育现状的探讨，且较多地采用理论思辨方法，而对家庭德育实际开展的现状调查研究相对较少，且这部分研究还大多是在“家庭教育”这一主题下被探讨。这一现象也反映在特殊类型家庭德育研究之中，即研究者对不同特殊类型家庭德育的研究也不多见，其中更多关注的是不同特殊类型家庭子女的心理健康问题研究。此外，虽然家校社合作研究一直被强调，但如何更好地进行家校社合作以及家校社合作过程中不同主体的责任分配与确立问题仍没有得到较充分的研究。总体来说，我国家庭德育研究虽然进行多年，但仍有极大的讨论空间。

第一节　家庭德育基本理论问题研究

对当代中国家庭德育基本理论问题的探讨主要包括家庭德育的内涵、

功能和特征三个方面。

一、家庭德育的内涵

改革开放以来，学界对家庭德育内涵的理解主要有两种视角，一种是从“大德育”概念进行界定；另一种是从“小德育”概念进行界定。

从“大德育”概念进行界定的学者认为，家庭德育在思想品德教育之外应具有更为丰富的内涵，但究竟应当包含哪些内容，研究者们观点不一，这使得家庭德育的内涵出现了一定的泛化。比如说，研究者认为应当将爱国主义、理想教育、劳动教育、艰苦朴素、勤俭持家教育、养成教育、现代观念教育、孝敬父母教育、非智力培养、感恩教育、挫折教育等内容囊括进来。[①]

而从“小德育”概念进行的界定又有四种不同的理解。第一种理解强调家庭德育在家庭教育中的关键地位，认为家庭德育是家庭教育的核心和灵魂。[②]第二种理解强调家庭德育是学校德育和社会德育的基础，并且是二者的拓展与延伸。[③]第三种理解是强调家庭德育在道德教育中的关键地位，认为道德教育是人类教育的一种特殊形态，家庭德育又是道德教育的一种具体形态[④],家庭德育是道德教育的有机组成部分[⑤]。第四种理解则聚焦于家庭德育的目标指向，认为家庭德育是家庭中年长者依据社会道德规范体系的要求对年幼者实施的思想品德教育活动，其目的在于使年幼者提高

---

① 赵红丽．当代中国独生子女家庭德育问题研究［D］．兰州：兰州大学，2009：27－34.
② 海存福．家庭德育及其功能研究［J］．甘肃高师学报（社科版），1999，4（1）：83－87.
③ 史敏斋．论家庭德育的代间情境［J］．江苏社会科学，1993（2）：129－132.
④ 王常柱．传统家庭道德教育的形而上学依据［J］．河北学刊，2013，33（1）：44－48.
⑤ 马秀华．家庭德育对青少年的影响［J］．新疆职业大学学报，2002，10（1）：22－23.

道德认识、确定道德信念、养成道德行为习惯等①，帮助其最终树立起正确的政治观、人生观、世界观和道德观②。

总体上来说，改革开放以来，家庭德育的内涵界定经历了从“小德育”概念到“大德育”概念，最后再到“小德育”概念的历程，即最初研究者们认为家庭德育的内涵主要是思想品德教育，后期研究者认为应当拓展其内涵，但近年来，研究者又聚焦于从思想品德教育出发界定家庭德育的内涵，上述变化说明研究者关于家庭德育内涵的界定达成了一定的共识。此外，“小德育”概念下虽然有几种家庭德育内涵的理解，但只是研究者从不同角度所作的界定，并不意味着家庭德育内涵的多样性。

二、家庭德育的功能

家庭德育主要有三大功能。其一，家庭德育对个人思想品德发展具有重要作用。教育子女学会做人，尤其是学会做一个有道德的人，是家庭德育最重要的事情。③一定意义上可以说，幼年时期的家庭德育为孩子的思想品德发展奠定了基础，孩子在与家庭成员共同生活的过程中，通过接受家庭中的行为规范、家庭成员的言行举止等方面的影响，逐渐形成自己的一套道德信念体系，并借此调节自己与他人之间的关系。④

其二，家庭德育具有文化保存、传递与发展功能。一个国家、一个民族在长期的生产生活过程中，积累和形成了特定的道德文化传统，包括思想信念、道德观念、价值取向、风俗习惯、生活方式等。家庭在促进青少

---

① 贾素宁，曾爱平．虚而不实：家庭道德教育的奖励误区［J］．教育学术月刊，2010 (3)：57－59.

② 佐平．论家庭德育［J］．前沿，1995 (9)：62－67.

③ 袁敏．关于教育、家庭教育和家庭道德教育的思考［J］．教育科学研究，1990 (4)：3－4，2.

④ 戚务念．试论家庭德育的几个问题［J］．江西教育科研，1998 (4)：58－61.

年社会化的过程中一方面会借助既有的道德文化，另一方面也会不断向受教育者注入人类文明的新思想、新观念、新道德和新的行为方式，新的道德规范经由子女的领会、内化和实践又继续传递给下一代，这便是家庭德育的文化保存、传递与发展功能的体现。①

其三，家庭德育对促进家庭幸福、改善社会风气和建设社会主义精神文明等方面具有积极意义。具体来说，家庭德育不仅关涉家庭的幸福安康，还关系到国家和社会的繁荣与兴衰，家庭是社会的有机组成部分，每一个家庭的稳定、和谐与兴衰势必会影响国家和社会的稳定、和谐与兴衰。②不仅如此，家庭作为青少年社会化的摇篮，其践行社会主义核心价值观的自觉性在社会主义精神文明建设中具有独特功能。③

从上述研究者关于家庭德育功能的认识来看，可以发现研究者最初较多地认为家庭德育的功能主要体现在促进个体品德发展和道德文化保存、传递和发展两大方面，但后期又集中于对家庭德育与国家和社会繁荣、稳定之间关系的探讨，这一转变的发生实际上与改革开放带来的社会环境的巨大改变有着紧密的关系，即改革开放带来的新的文化、价值观念冲击了传统道德观念体系，但新的道德观念体系并未建立起来，在此情况下，诸多可能引发社会不稳定的因素增多，因此强调家庭德育这方面的功能，彰显了家庭德育功能的鲜明时代性。

三、家庭德育的特征

除了关注和讨论家庭德育的内涵及功能外，家庭德育的特征分析也受到了广泛关注。研究者关于家庭德育特征的论述主要集中在家庭德育关系、

① 海存福 . 家庭德育及其功能研究［J］. 甘肃高师学报 (社科版), 1999 , 4 (1) : 83 − 87.

② 王志强 . 当代中国家庭道德教育研究［M］. 杭州 : 浙江大学出版社 , 2013 : 3.

③ 漆仲明 . 建设家庭核心价值 发挥家庭德育功能［J］. 思想政治课教学 , 2015 (11) : 4 − 7.

内容、过程、方式和影响几方面。

（一）主体关系特征

家庭德育主体关系是指作为教育者的家长和作为受教育者的子女之间的关系。两者之间的关系具有自然性、情感性、权威性及双向互动性几个特征。其中，自然性和情感性主要用以表达父母在子女出生的那一刻，就自然成为子女的教师[①]，维系家庭德育中教育者与受教育者的是天然的血缘关系，正是这种血缘关系使得父母与子女之间存在着十分亲密的感情联系[②]。权威性表现为子女在一段时期内会对包括父母在内的长辈们的观念或想法予以无条件的接受[③]，而家长对子女的这种权威性与血缘上的亲情关系以及经济上父母对子女的供养关系有关[④]。双向互动性则主要是表达父母与子女之间教育影响的双向性，也就是说，在家庭德育中，父辈依然扮演着教化者的角色，子辈依然要向父辈学习，但两代人之间的影响却是双向的[⑤]，教育者与受教育者随时会发生位移而互为教育对象[⑥]。

（二）内容特征

家庭德育内容具有丰富性、随意性和继承性特征。所谓丰富性意在表达家庭德育渗透于家庭生活的方方面面，家庭中家长的直接教导、言传身教、家庭传统和家风、家庭成员之间的关系等，都会对青少年思想品德产

---

① 王良，郝晓燕．家庭教育特点与家庭德育优势［J］．青年探索，2004 (5) : 24 − 25.

② 廖晶晶，赵军．试论家庭德育的特点［J］．中华女子学院学报，1998 (1) : 22 − 26.

③ 欧阳鹏，胡弼成．家庭德育：为人一生的发展奠基［J］．大学教育科学，2018 (4) : 10 − 17.

④ 同②.

⑤ 阮学勇，卢佳．论当代家庭德育的特点［J］．西昌师范高等专科学校学报，2002，14 (1) : 43 − 47.

⑥ 王志强．当代中国家庭道德教育研究［M］．杭州：浙江大学出版社，2013 : 26 − 27.

生潜移默化的影响。然而，家长在对子女进行家庭德育的时候，并非像学校那样系统化、规范化和组织化地开展德育活动，家长在德育内容的选择上往往受主观意志的影响比较大，呈现显著的随意性特征。而继承性主要针对家庭德育内容中的家风，一方面，家风作为家庭德育内容，是具有传承性最为典型和最为重要的代表，另一方面家风对子孙后代的习惯、品德、意识、观念等方面的影响是难以改变的。[①]

（三）过程特征

家庭德育过程具有统一性、渗透性和感化性特征。统一性主要是用以表达家庭德育作用与家庭日常生活之间的关系，即父母的教育作用是同家庭的日常生活紧密结合起来的，教育孩子是家庭生活中最为经常的活动。[②]也正是由于家庭德育是寓教育于日常生活的自然状态之中，家庭德育的影响往往是在日常生活中一点一滴地渗透给子女的[③]，这彰显出家庭德育过程的渗透性特征。所谓感化性，主要是指父母在对子女进行家庭德育时，往往因两者之间的亲密关系而导致父母的教诲更容易引发孩子情感上的共鸣，因而更能被孩子理解和接受。[④]

（四）方式特征

家庭德育方式具有针对性、及时性和灵活多样性特征。针对性主要是指，在家庭生活中，父母是最了解孩子的人，在与孩子朝夕相处中，父母

① 汪满．试论家庭教育的特点及其与学校教育的关系［J］．黄石教育学院学报，1987 (1)：80－82，79.

② 郑刚．论家庭教育的特殊性［J］．社会，1983 (5)：28－31.

③ 佐平．论家庭德育［J］．前沿，1995 (9)：62－67.

④ 苏振华，周慧兰．浅谈加强和改进家庭德育［J］．九江学院学报（社会科学版），2006 (1)：122－124.

对子女的优缺点了然于心，因而能够进行更有针对性的指导。[①] 不仅如此，当父母发现孩子在家庭之外表现出与在家庭中不同的行为时，家长能够及时发现并纠正，将子女品德、行为等偏差制止于萌芽状态。[②] 此外，家长在对子女进行道德教育时，有多种方式可以采用，如家长既可以进行言传身教、榜样示范式的显性教育，也可以通过家庭的文化、亲子关系等进行隐性教育。[③] 总之，家长进行家庭德育的方式是灵活多样的。

（五）影响特征

家庭德育影响具有早期性、长期性、持续性、深刻性、综合性特征。其中，早期性、长期性和持续性往往是一体的，三者之间的关系可作如下表述：家庭是孩子出生和长大的地方，是儿童的第一所学校，家庭德育的影响自孩子出生的那一刻便已经开始[④]，这可说明家庭德育的早期性特征；又由于家庭德育中一般不存在生活环境与教育者变更问题，子女自出生到长大成人便一直生活在比较稳定的家庭环境中，只要家庭存在，家庭德育的影响就一直存在，这彰显出家庭德育影响的长期性和持续性特征[⑤]。深刻性特征可从前文中家庭德育的个人品德发展功能处得知，即家庭德育会奠定个体思想品德发展的基础，家庭德育对人的影响往往伴随人的一生。此外，家庭德育影响还表现出显著的综合性特征，这与家庭德育内容的庞杂性和形式的随机性密切相关，主要是指家庭德育的影响并不仅仅体现在德、智、体、美、劳等几个方面。[⑥]

---

① 戚务念．试论家庭德育的几个问题［J］．江西教育科研，1998 (4)：58 − 61.

② 任晶惠，赵志军．家庭德育：任务、优势、策略［J］．东北师大学报（哲学社会科学版），2022 (2)：162 − 167.

③ 王良，郝晓燕．家庭教育特点与家庭德育优势［J］．青年探索，2004 (5)：24 − 25.

④ 郑刚．论家庭教育的特殊性［J］．社会，1983 (5)：28 − 31.

⑤ 同①.

⑥ 汪满．试论家庭教育的特点及其与学校教育的关系［J］．黄石教育学院学报，1987 (1)：80 − 82，79.

除了上述五个方面，也有少数研究者从家庭本身来阐述家庭德育的特征。如有研究者认为，家庭是构成社会的细胞，无数个家庭组成了社会这个大的有机整体，因此，有多少正常生活的家庭，就有多少个家庭德育场所，这表明了家庭德育的广泛性和群众性特征。①

通过对既有文献回顾后可以发现，研究者对家庭德育特征这一问题基本上形成了较大的共识，并未见显著的观点冲突。

第二节　家庭德育成效研究

家庭德育成效的理论研究主要包括家庭德育存在的问题、影响因素和提升对策三个方面。

一、家庭德育存在的问题

关于家庭德育问题的认识经历了一定的变化。在改革开放初期，研究者认为家庭德育的问题主要集中在家庭德育意识和方式两个方面，随着市场经济和信息技术的迅猛发展，家庭德育的外部环境变得更为复杂，对家长及青少年的思想观念造成冲击，越来越多的研究者又开始从家庭德育环境出发思考家庭德育的问题。总的来说，家庭德育问题体现在家庭德育环境、观念、内容和方式四个方面。

（一）家庭德育环境问题

家庭德育环境问题集中表现为家长在对子女进行家庭德育时，对物质

① 戚务念．试论家庭德育的几个问题［J］．江西教育科研，1998 (4)：58 － 61.

满足关注较多，但对子女的情感关注度不够。造成这一问题产生的原因是多方面的，如一些家长因自身出身贫寒，不想继续让子女经历贫苦的生活，因此萌生了“都想让孩子们生活得更好，尽情地享受，以便使自己得到精神上的补偿”的想法。[①]还有一些家长则是受物质主义和金钱主义的裹挟，将更多的注意力集中在挣钱上，这导致他们没有更多的时间对子女进行道德教育，但他们会极力满足子女各方面的物质需求。[②]一项针对上海市医药学校 1124 名在校学生及其家长所开展的家庭德育现状研究验证了上述观点，在家庭德育环境上，有 30% 以上的家长反映没有时间教育和陪伴孩子，29% 的家庭平时对孩子的关爱不足或缺乏。[③]

（二）家庭德育观念问题

家庭德育观念问题主要表现为家长的德育观念淡薄。具体又可以细分为三种情况：第一种情况是一些家长认为道德教育是学校的事情，家庭无须承担此项责任，一项运用广东、福建、浙江沿海地区家庭德育状况和学生品德状况调查材料的研究，通过聚类分析后发现，不少家长认为子女的品德问题应由学校教师来管，家长只需要保障孩子的生活即可。[④]第二种情况是一些家长认为道德会随着孩子逐年长大而自然获得，家庭无须太多关注，如“孩子还小，娇惯点没有关系，大了自然会好的”这种思想便是上述情况的具体表现。[⑤]第三种情况是一些家长在家庭教育中过于关注智育，

---

① 赵忠心．当前我国家庭教育面临的新情况和新问题［J］．教学与管理，1987 (8)：34－39，33.

② 曾爱平．时代呼唤未成年人家庭道德责任教育［J］．当代教育科学，2008 (10)：49 － 51.

③ 高永亭，崔艳，蔡莉．中职校学生家庭德育现状分析及对策［J］．思想理论教育，2013 (18)：41 － 45.

④ 吴立德，温忠麟，骆风．家庭德育类型及其对子女品德影响的实证研究［J］．山东教育科研，2000 (6)：29 － 31.

⑤ 段文阁．早期家庭德育应处理好几个关系［J］．教育改革，1996 (4)：54 － 55.

忽视道德教育对子女健康成长的重要性，而造成家长的这种“重智轻德”观念的产生，与我国的应试教育体制有关，在应试教育体制的影响下，家长普遍将成绩好坏作为评判孩子优劣的唯一标准，致使家庭教育走向“重智轻德”的误区。[①]上述三种情况实际上都表明了家长对家庭德育重要性的关注不够。

（三）家庭德育内容问题

家庭德育内容问题主要表现为德育内容片面化。所谓“片面化”是指家长对应当给子女进行哪些方面的道德品质教育缺乏科学的认识。一方面表现为家长进行家庭德育时，往往重视私德的培养而轻视公德的培养，重私德轻公德是很多家庭德育中存在的问题。[②]另一方面表现为家长在进行家庭德育时，会出现对道德规范的理性说教，而轻视父母言行举止、家庭人际关系等方面的教育作用。[③]此外，还表现为一些家庭存在的“家长替代”现象，即家长包办子女的一切事务，忽视对子女进行“艰苦朴素”“独立自主能力”等方面的教育。[④]需要注意的是，忽视协作精神、乐于助人、集体主义等的培养也是很多家庭中存在的问题。[⑤]

（四）家庭德育方式问题

家庭德育方式问题表现为简单化和极端化两个方面。“简单化”是指很多家长在进行家庭德育的时候会采用专制、物质或金钱激励和空洞说教等方式，而没有意识到家庭德育需要综合采用多种教育方式。具体来说就

---

① 蒋曼．提升青少年家庭德育实效的路径［J］．中学政治教学参考，2018 (3)：76－77.

② 曹明荣，曹娟．新时期未成年人家庭德育新变化［J］．学校党建与思想教育，2009 (9)：73－74.

③ 关颖．大众传媒对家庭德育的挑战及应对［J］．中国德育，2008 (7)：75－77.

④ 崔爱林．关于当前我国家庭德育的思考［J］．河北大学学报（哲学社会科学版），1997，22 (4)：95－101.

⑤ 鲁洁，吴康宁．教育社会学［M］．北京：人民教育出版社，1990：520.

是，一些家长在家庭德育实践中，存在“子女一旦与家长想法相左，则被视为不守规矩的坏孩子”的错误想法[①]，对子女进行道德教育时总是以居高临下的方式对待子女[②]，这是家长专制的体现；另有一些家长则是在家庭德育过程中大搞物质刺激和金钱引诱[③]；还有一些家长则是在对子女进行家庭德育的时候，主要采用空洞说教的方式，对子女进行社会主流思想的灌输，却没有关注到家长自身的言传身教、带孩子参与社会实践活动等方式的重要价值[④]。

“极端化”则是指很多家长对子女进行家庭德育的时候总是采用非此即彼的方式，如要么严厉惩罚，要么娇惯溺爱，要么放任自流。诚如有研究者指出，许多家长总是在“都是为了孩子好”的招牌下以“我”为主地实施偏狭的教育：要么奉行棍棒教育，要么溺爱孩子，要么对孩子人格发展是否健全不闻不问。[⑤] 此外，有研究者将家庭德育分为权威型家庭德育、控制型家庭德育、反面型家庭德育、暴力型家庭德育以及缺失型家庭德育几种情况[⑥]，其中“权威型家庭德育”“控制型家庭德育”较好地彰显出家庭德育的简单化特征，而“暴力型家庭德育”也表明了极端化特征，至于“反面型家庭德育”和“缺失型家庭德育”主要属于德育内容方面的问题，在此不作过多阐述。

对家庭德育存在问题的认识，研究者同样达成了多方面的共识，即都认为家庭德育问题主要集中在家庭德育环境、观念、方式、内容等方面，

---

① 丁瑜．文化冲突与家庭德育［J］．吴中学刊，1998 (3)：16 − 20.

② 庞军朋．当代家庭德育教育应借鉴古代教育思想的精华［J］．山西师大学报（社会科学版），2007 (S1)：161 − 163.

③ 沈维娜．论家庭德育的失误与对学校德育工作的思考［J］．杭州教育学院学报，1998 (3)：88 − 90.

④ 关颖．大众传媒对家庭德育的挑战及应对［J］．中国德育，2008 (7)：75 − 77.

⑤ 刘丙元．家庭教育及其对学校德育的启迪和支持［J］．教育导刊，2005 (2)：17 − 19.

⑥ 欧阳鹏，胡弼成．家庭德育：为人一生的发展奠基［J］．大学教育科学，2018 (4)：10 − 17.

但在家庭德育内容这一层面上，不同研究者的侧重点不同，如分为：家庭德育轻公德培养、家庭德育轻视子女独立自主意识和能力的培养、家庭德育轻视对子女团结、协作精神的培养，但上述现象却共同指向家庭德育内容不全面的问题。

二、家庭德育成效的影响因素

与家庭德育问题的认识相似，改革开放初期，研究者们主要从家庭内部思考影响家庭德育成效的因素，随着改革开放向纵深化发展带来的西方价值观念的涌入，以及信息技术发展带来的大众传媒的广泛传播，使得研究者逐渐兼顾从家庭内外两个方面去探究影响家庭德育成效的重要因素。

（一）家庭外部因素

家庭外部因素主要包括价值观念、大众传媒、政策与制度以及社会支持四个方面。其中，价值观念涉及社会价值观念和社会人才或成才观念。随着商品经济的发展，社会主义道德精髓以及建基其上的社会公德受到拜金主义[①]、享乐主义、个人主义、实用主义[②]、功利主义、消费主义[③]等思想的影响，这些思想主要通过冲击家长及青少年儿童思想价值观来影响家庭德育成效[④]。而随着社会主义现代化建设事业的迅速发展、科学文化的繁荣

① 沈维娜．论家庭德育的失误与对学校德育工作的思考［J］．杭州教育学院学报，1998 (3)：88－90.

② 吴晨映．培养儿童良好的道德品质是家庭教育的重点［J］．河南教育学院学报（哲学社会科学版），1998 (3)：16－18.

③ 钟伟红．谈家庭德育效应［J］．现代教育论丛，1999 (3)：34－35，33.

④ 车广吉，丁艳辉，徐明．论构建学校、家庭、社会教育一体化的德育体系：尤・布朗芬布伦纳发展生态学理论的启示［J］．东北师大学报（哲学社会科学版），2007 (4)：155－160.

和生产劳动手段的现代化，生产劳动中的智力因素越来越被强调[①]，“唯学历”的人才衡量标准越发深入人心，加之受社会上功利主义成才观的影响，一些家长在家庭教育中将追求利益最大化作为其价值准则[②]，致使他们在家庭教育中忽视德育。

大众传媒对家庭德育有积极和消极两方面的影响。就积极影响来说，大众传媒的发展使得信息传递的渠道增多，传播手段现代化，信息传播速度快，信息量增大，青少年儿童随时随地都能获得信息，使他们的眼界、知识和心胸得以扩展；就消极影响来说，大众传媒所传播的信息鱼龙混杂，消极的信息会对青少年的思维和生活方式造成不良影响。[③]不过，也有研究者从其他角度讨论大众传媒的消极影响，即认为青少年受网络信息的影响，会追求对成年人行为的表面模仿或学习，但在很多情况下，并没有领会其实质，因而使其童稚的心灵受到污染。[④]需要辩证地看待大众传媒对家庭德育的影响。

教育制度和社会支持也是重要的影响因素。就教育制度来说，不少研究者指出，中国家庭教育中存在的“重智轻德”等现象与我国现行的学生评价和考试制度有很大的关系。[⑤]换言之，由于评价和考试制度主要关注的是智育，这在极大程度上导致了家长依据教育制度导向来开展家庭教育。[⑥]社会支持包括财政支持、基础设施建设支持以及相关家长培训支持，

---

① 赵忠心．当前我国家庭教育面临的新情况和新问题［J］．教学与管理，1987 (8)：34－39，33.

② 陈丽芬，廉永杰，刘珉曳．论青少年家庭德育环境的优化［J］．教育探索，2005 (12)：86－88.

③ 赵忠心．我国家庭德育的发展趋势与对策［J］．中国妇运，2011 (1)：18－22.

④ 关颖．世纪之交：家庭德育面临的新问题［J］．当代青年研究，1999 (6)：17－20.

⑤ 崔爱林．关于当前我国家庭德育的思考［J］．河北大学学报（哲学社会科学版），1997，22 (4)：98－104.

⑥ 欧阳鹏，胡弼成．家庭德育：为人一生的发展奠基［J］．大学教育科学，2018 (4)：10－17.

有研究者指出，社会对家庭德育的关注度明显不够，社会更多的是将财政支持和基础设施建设投放于学校教育，而对家庭德育的输出和参与力度极为有限[①]，这不利于家庭德育成效的提高。此外，家长缺乏必要的家庭德育方面的培训也会影响家庭德育成效，当前我国社会亲子教育现象很不乐观，表现为家长道德素养参差不齐，很多家长缺乏起码的家庭德育理念以及缺乏对家庭德育环境建设标准的认识[②]，其中很重要的原因是家长接受培训严重不足[③]。

家庭是社会的重要组成部分，家庭德育的实施与开展不可避免地会受到社会中诸多因素的影响，应当正确认识和对待这些因素的影响作用。

（二）家庭内部因素

家庭因素又可以细分为客观因素和主观因素。其中，客观因素是指人为难以调控的因素，与之相对应，主观因素是指人为可调控的因素。

1. 家庭客观因素

家庭客观因素包括家庭经济、结构、社会地位、家长职业与文化程度、家庭生活方式（包括家风在内）等。其中，家庭经济、结构以及家长的职业与文化程度并不是家庭德育成效的绝对影响因素，只在一定程度上会对家庭德育成效产生影响。具体来说，缺乏一定的物质生活条件，家庭正常生活都难以维持，家庭德育的正常开展难免会受到影响[④]，但家庭经济作为实际家庭环境的成分之一，与青少年思想品德发展之间并不存在一对一的

① 欧阳鹏，胡弼成．家庭德育：为人一生的发展奠基[J]．大学教育科学，2018 (4)：10－17.

② 王晶，贾跃琴．家庭道德教育初养的几个问题[J]．内蒙古师范大学学报（教育科学版），2014，27 (8)：41－43.

③ 赵忠心．我国家庭教育的发展趋势与对策［J］．中国妇运，2011 (1)：18－22.

④ 赵忠心．当前我国家庭教育面临的新情况和新问题［J］．教学与管理，1987 (8)：34－39，33.

线性关系[①]。家庭结构也会影响家庭德育成效，如家庭结构简单化，父母教育子女的经济和精力的负担会大大减少，当父母在子女生活抚养、教育和感情交流上所花费的时间增多时，家庭德育成效能够得到保障。[②]但也应当认识到，家庭结构的简单化使得家庭生活中的隐性教育因素大为减少，行为失范容易被理性说教所替代。[③]此外，父母文化素质同样与孩子品德发展之间不存在绝对影响关系，如有些父母目不识丁，但孩子却成长为科学家。[④]不过，家长的文化程度通常是通过影响家长对德育内容和德育方式的选择而影响家庭德育成效的。[⑤]就父母的职业来说，如果父母的工作单位能够提供良好的福利和充足的休息时间，则有助于加深亲子关系进而有助于提升家庭德育成效。[⑥]

需要特别指出的是，客观因素中的家庭生活方式（包括家风在内）对家庭德育成效的影响是显著的。基本上所有的研究者都认为，良好的家风会通过无形的力量规范并约束孩子的行为，家风往往是在家庭生活过程中对孩子的品德发展产生影响，且这种影响往往是潜移默化的。[⑦]诚如有研究者所说的那样，家风一旦形成，即是一种无形的教育力量，它约束并规范家庭中每一个成员的言行，在家风的长期熏陶下形成的习惯、品德、观念

---

① 檀传宝 . 试论家庭环境的特殊性及其对学校德育的环境作用[J]. 江西教育科研, 1995 (1) : 32 − 35.

② 关颖 . 世纪之交 : 家庭德育面临的新问题 [J] . 当代青年研究 , 1999 (6) : 17 − 20.

③ 麦志强 . 试析我国当前家庭德育的现状 [J] . 现代教育论丛 , 1998 (6) : 29 − 30.

④ 胡云腾 . 认真落实“青年发展规划”切实预防青少年犯罪 : 兼论家庭、家教、家风与青少年犯罪 [J] . 中国青年社会科学 , 2017 (4) : 96 − 103.

⑤ 骆风 . 转型时期广东沿海地区家庭教育的特征及其指导 [J] . 现代教育论丛 , 2001 (1) : 26 − 29 , 9.

⑥ 车广吉 , 丁艳辉 , 徐明 . 论构建学校、家庭、社会教育一体化的德育体系 : 尤 · 布朗芬布伦纳发展生态学理论的启示 [J] . 东北师大学报 (哲学社会科学版), 2007 (4) : 155 − 160.

⑦ 戚务念 . 试论家庭德育的几个问题 [J] . 江西教育科研 , 1998 (4) : 58 − 61.

等是难以改变的[①]，这在很大程度上能够诠释家庭生活方式对家庭德育成效的影响作用。

2. 家庭主观因素

家庭主观因素包括家庭氛围（更多是指家庭人际关系）、家长的德育态度、方式和期望水平以及家长的素质、家长的成长经历等。家庭氛围是家庭人际关系独特德育价值发挥的关键之一，不良的家庭氛围一方面会影响青少年儿童心理发展的水平、速度和方向，造成青少年心理损伤甚至是心理变态，影响青少年人格健康发展[②]；另一方面也会导致家庭离心力增强，从而使家长对子女的正面德育信息无法被子女有效吸收[③]。相反，在民主、和谐的家庭氛围中，家庭成员能够协调一致地对子女开展道德教育，对于未成年人自尊心、同理心和自立意识的培养具有积极意义。[④]

家长的德育态度、方式与期望水平也会对家庭德育成效产生影响。一般来说，在粗暴、独裁的家长教养态度与方式下成长起来的孩子，往往表现出神经兮兮、脾气乖戾等特征[⑤]；而在非干涉的、合理的、民主宽容的家长教养态度与方式下成长起来的孩子，则更容易形成独立性、积极性、态度友好等特征[⑥]。从某种意义上来说，家庭德育观念和方法科学与否会影响

① 陈丽芬，廉永杰，刘珉曳．论青少年家庭德育环境的优化［J］．教育探索，2005 (12)：86 − 88.

② 丛岚．论家庭德育与青少年德性养成［J］．宜春学院学报，2005 (S1)：193 − 194.

③ 檀传宝．试论家庭环境的特殊性及其对学校德育的环境作用［J］．江西教育科研，1995 (1)：32 − 35.

④ 杨静慧，张长立．家庭变迁对道德教育的影响及其优化［J］．学术论坛，2016，39 (4)：166 − 170.

⑤ 佐平．论家庭德育［J］．前沿，1995 (9)：62 − 67.

⑥ 尚晓丽．对青少年离家出走现象中家庭因素的个案分析［J］．青少年犯罪问题，2004 (1)：34 − 37.

家庭德育的质量。[1]家长的期望水平也是一个重要的影响因素，因为家长过高的期望会使孩子形成较重的心理压力，极有可能引发因期望不能实现而挫伤父母和孩子的积极性，致使家庭德育产生负效应。[2]

家长的素养包括道德素养和媒介素养两方面。家长道德素养的高低在很大程度上会影响孩子的道德发展，因而是家庭德育成效的重要影响因素。其原因是，家长是孩子最亲近的榜样，家长的言行举止是孩子行为习惯、品德性格养成的关键。[3]换句话说，无论家长本人的品德修养如何，孩子都会将他们看作榜样而予以模仿。[4]除了道德素养，家长的媒介素养也越来越成为家庭德育成效的重要影响因素。伴随着信息技术的迅猛发展，大众传媒因其传播速度、力度等特征而对家长开展德育的权威地位造成冲击，且大众传媒传播的许多负面消息也会给青少年儿童造成负面影响，这使得一部分家长对大众传媒形成认识上的偏差与管理上的误区[5]，表明家长缺乏正确对待媒介的素养。在大众传媒快速发展时期，家长若是缺乏必要的媒介素养，将会对家庭德育成效造成不良影响。

不过，有研究者认为家长的社会阅历[6]和成长经历也是家庭德育成效的重要影响因素，如那些在思想理论出现大混乱的社会背景中成长起来的家长，其思想道德、价值取向等会遭受较大的影响，继而会影响家庭德育效果[7]。

---

① 张琳，陈延斌．当前我国家风家教现状的实证调查与思考［J］．中州学刊，2016(8)：198－104.

② 檀传宝．试论家庭环境的特殊性及其对学校德育的环境作用［J］．江西教育科研，1995(1)：32－35.

③ 蒋曼．提升青少年家庭德育实效的路径［J］．中学政治教学参考［J］．2018(1)：76－77.

④ 钟伟红．谈家庭德育效应［J］．现代教育论丛，1999(3)：34－35，33.

⑤ 关颖．大众传媒对家庭德育的挑战及应对［J］．中国德育，2008(7)：75－77.

⑥ 欧阳鹏，胡弼成．家庭德育：为人一生的发展奠基［J］．大学教育科学，2018(4)：10－17.

⑦ 麦志强．试析我国当前家庭德育的现状［J］．现代教育论丛，1998(6)：29－30.

基于上述对文献的回顾发现，无论是社会因素，还是包括客观因素和主观因素在内的家庭因素，都不是家庭德育成效的绝对影响因素。就单一影响因素来说，它只是在一定意义上对家庭德育成效产生不同程度的影响，家长应当以整体性思维和关联性思维认识这些因素及其影响，尽力削弱家庭中不良因素的消极影响和放大积极因素的影响。

三、家庭德育成效的提升对策

同对家庭德育影响因素的认识相一致，研究者关于家庭德育成效的提升对策研究也是经历了从主要关注家庭德育系统及其内部要素完善到兼顾家庭和社会德育两大系统及其内部要素的完善转向。不过，在研究的中后期，研究者越来越关注和倡导以家庭、学校和社会三大德育系统形成合力来提升家庭德育成效。但总体来说，研究者大多还是从社会和家庭两大维度讨论家庭德育成效的提升对策。

（一）改善社会德育环境

如前所述，社会中的诸多因素是家庭德育成效的影响因素，社会由此应当自觉承担起为提升家庭德育成效作出必要努力的责任。社会德育系统包括相关政府管理部门和大众传媒要净化社会环境、为家长提供与家庭德育相关的指导以及改革和完善相关制度，具体措施如下。

首先，需要自觉承担净化社会环境的责任。改革开放一方面带来了经济社会的快速发展，另一方面也带来了西方一些价值观念对中国传统价值观念的冲击，给青少年儿童道德观念发展造成诸多潜在的危险。为此，相关部门一方面应当强化政府的宣传管理职能，大力弘扬社会主义核心价值观，另一方面也应当对社会上存在的娱乐化现象和庸俗文化宣传进行严格控制与管理，努力为青少年儿童思想品德健康发展营造良好的社会大环境。[①] 大众传媒同样应当自觉承担起相应的责任，前文提及的大众传媒所传播的信息中有不少是不利于青少年儿童思想品德健康发展的，为此，大众传媒应自觉坚持正确的舆论导向，增强媒体道德意识，通过积极宣传社会精神文明建设中反映新时期道德要求的新事物、新典型，批判、鞭挞背离社会主义道德要求的错误言行和丑恶现象，为营造和优化未成年人的社会德育环境作出努力。[②]

其次，需要为家长提供科学进行家庭德育的指导。家庭是社会的细胞，诚如有研究者所指出的那样，和谐社会的建设离不开一个个幸福、和谐的家庭，家庭德育是涉及全社会和谐稳定的大事，整个社会都有责任关心和支持家庭德育。[③] 如教育部门，特别是学校可以通过开展家长学校、家长会、家长开放日等具体活动，组织家长学习德育理论和科学的德育方式，促使家长从智育保姆型向德育导师型转变。[④]

最后，需要对相关制度进行改革和完善。受中国科举考试制度的影响，考试成绩作为评定学生的核心内容和主要指标，是我国中小学一个尤为显著的特征。在考试制度的影响下，学校和家庭都将发展智育置于首位，反而忽视德育的重要性，因此需要改革学生评价和考核制度，来缓解家长“重智轻德”的教育倾向。[⑤] 与之相对应的是，国家有关机构和部门需要加强、加大、加快相关资源供给，推进家庭教育相关制度资源供给侧改革，为家

---

① 高永亭，崔艳，蔡莉．中职校学生家庭德育现状分析及对策［J］．思想理论教育，2013(18)：41 − 45.

② 陈延斌，史经伟．德育良性互动：未成年人道德建设的新路径［J］．道德与文明，2005(6)：44 − 47.

③ 王良，郝晓燕．家庭教育特点与家庭德育优势［J］．青年探索，2004(5)：24 − 25.

④ 武富丽，赵正．学校德育需要家庭德育的补充［J］．吉林省教育学院学报，2009，25(2)：84 − 85.

⑤ 崔爱林．关于当前我国家庭德育的思考［J］．河北大学学报(哲学社会科学版)，1997，22(4)：98 − 104.

庭德育提供充足、合理的制度资源保障。[①]

（二）提升学校德育质量

值得注意的是，除了从社会和家庭两大德育系统思考提升家庭德育成效的策略之外，也有一些研究者从学校德育系统出发作了思考，即认为学校应当在转变观念与方式、拓展德育内容与渠道等方面作出努力。

首先，转变不恰当的德育观念与方式。学校是道德教育的主阵地，在未成年人的道德教育过程中发挥主体性作用。然而，我国学校德育教学因长期受到传统教学思想的影响，形成了以教师为中心、以教材为蓝本和以灌输说教为基本教学方法的道德教育模式，这导致学校德育的实效性较低，德育效果并不理想。[②]有研究者基于有限理性角度探究何以对未成年人的道德教育需要家庭与学校之间的合作后指出，学校虽然对下一代肩负智育开发和道德教育的责任，却在面临学生个人德育发展和学校升学评价指标的时候，选择将更多的教育资源和精力投放于学生的智育开发。[③]在学校德育环境中，不少教育者所秉持的观念也是将智育凌驾于德育之上，将对学生知识的灌输放在第一位，将德育变成共青团、少先队和班主任的事情。[④]然而，教育始终应当关注和思考的是如何促进受教育者的人格整全发展，任何忽略德育在学校教育系统中的重要意义与价值的观念与行为都是不恰当的教育教学理念与行为，是需要改进的。也正因如此，有研究者才呼吁

---

① 欧阳鹏，胡弼成．家庭德育：为人一生的发展奠基[J]．大学教育科学，2018 (4)：10 － 17.

② 车广吉，丁艳辉，徐明．论构建学校、家庭、社会教育一体化的德育体系：尤·布朗芬布伦纳发展生态学理论的启示[J]．东北师大学报（哲学社会科学版），2007 (4)：155 － 160.

③ 刘爱芳，初春．家庭和学校德育教育合作中的机会主义行为分析[J]．学术论坛，2015，38 (10)：161 － 165.

④ 马永庆．未成年人家庭责任观念与学校德育[J]．道德与文明，2005 (5)：53 － 57.

广大一线德育工作者应当树立以学生为本的新教育理念。[①]

学校德育系统也存在德育方式不当的问题，学校教育工作者应当超越既往惯常使用的说教灌输的德育方式，探索新的德育方式与手段，积极组织一系列活动，如开展主题班会、奉献爱心、观看爱国影片、学习先进事迹等活动对学生进行思想品德教育。[②]或者采用如有研究者倡导的“请进来走出去”的德育方式，即学校与社会组织或机构形成联盟，在交互合作中共同作用于未成年人的道德教育工作。[③]

其次，学校应当拓展德育内容与渠道。学校同样可以组织师生共同观看爱国影片、学习先进事迹或者组织和开展思想品德主题班会等，来加强和深化对学生的道德教育。[④]就学校德育系统来说，课堂教学是学校德育的主渠道，需要将道德教育寓于课堂教学的各个环节[⑤]，但同时也要进一步思考如何能将课堂延伸至社会，将社会机构发展为支撑学校德育的主要力量[⑥]。

（三）转变家庭德育工作

虽然研究者关注了从完善社会德育系统出发为提升家庭德育成效建言献策，但绝大多数的研究者仍旧是聚焦于完善家庭德育系统本身，且主要是从建设良好的家庭环境、提升家长自身素质、转变家庭德育观

---

① 车广吉，丁艳辉，徐明．论构建学校、家庭、社会教育一体化的德育体系：尤·布朗芬布伦纳发展生态学理论的启示［J］．东北师大学报（哲学社会科学版），2007 (4) : 155 – 160.

② 同①.

③ 逯改．德育责任视野中的家庭与学校教育［J］．思想理论教育，2008 (15) : 45 – 50.

④ 同①.

⑤ 张圣豪，邓加航．坚持“三位一体”增强德育实效：对学校、家庭和社会协同教育的思考［J］．思想政治课教学，2005 (1) : 65 – 67.

⑥ 同①.

念与方式、协调家庭德育影响和拓展家庭德育内容等方面着手提出相关对策。

第一，建设良好的家庭环境。家庭环境的好坏直接影响孩子思想品德的发展，很大程度上可以说，学生的一些不良品行与其所生活于其中的家庭环境密不可分。自由、和谐、健康的家庭成长环境，能更好地为孩子的高尚德行奠定基础。由此，家长尤其应当关注为孩子创造良好的家庭生活环境。①

第二，提升家长自身素质。家长素质包括品德素养、文化素养和媒介素养。就品德素养来说，家长需要培养自身高尚的道德情操，其原因是，现代社会已经进入到民主、平等的新时代，家长不能再用老传统、旧思维来要求和教育子女，而应当将对子女的道德教育与自身道德修养紧密结合起来，为子女树立良好的道德楷模。②就文化素养来说，家长自身必须克服目光短浅、不学无术等行为，要不断加强自身修养，多读书，不断使自身行为、情感、思想、道德等方面发生质的变化。③就媒介素养来说，面对大众传媒对家庭德育的影响，家长应当通过了解基础的媒介知识以及如何使用媒介，学习判断媒介讯息的意义与价值，学习创造和传播信息的知识和技巧，了解如何利用大众传媒发展自己等方式来提升自身的媒介素养。④

第三，转变家庭德育观念与方式。不恰当的家庭德育观念主要表现为家庭"重智轻德"和认为子女道德培养非家庭之事。然而，忽视未成年人非智力因素的培养，是很多家庭的通病，加强和改进家庭德育，家长有

---

① 段先祥．家庭环境与德育［J］．江西教育科研，1999 (3)：66－68.

② 陈延斌，史经伟．德育良性互动：未成年人道德建设的新路径［J］．道德与文明，2005 (6)：44－47.

③ 武富丽，赵正．学校德育需要家庭德育的补充［J］．吉林省教育学院学报，2009，25 (2)：84－85.

④ 关颖．众传媒对家庭德育的挑战及应对［J］．中国德育，2008 (7)：75－77.

必要认清德育和智育之间的辩证关系，扭转“重智轻德”这一不合理的期望构成[①]，做到德育为首，全面发展[②]。不仅如此，父母还应当自觉承担起培养子女思想品德发展的责任，而不是将责任推给他人。[③]此外，家长还需要转变不恰当的家庭德育方式，采取恰当的德育方式，如：注重言传与身教相统一，以身作则，树立榜样，通过率先垂范教化孩子[④]；注重理性说教与参与实践活动相结合，让孩子多参加社会实践，突破单纯道德灌输的做法[⑤]；主张严厉与爱、尊重相统一，在家庭教育上，要坚持严爱结合，以平等的态度对待孩子，运用关怀与爱的方式进行道德行为指导，帮助其分辨是非[⑥]；注重奖惩相统一，奖励与惩罚是两种不同的教育手段，合理的奖励与惩罚都是必要的[⑦]；互为主体与因材施教相统一，家庭道德教育需要家长与儿童共同合作，真正让儿童成为教育活动的参与者，且家长在教育子女的时候也不能忽视其个性特征[⑧]。

第四，协调家庭德育影响。针对家庭德育过程中存在的家长间意见分歧、各搞一套的做法，甚至为管教孩子的事情争吵不休的问题，有研究者认为，家庭德育影响不一致会造成教育影响互相抵消，继而导致孩子无所

---

① 戚务念．试论家庭德育的几个问题［J］．江西教育科研，1998 (4)：58－61.

② 苏振华．浅谈加强和改进家庭德育［J］．九江学院学报，2006 (1)：122－124.

③ 赵丽娟．农村未成年人家庭道德教育的现状及对策探析［J］．当代教育科学，2010 (3)：65.

④ 任嘉蕊．立德树人必须注重家庭、家教、家风建设［J］．中国高等教育，2021 (Z3)：56－58.

⑤ 陈丽芬，廉永杰，刘珉曳．论青少年家庭德育环境的优化［J］．教育探索，2005 (12)：86－88.

⑥ 任晶惠，赵志军．家庭德育：任务、优势、策略［J］．东北师大学报（哲学社会科学版），2022 (2)：162－167.

⑦ 同⑤.

⑧ 董秀敏．社会转型期我国家长德育价值观念的建构［J］．焦作大学学报，1999 (1)：34－37，72.

适从，是非不分，最终影响孩子的成长。[①] 为了强化家庭德育的成效，家长应当协调好各种教育因素，家庭成员之间要步调统一，要求一致，配合默契，避免相互抵制和各自为政现象的产生。[②]

第五，拓展家庭德育内容。很多家庭都存在家庭德育内容片面化的问题，如前文提及的重视私德和轻视公德、重利轻义、忽视独立自主意识与能力培养等。为此，家长应当认识到家庭德育的内容有很多，要培养孩子富有爱心；培养孩子诚实、勇敢的品质；培养孩子的独立性、自立精神以及培养孩子热爱劳动[③]；在进行家庭德育的过程中，注重教育孩子确立集体观念和利他行为[④]。需要进一步指出的是，家长在选择家庭德育内容时，应当坚持传统与现代结合，即也要从传统道德文化中汲取营养，将之与新时代道德要求有机结合以丰富家庭德育内容。[⑤]

虽然研究者们对不同因素的影响有不同的认识，但在思考提升家庭德育成效的策略这一问题上却有很多共同之处，即基本上都是从前文提及的因素可能产生的负面影响角度出发去思考提升对策，且达成了诸多共识：大部分研究者都提及，无论是家庭、学校抑或是社会，都应该重视环境对青少年儿童道德发展的重要影响，就家庭和学校来说，还应当重视德育观念、方式、内容科学性与合理性。当然，各研究之间也有不同之处，如有些研究者讨论家庭德育内容不合理时，侧重点有所不同。

---

① 汪燮亮.家庭教育中的几个原则问题[J].上饶师专学报(哲学社会科学版),1987(2):84－86.

② 黄茂兰.更新家庭教育观念,促进学校德育的实施[J].广西教育学院学报,2004(S2):141－142.

③ 吴晨映.培养儿童良好的道德品质是家庭教育的重点[J].河南教育学院学报(哲学社会科学版),1998(3):16－18.

④ 崔爱林.关于当前我国家庭德育的思考[J].河北大学学报(哲学社会科学版),1997,22(4):98－104.

⑤ 蒋曼.提升青少年家庭德育实效的路径[J].中学政治教学参考,2018(3):76－77.

第三节　不同类型家庭的德育研究

改革开放之后，社会经济变迁对中国家庭乃至整个社会的形貌都产生了深刻影响，在独生子女政策、城镇化进程加快等因素的影响下，独生子女家庭、留守儿童家庭、流动儿童家庭等不同类型家庭开始产生并逐年增多，与一般家庭相比，上述这些家庭的子女易暴露出更多的成长与发展问题，因此也得到研究者的更多关注。学界关于不同类型家庭德育研究大体上经历了独生子女的家庭德育、离异家庭子女的家庭德育、留守儿童的家庭德育和流动儿童的家庭德育研究等几个阶段。下面，我们依时间顺序展开阐述。

一、独生子女的家庭德育

1971 年，我国政府为缓解“人口爆炸”给经济发展和国民素质提高造成的压力，在全国范围内开始推行计划生育政策，1979 年到 1999 年间，独生子女在同辈群体中所占的比例迅速上升。[①] 早在 20 世纪 80 年代末期，我国大城市中 0—8 岁孩子中 95% 以上都已经是独生子女。[②] 到了 2015 年，“全面二孩”政策实施、独生子女政策结束时，我国已有 0—44 岁的独生子女人口 2 亿左右。[③] 上述数据表明，当时独生子女在我国已成为客观现象，独生子女的成长与发展问题由此受到研究者们的广泛关注。

---

① 刘晶波．独生子女家庭教育的特点及其对儿童社会性发展的影响［J］．南京师大学报（社会科学版），1999 (5) : 64 – 68.

② 吴重光．独生子女的心理特点与教育［J］．学前教育研究，1996 (5) : 3 – 6.

③ 风笑天．“后独生子女时代”的独生子女问题［J］．浙江学刊，2020 (5) : 64 – 73.

（一）独生子女的成长与发展

关于独生子女成长与发展问题的研究主要有两种视角，一种视角是以独生子女为研究对象，通过调查研究其个性特征、社会化和社会适应等问题；另一种视角是以非独生子女为研究对象，对比独生子女与非独生子女在个性特征、人格发展、社会化适应等方面的异同。整体来说，研究者们关于独生子女的成长与发展形成了两类观点：第一类观点认为独生子女与“问题儿童”等同，有研究者通过对天津市和平区范围内5所学校的1383人（包括独生子女、双子女、多子女）进行研究后发现，在性格、行为习惯方面，独生子女中有任性、胆小、挑食、挑穿等不良性格和行为习惯的比例均高于双子女和多子女，且在小学中，年级越低，在任性、胆小、不爱劳动、挑食等不良习惯、性格方面所占的比例越高，并有不断上升的趋势。[①] 第二类观点认为独生子女与非独生子女在很多方面并没有显著的统计学上的差异，有些方面甚至优于非独生子女，如一项针对广西壮族自治区阳朔县436名中小学生（独生子女130名，非独生子女306名）进行的调查研究发现，独生子女与非独生子女在合群性、社会交往能力、个性心理特征、生活习惯、学习成绩等方面不存在显著差异。[②]

（二）独生子女家庭德育的基本状况

独生子女家庭德育基本状况的研究主要集中在问题研究和影响因素研究方面。在家庭德育问题的研究上，有的认为独生子女家庭教育存在教育

---

① 肖福兰，张其博．关于小学独生子女教育情况的调查（上）［J］．人口与经济，1982（1）：43－46，55.

② 肖富群．农村中小学独生子女社会化状况的实证研究［J］．南方人口，2008（3）：38－43.

观念缺乏理性、教育内容不尽合理以及教育方式不够科学等三大问题[①]；独生子女家庭德育中的误区表现为观念上的子女升学就是一切、内容上的枯燥单一以及方式上的简单粗暴三方面[②]。

研究者认为，影响独生子女家庭德育的因素包括家庭、学校和社会三个方面。家庭因素包括家长素质、教育环境、教育期望与观念、内容、方式、亲子互动等方面。在一些研究者看来，家长的教育观念、教育方式以及教育能力共同构成家长的教育素质，是影响独生子女家庭德育的重要因素。[③]然而，也有很多研究者认为，独生子女心理健康问题产生的根源在于家长过高的期望和缺乏必要的心理教育意识和知识。[④]而家庭环境作为青少年儿童心理发展的家庭层面的客观因素，也对独生子女家庭德育产生影响。[⑤]

学校因素主要包括评价标准、德育地位不高与师资不足、德育内容、德育方式几方面。学校对学生的影响主要体现在其评价体系中，且学校教育主要是将学业成绩作为评价学生是否成功的唯一标准。[⑥]在此背景下，有研究者继续指出，家庭德育成效受到削弱与学校重视文化课、忽略道德教育、教育方式陈旧、依靠灌输式教育方法、对学生进行优差等级划分以及重视教师权威、轻视培养学生独立思考的能力不无关系。[⑦]除上述问题

---

① 章玉贵，万继蓉．理性定位：独生子女家教成败之关键：当前中国城市独生子女家庭教育的问题与对策［J］．当代青年研究，1998 (2)：13 − 15.

② 郭翠菊．独生子女家庭教育的误区及其矫治［J］．教育科学，2000 (4)：55 − 56.

③ 关颖．家长教育素质对独生子女发展的影响［J］．青年研究，1998 (10)：15 − 23.

④ 王一帆，祁光耀．独生子女的家庭心理教育研究与分析［J］．山东社会科学，2015 (5)：169 − 170.

⑤ 许华．家庭教育的失范：关于独生子女社会化家庭影响因素分析［J］．人才开发，2003 (5)：36 − 38.

⑥ 樊林峰，余国良．独生子女的心理健康教育问题研究［J］．黑龙江高教研究，2019 (2)：118 − 121.

⑦ 曹梦雪．当代我国独生子女思想品德教育问题研究：以安丘市独生子女为例［D］．烟台：鲁东大学，2013：18.

之外，学校中专门的思想政治教育教师缺乏也是一个重要因素，尤其是在农村学校的基础教育中，师资力量不足和思政教育的忽视也一定程度上使独生子女的德育产生了一些新问题。[①]

还有的研究者认为社会因素也影响了独生子女的健康成长，包括社会风气、大众传媒、同龄人和社会公众的影响。他们认为，信息技术高速发展容易导致青少年产生为所欲为的感觉和冲动的情绪，再加上市场经济发展对社会道德体系的冲击，不良道德、不良风气侵蚀着社会主义核心价值体系[②],继而对青少年成长造成干扰[③]。随着独生子女到了适学年龄,接触的同龄人多了，独生子女也就越来越多地受同龄人的各种各样的影响。[④]但就农村独生子女群体来说，有研究者还指出，教育部门、社会和公众对农村独生子女群体的忽视是重要因素。[⑤]

（三）独生子女家庭德育成效的提升对策

研究者们大多数是从家庭层面来讨论独生子女家庭德育成效提升对策的，主要包括转变家庭教育观念、内容、方式，提升家长素质、创设良好家庭环境等方面。家长应当理性定位家庭教育的目标，明确家庭教育的主要任务，以非智力教育为重点，全面关心孩子成长。[⑥]还应当更新观念，变服务于应试教育为素质教育、变急功近利的成名成家教育为生存教育、变

---

① 樊林峰，余国良．独生子女的心理健康教育问题研究［J］．黑龙江高教研究，2019（2）：118－121．

② 赵红丽．当代中国独生子女家庭德育问题研究［D］．兰州：兰州大学，2009：20－21．

③ 谭芳．新时期独生子女家庭品格教育简论［D］．武汉：华中科技大学，2013：20．

④ 曹梦雪．当代我国独生子女思想品德教育问题研究：以安丘市独生子女为例［D］．烟台：鲁东大学，2013：21．

⑤ 孙浩．农村独生子女德育问题探究［D］．开封：河南大学，2014：21．

⑥ 章玉贵，万继蓉．理性定位：独生子女家教成败之关键：当前中国城市独生子女家庭教育的问题与对策［J］．当代青年研究，1998（2）：13－15．

过爱过严的简单粗暴式教育为严爱结合的鼓励式教育。[①]可以说，改变家长观念是治理独生子女家庭生态的根本。[②]

有的研究者认为，学校和社会层面也应当作出相关努力，如应当注重完善农村家庭教育的辅导和普及工作，推动家长角色转变，建立针对农村独生子女群体的德育教学研究机制，加强农村学校德育工作的落实，增加相关教师力量的投入[③]；学校应当注意不能按照旧的教育评价指标对学生进行评价，还要注重完善教育资源分配体系，使心理健康教育课程成为学校的必修课，与心理健康教育教授和辅导相关的教师，应当是经过专业训练的心理健康从业人员，而不能为节约开支由其他授课教师兼任[④]。

二、离异家庭子女的家庭德育

20 世纪八九十年代是中国进入离婚潮的伊始。民政部《2014 年社会服务发展统计公报》相关数据显示，2014 年依法办理离婚 363.7 万对，粗离婚率为 2.70‰，比上年增加 0.1 个千分点。自 2003 年以来，我国的离婚率已经连续 12 年呈递增状态。中国婚姻家庭工作联合会 2015 年发布的《中国人婚姻家庭安全报告》指出，从 1979 年到 2012 年，全国当前离婚对数与结婚对数之比已从 4.7% 上升到 23.4%。上述这些数据表明离婚问题逐渐发展成为一个社会性问题。

---

① 郭翠菊 . 独生子女家庭教育的误区及其矫治［J］. 教育科学 , 2000 (4) : 55 − 56.

② 洪明 . 教育生态视域下独生子女家庭教育问题及治理［J］. 中国青年研究 , 2010 (8) : 96 − 99 , 116.

③ 孙浩 . 农村独生子女德育问题探究［D］. 开封 : 河南大学 , 2014 : 23 − 25.

④ 樊林峰 , 余国良 . 独生子女的心理健康教育问题研究［J］. 黑龙江高教研究 , 2019 (2) : 118 − 121.

（一）离异家庭子女的成长与发展

关于离异家庭子女的成长与发展主要有两种观点：一种观点认为父母离异给子女带来的负面影响是绝对的，如有研究者的研究表明，父母离异不仅会遏制子女智力、性格、情绪和社会性良好发展[①]，而且也会导致子女问题行为增多。另一种观点则认为父母离异虽然会对子女多方面产生消极影响，但并不是绝对的，也就是说，大多数学生在父母离异后的状况未呈下滑态势，少数学生在挫折中成长并出现正向性的改变[②]，离异家庭子女的个体适应和社会适应与一般家庭子女并不存在显著差异[③]。

（二）离异家庭子女家庭德育的影响因素

影响离异家庭子女家庭德育成效的因素是多方面的，主要包括家庭和个体两个层面。

家庭层面的因素集中在家庭德育功能缺失、家庭人际关系差、家庭德育观念与方式不合理、性别角色社会化残缺、情感教育缺失等方面。[④]家庭德育功能缺失主要是指父母离异造成的家庭结构不完整，因而导致家庭德育功能缺失以及家庭中性别角色社会化残缺。[⑤]家庭人际关系差主要表现为离异父母之间的冲突关系和离异父母与子女之间不亲密的亲子关系，

---

① 傅安球，史莉芳，林崇德．离异家庭子女心理［M］．杭州：浙江教育出版社，1993.

② 徐安琪．问题儿童？缺陷儿童？异常儿童？——千余名教师视角中的父母离异学生［J］．青年研究，2002 (3)：1 － 8，15.

③ 余国良，王永丽．离异家庭子女心理适应问题研究［J］．教育研究，2007 (5)：83 － 87.

④ 周莉，罗月丰．离异家庭影响青少年心理健康的因素与建议［J］．中国青年研究，2006 (10)：14 － 15.

⑤ 丁芳．离异家庭子女心理问题产生的家庭影响因素及其教育对策［J］．理论与现代化，2008 (3)：121 － 124.

前者会体现为离异父母在孩子面前说对方坏话[①]，后者则体现为离异父母对子女关爱缺失[②]，因而家庭情感教育缺失。家庭德育观念与方式不合理主要是说离异父母会将孩子变成自己生活的唯一目标，对孩子期望过高，因而在教育方式上尤为严格[③]，也有一部分离异家长会因为对子女有亏欠心理，而采用过分关注和补偿孩子的教育方式[④]，当然也有一些离异家长对孩子不管不问，采取放任自流的教育方式[⑤]。不过，也有研究者认为离异父母的学历是一个值得关注的影响因素，尤其是父亲学历会影响离异家庭儿童的社会状况[⑥]，但也有研究者认为父母受教育水平与离异家庭儿童心理健康之间并不存在显著关联[⑦]。

个体层面因素主要包括子女自身的人格、心理状况和挫折容忍力。一般来说，如果离异家庭子女的性格偏向内向型人格且其心理卫生状况不佳，会对其社会适应发展造成一定的影响。[⑧]挫折容忍力又称抗逆力，抗逆力在心理学上是指困境后成功、生存和前行的能力，而在护理学上是指困境中成功导航的能力。[⑨]抗逆力是个体特质决定的，特质好的个体，抗逆力

---

① 周莉，罗月丰．离异家庭影响青少年心理健康的因素与建议［J］．中国青年研究，2006（10）：14－15.

② 王金云，张静．特殊结构家庭子女的社会性发展问题及策略［J］．郑州大学学报（哲学社会科学版），2008，41（3）：42－44.

③ 丁芳．离异家庭子女心理问题产生的家庭影响因素及其教育对策［J］．理论与现代化，2008（3）：121－124.

④ 同①.

⑤ 同③.

⑥ 周敏娟，姚立旗．离异家庭青少年社会状况及影响因素研究［J］．中国学校卫生，2005，26（8）：654－655.

⑦ 董奇，夏勇．离异家庭儿童心理健康研究［J］．中国心理卫生杂志，1993，7（5）：217－220.

⑧ 同⑥.

⑨ 刘芳．西方家庭抗逆力的新发展：范式演变与争论［J］．国外社会科学，2018（2）：43－52.

强，特质不好的个体，抗逆力弱。[①]对于挫折容忍力较强的青少年儿童来说，一般尚且能够顺利通过，而对于那些挫折容忍力较差的学生，则会为挫折情境所困扰。[②]

也有少数研究者认为学校的师生关系是影响离异家庭子女心理健康的重要因素。一项基于中国教育追踪调查（CEPS）2014 年基线数据，对 537 名离异家庭初中生自我报告的亲子关系、师生关系和心理健康数据进行分析，结果显示师生关系与亲子关系的交互作用呈现补偿模式，低亲子关系情况下，师生关系对离异家庭初中生心理健康的正向预测作用更强。[③]另一项研究认为偏见的媒体形象容易误导受众对离异家庭青少年全面、客观、理性的认识与反馈，易对其健康成长造成危害。[④]

（三）离异家庭子女家庭德育成效的提升对策

研究者主要从家庭、学校和社会三个层面探讨离异家庭子女家庭德育成效的提升对策。就家庭层面来说，离异父母双方应当共同担负起养育子女的责任、创建良好的家庭氛围和人际关系、增强自身素质、秉持恰当的教育观念和方式，并注重对子女进行独立教育和挫折教育等。监护、抚养和教育子女是离异夫妇共同的职责[⑤]，因此，离异父母应当正确认知离异这

---

① 田国秀．离婚家庭青少年的危机与契机：抗逆力视角的探讨——以美国“新起点”项目为例［J］．首都师范大学学报（社会科学版），2017 (3)：166 － 173.

② 李学容．离异单亲家庭子女心理健康问题及辅导研究［D］．重庆：西南师范大学，2002：16.

③ 谢其利．离异家庭初中生师生关系亲子关系与心理健康的相关性［J］．中国学校卫生，2020，41 (7)：1019 － 1021.

④ 田国秀，胡蝶．离异家庭青少年的媒体形象：偏见与纠正［J］．人文杂志，2013 (4)：117 － 123.

⑤ 林崇德．离异家庭子女心理的特点［J］．北京师范大学学报（社会科学版），1992 (1)：54 － 61.

一事件本身，并且要提高自身的素质，不要在孩子面前公然指责对方[①]。不仅如此，为了尽可能减少父母离异对孩子可能造成的伤害，离异父母还应当通过给予孩子充分的关爱、正确处理离异后的亲子关系、鼓励子女参加集体活动和重视子女智力开发等为教育共尽职责。[②]对于那些在对子女进行家庭德育过程中采取不恰当的教育观念与方式的离异父母来说，还尤其应当注重教育观念与方式的改变。[③]除此以外，家长还要重视子女交往能力、挫折承受力、独立性、性别角色等方面的教育。[④]

就学校层面来说，学校应当创设良好的校园氛围、关心离异家庭子女群体、开展多样化活动以及进行适当教育。学校应当义不容辞地承担保护和教育离异家庭子女的任务[⑤]，应当建立和谐、宽容、人文、民主的校园环境，教师要在日常教学过程中渗透正确的教育理念，对离异家庭子女多关心，给青少年学生的健康成长提供有力的班级支持。学校还应当致力于成立专业的干预中心和开展包括心理健康教育活动在内的多样化活动帮助离异家庭子女更好地成长。[⑥]良好的环境的确在一定程度上有助于离异家庭子女心理健康发展，但学校还应当认识到要对离异家庭子女进行挫折教育、补爱教育和亲子关系教育。[⑦]总之，学校应当完善相关制度，制定合理的教育

---

① 余国良，王永丽．离异家庭子女心理适应问题研究［J］．教育研究，2007 (5)：83 − 87.

② 戴斌荣．离异家庭子女的心理缺陷与教育［J］．天津师大学报(社会科学版)，2000 (1)：30 − 34.

③ 王金云，张静．特殊结构家庭子女的社会性发展问题及策略［J］．郑州大学学报(哲学社会科学版)，2008，41 (3)：42 − 44.

④ 丁芳．离异家庭子女心理问题产生的家庭影响因素及其教育对策［J］．理论与现代化，2008 (3)：121 − 124.

⑤ 林崇德．离异家庭子女心理的特点［J］．北京师范大学学报(社会科学版)，1992 (1)：54 − 61.

⑥ 同①.

⑦ 同②.

方案和开展多样的心理辅导。①

就社会来说，社会应当保障离异家庭子女的基本权益、扭转对离异现象的不恰当态度、创造良好的社会氛围。社会要为离异家庭子女教育创造条件，依法保障其基本权益，注重与家庭形成教育合力。②离异在当今社会越来越成为一种常态化现象，社会也应当对离异形成恰当的态度，正确地看待父母离异现象及其对子女的影响，秉持一种客观、宽容与接纳的态度，重新审视这种社会现象。③努力为包括离异家庭子女在内的所有特殊结构家庭子女创造一种没有偏见歧视、和谐温暖的社会氛围，充分发挥街道、社区等的功能来强化社会保障力量。④

实际上，研究者关于离异家庭子女这一群体的研究主要集中于父母离异对子女心理健康发展的影响，以及如何更好地促进这一群体身心健康发展，但以离异家庭子女德育为主要问题的研究并不多见。然而，这一群体的数量在当今社会越发增多，其家庭德育的好坏势必会影响整个社会的稳定和谐，未来需要研究者们多加开展对这一群体家庭德育的相关研究。

三、留守儿童的家庭德育

20 世纪 80 年代以来，伴随着中国社会化进程加快，越来越多的农村剩余劳动力流入城市。由于城乡二元经济的社会结构、户籍制度、农村务工人员生活水平低等因素的影响，使得他们无法将子女带入城市生活，也

---

① 海英．离异家庭中学生社会适应性的调查及教育对策［J］．教育理论与实践，2017，37（5）：17－19.

② 戴斌荣．离异家庭子女的心理缺陷与教育［J］．天津师大学报（社会科学版），2000（1）：30－34.

③ 余国良，王永丽．离异家庭子女心理适应问题研究［J］．教育研究，2007（5）：83－87.

④ 王金云，张静．特殊结构家庭子女的社会性发展问题及策略［J］．郑州大学学报（哲学社会科学版），2008，41（3）：42－44.

没有时间和精力照顾和教育子女。2000 年人口普查时，全国流动人口规模已经超过 1 亿，2013 年，《我国农村留守儿童、城乡流动儿童状况研究报告》依据《中国 2010 年第六次人口普查资料》的数据进行推算后发现，中国农村留守儿童的数量已经超过 6000 万，并且存在增加的趋势。留守儿童作为一个社会转型背景下的新问题，直到 2004 年前后才开始在社会上引起广泛的关注。

（一）留守儿童的成长与发展

关于留守儿童的成长与发展，主要有两种观点：一种观点认为留守给儿童的学习、行为、情绪情感、性格发展、道德发展等方面造成较为严重的影响，如留守儿童具备心理整体水平较差、学习心理问题更为突出、情绪和行为问题更为明显以及心理弹性较差等特征。[①] 留守儿童因长期与父母分离，疏于得到行为上的监管和道德成长的正确引领，在道德观念、道德情感、道德人格以及道德行为等方面都表现出不同程度的偏差，有些留守儿童甚至出现严重的过错行为和强烈的反社会倾向。[②] 另一种观点认为留守并不全然给儿童带来的都是消极影响，如农村留守儿童与非留守儿童在学习兴趣和对自身学习成绩的认识上没有显著差异[③]；留守儿童的总体生活压力事件水平显著高于非留守儿童，留守儿童普遍比同龄儿童具有较强的生活自理能力[④]，一部分留守儿童还表现出一定的亲社会行为[⑤]。

---

① 戴斌荣，陆芳，付淑英．立足健康中国关注农村留守儿童心理健康：对农村留守儿童心理发展特点研究［J］．中国特殊教育，2022 (3)：3 － 8.

② 迟希新．留守儿童道德成长问题的心理社会分析［J］．教师教育研究，2005 (6)：74 － 77.

③ 吴霓．农村留守儿童问题调研报告［J］．教育研究，2004 (10)：15 － 18，53.

④ 谭深．中国农村留守儿童研究述评［J］．中国社会科学，2011 (1)：138 － 150.

⑤ 刘霞，赵景欣，申继亮．农村留守儿童的情绪与行为适应特点［J］．中国教育学刊，2007 (6)：6 － 8，20.

（二）留守儿童家庭德育的问题与影响因素

研究者大多从家庭层面来分析留守儿童家庭德育的问题与影响因素，但影响因素中也包括学校、社会和个人层面。父母外出、家庭教育缺失、教育方式不合理、缺乏情感交流、监护人教育能力较差、亲子关系不紧密是留守儿童家庭德育中存在的问题，同时也是影响家庭德育成效的重要因素。

对于留守儿童来说，父母均不在身边，直接抚育的缺失易导致不良的家庭环境，加之留守儿童目前的监护状况缺乏必要的家教氛围，爷爷、奶奶等监护人对孩子的家庭教育大多局限于吃饱穿暖之类的浅层关怀，难以尽到对孩子的教育责任[①]，易引发儿童不良人格因素，继而导致了儿童行为问题和学业不良[②]。同样是由于父母不在身边，留守儿童与父母缺乏正常的情感交流和亲子互动，其发展所需的心理支持被无意识地剥夺，留守儿童正处于情感、性格变化的转折时期，对学习、生活、自身的变化有太多的问题需要解决，但家庭不能充分给予精神上的支持和知识上的解答。[③]

学校层面包括校园环境、办学条件、教师观念、心理健康课程开设、师资力量、同伴关系等。有研究者指出，对于留守儿童而言，较好的管护措施是实行寄宿制，但大部分农村学校缺乏寄宿条件[④]，这反映出学校办学条件较差的问题。而在不少教师眼中，他们会将留守儿童与双差生、问题儿童画上等号，这是因为教师总是会以自身为标尺来衡量或评判留守儿

---

① 李根寿，廖运生．农村“留守子女”教育问题及对策思考[J]．前沿，2005 (12)：163 – 165.

② 范方，桑标．亲子教育缺失与“留守儿童”人格、学绩及行为问题[J]．心理科学，2005 (4)：855 – 858.

③ 叶曼，张静平，贺达仁．留守儿童心理健康状况影响因素分析及对策思考[J]．医学与哲学（人文社会医学版），2006，27 (6)：67 – 69.

④ 范先佐．农村“留守儿童”教育面临的问题及对策[J]．基础教育改革动态，2005 (12)：7 – 15.

童的行为，将他们寻求存在感和价值感的行为等同于问题行为，因而对他们的关爱要比一般的学生要少很多[①]；同伴关系对农村留守儿童情绪和行为问题也有一定的影响，同伴关系能够负向预测留守儿童的孤独感和行为问题[②]。从某种意义上来说，教师对待留守儿童的观念反映出学校没有给留守儿童创建良好的环境，如学校很少开设心理课程，以及缺乏对学生进行必要的生存、安全和法治教育。[③]

社会层面包括社会环境、大众传媒、地方政府管理等因素。叶曼等人指出，社会中的不良因素，如现代传媒的渗透性、地方政府少作为或不作为是重要的影响因素。[④]具体来说就是，相关政府部门没有主动承担起相应责任是导致留守儿童行为失范的重要因素，如以县为主的教育管理体制实施以来，出现了乡镇政府教育责任逐步弱化的局面，相关部门大多采取撒手不管的策略，较少过问学校的事情，学校提出的需要乡镇政府解决的问题也很难得到解决，职能部门“推”和“拖”的应付难以净化学习环境，在一定程度上助长了部分缺少自律的留守儿童的行为失范。[⑤]

个体因素包括人格特点、认知特点、成熟程度、积极态度、心理弹性。留守儿童的神经质、精神质、希望等人格特点，以及他们自身的认知评价、公正世界信念、歧视知觉等认知特点，都与其抑郁、焦虑等负性情绪显著

---

① 郑蕊，周兴国．存在感与价值感：留守儿童的自我寻求［J］．基础教育，2018，15（4）：29－34.

② 李子华．留守初中生同伴关系对孤独感的影响：自我意识的调节作用［J］．中国特殊教育，2019（2）：45－49.

③ 吴霓．农村留守儿童问题调研报告［J］．教育研究，2004（10）：15－18，53.

④ 叶曼，张静平，贺达仁．留守儿童心理健康状况影响因素分析及对策思考［J］．医学与哲学（人文社会医学版），2006（6）：67－69.

⑤ 戴斌荣．农村留守儿童的心理特点及教育对策［J］．教育理论与实践，2012，32（13）：44－47.

相关[①]；由于生活上得不到照顾，学习上监督力量薄弱，绝大多数留守儿童生活散漫，意在同学中拉帮结派，寻求势力支持；遇到困难和问题往往擅自处理，或凭哥们儿义气行事，办事鲁莽；失意时孤独自卑，心理障碍增加[②]；留守儿童对父母具有积极的、正向的情感态度，在学习、生活、人际等方面，也会比较积极上进[③]；心理弹性高的儿童心理健康问题相对较少，心理健康水平较高[④]。

（三）留守儿童家庭德育成效的提升对策

提升留守儿童家庭德育成效也应当注重家庭、学校和社会之间的多元互动。就家庭方面来说，家长应当创设良好的环境、与子女之间保持良好沟通、多关注子女情感需求，如父母要与孩子经常联系，如果经济允许，可增加亲子互动的时间与机会，除了生活、身体、学习方面外，还要注重与子女的情感交流和心理沟通。[⑤]家长也应当认识到，留守儿童的临时监护人也是儿童成长过程中的重要影响因素，因此，留守儿童父母应当为子女选好临时监护人，与监护人一同努力为孩子营造一个温暖和谐的家庭环境和氛围，还应当与孩子保持经常的沟通交流，及时为孩子提供物质帮助和心理支持。[⑥]

---

① 赵景欣，张婷，林玲玉．隔代亲合与农村留守儿童的抑郁：留守烦恼认知评价的中介作用［J］．中国临床心理学杂志，2016，24 (6)：1092 – 1097.

② 黄雪松，刘克纾．农村“留守子女”教育问题的成因、影响及对策探析［J］．四川教育学院学报，2005，21 (5)：9 – 11.

③ 彭美，戴斌荣．农村留守儿童社会适应性及其影响因素［J］．中国健康心理学杂志，2020，28 (4)：570 – 575.

④ 王楠，韩娟，丁慧思，等．农村在校留守儿童心理健康及影响因素［J］．中国公共卫生，2017，33 (9)：1320 – 1323.

⑤ 叶曼，张静平，贺达仁．留守儿童心理健康状况影响因素分析及对策思考［J］．医学与哲学（人文社会医学版），2006 (6)：67 – 69.

⑥ 戴斌荣，陆芳，付淑英．立足健康中国关注农村留守儿童心理健康：农村留守儿童心理发展特点研究［J］．中国特殊教育，2022 (3)：3 – 8.

就学校方面来说，学校应当开设相关课程，建立家长和家校交流会制度，教师应当多给予留守儿童关爱和支持。具体来说，学校应当建立家访制度，家长学校要对家长和临时监护人进行培训，使其端正教育观念，学校还应当定期家访，与监护人交流学生的生活和思想状况[①]；学校应当在中小学增设相关培训课程，让留守儿童有机会学习和了解适应生活的相关知识[②]；学校应当为留守儿童建立档案、家访和家校交流会制度，对家长和监护人进行培训，同时，学校还应当设立专门的心理咨询室，配备心理辅导和咨询教师，开设心理健康教育课程，有针对性地对留守儿童的心理困惑进行化解[③]。

就社会方面来说，政府应当净化社会环境、出台相关管理法规和制度等。社区应当建立起有效的监管与关怀制度，社会也应当制定更加人性和平等的社会管理制度，如建立农村义务教育制度中对留守儿童的关注机制，积极扶持城市中农民工子女学校建设，等等[④]；社区还应当为留守儿童建立社区教育和监护体系、建立较为完善的社会工作制度等，为农村留守儿童提供其成长所需要的社会支持，此外，改革“城乡二元分割”的经济和社会管理体制、户籍制度以及相关义务教育管理体制也尤为重要[⑤]；政府应当整治社会不良现象，净化留守儿童的教育环境，此外，还应当出台相关管理法规和制度，加强社会舆论监督，宣扬积极向上的社会文化，遏制消极无趣的低俗文化，为留守儿童的教育营造健康、阳光

---

① 张艳萍.农村“留守子女”的教育问题及对策研究[J].当代教育科学，2005 (13)：17－18，40.

② 和秀涓.农村留守儿童的心理健康：一个生态学的视角［J］.河北青年管理干部学院学报，2007 (1)：25－28.

③ 戴斌荣.农村留守儿童的心理特点及教育对策［J］.教育理论与实践，2012，32 (13)：44－47.

④ 同②.

⑤ 崔丽娟.留守儿童心理发展及其影响因素研究［J］.心理探索，2009 (4)：36－38.

的社会环境[①]。

相对来说，直接以留守儿童家庭德育为主题的研究也不是很多，大多讨论的是留守儿童的心理健康发展问题，所涉及的影响因素与提升对策也大多是围绕心理健康不良发展来进行的。虽然子女的心理健康发展也是家庭德育的重要关注内容，但留守儿童这一群体的家庭德育状况究竟如何以及如何更好地提升，也应当成为研究者关注的研究重点。

四、流动儿童的家庭德育

随着中国经济社会的高速发展，越来越多的农村剩余劳动力开始涌入城市，形成了迄今为止世界上规模最大的人口转移，即“民工潮”[②]。随着农村劳动力的举家转移，城市中也出现了数量庞大的第二代移民——农民工子女。2000 年，第五次全国人口普查结果显示，我国流动人口规模已超过 1 亿人，其中 18 岁以下的流动儿童，约为 2000 万人。到了 2003 年，国家统计局有关资料显示，农村外出务工的劳动力达 1.14 亿人，随同父母进入城市的 6—14 周岁、处于义务教育阶段的少年儿童约有 643 万人。[③]

（一）流动儿童的成长与发展

流动儿童的成长与发展有两种观点：一种观点认为“流动”给儿童带来更多的是消极影响，体现在情绪情感、行为表现、社会适应等方面。有研究表明，打工子弟学校的初中生存在轻度心理问题，其中情绪不平衡排

① 戴斌荣．农村留守儿童的心理特点及教育对策［J］．教育理论与实践，2012，32（13）：44－47.

② 赵景欣．关于留守儿童的基本认识［J］．新课程教学（电子版），2015（2）：65－69.

③ 周皓，荣珊．我国流动儿童研究综述［J］．人口与经济，2011（3）：94－103.

在其心理问题的第二位①；流动儿童内、外化问题行为的自我报告率均高于城市儿童，其中内化问题行为自我报告率均值的差异达到了显著水平②；流动少年儿童的社会适应水平总体上差于城市本地少年儿童③。另一种观点认为“流动”给儿童带来的不全然是消极影响，也会带来诸如社会适应性高、幸福感增加、生活满意度增加等积极影响。如有研究认为，城市农民工子女的城市适应总体良好④；流动少年儿童的社会适应性得分高于本地少年儿童⑤；与一般儿童相比，流动虽增加了儿童的孤独感，同时也提升了儿童的生活满意度⑥。

（二）流动儿童家庭德育的问题与影响因素

流动儿童家庭德育中存在三方面问题：一是家庭教育观念趋利和保守。一些流动儿童家长认为在读书上的花费不值得，产生“读书无用论”“拜金主义”等不恰当的功利思想；也有一些家长在教育上存在重男轻女的观念，认为让男孩上学比让女孩上学更有用。⑦二是教育内容忽视孩子身心健康发展。流动儿童家庭教育内容普遍存在“重智轻德”的问题，教育内容

---

① 陶红梅，许燕，张小方，等．北京打工子弟学校与公立学校初中生心理健康状况的比较研究［J］．中国特殊教育，2004 (9)：87 − 92.

② 李晓巍，邹泓，金灿灿，等．流动儿童的问题行为与人格、家庭功能的关系［J］．心理发展与教育，2008 (2)：54 − 59.

③ 胡韬．流动少年儿童社会适应的发展特点及影响因素研究［D］．重庆：西南大学，2007：29.

④ 朱丽娜．进城农民工子女城市适应状况调查：以武汉市为例［D］．武汉：华中师范大学，2008：28.

⑤ 江君琴．论流动儿童社会适应的心理危机［J］．法制与社会，2009 (7)：239.

⑥ 范兴华，方晓义，刘勤学，等．流动儿童、留守儿童与一般儿童社会适应比较［J］．北京师范大学学报（社会科学版），2009 (5)：33 − 40.

⑦ 郭雪萍，张波，刘会敏．和谐社会下农村流动儿童家庭教育的现状及对策［J］．吉林省教育学院学报，2008 (2)：48 − 49.

失衡、单一，“量”少且内容不完整。[①] 有些流动儿童的家长甚至没有时间关注孩子的学习，更不用说关心孩子的心理状况和全面发展了。三是家庭教育方式缺乏民主、平等。在家庭教育中，流动儿童的父母虽重视孩子的家庭教育，但因自身教育水平限制，在具体教育过程中缺乏科学的方式方法，还有一些家长存在采用如果孩子没有达到预期目标，就对孩子进行惩罚或弃之不管两个极端的教育手段。[②]

研究者主要从个体、家庭、学校和社会四个方面讨论影响流动儿童家庭德育的因素，个体因素包括性别、年龄、人格等方面。有研究表明，农民工子女心理健康存在男女差异和年级差异[③],但也有研究者认为儿童的性别特征并不对儿童的心理状况产生很大的影响[④]，性别等变量只具有间接性影响[⑤]。

家庭因素包括父母职业、家庭经济状况、家庭人际关系、教养方式、父母教育期望等。相对而言，父母收入水平高的进城就业农民工子女的心理健康状况要好些，反之则差些[⑥];父母的受教育程度偏低以及工作强度大、收益低等的状况在很大程度上影响了父母对孩子在教育和成长方面的时间、精力和财力的投入，这些直接或间接地影响了城市就业农民工子女的心理健康状况[⑦];夫妻关系、亲子关系中的忽视，如当着外人的面吼骂子女

---

① 赵晓曼，鲜章兴.“民工潮”下的农村家庭教育问题分析[J].遵义师范学院学报，2003(4):50－51.

② 李花.流动儿童家庭教育状况实践报告:以山西省晋城市苗孟庄小区流动儿童为例[J].时代金融，2011，442(12):196－197.

③ 何亚玺.北京市农民工子女社会适应及其与心理健康关系的研究[D].郑州:河南大学，2009:41.

④ 周皓.流动儿童心理状况及讨论[J].人口与经济，2006(1):48－54，36.

⑤ 汪传艳.家在何处:流动儿童的家庭融入及其影响因素[J].基础教育，2021，18(4):32－43.

⑥ 刘正荣.进城就业农民子女心理健康问题研究[D].扬州:扬州大学，2006:31.

⑦ 陶红梅，许燕，张小方，等.北京打工子弟学校与公立学校初中生心理健康状况的比较研究[J].中国特殊教育，2004(9):87－92.

会显著影响流动儿童的心理健康[①]；父母受教育水平通过影响家长的教育方式与亲子交流方式而间接地影响到儿童的学业成绩及其他方面[②]。此外，家庭流动[③]、家庭居住空间[④]、父母的社会支持[⑤]也是重要的影响因素。然而，也有研究认为，家庭经济背景和文化背景对儿童的心理状况并不产生直接的影响，家长对儿童的关心和教育引导是最为重要的。[⑥]

学校因素主要包括教师、同伴态度和打工子弟学校的办学条件。有调查发现，流动人口的子女即便获得了就地入学的机会，但在学校中，受到不公平对待和歧视的事情时有发生，极少数教师甚至公然歧视。[⑦]陶红梅等人的研究表明，打工子弟学校大部分因为办学资金短缺、办学条件简陋、教学设施缺乏、师资力量不足而没有获得合法办学的资格；学校教师大部分工资偏低，具有较大的流动性，这也在一定程度上影响了教师教学的主动性和积极性，因而也会造成忽视学生心理健康发展的现象产生。[⑧]此外，也有研究表明，同伴关系对农村流动初中生不良行为的影响大于城镇初中生。[⑨]

---

① 栾文敬，路红红，童玉林，等．家庭关系对流动儿童心理健康的影响［J］．学前教育研究，2012 (2)：27－36.

② 杨春华．教育期望中的社会阶层差异：父母的社会地位和子女教育期望的关系［J］．清华大学教育研究，2006 (4)：71－76，83.

③ 洪秀敏，刘倩倩，张明珠．家庭流动对儿童发展的影响：基于流动与非流动婴幼儿的倾向值匹配分析［J］．中国青年社会科学，2022，41 (1)：89－97.

④ 陈延辉，李志滨．居住空间与流动儿童的社会适应［J］．青年研究，2021 (3)：73－81，96.

⑤ 周晓春，侯欣，王渭巍．生态系统视角下的流动儿童抗逆力提升研究［J］．中国青年社会科学，2020，39 (2)：97－105.

⑥ 周皓．流动儿童心理状况及讨论［J］．人口与经济，2006 (1)：48－54，36.

⑦ 明庆华．论教育中弱势群体子女受歧视问题［J］．中国教育学刊，2003 (5)：14－18.

⑧ 陶红梅，许燕，张小方，等．北京打工子弟学校与公立学校初中生心理健康状况的比较研究［J］．中国特殊教育，2004 (9)：87－92.

⑨ 苏群，邢义青．农村流动初中生不良行为的影响因素分析：基于家庭和同伴维度以及与城镇初中生的比较［J］．湖南农业大学学报（社会科学版），2019，20 (6)：38－45.

社会因素包括户籍制度、教育不平等和城市居民态度。户籍制度及九年义务教育制度下城市外来流动儿童的教育进程面临中断，导致融入困境。[①]加之大部分城市农民工子女由于政策或经济上的原因，只能就读于打工子弟学校或者差一些的公立学校。但不少研究表明，打工子弟学校的硬件设施、师资队伍和教育教学水平都明显差于城市公立学校。[②]一项关于家长对流动儿童入读公办学校的态度调查显示，城市家长对流动儿童入读公办学校持有中立且稍微偏积极的态度，不同的态度会对城市农民工子女的心理健康发展产生截然不同的影响，这表明城市居民对待农民工子女的态度会影响其心理健康发展。[③]

（三）流动儿童家庭德育成效的提升对策

关于提升流动儿童家庭德育成效的对策，研究者大多认为，家庭、学校和社会都应当作出努力。就家庭层面来说，家长需要加强家庭教育意识，促进亲子之间的沟通对话，如运用恰当的沟通方式定期与儿童沟通交流，在亲子交流中学会尊重儿童、倾听并及时给予回应，增强彼此亲密感，也可以开展一些亲子活动。[④]总之，流动儿童父母要转变教育思想、使用多种教育方法、提升自身素质以及多与儿童进行亲子交流。[⑤]就学校层面来说，学校应当帮助流动儿童父母树立正确的亲子教育理念、掌握实用的亲子教育技巧、提

① 路锦非.城市流动儿童的融入困境与制度阻隔：基于上海市的调查[J].城市问题，2020(5)：62－70.

② 李宁.透析农民工子女的“相对剥夺感”[J].唐山师范学院学报，2008(4)：121－124.

③ 曾守锤.流动儿童的自尊及其稳定性和保护作用的研究[J].华东师范大学学报(教育科学版)，2009，27(2)：64－69.

④ 杨茂庆，赵红艳，邓晓莉.流动儿童城市社会融入现状与对策研究[J].教育学术月刊，2021(10)：68－74.

⑤ 郭雪萍，张波，刘会敏.和谐社会下农村流动儿童家庭教育的现状及对策[J].吉林省教育学院学报，2008(2)：48－49.

供亲子教育干预指导以及帮助父母提升自身的领导能力[①]，加大对流动儿童的关爱和支持[②]。就社会层面来说，应当警惕将流动儿童"标签化"和"污名化"，应以学校为依托，大力开展流动儿童的服务工作，如为流动儿童提供多维度的社会支持体系和开办家长学校，促进家校沟通。[③]社区层面也要努力营造关爱儿童的社区氛围。[④]此外，也有研究者指出，国家层面应当重视为流动儿童更好地融入城市教育系统作出制度完善、政策保障等方面的努力。

就特殊类型家庭德育状况的整体研究来说，关于独生子女家庭德育研究稍多一些，专门讨论离异家庭子女、留守儿童和流动儿童家庭德育的研究并不多见，基本上是从心理学角度分析上述不同群体的心理发展状况，只在影响因素和对策方面会涉及家庭这一层面。未来仍需要加强对不同特殊类型家庭德育的相关研究。随着三孩生育政策的颁布，新类型的家庭德育状况也应当受到研究者的关注。

第四节　家风家教研究

对家风家教的研究始于 20 世纪 90 年代末，但大多是研究传统文化中的家庭德育思想，进入 21 世纪之后，研究者除了关注传统文化中的家庭德育思想外，还关注了传统家风家训对新时期家庭德育实施与开展的借鉴

---

① 汪传艳. 家在何处：流动儿童的家庭融入及其影响因素［J］. 基础教育，2021，18 (4)：32－43.

② 周晓春，侯欣，王渭巍. 生态学同视角下的流动儿童抗逆力提升研究［J］. 中国青年社会科学，2020，39 (2)：97－105.

③ 曾守锤. 流动儿童的心理适应：困境、问题、优势及建议［J］. 华东理工大学学报（社会科学版），2010，25 (5)：13－18.

④ 同②.

意义。自党的十八大之后，传统家风家教的传承与创新，家风家教建设的意义、挑战与对策等新问题也受到关注。

一、传统文化中的家庭德育思想

传统文化中的家庭德育思想研究自改革开放以来一直受到研究者们的关注，且主要关注点集中在古代名人家庭德育思想中有关德育方式、内容的讨论。如段文阁研究了《颜氏家训》中的家庭道德教育思想，并进一步指出颜之推认为家庭道德教育需要从胎教开始，家庭道德教育的方法应当注意如下五个方面：要适当体罚，反对娇生惯养；严格要求和关心慈爱相结合；言行一致，重视学以致用；一视同仁，反对偏宠偏爱；以身作则，重视理想人格在家庭道德教育中潜移默化的作用，另外家庭道德教育的过程是一个不断反复、不断加深的过程。[①] 还有研究者讨论了中国传统伦理生活中的家教与家风，认为我国古代各家族对家庭成员进行家教历来以德育为先导，以儒家的礼仪道德、伦理纲常为中心内容对家庭成员进行教育，以家礼和家风作为家族共同生活行为模式，约束和规范着诸成员的言行。[②] 总之，研究者们认为，中华优秀传统文化具备显著的德育特质，古代先民始终聚焦精神塑造和人格涵养，致力于培养人的个体道德、家庭美德和社会公德，通过家训、族规、家学、乡约等家庭德育范式，培育出一代又一代中国人。[③]

---

① 段文阁.《颜氏家训》中的家庭道德教育思想初探[J].齐鲁学刊，1989 (3)：126－129.

② 卞桂兰.简论中国传统伦理生活中的家教与家风[J].学术交流，1991 (6)：130－132.

③ 马建欣.论中国优秀传统文化的家庭德育[J].甘肃社会科学，2017 (3)：237－243.

二、家庭、家风与家教的关系

有两种视角探讨家庭、家风与家教之间的关系，一种是从三者和道德培养与发展的关系入手，进一步讨论三者之间的内在关系，如有论者认为，家庭是道德养成的起点，是社会人伦关系建构的原点和基础；家教是道德养成的基础，影响人们的道德情感、道德认知与道德意志；而家风是道德养成的关键，是家庭建设、家庭教育成果的凝结与升华。[①] 另一种是直接讨论三者之间的内在逻辑关系，如有研究者认为，家庭是保证家教存在和家风构筑的“本体”，家教是家庭的必要组成部分，是家风构筑的必要之“术”，家风作为无形的家庭文化，反作用于家庭与家教，为家庭和家教“铸魂”。[②]

上述内容虽然呈现出研究者的两种认识家庭、家风和家教之间关系的视角，但却内在地反映出家庭、家风与家教之间是相互影响、相互制约、相互作用的关系。

三、家风家教建设的意义、挑战与对策

关于家风家教建设的意义，大部分的研究者都是将关注点聚焦于对家风家教建设积极意义方面的讨论，包括有助于家庭和睦、优化社会风气与党风、有利于培育和践行社会主义核心价值观。“家风家教是一个人价值观形成和行为习惯养成的首要场所”，它是维系家庭和睦、稳定家庭关系的精神纽带，也是影响社会风气的重要元素。[③] 家风与党风是一种相互影

---

① 孟新超．以新时代新家风育新人［J］．人民论坛，2020 (15)：90 － 91.

② 栾淳钰，王勤瑶．家庭·家教·家风关系及启示论[J].贵州社会科学，2016 (6)：82 － 87.

③ 张红．社会主义核心价值观培育和践行的试验场：家风家教[J].道德与文明，2015 (2)：10 － 13.

响、相互制约、相互渗透、相互作用的关系。家庭是社会的细胞，家风是党风、国风的构成。[①]家风家教和社会主义核心价值观之间具有高度的内容关联性与内在契合性，家风家教是培育和践行社会主义核心价值观的重要载体。[②]此外，也有研究者认为，家风家教建设对于促进法治建设以及传承传统文化亦具有重要的积极促进意义。[③]

关于家风家教建设的挑战，主要体现为传统家风家教和现代家风家教两方面。就传统家风家教来说，改革开放确立了社会主义市场经济体制的改革目标和基本框架，法治社会已逐步取代伦理社会，以家庭伦理、自然经济为基础的传统家风家教模式遭到了冲击，家风家教的持续面临挑战；在实用主义、拜金主义等不良思想的影响下，不少父母对子女的教育往往偏向利己、功利的一面，忽视品德修养、习惯培养、德行养成等方面的言传身教，导致一些青少年缺乏公德心和责任心；城镇化和工业化进程中，城乡之间人口流动日益频繁，无数农民工外出打工，与家人团聚的时间甚少，给传统家风家教的延续带来空间上的障碍。[④]而且，中国传统家风家训大多植根封建土壤，不可避免地受封建意识与观念的影响，具有局限性。[⑤]就现代家风家教来说，当前家风家教中存在父母更为关注子女的课业学习，不重视甚至忽略对孩子品德教育和正确的世界观、人生观、价值观培养的现象；许多父母缺乏家庭教育的专业知识，家庭教育的内容、方式和方法不符合或不适合当代社会发展的形势和子女成长的需求；随着社会发展，良好家风的内涵和外延都发生了一些变化，但许多父母不了解这些变化，

① 乌成杰．浅谈党风党纪与家风家教［J］．才智，2014 (5)：233.

② 康来云，谭婳．实现家风家教与社会主义核心价值观的无缝对接［J］．学习论坛，2017，33 (8)：62 － 65.

③ 孙兰英，卢婉婷．家风家教是培育和践行社会主义核心价值观的基础［J］．思想教育研究，2014 (12)：80 － 83.

④ 龚凌燕．构建与时代发展相适应的家风家教体系［J］．人民论坛，2019 (7)：134 － 135.

⑤ 孟新超．以新时代新家风育新人［J］．人民论坛，2020 (15)：90 － 91.

从而影响到家风家教的完整性和与时俱进，同时，现代社会家庭成员的流动和生活安排的分离对家庭成员之间的互动和交流造成一定影响。[①]

关于家风家教建设的对策，需要社会、家庭两大系统共同作出努力。社会系统需要注重提供外部支持、优化世风、拓宽传播途径、处理好传承与创新的关系和建立长效机制等，如孙英兰等人认为，应当注重对家长进行家风家教知识培训[②],引导家长转变教育观念以提高家教效果[③],且家庭自身也需要保证教育内容合理和方法使用科学[④]。社会则需要认识到,无论社会格局如何变化，家庭始终是人生成长进步的初始场域，我们要优化家庭结构、增强家庭存在感、协调家庭成员间的关系以及团结邻里关系等，致力于为和谐家庭的建设保证基本的场域环境，因而需要从增强经济实力、完善民主法治和发展先进文化等方面加强社会支持，优化外部条件。[⑤]

事实上，关于家风家教的研究，学者们除了关注以上论题外，近年来，不少研究者也尤其关注对习近平家风家教思想的提炼和总结。关于习近平家风家教思想的讨论也经历了一个较小的研究阶段变化，即从习近平总书记关于家风家教建设重要讲话中提炼和总结其家风家教思想，转变为关于对习近平家风家教思想形而上学方面的研究。就前者来说，有研究者认为，崇德向善和做人气节是核心内容，言传身教、榜样激励、严教习积等是重要家教方法，此外，该作者还进一步讨论了习近平关注兴家与强国相统一的重要家教论述，精忠报国和自信自强是其家风家教重要论述中有关强国的核心内容，家国情怀、民族团结、反对特权等是习近平家风家教重

---

① 吴帆 . 家教家风与基层社会治理现代化［J］. 妇女研究论丛 , 2019 (6) : 15 − 17.

② 孙兰英 , 卢婉婷 . 家风家教是培育和践行社会主义核心价值观的基础［J］. 思想教育研究 , 2014 (12) : 80 − 83.

③ 张琳 , 陈延斌 . 当前我国家风家教现状的实证调查与思考［J］. 中州学刊 , 2016 (8) : 98 − 104.

④ 徐国亮 . 深入学习习近平家风家教重要论述［J］. 红旗文稿 , 2019 (9) : 29 − 31 , 1.

⑤ 栾淳钰 , 王勤瑶 . 家庭·家教·家风关系及启示论［J］. 贵州社会科学 , 2016 (6) : 82 − 87.

要论述中有关强国的重要内容。[①]也有研究者基于习近平有关家庭教育的讲话对其家庭德育理论内涵进行了总结：在家庭德育的定位上，强调家庭的社会功能与文明功能不可替代；在家庭德育的性质上，将家庭定位为人生的第一个课堂；在家庭德育的方法与路径上，注重父母的言传身教；在家庭德育的具体内容上，涵盖传统美德与政治觉悟；在家庭德育的社会结构上，采取家国一体的建设思路。[②]

就后者来说，讨论则主要包括习近平家风观形成的时代背景、理论基础和实践条件等问题。习近平家风观产生的时代背景表现为：厚植防腐治腐的社会基础是其家风观形成的社会政治要求，以良好家风逐梦前行是其家风观形成的时代呼唤；就理论基础来说，马克思主义家庭观、中华优秀传统家风和革命前辈红色家风分别为其家风观提供思想来源、文化滋养和深厚底蕴；就实践条件来说，习近平良好的家教及其自身独特的人生经历是重要的社会实践基础。[③]

---

① 徐国亮．深入学习习近平家风家教重要论述［J］．红旗文稿，2019 (9)：29 － 31，1.

② 冉亚辉．习近平总书记家庭德育重要论述理论内涵研究［J］．教育理论与实践，2021，41 (4)：45 － 49.

③ 康凤云．习近平家风观的形成：时代背景、理论基础和实践条件［J］．江汉论坛，2021 (1)：13 － 18.

第四章
社会德育的发展脉络及其研究

道德是人类文明发展的基石，推动着人类文明走向更高水平。无论是在国家层面、社会层面、学校层面还是家庭层面，道德教育都发挥着重要作用。在中国语境下，政府是社会德育的引领者、建设者和实践者，在这个意义上，政府是社会德育的核心主导者。因此，当本书在讨论社会德育的发展历程时，更多地从国家主导、社会组织配合的角度来阐述。此外，由于社会德育发展遵循自上而下的实践路线，使得社会道德教育与社会道德建设在内涵上高度一致，相应地，社会德育研究在中国话语体系下主要表现为社会道德建设研究，因此本章最后一节关于社会德育研究的变迁也以社会道德建设研究的变迁为主要研究主题。

本章综述了引发当代社会德育变迁的背景，梳理了改革开放以来社会德育发展的阶段特征，回顾了当今社会德育研究的核心议题、主要方法和主要结论。

第一节　社会变革的背景与历程

改革开放以来的 40 多年，我国社会经历了全面、快速、深刻的转型时期，这一社会转型背景影响到了我国社会生活的方方面面。因此，本章将从这里开始进行阐述。

一、社会变革的背景

改革开放至今，社会变革经历了从尝试期到深水期的巨大转变，与之相应的社会道德也发生了翻天覆地的变化。社会面临着前所未有的挑战：市场经济的冲击、科学技术的冲击、多元价值的矛盾等，都要求我们重新审视社会德育关系，重构新时代社会德育。

（一）市场经济的冲击

1978 年年底召开的十一届三中全会作出了将党和国家的工作重心转移到经济建设上、实行改革开放的重大决策，自此，我国以计划经济为主的经济体制逐渐被以市场经济为主的经济体制所取代。市场经济在一定程度上推动了社会道德的转变与发展，主要表现在：改变了人们传统的义利观念，催生了公平观念的更新；培养了竞争意识，形成了新的荣辱观念。① 但是我们也能够看到，市场经济也对社会道德产生了消极影响。如市场经济的扩张诱发了人们"一切向钱看""笑贫不笑娼"的扭曲价值观；社会中的"不正当"竞争现象层出不穷，大搞人情关系学、以权经商等；破坏了人与自然的和谐关系，导致能源和资源的巨大消耗，生态环境遭到严重破坏等。

第一，市场经济冲击了道德的约束力。市场经济打破了原有的利益分配和社会分化，随着社会的急剧变化，原有的社会结构不断重组。商品拜物教与货币拜物教的思想影响深重，人自身的商品化、工具化、物化和异化，极大地冲击了道德对人的约束作用，社会道德在市场化经济、唯功利

---

① 刘德福．论社会主义商品经济条件下的精神文明建设[D].北京：中共中央党校，1990：50 – 53.

主义的啃食下不断退化、消逝和退隐。杰弗里·萨克斯（Jeffrey Sachs）指出，在高度商业化的经济体中，市场价值观击败了社会价值观，社会中的个人是如此地被市场价值观（讨价还价、追求自我私利和竞争）所支配，以致他们失去了同其他价值观（如同情、信任和诚实）的接触。①

第二，市场经济冲击了传统社会道德。市场经济的核心是生产的社会化和交换的普遍化，将人与人之间的关系转变为一种高度依赖于普遍的物的关系。这样，人与人本该为立体化的社会关系被异化为了扁平化的关系，体现在社会生活中，即人与人的经济关系加强了，而情感的、伦理的、精神上的联系削弱了。"斩断伦理的、宗教的桎梏获得了自由，却陷入物的依赖性关系的束缚。"② 亲情、爱情和友情，均被以货币为尺度进行确定和衡量，人的私欲被无限放大。在经济交往中，以利益为基础的交易活动，出现了短期化、急功近利的表现，为了利益不惜"损人不利己"，在生活中及时行乐、过度消费等。

我国自古就有优秀的商业道德文化，无论是孔子的"义"，还是孟子的"义利"讨论，都深刻影响了我国商业道德的价值选择。有不少研究者认为市场经济应该遵循互惠互利、自由选择和相互信任的价值观，其价值观的实质是买卖双方权利平等、价值平等。③ 重义轻利，诚实守信是传统商业道德价值。然而自改革开放以来，越来越多的企业为了追求利益的最大化而不顾商业道德价值观。诚实信用作为市场经济最基本的道德要求，已经被大量企业败坏，诚信缺失严重，不仅大大提高了交易成本，还造成了巨大的经济损失。不少研究以"三鹿奶粉"、地沟油、工业酒精、速成鸡、

① 萨克斯．文明的代价：回归繁荣之路［M］．钟振明，译．杭州：浙江大学出版社，2014：145.

② 罗春洪．当代中国道德影响力研究［D］．南昌：江西师范大学，2016：114.

③ 欧阳润平．道德实力：企业赢得竞争的真正核心力［J］．中国人民大学学报，2003 (2)：103－108.

瘦肉精等案例为切入点，重点讨论诚信缺失带来的食品安全问题。[①]商业道德文化的缺失，主要是源于企业缺乏承担社会责任的意识，缺乏对投资者的公开告知，缺乏对员工的安全、福利、教育方面的投入，缺乏对产品质量的把关等。[②]

第三，市场经济冲击了传统的节制美德，消费主义盛行。近些年，过度消费的相关研究日趋增多。过度消费是指消费者脱离自身现实经济条件与合理需求的消费，既可以表现为政府层面的消费政策选择，也可以表现为个人或家庭在日常生活中的过度消费行为。[③]社会生产能力的提升使得产品花样繁多，人们的消费热情持续升温，出现了大量的铺张浪费和超前消费行为。过度消费的危害有浪费社会资源、破坏生态环境、败坏社会风气。当前过度消费的表现主要有：奢侈品热、高档装修热、名牌汽车热、名牌服装热、餐桌上铺张浪费、信贷消费，等等。[④]过度消费产生的原因是多方面的：国家的消费政策逐渐从温饱型消费模式转变为全面小康型消费模式；企业为了刺激消费，不断培养消费者的消费习惯，网红打卡地、网红店铺、吃播、直播带货、"双十一"抢购，等等，多种形式的消费套路轮番上阵，种种行为都是商家在不断通过营销来培养消费者习惯；西方消费观念对中国消费者的影响，超前消费、信贷消费、炫耀消费等消费文化导致我国传统节俭的消费价值观念受到冲击。[⑤]如何引导民众树立正确的消费观？首先要结合中国特有的政治经济条件以及消费行为实践判定是否过

① 王关丽．由"三鹿奶粉事件"论我国企业诚信问题［J］．商业经济，2010 (14)：26－27.

② 周勇．论责任、企业责任与企业社会责任［J］．武汉科技大学学报(社会科学版)，2003 (4)：29－33; 王淑芹．企业道德责任论［J］．伦理学研究，2006 (6)：68－71.

③ 李金蓉．过度消费的伦理文化缺憾［J］．道德与文明，1997 (3)：34－36.

④ 何媛．中国消费模式演变研究：以科学发展观为视局［D］．上海：复旦大学，2012：94－119.

⑤ 张召．改革开放以来中国消费文化变迁研究：以北京市为例［D］．北京：北京交通大学，2013：19－22.

度消费[①]；其次是要纠正通过炫耀消费等方式来获得社会身份和文化认同的价值观；最后通过立法、政策的形式引导民众树立正确的消费观念等[②]。

第四，市场经济模糊了公权力的边界。市场经济催生了人的不正当竞争观念，以权谋私、贪污受贿等情况屡见不鲜。不当竞争行为不仅严重损害了社会经济的正义和公平，也打击了正常的经济激励，进一步拉大了贫富差距，助长了经济犯罪。习近平在十八届中央政治局常委同中外记者的见面会上，指出了一些党员干部存在着贪污腐败、脱离群众、形式主义、官僚主义等问题，必须全面从严治党、管好权力。近些年，关于党内反腐等话题不断被重申，也在实践中不断被验证。权力的失控与权力持有者的道德失范密切相关，公权力的滥用与党内少数干部公私德不分、人情伦理对政治权力的侵蚀有重要关联。

（二）新技术革命的冲击

在当代，新技术的发展和应用给人的生存和生活方式带来了前所未有的变化，同时也产生了众多的伦理困境。一方面，科学技术的发展，减少了人们的劳动时间，大大增加了人们的闲暇时间；科学技术直接成为享用对象，丰富了人们的精神生活；科学技术改变了知识观念和形态，冲击了传统观念和思维方式。[③]另一方面，科学技术在推动人类进步的同时，也频频引发社会道德问题。大规模杀伤性武器、新型复合材料、生物科技等科技被大量应用，直接或间接地影响着人们的日常生产生活。[④]

---

① 莫少群. 当代中国的消费主义现象：消费革命抑或过度消费？[J]. 南京师大学报（社会科学版），2012 (4)：29－34.

② 朱琳. 大学生消费信贷的互联网衍生及其规制逻辑[J]. 金融发展研究，2016 (7)：38－44.

③ 李彬. 走出道德困境：社会转型下的道德建设研究[D]. 长沙：湖南师范大学，2006：64－67.

④ 朱丹丹. 风险社会背景下科技道德的失范与重建[D]. 南京：南京理工大学，2011：摘要.

第一，新科学技术的应用为人类的生存和和平发展带来了新的挑战。“科技发展不仅从未消弭战争，反而使战争的强度和烈度增加，范围扩大，而且难以控制。”[①]大规模杀伤性武器的出现既是新技术革命在促进世界和平领域的成果，又是使得现代战争从局部战争升级为世界战争的凭据。高技术尤其是军事高技术的高投入、高风险大大增加了现代战争的成本，也为控制战争的进程和规模提供了切实可行的装备和手段。此外，高技术支撑的现代战争必须严守“人类立场”，遵循人道主义，否则战争很可能会转移到社会和平民之中，使得战场成为高科技杀伤性武器较量的试验场。中国常驻联合国代表张军在“新兴科技对国际和平与安全的影响”阿里亚模式会议上指出：要确保科技创新在法治轨道和公认的国际准则基础上运行，坚持由人类主导、为人类服务。要高度重视新兴科技在武装冲突中的使用问题，坚决防止被恐怖组织和恐怖分子滥用，以及传播虚假信息和仇恨言论。新技术的广泛应用让国与国之间原有的显性斗争方式变得越来越隐蔽，以刀枪和武器为主要手段的斗争被意识形态的强行灌输、生化袭击和太空争夺所取代。战争的发展已经超越了人类可以主宰的范围，而这种超越人类管控范围的斗争，有着将人类推向生存终结的风险。

第二，高新技术赋予了人类改造自然的新手段、新形式，使人类对自然的影响在广度和深度上都急剧扩大。自文艺复兴以来，在世界范围内逐渐确立了“人类中心主义”，科技的发展给人类征服自然提供了更为先进的工具和手段。强调以人的利益为中心来改造自然，而不顾及自然对人类的限制，使得当前人与自然的关系持续性紧张。一方面，人类对自然资源的过度开采和占有，减弱了自然与生俱来的生产力。人类对自然资源的过度开采、对粮食生产的药物干预等一系列问题，已经影响到人类的生存和发展。人类对自然资源的需求同地球的自然供给之间的矛盾日渐凸显，供需不平

---

① 孟祥青．世纪之交高技术发展对战争与和平的影响［J］．世界经济与政治，1999 (3)：13 − 16.

衡所导致的过度开采和非理性利用已引发了愈演愈烈的生态危机，草场日益退化、森林覆盖率持续降低、土地资源日渐匮乏、淡水资源不断减少等。人类对自然资源和生态环境的大肆破坏，生态系统的非持续和非均衡发展，已为人类敲响警钟。另一方面，现代科学技术应用于粮食生产，引发了人们对粮食安全的担忧。随着人口的增加，人类对自然资源和物质资源的需求大幅度增加，并将现代科学技术，特别是基因技术用于粮食生产，改变了食品的遗传基因，有潜在的食品安全和环境安全隐患。此外，农药、化肥等现代工业技术广泛应用于粮食生产，药物对土地自然生态的破坏性大幅度提高。农药、化肥，特别是促生长药物的使用，破坏了粮食的自然性能，引发了人类对化学药物污染、大气污染和水污染的担忧。人类对自然资源的破坏得到了大自然的消极回应，大气污染多发、土地荒漠化加剧、全球气温上升、有害废物越境转移等问题，日益成为制约人类生存与发展的重大难题。就价值论而言，是人们对待自然的行为准则和价值判断出了问题，归根结底是人的道德领域和思想领域的危机所导致的生态危机。要通过系统的架构设计解决人们道德发展同自然发展不相适应的问题，实现人与自然的和谐。

第三，生物技术运用于人类的繁衍使人类先天性的自然生存状态被打破，如人工受孕代替了自然受孕、基因重组解构了人类的自然机能、代孕突破了亲子关系的自然存续方式，等等。① 这些问题诱发了道德伦理危机：人类先天的自然基因被科学技术改造，产生“是人、非人”的争论；繁衍孕育方式的技术改组，引发了“谁才是孩子的父亲和母亲”的伦理困境；人工流产和DNA亲子鉴定技术的介入使亲情伦理面临着来自科学技术的挑战；生命科学技术的出现，极大地拓展了人类对身体的改造能力，物竞天择的生存法则面临着来自技术重组的挑战，随之而来的社会、伦理与法律问题把人类推向了道德博弈的边缘。基于自然生存的血缘、伦理关系被

① 马文彬，孙向军．科技与伦理的思考［J］．道德与文明，2000（2）：42－45；马智．科技伦理问题研究述评［J］．教学与研究，2002（7）：66－69.

非传统的科学技术所取代。

当人类陶醉于科学技术创造的伟大胜利时，却在不经意间已经深陷科学技术发展所诱发的伦理危机中。科学技术能否为人类所用，如何使用，使用的限度如何，都是需要人类的价值判断才能作出的回答。

（三）多元价值的冲击

改革开放后，市场经济的推进、政治制度的变革、外国价值观的大规模涌入，都冲击了当前人们的价值观念。传统社会的封闭性、一元化走向没落，社会的开放、多元化引导着大众道德取向走向差异和多样。信息化的发展，媒体大量出现，信息交流更加便捷和及时，使得传统主流的价值观念遭到更大的挑战，价值观念间的冲突屡见不鲜。“任何一种价值观念，任何一种行为选择，都可以获得某一种文化支援，受到某一种价值标准的肯定和赞扬，而同时又会受到另一种价值标准的否定和批评。”[①] 在这种情况下，由于利益的多样化导致了价值选择和价值标准的多样化。

我国当前民众的价值取向呈现了多元化，由于个人立场的不同、视角的不同，产生了多种价值取向。如在面对公共事务时，某些人强调个人利益而非公共权益的获取，构成了公德与私德之间的矛盾；在面临道德选择时，有清醒的道德认知，却因为种种原因而没有赋予道德行动，产生了道德认知与道德行为的不协调；在社会交往中，由于技术的发展，虚拟交往是否真诚以待，交往是否抱有功利心态，往往因人而异。

第一，多元价值冲击了私德与公德的取舍。道德危机、道德困境、道德冷漠等词汇在近些年也频频出现在研究者的视野中，说明了社会道德领域引起了学者们广泛的关注。道德虚伪、道德怀疑、道德冷漠与道德绑架构成了当前社会道德困境。[②] 而“公—私德之辨”，其冲突实质是社会道德

---

① 蔡志良，蔡应妹．道德能力论［M］．北京：中国社会科学出版社，2008：164.

② 蒋云蔚．道德认知：当代道德困境的症结［D］．苏州：苏州大学，2014：23－28.

与个人道德的优先级问题，更深层次的本质是社会结构与社会意识形态的选择问题。改革开放后，我国在政治、经济、文化领域都发生了极大变化，多元价值的冲击导致公德与私德的矛盾日渐突出。

我国传统公私德关系以儒家思想为主导，具有通过伦理关系实现自我认同、社会认同的理论特性，重私德而轻公德，孝悌之类的家族规范制约着仁义之类的修身规范，缺乏对公共生活领域的认同，阻滞了道德情感和道德行为的释放。① 传统儒家公德所建立的基础是以血缘关系和宗族关系为纽带的三纲五常，在社会转型时期被逐步瓦解，当代人尚未完全建立适应时代需求的伦理道德规范。一方面，部分人为了追逐私利，私德败坏，破坏公共利益与社会秩序，侵蚀了公共道德与社会风气；另一方面，国家道德代替公共道德情况时有发生，侵害了个人权益与私德。② 最常出现的情况是，私德在公共领域扩张和越位，缺乏社会公德的规范与制约。为了解决公私德越位、错位等问题，解决社会上出现的以权谋私、商业失信、学术造假等问题，党和国家在 40 多年里出台了多部规范社会公德的意见和条例，如《中共中央关于社会主义精神文明建设指导方针的决议》(1986)、《公民道德建设实施纲要》(2001)、《关于培育和践行社会主义核心价值观的意见》(2013)等，并通过多维度、多层次、多类型的途径进行宣传，以期规范社会公德，实现社会公德与私德的和谐共处。

第二，多元价值冲击了大众对社会价值观的认同和行动。当前大众对以社会主义核心价值观为代表的社会道德缺乏认知，道德知行分裂现象严重。大众未能理解社会主义核心价值观的深刻含义，对其认识仅限于词语识记，不理解其对应现实问题的意义，缺少将社会主义核心价值观与社会

① 张刚．论中国传统私德和公德的关系［J］．理论学刊，2007 (2)：38－40；李春成．孝行与官德：公德与私德间关系的案例分析[J].复旦学报(社会科学版)，2010 (3)：127－133；崔大华．儒学的一种缺弱：私德与公德［J］．文史哲，2006 (1)：30－36.

② 于建东．当代公德与私德的抵牾与和谐［J］．湖南大学学报(社会科学版)，2015，29 (1)：139－143.

现实结合起来思考的意识。[①]在道德认知转化为道德实践的过程中，最关键的是由“知”转化为“行”，由“理论”转化为“实践”。以“实践”为导向，通过各类实践活动使个人将道德认知内化于心，外显于行。然而，在社会生活中，大众在行动上缺乏动力，主要表现为高知低行、知而不行、行而不知、知行相悖。[②]这就要求我们必须强化自身的道德自觉，完善道德人格；引入道德赋能机制；拓宽新媒体渠道以便深入开展群众性文明活动；通过传统文化传承优化家风；树立道德榜样和道德风向标；强化道德实践研究；等等。[③]

第三，多元价值冲击了大众交往的情感互动目的。当代生活方式所引发的道德困境主要表现在交往领域。[④]交往是人的存在形式，只有在交往中才能确证人的存在。伴随着经济、文化和科技的发展，人类的交往方式、对交往的认知都发生了较大的变化。现代科学技术的广泛应用引发了交往方式的多元化。网络的应用、沟通软件和交往媒介的拓展，改变了现实场域中的交互方式，人们由现实场景下面对面的视觉交往向网络支持下电话对电话的听觉交往转化，之后又实现了向现代化技术支持下虚拟场域中的面对面交往的转换。虚拟场域下交往方式的普及削减了交往对象的互动性关系，在一定程度上导致了人类情感的疏离。

另外，伴随着经济、社会发展形态的变化，人类交往的功利主义倾向更加凸显，当物质变为交往的目的，而不是交往的方式时，交往的道德属性将会受到非道德行为的挑战。全球化视域下的竞争压力持续增加，社会中出现了非制度化和超越制度规制的非良性竞争关系。如商业领域内的非

---

① 冯留建. 社会主义核心价值观培育的路径探析[J]. 北京师范大学学报(社会科学版), 2013 (2) : 13 − 18.

② 丹婵. 大学生道德实践中知行不一现象研究[D]. 南京 : 南京师范大学, 2011 : 11 − 12.

③ 李伟健. 新时代道德实践的路径创新研究［D］. 喀什 : 喀什大学, 2020 : 40 − 43.

④ 李彬. 走出道德困境 : 社会转型下的道德建设研究［D］. 长沙 : 湖南师范大学, 2006 : 22 − 27.

法投入、演艺圈中的潜规则等。这些行为既破坏了合法竞争的良性环境，也突破了人们诚实守信的价值底线，更破坏了人们对公平、公开、公正的社会公德的期许。同时，人类交往的非良性竞争诱发了部分个体对经济利益的狂热追求，如地沟油、毒奶粉的出现等。①

二、社会变革的历程

1978 年的改革开放对我国社会的影响是显而易见的，它不仅影响了社会变革的进程，同时也对我国的政治、经济、文化、外交等领域产生了深远影响。原来的计划经济、权威政治、人治国家、单一文化、封闭社会、依赖乡土等情况发生了根本性的转变。这些变化先后在经济、政治和文化等领域展开，并影响至今。根据我国推进改革开放的力度、特点不同，大致可以将 1978 年以来的社会改革划分为三个阶段。

（一）社会变革的酝酿和规划期（1978—1992 年）

社会变革的首因是利益关系变革，率先在经济生活中展开。改革开放前的中国，其社会利益结构是整体性的利益结构。个体利益绝对服从集体利益，个体与个体之间差异性不大。社会由工人、农民、知识分子、政府官员等几大板块构成，其板块内部的利益是平均化的。在这种利益结构之中，国家所有制以及所属于国家所有制构成了人们利益的唯一源泉，一旦离开这个“单位”，人们就会丧失一切利益，也失去了生活条件。为此，国家动用经济、行政和意识形态的力量和手段对个人利益进行压制，使人们忘却个人利益，从而使社会失去动力。这也是改革开放的根本动因。

1978 年 12 月召开了党的十一届三中全会，党和国家果断作出了停止

① 邢耀章．论社会交往与技术的关系［D］．武汉：武汉科技大学，2012：16－19.

使用“以阶级斗争为纲”的口号，把党和国家的工作重心转移到经济建设上来，实行改革开放的重大决策。[①]这意味着改革开放的大幕正式拉开。社会利益关系的变革是从多种生产资料所有制的出现开始的，农村家庭联产承包责任制的普遍发展推动了多种所有制的合法化，导致了利益源泉的多元化。这也反推了相关人事捆绑政策的松动，进而又引发了个人利益意识的觉醒。原有的整体性利益结构崩解成无数个小片，造成了社会利益单元的个体化。

个人利益意识的觉醒导致了社会各个领域出现疯狂追求利益的状况，也导致了社会道德的混乱，如无规则竞争、人际关系商品化、体制内外利益差距巨大、小团体主义、地方保护主义、社会贫富分化加剧、经济犯罪普遍化等。于是在 1980 年前后，建设社会主义精神文明成为党和国家工作安排中使用的高频词语，“建设社会主义物质文明”与“建设社会主义精神文明”成为一对相互关联、相互辅佐的政治用语。1982 年 4 月，邓小平在中央政治局讨论《关于打击经济领域严重犯罪活动的决定》的会议上，第一次提出建设社会主义精神文明是坚持社会主义道路的“四项必要保证”之一。1982年9月，党的十二大报告中总结了国家精神文明建设的初步经验，对社会主义精神文明建设的性质、任务、方针和战略地位作了全面的论述，将社会主义精神文明作为社会主义优越性的重要表现。从党的十二大到党的十四大，“社会主义精神文明”的理论体系不断完善，并最终被纳入中国特色社会主义理论之中。

经济利益关系撬动政治体制变革。1980 年 8 月，邓小平在中共中央政治局扩大会议上发表了《党和国家领导制度的改革》的讲话，对我国的政治体制改革进行了系统深入的论述，对党和国家领导制度的改革提出了基本指导思想。在党的十二大上肯定了邓小平关于政治体制改革的思想，第

① 郝宇青．从分化到整合：改革开放 40 年社会变迁的动力及其转换［J］．江西师范大学学报（哲学社会科学版），2018，51 (5)：3 － 13.

一次明确指出："建设高度的社会主义民主，是我们的根本目标和根本任务之一。"随后在 1986 年和 1987 年，邓小平多次指出改革不仅应包括政治体制改革，还应该包括经济体制改革、机构改革、建设社会主义精神文明、整顿党的作风和组织等。到 1987 年，党的十三大报告中提出要建立高度民主、法制完备、富有效率、充满活力的社会主义政治体制，并对政治体制改革的紧迫性、目的、对象、原则等内容作了全面阐述。自此，我国政治体制改革已完成了全面部署。

这一时期，我国的政治权威结构也发生了变化，由人格权威、职位权威逐渐转变为机构权威和法的权威。这一变革使得人格权威逐渐弱化和消失，利益结构的变化也促使人格权威的消解。政治民主化、治理现代化等话语的提出进一步增强了人们对政治权威的理性认识，也真正推动了政治变革。另外，政治结构中的意识形态也发生了变化。政治意识形态逐步走向淡化，逐渐淡出普通民众的日常生活，个人生活领域的范围不断扩大。"单位"对个人控制的范围和程度也在逐渐减少，个人对单位的从属关系也不断减弱，直至消失。这也使得社会生活和学术研究中的思想自由不断扩展。公共事务中意识形态的控制也有所弱化，尤其是在经济生活领域，发展才是硬道理的思想和科技是第一生产力的思想对于这种意识形态控制的弱化情况起到了决定性作用。

（二）社会变革的全面推进期（1993—2012 年）

党的十四大之后，我国的改革进入到全面推进时期。经济体制改革、政治体制改革的理论和实践探索成为广受关注的热点话题。全面推进政治、经济、文化体制改革成为这一时期的核心任务。党的十四大明确提出了建立社会主义市场经济体制的改革目标，随后出台了一系列鼓励非公有制经济发展的政策措施，广大的农民、工人、干部等社会主义现代化的建设者，纷纷冲破计划经济体制的束缚，到计划经济体制之外去，形成了"到体制外去"的风潮。

政治体制改革成为党的十四大的改革任务之一。1997 年 9 月，党的十五大报告中特别将政治体制改革和民主法制建设作为专门部分进行论述，明确了继续推进政治体制改革，进一步扩大社会主义民主，健全社会主义法制，依法治国，确立了建设社会主义法治国家的核心任务。2002 年 11 月，党的十六大报告指出，要继续积极稳妥地推进政治体制改革，从中国国情出发，总结实践经验，借鉴人类政治文明的有益成果。2008 年 2 月在党的十七届二中全会上通过了《关于深化行政管理体制改革的意见》，该意见重申了行政管理改革的重要性和紧迫性，指出了深化行政管理体制改革的指导思想、基本原则和总体目标，指出要加快政府职能转变，推进政府机构改革。总体而言，中国的政治体制改革一直都在遵循着民主法治的道路推进。这一时期，政府的职能发生了显著变化，政府对社会的直接干预无论是从范围还是方式上都发生了很大变化。政府对经济发展从直接干预变为了宏观调控；在社会生活中，从管理理念转变为服务理念，从微观干预转变为宏观指导。在政府机构改革中，进一步简政放权，优化政府组织结构，在部分地区开始试行垂直管理体制，精简和规范各类议事协调机构，强化事业单位的服务意识和公益意识等。

农村在经过家庭联产承包责任制改革后，农民的温饱问题基本解决，但是农民依然没有走上富裕之路。农民开始逐渐摆脱被束缚在土地上的状况，部分人离开家乡和土地，到城市或工厂打工，从而离开农业体制，成为农民工。进城务工成为农民摆脱贫困、发财致富的选择。在城市，人民开始打破计划体制的束缚，部分人放弃铁饭碗，开始下海经商、到非公有制经济单位就业等。当时的大学毕业生也倾向于到体制外的私企、外企工作。总而言之，非公有制经济的发展，促进了经济所有制结构的转型，推动了经济产业结构的转型，也促进了城镇化的发展进程，间接导致了农村的衰落。随着 20 世纪 90 年代初城市粮食供应制度的取消,农民的流动性增强了，为农民从土地上转移出来创造了制度条件。这也导致了农村的衰落，农民进城务工抽取了农村的活力，造成了城乡结构的变化，同时也导致了城乡差异的进一步扩大。

在精神文化领域，竞争的观念深入人心，出现了人与人、地区与地区、行业与行业、不同所有制之间的竞争，推动了人们文化生活的活跃。精神文化产品在广度和深度上都有所创新，也出现了多样的文化类型，丰富了人们的精神生活。一大批反映国家政策、经济发展、社会变迁、农村变化、家庭结构、对外交流、出国留学的作品展现了这一时期人们精神生活的活跃。

（三）社会变革的攻坚和深化期（2013 年至今）

2003 年 3 月，国务院下设国有资产监督管理委员会，开始对国有企业进行改革，促使国企不断进行扩张、收购和兼并，在经济领域中表现出了“国进民退”的现象，社会上出现了重返“体制内”的大潮。2009 年，国家公务员考试报名人数超过百万，且持续走高，也说明了非公有制经济在整个国民体系中已经居于明显的弱势地位。更多人选择进入体制内还有另外一个重要原因，即体制外的工作无保障。从总体上看，党的十八大以前，“社会分化的两极化、阶层固化态势凸显，社会的流动性大大降低；社会心态恶化态势明显，社会诚信濒于沦丧的边缘”①。党的十八大报告中也指出了这些问题，如“发展中不平衡、不协调、不可持续问题依然突出，科技创新能力不强，产业结构不合理，农业基础依然薄弱，资源环境约束加剧，制约科学发展的体制机制障碍较多，深化改革开放和转变经济发展方式任务艰巨；城乡区域发展差距和居民收入分配差距依然较大；社会矛盾明显增多，教育、就业、社会保障、医疗、住房、生态环境、食品药品安全、安全生产、社会治安、执法司法等关系群众切身利益的问题较多，部分群众生活比较困难；一些领域存在道德失范、诚信缺失现象；一些干部

---

① 郝宇青．从分化到整合：改革开放 40 年社会变迁的动力及其转换［J］．江西师范大学学报（哲学社会科学版），2018，51（5）：3 － 13.

领导科学发展能力不强，一些基层党组织软弱涣散，少数党员干部理想信念动摇、宗旨意识淡薄，形式主义、官僚主义问题突出，奢侈浪费现象严重；一些领域消极腐败现象易发多发，反腐败斗争形势依然严峻”。

因此，在党的十八大之后，党和国家在政治、经济、社会、文化领域作出了一系列改革。以习近平同志为核心的党中央，将党的领导全面贯彻到社会改革的方方面面，先后成立一系列工作领导小组，为深化改革提供组织保障。党的十九大首次提出把党的政治建设放在首位，组建了中央政治局常委会，并听取五部门的党组汇报，形成了党中央集中统一领导的制度安排。2017 年 10 月实施的《中华人民共和国民法总则》首次明确居民委员会、村民委员会的基层群众性自治组织法人资格，等等。此外，还开展党内教育和党内监督，全面从严治党向基层延伸，开展党的群众路线教育实践活动，进行“三严三实”专题教育，推进“两学一做”学习教育常态化，出台中央八项规定，深入开展巡视工作和反腐斗争，净化党内政治生态等。这些活动的开展在一定程度上扭转了党内风气和社会风气。

伴随着我国经济的高速发展，社会涌现了一系列的矛盾和问题，社会主要矛盾也发生了变化。党的十八大以来，习近平提出了全面深化改革、处理好政府和市场的关系等重要论断和举措。我国的经济发展理念从以经济建设为中心、发展是硬道理，到发展是党执政兴国的第一要务，从坚持以人为本、全面协调可持续的科学发展到新发展理念，中国特色社会主义的发展内涵不断丰富，发展实践更为全面。进入新时代，以新发展理念为指引，建设高质量发展道路是当前中国社会的重要任务。

经济体制改革、政治体制改革和文化体制改革是构成改革开放后中国社会变迁的核心内容。思想解放作为改革开放的指导思想，在文化领域产生了深远影响。2014 年 10 月，习近平在主持召开文艺工作座谈会时指出：推动文艺繁荣发展，最根本的是要创作生产出无愧于我们这个伟大民族、伟大时代的优秀作品。在国家政策的推动下，文化日益焕发出勃勃生机。文化产品在数量、质量、种类上都有了长足的发展，精品文化作品不断涌现；

国家在公共文化投入上实现了重大突破，公益文化成果越来越惠及全民；基层文化队伍和基础文化设施规模不断扩大，城乡公共文化服务体系已经初步成型，大大拓展了群众的文化生活空间。“文化，科技”“文化，金融”“文化，电商”等文化新业态新模式蕴含的融合发展思路逐渐形成并发展，集聚了文化产业供给侧结构性改革的新动能。

党的十八大以来，我国城乡进入了全面融合发展阶段，形成了由“城乡发展目标理论—城乡发展路径理论—城乡发展对策理论”组成的有机理论体系。①2018 年中央一号文件《中共中央 国务院关于实施乡村振兴战略的意见》全面部署实施乡村振兴战略，将提升农业发展质量、推进乡村绿色发展、繁荣兴盛农村文化、构建乡村治理新体系、提高农村民生保障水平、打好精准脱贫攻坚战、强化乡村振兴制度性供给、强化乡村振兴人才支撑、强化乡村振兴投入保障、坚持和完善党对“三农”工作的领导作为破解“三农”问题的核心任务。在乡村振兴、扶贫脱贫的国家政策下，越来越多的年轻人开始回归家乡，成为建设乡村的中坚力量。公民法治意识不断提高，实现了从国家建构到权利保障、从外在规范到内在意义的转变，从依法治国到法治中国，也是执政党依法执政理念的重大发展。②公民道德建设不断加强，风清气正的社会格局日益呈现。从“一处失信、处处受限”的联合惩戒大格局逐步呈现，到“好家风建设”“美德在农家”活动在各地兴起，再到“最美妈妈”“最美逆行者”“最美孝心少年”获千万网民点赞，向上向善的力量是对社会主义核心价值观的生动演绎。社会治理重心向基层下移，社区治理体系建设不断加强。从自治、法治、德治相结合，到人人参与、人人尽力、人人享有，“共建共治共享”的社会治理格局正将国家治理体

---

① 吴丰华，韩文龙．改革开放四十年的城乡关系：历史脉络、阶段特征和未来展望［J］．学术月刊，2018，50 (4)：58 － 68.

② 韩大元，孟凡壮．中国社会变迁六十年的公民宪法意识［J］．中国社会科学，2014 (12)：123 － 142，208.

系和治理能力现代化推向新境界。

改革开放后中国社会的变革不是某一领域的变革，而是涉及社会的方方面面。从思想解放影响到经济领域、政治领域，进而影响到人民日常生活和交往，从而构成了社会变革的整体图景。燕继荣认为，政治经济文化等要素的变化和社会的制度化成为决定社会秩序的两种相互博弈的力量：一方面，经济社会文化等要素的变化引发既有秩序的变动；另一方面，社会制度化力量又会将这些变化“规制”在一个可接受、可容纳的范围和程序之中，从而保持社会变化的连续性和稳定性。[①] 改革开放从根本上并没有动摇我国的政体和国体，这种制度化的力量将中国的改革限制在了连续和可控的范畴内。

第二节　社会德育的发展历程与特征

在中国话语体系中，国家概念比社会概念要明确和清晰，因而在道德教育研究中，国家德育与社会德育没有明显的分界。相关研究者认为，道德作为反映人们之间相互关系的行为规范，具有强烈的社会性，在任何社会形态中，占统治地位的道德都会成为该社会的社会道德，在社会主义社会里，共产主义道德是社会主义社会的社会道德。[②] 虽然这种观点受到了部分学者的批评，然而后继者也基本上并未将国家德育与社会德育进行严格区分。这与中国特殊的社会背景、理论研究有关。我国“社会”概念提出的时间较晚，且理论研究并未深入人心，社会一直在国家和个人的夹缝中求生。就当代中国社会德育建设的实践来看，社会德育的建设均以国家

① 燕继荣．社会变迁与社会治理：社会治理的理论解释［J］．北京大学学报（哲学社会科学版），2017，54（5）：69－77，2．

② 张润身，韩忠．社会道德简明教程［M］．北京：中国商业出版社，1990．

为主体进行引领和推动，具体表现为党和国家以政策制度的方式要求和倡导，党团组织、民间力量、社会组织、社会各行业以实践者身份进行社会实践，确保政策的落实。是以在本书中，我们不对社会德育与国家德育进行明确区分。

一、社会德育的发展历程

我国当代的社会德育的发展，表现为以国家政策为主导的、社会组织协作开展实践的、自上而下的社会德育特征。当代社会德育的发展脉络从国家政策精神和社会实践两个层面展开探讨，大致可以分为三个时期。

（一）以社会主义精神文明建设为核心的时期（1978—2000 年）

改革开放以来，我国的社会德育也发生了较大的变化。党和政府从国家的高度、以纲领性文件的形式对社会领域的道德教育进行了一系列规定。从国家政策文本分析和社会组织实践两个层面而言，这一时期集中表现为社会主义精神文明建设探索。与之相应的这方面的研究也随之增多。

1. 社会主义精神文明建设的政策精神发展脉络

（1）明确提出“社会主义精神文明”的概念

早在 20 世纪初，我国已有关于“物质文明”“精神文明”的提法，但是直到以邓小平为核心的第二代领导集体才明确地提出、科学地揭示“精神文明”的内涵和两个文明的关系。[①]1979 年 9 月，叶剑英在庆祝中华人民共和国成立 30 周年大会上的讲话中首次提出了“社会主义精神文明”的概念。1980 年 12 月，在中央工作会议上，邓小平将建设社会主义精神

① 周晔 . 社会主义精神文明建设与素质教育研究［D］. 北京：中共中央党校，2000：8 − 10.

文明列为重要议题进行了讨论，指出要在建设高度物质文明的同时，建设高度的社会主义精神文明。

（2）明确社会主义精神文明建设的战略地位、核心内涵

1982 年，党的十二大确立了为全面开创社会主义现代化建设新局面而奋斗的纲领，将“努力建设高度的社会主义精神文明”作为战略方针明确提了出来，将社会主义精神文明看作是社会主义的重要特征，并指出了社会主义精神文明的核心是思想道德建设，最重要的内容是革命理想、道德和纪律，培养有理想、有道德、有文化、守纪律的劳动者。

1986 年 9 月，党的十二届六中全会上通过了《中共中央关于社会主义精神文明建设指导方针的决议》，该决议是改革开放后第一份社会主义精神文明建设的专门文件。该决议指明了社会主义精神文明建设的战略地位，指出了“社会主义精神文明建设的根本任务，是适应社会主义现代化建设的需要，培育有理想、有道德、有文化、有纪律的社会主义公民，提高整个中华民族的思想道德素质和科学文化素质”。

1987 年，党的十三大报告将建设社会主义精神文明作为社会主义初级阶段应当确立的具有长远指导意义的六条指导方针之一，建设社会主义现代化国家的核心指标“文明”则具体指向了社会主义精神文明。1989 年春夏发生的政治风波使得中央领导机构更加重视精神文明建设。1990 年 5 月 3 日，江泽民在首都青年举行的纪念“五四运动”71 周年报告会上发表《爱国主义和我国知识分子的使命》讲话，提出要在新的历史条件下继承和弘扬爱国主义传统，特别是在广大青年中广泛地进行爱国主义教育。1991 年 7 月，江泽民在庆祝建党 70 周年大会上的讲话中指出，在抓紧社会主义物质文明建设的同时，必须抓紧社会主义精神文明建设，坚决纠正“一手硬、一手软”的状况，在青年学生中加强爱国主义教育和民主法治建设。从中央到地方、部门、行业都全面加强了党的建设、精神文明建设和爱国主义宣传。

1992 年，邓小平南方谈话和党的十四大提出了要建设社会主义市场经

济体制，非公有制经济飞速发展，其从业人员数量日渐庞大。为了更好地做好非公有制经济人士的精神文明建设，我们党实行了“团结、帮助、引导、教育”的方针，并将各级工商联纳入进来承担教育工作。在党的十四大上还提出将社会主义精神文明作为建设有中国特色社会主义理论的重要内容，确定了“精神文明重在建设”的指导方针。1994 年 8 月 23 日，中共中央印发《爱国主义教育实施纲要》，明确了爱国主义教育的基本原则；爱国主义教育的主要内容；爱国主义教育的重点是青少年；搞好爱国主义教育基地的建设；创造爱国主义教育的社会氛围；提倡必要礼仪，增强爱国意识；大力宣传爱国先进典型；加强对爱国主义教育的领导。

（3）基本形成社会主义精神文明建设的理论体系

1996 年 10 月 10 日，在党的十四届中央委员会第六次全体会议上通过了《中共中央关于加强社会主义精神文明建设若干重要问题的决议》，在决议中分析了社会主义精神文明建设面临的形势，总结了经验和教训，强调了社会主义精神文明建设的重大战略任务，指出社会主义精神文明建设的奋斗目标是加强思想道德建设，发展教育科学文化，要以科学的理论武装人，以正确的舆论引导人，以高尚的精神塑造人，以优秀的作品鼓舞人，培育有理想、有道德、有文化、有纪律的社会主义公民，提高全民族的思想道德素质和科学文化素质。

1996 年 11 月 20 日，胡锦涛在省部级干部社会主义精神文明建设专题研究班结业式的讲话中，重申了上述决议精神，强调坚持把精神文明建设放到整个改革开放和现代化建设总体部署中来安排、来把握；在精神文明建设中紧紧抓住提高全民族素质这个根本，突出思想道德建设这个重点；抓好社会主义精神文明建设任务的落实工作。1999 年 9 月 29 日，中共中央在《关于加强和改进思想政治工作的若干意见》中指出，要高度重视思想政治工作，坚持正确的方针原则；深入扎实地进行思想政治教育；积极探索新形势下思想政治工作的规律和方法；把思想政治工作任务落实到基层；切实加强党对思想政治工作的领导。

2. 社会主义精神文明建设的社会组织实践发展脉络

1982 年，在党和政府政策的推动下，全社会各行业都纷纷开展了建设社会主义精神文明的实践活动。如在企业中开展职工教育活动，发放精神文明读本、教材；在城市社区中开展以“五讲四美”为主要内容的文明礼貌活动，随后这一活动演变为群众性精神文明创建活动；在农村开展精神文明工作，破除封建的和资本主义的腐朽思想，推进农村思想政治不断进步，文化知识不断提高，转变农村的社会风气。

从 1982 年起，全民建设社会主义精神文明热潮涌现。每年 3 月被确定为“全民文明礼貌月”，全民广泛开展文明礼貌活动，活动也升级为“五讲四美三热爱”活动，1983 年 3 月，中央成立了“五讲四美三热爱”活动委员会。这一扎根群众、依靠群众、服务群众的文明礼貌活动在实践中收到了良好的效果，受到了党中央高度赞扬，成为建设社会主义精神文明中的具体活动方法和形式。1995 年党中央提出要大力开展创建文明单位和文明城市的活动，得到了群众广泛的支持。全国范围内掀起了建设文明单位和文明城市的热潮，以长沙市为代表的文明城市建设经验广泛传播。截至 1997 年 3 月，中宣部共计公布了 800 个创建文明城市示范点和创建文明村镇示范点。[①]

1995 年 10 月，中央宣传部、农业部发布了《关于深入开展农村社会主义精神文明建设活动的若干意见》，指出部分农民思想观念和科学文化素质与农村现代化建设要求不符，将加强社会主义精神文明建设作为党在农村的战略任务进行，并提出了四项基本措施。通过举办农村夜校、农民培训班等强化农村精神文明建设；各部委开展科技文化卫生“三下乡”、万村书店、文化扶贫、村村通等活动；村镇开展科技致富、农业实用技术培训等。针对部分农村地区出现的宗族势力抬头、封建迷信泛滥、赌博、

---

① 高艳青. 城市社区精神文明建设研究［D］. 北京：中共中央党校，2008：35－36.

卖淫、抢劫、偷盗等犯罪现象，在农村广泛开展了爱国主义、集体主义、社会主义教育。各省市组成了农村教育工作队，在两三年的时间内，分期分批在农村开展普及宣传工作。

经过 20 余年的理论和实践探索，这一时期形成了社会主义精神文明建设的理论体系和实践体系，以中国共产党领导、国家政策导向为核心特征的社会主义精神文明建设得到了长足发展，也获得了社会各界、全国人民的积极响应、参与和认同，取得了显著成就，极大地推动了我国社会精神文明的全面进步。

（二）以公民道德建设为核心的时期（2001—2012 年）

从改革开放至 21 世纪的 20 多年间，公民道德建设一直内蕴于社会主义精神文明建设的范畴内，是社会主义精神文明建设的重要内容，其根本任务是培养“四有”新人，基本原则为爱国主义、集体主义，形成“共产主义的思想、理想、信念、道德、纪律，革命的立场和原则，人与人的同志式关系，等等”①，这也成为公民道德教育的基本框架。

1. 公民道德建设的政策精神发展脉络

（1）明确提出“公民道德建设”的概念和基本内容

2000 年 6 月，江泽民在中央思想政治工作会议上提出：“法律与道德作为上层建筑的组成部分，都是维护社会秩序、规范人们思想和行为的重要手段，它们互相联系、互相补充。”系统阐述了法律与道德的关系，进而正式提出了把依法治国与以德治国紧密结合起来，这为公民道德建设相关文件的出台奠定了理论基础。

2001 年 9 月 20 日，党中央颁布了《公民道德建设实施纲要》，对社会主义市场经济条件下的公民道德建设规定了具体内容，将为人民服务作为

① 邓小平文选：第 2 卷［M］. 北京：人民出版社，1994：367.

公民道德建设的核心，集体主义作为公民道德建设的原则，爱祖国、爱人民、爱劳动、爱科学、爱社会主义作为公民道德建设的基本要求，提出社会公德是全体公民在社会交往和公共生活中应该遵循的行为准则，职业道德是所有从业人员在职业活动中应该遵循的行为准则，家庭美德是每个公民在家庭生活中应该遵循的行为准则，有力促进了社会主义精神文明建设。在《公民道德建设实施纲要》的指导下，公民道德教育如火如荼地展开。

（2）公民道德建设向青少年群体延伸

2001 年 11 月 22 日，共青团中央、教育部等多部委发布了《全国青少年网络文明公约》，标志着我国青少年有了较为完备的网络行为道德规范。2002 年，党的十六大报告指出，要求认真贯彻公民道德实施纲要，特别“要加强青少年的思想道德建设”，为此党和国家采取了一系列措施加强青少年思想道德建设。2004 年 2 月 26 日，中共中央、国务院颁发了《关于进一步加强和改进未成年人思想道德建设的若干意见》，规定了未成年人思想道德建设的基本内容和主要任务：从增强爱国情感做起，弘扬和培育以爱国主义为核心的伟大民族精神；从确立远大志向做起，树立和培育正确的理想信念；从规范行为习惯做起，培养良好道德品质和文明行为；从提高基本素质做起，促进未成年人的全面发展。为了落实政策精神，同年 5 月，中共中央召开了加强和改进未成年人思想道德建设工作会议。

2004 年 8 月，中共中央、国务院印发了《关于进一步加强和改进大学生思想政治教育的意见》，文件阐述了大学生思想政治教育的重大意义、指导思想、主要任务、基本途径、队伍建设和领导保证，确立了大学生思想政治教育的基本内容和基本任务：以理想信念为核心，以爱国主义教育为重点，以基本道德规范为基础，以大学生全面发展为目标。该文件在全国高校中引发了极大震动，强化了思想政治理论课在高校的地位，在课程方面也进行了加强。

（3）形成新的道德评价标准：社会主义荣辱观

2004 年 9 月，党的十六届四中全会明确提出建构社会主义和谐社会的重大战略任务，五项具体内容之一为建设和谐文化，巩固社会和谐的思想道德基础，具体包括：建设社会主义核心价值体系；树立社会主义荣辱观；坚持正确导向；广泛开展和谐创建活动。这是社会主义荣辱观在党的会议上的第一次亮相。

2006 年 3 月，胡锦涛在参加全国政协十届四次会议民盟、民进界委员联组讨论时提出，要引导广大干部群众特别是青少年树立以“八荣八耻”为主要内容的社会主义荣辱观。树立社会主义荣辱观对推动良好社会风气，构建社会主义和谐社会具有重要意义，也对加强社会主义思想道德建设产生了积极影响。①

同年 10 月，党的十六届六中全会通过了《中共中央关于构建社会主义和谐社会若干重大问题的决定》，明确提出要建设社会主义核心价值体系，其基本内容包括四个方面：马克思主义指导思想、中国特色社会主义共同理想、以爱国主义为核心的民族精神和以改革创新为核心的时代精神、社会主义荣辱观。社会主义荣辱观是社会主义核心价值体系的基础。

2. 公民道德建设的社会组织实践发展脉络

在《公民道德建设实施纲要》的指导下，全民开展了轰轰烈烈的公民道德实践活动，积极响应党和国家的号召。如创建文明城市、文明村镇、文明行业的活动；文化科技卫生“三下乡”、百城万店无假货、科教文体卫生法律“四进社区”等活动，引发了群众的广泛参与和关注。新闻媒体方面，创办了《感动中国》等栏目，宣传公民道德。此外，为了使公民基本道德规范更便于记忆和理解，在新闻宣传上重点强调了“爱国守法、明礼诚信、团结友善、勤俭自强、敬业奉献”的 20 字基本道德规范，并以基层组织为单位，在各社区、街道进行宣传。开发了红色旅游资源，通过

---

① 肖思寒 . 胡锦涛政治伦理思想研究［D］. 长沙：中南大学，2014：68.

红色旅游开展爱国主义和革命传统教育。

2003 年，中央精神文明建设指导委员会决定将每年的 9 月 20 日设立为“公民道德宣传日”。2007 年 9 月 20 日，我国第一次评选表彰全国道德模范，推动公民道德建设深入发展。2008 年 2 月，中央文明委下发《关于进一步做好评选表彰全国道德模范工作的决定》，明确每两年评选表彰一届全国道德模范，自此成为惯例。

在这一时期，我国的社会德育以“公民道德建设”为核心，在有序开展原有活动的基础上，逐步加大了对公共场所的开放，更加关注网络精神文明，尤其是青少年的网络安全问题，注重对青少年价值观的引领。从总体上看，对农村和农民的精神文明发展建设相对弱化了。

（三）以社会主义核心价值观建设为核心的时期（2013 年至今）

从 2006 年 10 月开始，中共中央、国务院关于构建社会主义核心价值体系的政策层出不穷，也广受群众的关注，这为社会主义核心价值观的提出奠定了思想基础、理论基础和群众基础。

1. 社会主义核心价值观建设的政策精神发展脉络

自党的十八大以来，习近平总书记发表了一系列重要讲话，在北京大学座谈会上、在上海考察工作时的讲话中都将社会主义核心价值观的培育和践行作为凝魂聚气、强基固本的基础工程，将其上升到实现“两个一百年”奋斗目标和中华民族伟大复兴中国梦的高度上。

（1）明确提出社会主义核心价值观的基本内涵和要求

2013 年 12 月，中共中央办公厅印发了《关于培育和践行社会主义核心价值观的意见》，要把培育和践行社会主义核心价值观融入国民教育全过程，把培育和践行社会主义核心价值观落实到经济发展实践和社会治理中，加强社会主义核心价值观宣传教育，开展涵养社会主义核心价值观的实践活动，加强对培育和践行社会主义核心价值观的组织领导。该文件在全国、全社会引起了广泛关注，并在全国范围内践行、实施。

（2）指明社会主义核心价值观的战略地位

2014 年 2 月，习近平总书记在主持中央政治局第十三次集体学习时，提出要把培育和弘扬社会主义核心价值观作为凝魂聚气、强基固本的基础工程。切实把社会主义核心价值观贯穿于社会生活方方面面，通过教育引导、舆论宣传、文化熏陶、实践养成、制度保障等，使社会主义核心价值观内化为人们的精神追求，外化为人们的自觉行动。同年 5 月 4 日，在北京大学师生座谈会上，习近平总书记再次强调了“确立反映全国各族人民共同认同的价值观‘最大公约数’，使全体人民同心同德、团结奋进，关乎国家前途命运，关乎人民幸福安康”。2014 年 10 月 15 日在文艺工作座谈会上，习近平总书记指出要高扬社会主义核心价值观的旗帜，把社会主义核心价值观生动活泼、活灵活现地体现在文艺创造之中。

（3）全面推进社会主义核心价值观

2016 年 4 月 19 日，习近平总书记在网络安全和信息化工作座谈会上的讲话提出，让互联网成为我们（党）同群众交流沟通的新平台，成为了解群众、贴近群众、为群众排忧解难的新途径。2017 年 10 月 18 日，习近平总书记在党的第十九次全国代表大会上指出，要推动社会主义物质文明和精神文明协调发展，培育和践行社会主义核心价值观，加强思想道德建设。2018 年 8 月 21 日，在全国宣传思想工作会议上，习近平总书记指出，要大力弘扬时代新风，加强思想道德建设，深入实施公民道德建设工程，加强和改进思想政治工作，推进新时代文明实践中心建设，不断提升人民思想觉悟。2019 年 10 月，中共中央、国务院印发了《新时代公民道德建设实施纲要》，针对存在不同程度的道德失范现象、道德观念模糊甚至缺失现象等提出应对的重要举措，其核心任务是筑牢理想信念之基，培育和践行社会主义核心价值观，传承中华传统美德，弘扬民族精神和时代精神。2019 年 11 月 12 日，中共中央、国务院印发了《新时代爱国主义教育实施纲要》，突出强调了新时代爱国主义教育要面向全体人民、聚焦青少年，发挥课堂教学的主渠道作用，办好学校思想政治理论课，推出爱国主义精品出版物，广泛开展实践活动等。

2021 年 4 月 28 日，中共中央、国务院发布了《关于加强基层治理体系和治理能力现代化建设的意见》，专门提出要加强思想道德建设，培育和践行社会主义核心价值观，推动习近平新时代中国特色社会主义思想进社区、进农村、进家庭。同年 11 月，中国共产党第十九届中央委员会第六次全体会议通过的《中共中央关于党的百年奋斗重大成就和历史经验的决议》指出，要开创中国特色社会主义新时代，要加强理想信念教育，推进社会主义核心价值体系建设，建设社会主义精神文明，发展社会主义先进文化，推动社会主义文化大发展大繁荣。

（4）重视社会主义核心价值观在乡村思想道德建设中的价值

2018 年 3 月 8 日，习近平总书记在参加十三届全国人大一次会议山东代表团审议时强调，要推动乡村文化振兴，加强农村思想道德建设和公共文化建设，以社会主义核心价值观为引领，深入挖掘优秀传统农耕文化蕴含的思想观念。2019 年 6 月，中共中央、国务院印发的《关于加强和改进乡村治理的指导意见》中指出，用中国特色社会主义文化、社会主义思想道德牢牢占领农村思想文化阵地。2021 年 7 月 13 日，中共中央、国务院印发了《关于新时代加强和改进思想政治工作的意见》，提出要加强农村思想政治工作，加强农村精神文明和思想道德建设，开展弘扬时代新风和移风易俗行动，抵制腐朽落后文化侵蚀，培养有理想、有道德、有文化、有纪律的新时代农民。

2. 社会主义核心价值观建设的实践发展脉络

2015 年 4 月，中央宣传部、中央文明办印发了《培育和践行社会主义核心价值观行动方案》，是《关于培育和践行社会主义核心价值观的意见》的配套文件，用 15 项重点活动举措来推进社会主义核心价值观的践行，引领不同群体认同社会主义核心价值观。

发挥党员干部引领带动，社会各界组织、团体和新闻媒体都以多种方式宣传社会主义核心价值观。全国妇联、中国文联、中国作协、中国科协、中国记协等群团组织纷纷发布倡议书，鼓励群众践行社会主义核心价值观。2016年，中央文明委开展了第一届全国文明家庭评选活动，并进行宣传表彰；中国作协发起了全国性征文活动。

在社会宣传上营造好人文化，建造好人广场，开辟好人墙、好人街，创办好人基金等活动，通过对好人好事的挖掘、评选和宣传，扩大社会主义核心价值观的影响；在理论诠释上，通过“道德讲堂”“核心价值观百场讲坛”活动、《百家讲坛》栏目等对社会主义核心价值观进行浅显易懂的宣扬；在媒体宣传上，把互联网、微博、微信、微视频等作为开展思想政治工作的新平台，中央电视台推出了《核心价值观讲坛》《新春走基层》等栏目，宣扬良好家风；《光明日报》等报刊也跟进报道良好家风与社会主义新乡贤；中国伦理学会、中国人民大学等学术组织、机构也从理论上扩大学术影响等。

二、社会德育的发展特征

改革开放以来，我国从国家政策的高度对社会德育的具体内容、实施方式等都进行了多方面的探索，形成了不同时期社会德育的发展特征。

（一）社会德育的政策主题随时代发生变化

在改革开放初期，由于经济变革的重大影响，社会道德受到严重冲击，社会道德问题呈现出多点、同时爆发的特征，面对社会道德的快速、大面积滑坡，国家以自上而下的政策手段提出要“一手抓物质文明建设，一手抓精神文明建设”的两手抓任务。因此，这一时期社会德育与国家德育紧密相连，以国家德育代替社会德育。

进入21世纪后，改革开放不断深化，全球化思潮、多元价值、后现代主义等精神领域变革愈加明显，面对西方价值观念的渗透和冲击，国家提出以建设“公民道德”为核心的政策，从侧面入手引导社会德育的发展。

这一时期社会德育与国家德育出现了初步的分离，社会德育与公民德育或大众德育建立了初步联系。

2013 年后，改革开放进入深水期，面对复杂的国际环境和着重于实现“两个一百年”奋斗目标的国内环境，习近平总书记提出了“社会主义核心价值观”，从理论和实践上开辟了弘扬中国文化、树立文化自信的道路。这一时期的社会德育不仅凸显了我国传统社会德育的优势，如家风建设、宗祠建设，同时也兼容并蓄，形成了多样化的社会德育内容。

（二）社会德育的政策与实践密切相关，相互推动

中国社会德育的发展是党中央自上而下推动，社会团体、民间组织等踊跃实践的过程，也是政策指导实践、实践反推政策的循环互动过程。

1979 年，党中央首次提出“社会主义精神文明”这一概念，至党的十四届中央委员会第六次全体会议基本形成社会主义精神文明建设的理论体系，党中央出台了一系列文件来推动社会主义精神文明建设的实践。全社会各行业都纷纷开展了建设社会主义精神文明的实践活动，结合行业特色和行业精神，开展的活动也日渐丰富多彩，从较为简单单一逐步变为百花齐放；从党团带头逐步变为各行业组织主动参与；从城市社区活动为主逐步变为城市、农村两不误。全社会开展精神文明建设的实践体系基本形成。

社会主义精神文明建设理论体系的形成也推动了其基本实践模式的形成，体现在各类精神文明开展的活动方式、渠道平台、评价激励机制等多个方面。这一时期，各省市县村都开展了丰富多彩的精神文明建设活动。各城市组织了市民学校、青年理论读书班、社区教育学院、培训班等强化社会德育；部分城市设立了市长公开电话、星期日接待日、职工再就业服务中心、巾帼家政服务站，建立外来民工学校、外来人口学校、流动人口公寓、老年活动中心等。广泛发挥群众的自我教育能力，开展以“讲文明、树新风”为主要内容的创建文明城市和创建文明社区活动，在企事业单位

开展争创“文明单位”活动，在窗口行业开展争创“文明窗口”活动，在机关单位开展争创“文明机关、做人民公仆”等活动。部分农村成立了科普协会、计生协会、禁毒协会、红白理事会等组织。发挥新闻媒体的宣传教育作用，通过新闻大力宣传榜样精神、榜样事迹，创办了一批名牌栏目，如“焦点访谈”“东方时空”“人民论坛”等，开办了一批专题栏目。在这一时期，政府开办了官方网站，公布、评论社会事件，树立政府正面形象。通过在各行各业树立先进个人和先进集体的典型榜样，推动全国开展争先创优活动，评选全国道德模范、劳动模范、十大杰出青年、青年五四奖章、当代青年的榜样、十佳法官、优秀教师等活动，以榜样力量推动精神文明建设。此外，通过城市管理、社区管理、农村管理工作，制定了各级各类的法规、文明公约、工作制度等，潜移默化地实现对人们的精神陶冶。

自党的十四大提出建立社会主义市场经济体制后，社会层面出现了大量因追求物质而道德沦丧、个人道德失范和道德滑坡的乱象，为公民道德规范的出台奠定了社会基础。21 世纪初期兴起的公民道德建设主题，也引起了全民的实践热潮，如通过新闻媒体、社会基层组织、行业企业等进行广泛宣传；政府部门通过设立奖项、品牌、榜样等进行倡导；通过红色旅游等进行革命传统教育等。这一时期，党和国家高度重视青少年思想道德的实践，使得青少年思想道德教育摆脱了学校的限制，融入了更广阔的社会天地中。除了在学校中开展思想品德教育外，还充分发挥了少先队、共青团的作用，选派优秀青年教师和有经验的老教师开展多样化的体验活动、纪念活动，并对全国的博物馆、纪念馆、展览馆、烈士陵园等场所逐步开放，对中小学集体参观一律免票、学生个人参观半票等，对青少年宫、儿童活动中心等活动场所也加强了建设和管理，增设了科技、文化、艺术、体育等很多未成年人喜闻乐见的活动。

2013 年，党中央在明确提出社会主义核心价值观的概念和内涵时，同时倡导社会各界组织、团体和新闻媒体都以多种方式宣传社会主义核心价值观。全国妇联、中国作协等社会团体通过行业力量进行践行；在社会宣传上以各级政府、街道办为主力，通过榜样力量、评选活动扩大其影响；在理论上以专家学者、榜样人物等进行诠释和巡回宣传。新旧媒体平台的融合，使社会主义核心价值观的宣传不仅限于官方媒体，更以精短的快节奏的新媒体视频实现广泛传播。群众活动的推陈出新也创新了党和国家践行社会主义核心价值观的方式，2015年，中央宣传部、中央文明办印发了《培育和践行社会主义核心价值观行动方案》，用15项重点活动举措来推进社会主义核心价值观的践行，充分体现了政策与实践的互动生成。

（三）社会德育的政策精神内核具有一致性、延续性

改革开放至今，党中央虽然在不同时期提出了不同概念推进社会道德建设，从“精神文明建设”“公民道德建设”到“社会主义荣辱观”“社会主义核心价值观”，其本质都是要在国家高度对人民的精神世界进行引领，形成民众的精神支柱，建立良好的社会风气，推动国家和谐发展。

1979年“社会主义精神文明”的概念提出后，党和国家领导人在多次讲话中提到建设社会主义精神文明，这一概念“作为马克思主义的一个新概念”，通过新闻媒体进行了广泛传播，并在社会各行业开展有组织、有计划的实践活动，初步实现了“社会主义精神文明建设”在全民的精神和实践动员。党的十二大全面总结了精神文明建设的性质、任务、方针和战略地位，“对社会主义精神文明性质的定论在科学社会主义发展史上尚属首次”[①]。党的十二届六中全会扩充了精神文明建设的内容，将教育科学文化建设也纳入进来，详细规定了精神文明建设的途径：用共同理想动员和团结全国各族人民、树立和发扬社会主义的道德风尚、加强社会主义民主法治纪律的教育、普及和提高教育科学文化、充分发挥马克思主义在精神文明建设中的指导作用、发挥党组织和党员在精神文明建设中的责任等。

---

① 周晔．社会主义精神文明建设与素质教育研究［D］．北京：中共中央党校，2000：9－20.

党的十四届中央委员会第六次全体会议通过了《中共中央关于加强社会主义精神文明建设若干重要问题的决议》，该决议表明了社会主义精神文明建设理论体系正式形成。

公民道德建设一直内蕴于社会主义精神文明建设的范畴内，是社会主义精神文明建设的重要内容。进入21世纪后，党中央提出了“公民道德建设”核心概念和基本内容，是对社会恶劣道德现象的精准回应。2001年党中央颁布了《公民道德建设实施纲要》，倡导社会所有人争做有道德的公民，也有力地推进了社会主义精神文明建设。公民道德建设也是构建和谐社会的文化思想前提，2004年，党的十六届四中全会明确提出了树立社会主义荣辱观，以社会主义荣辱观推动良好社会风气建设，也是对社会主义精神文明建设的补充。2006年，党的十六届六中全会提出了建设社会主义核心价值体系，这一价值体系包含了社会主义荣辱观的内容，也为后续提出社会主义核心价值观奠定了基础。

2013年，党中央印发了《关于培育和践行社会主义核心价值观的意见》，明确提出了社会主义核心价值观的基本内涵和要求；2014年，中央政治局第十三次集体学习时，习近平总书记重点阐述了社会主义核心价值观的重大意义和价值。在随后的多次会议中，习近平总书记都强调了要全面推进社会主义核心价值观，并将其扩展到全体国民，尤其是乡村的精神文明建设之中。在推进社会主义核心价值观时，也强调继续深入实施公民道德建设工程，并于2019年印发了《新时代公民道德建设实施纲要》，将社会主义核心价值观的内容融入公民道德建设之中。此外，公民道德建设、社会主义核心价值观践行均是社会主义精神文明建设的重要内容。

第三节　社会德育研究的发展阶段及其特征

当代中国社会德育建设以国家政策为指导，以党的领导和行政力量推进，社会各组织协同参与，形成群众性实践活动。因此，我国社会德育的相关研究，也延续了这一特点和思路。另外，就中国特有的话语体系而言，当涉及实践层面时，研究者们更倾向使用“建设”一词来替代“培养、教育”等词语。

一、社会德育研究的发展阶段

社会德育研究的发展，按照研究核心主题的盛衰，结合国家政策的发展历程，大致可以分为三个阶段：以社会主义精神文明建设为主的时期、以三大主题为代表的社会德育研究爆发期和以社会主义核心价值观为主的时期。

（一）以社会主义精神文明建设为主的时期（1978—2000 年）

改革开放后，教育领域重新焕发了新的生机和活力，德育研究也重新得到了发展。1978—2000 年，全国各大教育类刊物（不含报纸）共发表德育论文 3400 余篇，广泛分布于 CSSCI 期刊、核心期刊、省级期刊之中，出版译著、专著、编著 130 多本。然而关于社会道德建设的相关研究则仍然处于沉寂状态，研究成果也以政策解读和马克思主义道德理论的建设为主，集中表现在社会主义精神文明建设和社会主义思想道德建设两个研究议题上（表 4–1）。

表 4–1　1978—2000 年社会德育研究的相关情况一览表

年份	发表论文数量	核心主题（仅罗列前五）	相关学科（仅罗列前五）
1978—1982	17	社会主义精神文明；共产主义道德	马克思主义；政治学；思想政治教育

续表

年份	发表论文数量	核心主题（仅罗列前五）	相关学科（仅罗列前五）
1983	20	社会主义精神文明；共产主义道德；社会主义现代化建设	马克思主义；政治学；思想政治教育；法学
1984	15	社会主义精神文明建设；社会主义现代化建设	马克思主义；政治学；思想政治教育
1985	18	社会主义精神文明建设；社会主义经济基础；共产主义理想	政治学；马克思主义；教育学；伦理学；思想政治教育
1986	40	社会主义道德建设；社会主义精神文明建设；社会主义经济	政治学；马克思主义；教育学；伦理学；思想政治教育
1987	109	社会主义道德建设；职业道德建设；社会主义精神文明建设	思想政治教育；伦理学；马克思主义；教育学；政治学
1988	60	社会主义道德建设；职业道德建设；社会主义精神文明建设	思想政治教育；伦理学；马克思主义；教育学；政治学
1989	32	社会主义精神文明建设；社会主义道德建设；伦理道德	思想政治教育；伦理学；马克思主义；教育学；政治学
1990	48	社会主义精神文明建设；社会主义道德建设;伦理道德;中国特色社会主义	伦理学；思想政治教育；政治学；教育学；马克思主义
1991	51	社会主义精神文明建设；社会主义道德建设；中国特色社会主义	伦理学；思想政治教育；政治学；教育学；马克思主义
1992	41	社会主义道德建设；市场经济条件下；职业道德建设	思想政治教育；伦理学；政治学；教育学；马克思主义

续表

年份	发表论文数量	核心主题（仅罗列前五）	相关学科（仅罗列前五）
1993	65	社会主义道德建设；市场经济条件下；职业道德建设	思想政治教育；伦理学；政治学；教育学；新闻与传媒
1994	172	市场经济条件下；社会主义道德建设；职业道德建设；社会主义市场经济	思想政治教育；伦理学；教育学；马克思主义；经济学
1995	143	市场经济条件下；职业道德建设；思想道德建设；社会主义市场经济	思想政治教育；伦理学；教育学；新闻与传媒；政治学
1996	551	思想道德建设；职业道德建设；市场经济条件下；社会主义道德建设；精神文明建设	思想政治教育；伦理学；教育学；政治学；经济学
1997	1020	思想道德建设；社会主义道德建设；职业道德建设；市场经济条件下；社会主义精神文明建设	思想政治教育；伦理学；教育学；马克思主义；政治学
1998	403	思想道德建设；职业道德建设；社会主义道德建设；市场经济条件下	思想政治教育；伦理学；教育学；马克思主义；政治学
1999	364	思想道德建设；职业道德建设；市场经济条件下；社会主义道德建设	思想政治教育；伦理学；教育学；经济学；政治学
2000	248	社会主义道德建设；市场经济条件下；思想道德建设；职业道德建设	思想政治教育；伦理学；教育学；马克思主义；政治学

从研究的核心主题上看，这一时期的研究以社会主义精神文明建设为核心主题，在前期加入了共产主义道德建设的内容，在后期则融入了社会

转型期的特点，如市场经济的背景、职业要求等。从研究的关键词上看，包括社会主义精神文明建设、社会主义道德建设、思想道德建设、职业道德建设和市场经济条件下的道德建设等。从发表的层次上看，层次较高，发表在 CSSCI 和核心期刊上的论文数量呈现稳步上升趋势。从研究背景上看，主要集中在社会转型时期、老龄化时期、经济转型时期、文化转型时期等时代背景上。从研究视角看，包括哲学、政治学、教育学、伦理学、新闻与媒体、经济学、管理学等多个学科。从研究内容看，倾向于对社会问题的分析与探讨，理论建构研究相对较少，比较研究尤其是对俄罗斯的社会问题研究较多。此外，相关研究在概念上并没有区分社会主义道德与社会道德。

1990 年出版了由张润身和韩忠主编的《社会道德简明教程》，该书认为道德具有强烈的社会性，在任何社会形态中，占统治地位的道德都应该成为该社会的社会道德。[①] 这样，就将国家道德等同于了社会道德。这也是这一时期人们的主流观点。

（二）以三大主题为代表的社会德育研究爆发期（2001—2012 年）

在这一时期，涌现了社会德育研究的三大主题：以 2002 年为高潮的公民道德建设研究、以 2006 年为高潮的社会主义荣辱观研究、以 2012 年为小高潮的社会主义核心价值体系研究。具体情况可参见表 4-2。

从已有研究看，该时期的研究主题较为明确，主要包括公民道德建设、社会主义道德建设、社会主义荣辱观、和谐社会、社会主义核心价值体系等。从学科视角看，涉及哲学、思想政治教育、社会学、教育学、伦理学、经济学、管理学等多学科视角。从研究层次看，核心期刊论文和学位论文占据较大比例。从研究方法看，以文献研究法、政策研究法、哲学思辨法

① 邵南征 . 社会道德论［D］. 武汉：华中科技大学，2011：6.

为主，个别研究涉及案例研究法。对于社会德育研究，研究者们形成了以下两大共识。

表 4-2　三个研究高峰时期的研究情况一览表

年份	研究主题	研究领域	代表人物（前四）	代表机构（前五）
2002	公民道德建设；以德治国；社会主义道德建设	思想政治教育；伦理学；政治学；教育学	刘小强；钱广荣；罗国杰；杨业华	中国人民大学；北京师范大学；中国人民解放军国防大学；郑州大学；华中师范大学
2006	社会主义荣辱观；思想道德建设；和谐社会	思想政治教育；教育学；马克思主义；伦理学；政治学	王小锡；田建国；田玉敏；王传满	中国人民大学；湖南师范大学；华中师范大学；南京师范大学
2012	思想道德建设；社会主义核心价值体系；职业道德建设	思想政治教育；教育学；伦理学；马克思主义；经济学	胡云腾；龙静云；陈立思；彭安玉	中国人民大学；华中师范大学；陕西师范大学；河北大学；安徽师范大学

第一，社会德育研究大致可以归结为两种研究思路：一种是将社会德育作为学校德育的补充或者辅助，通过社会德育质量的提升、社会德育环境的构建、社会德育资源的开发、社会德育机制的探讨来促进未成年人、学校德育的发展；另一种是将社会德育作为研究主体，从社会德育的理论、实施过程、社会德育的管理保障等角度对社会德育展开研究。

第二，社会德育研究的内容包括四大方面：经济领域、政治领域、文化领域和生态领域。

2004 年，田秀云在人民出版社出版了《社会道德与个体道德》一书，系统讨论了经济道德、政治道德、文化道德、科技道德和“三德”等问题，在理论上明确了社会道德的概念及其与个人道德之间的关系。她认为，社会道德是指社会实际的道德状况，由每个人的个体道德有机结合的统一体，没有不包含个人、与个人道德不相关联的社会道德。[①] 该书奠定了未来社会道德研究的基本框架和基本内容，在深入研究社会道德方面迈出了重要一步，同时也是社会道德应用层面的典范。此后，关于社会德育的研究就分化为了经济领域、政治领域、文化领域、生态领域等四个方面。

经济德育的研究是以对西方经济学家的相关研究为开端的。梁骏通过对韦伯的新教伦理精神的解读，论证了新教伦理是推动资本主义经济发展的道德支撑。[②] 朱有志认为道德与经济发展之间密不可分，进而提出了经济道德论，道德约束着经济发展、运行和交往，遵循着“利群、互利、利他”等一系列的道德原则。[③] 王小锡提出了经济德性论，指出经济德性是经济行为的应有品质，特别强调了道德的经济意义，还首次提出了“道德力”的概念。[④] 陶莉、汪荣有、王艳丽、贾可卿等人都认同了道德是经济发展的不可或缺的人文因素，从理论上探讨了道德在经济运行过程中的社会作用。

政治德育是中国传统道德的核心部分，自古以来“治国、平天下”是个人德育发展到国家层面的体现。钱广荣从依法治国的角度，借鉴传统德治思想并与现代法治思想相统一，讨论了政治德育对政治文明、官员德行的重大意义。[⑤] 当然，围绕“道德政治化”和“政治道德化”，相关研究者展开了激烈的讨论，促进了政治德育研究的发展。相当一部分学者都反对道德代替政治、政治驾驭道德，同时也肯定了现代政治生活中必须具有道

① 田秀云．社会道德与个体道德［M］．北京：人民出版社，2004：49 － 60.

② 梁骏．经济发展的道德支撑：读马克斯·韦伯《新教伦理与资本主义精神》［J］．北京行政学院学报，2002 (4)：83 － 87.

③ 朱有志．经济道德层次论［M］．长沙：湖南人民出版社，2009：36 － 39.

④ 王小锡．论道德的经济价值［J］．中国社会科学，2011 (4)：55 － 66，221.

⑤ 钱广荣．关于人治、德治与法治问题的若干思考［J］．中共合肥市委党校学报，2002 (1)：38 － 40.

德向度。[①]

文化建设的核心是道德意义和精神。[②]没有道德的文化则没有灵魂，没有文化则没有道德。因此，文化往往承载和表达了道德精神和道德指向。文化德育的相关研究主要分为几个方面：一是以中国优秀传统道德本身为依托，构建当代社会文化德育体系。[③]二是从理论角度讨论道德与文化的关系，认为文化离不开道德，道德本身寓于文化。[④]三是从社会道德治理的视角研究其文化功能，将道德文化提高到社会治理的高度。[⑤]

生态道德作为构建人与自然关系的重要价值体现，其研究成果颇丰。大致可以分为两大内容：其一，通过研究中国古代生态道德的思想体系，为解决当前人与自然矛盾提供借鉴，代表人物有任俊华、刘晓华、余谋昌、杨通进等；其二，从人类命运共同体、全球化的高度反思人类与生态环境之间的辩证关系，培养环境德性，遵循环境伦理，以善行求善德，最终实现生态文明，代表人物有卢风、杨盛军、曾建平等。

此外，众多研究者就道德理想、道德楷模、道德风尚、道德底线等问题进行了研究，这些研究均以社会德育为目的，期待从大众的视角对普通民众所表现出的道德精神进行弘扬，虽然这些成果较为零散，但为后期社会德育研究的系统化提供了基础。

（三）以社会主义核心价值观为主的时期（2013 年至今）

进入该阶段后，研究者的重心逐渐从公民道德建设、社会主义荣辱观、

---

① 虞崇胜，何路社．权力道德化：腐败的政治哲学根源［J］．东方论坛，2017 (6)：78 − 89.

② 罗春洪．当代中国道德影响力研究［D］．南昌：江西师范大学，2016：15.

③ 蒲星光．社会伦理道德观的二重性［J］．社会科学战线，2005 (5)：297 − 298.

④ 陈泽环．道德建设的文化根基性［J］．上海师范大学学报（哲学社会科学版），2007，72 (5)：1 − 7.

⑤ 马振清．法治社会中道德治理的政治价值分析［J］．北京电子科技学院学报，2008 (3)：1 − 5.

社会主义核心价值体系转移到社会主义核心价值观建设中来。相较前两个阶段而言，该阶段虽然以社会主义核心价值观研究为主，但其他社会德育研究主题也毫不逊色，如公民道德建设、思想道德建设、职业道德建设等。因此，虽然说该阶段以社会主义核心价值观为主，但实际上更多地呈现了百花齐放、百家争鸣的研究状态。

同时，社会德育的概念也浮现出来，研究者们已经有了社会德育的意识，并能从比较视角区别社会德育。从研究背景看，有网络媒体、自媒体、互联网、大数据、社会转型、新时代等；从研究视角看，有哲学、政治学、管理学、文化学、教育学、民族学等视角；从研究主题看，社会道德状况、社会德育价值、社会德育网络、社会德育环境、社会德育资源等出现频率较高；从研究层次看，以实证研究、实践研究、比较研究、区域研究为主；从研究方法看，以调查研究法、案例研究法、比较研究法、文献分析法等为主。

该时期的主要研究成果有三：

第一，社会德育的功能研究。近几年，关于社会德育的研究主要从经济、政治、文化、教育领域入手展开。高文苗认为，社会德育有助于提高社会公德、职业道德和家庭美德。① 雷结斌认为，社会德育在调整人们的行为规范，推进中国特色社会主义伟大事业、全面建成小康社会的进程中发挥着重要作用。② 这也代表了大部分学者的观点。

第二，社会德育的主题研究。从近十年的相关研究成果看，有关社会德育的主题大致可以分为五个方面。从学校德育的视角讨论家校社德育一体化建设的研究，代表人物有闫昌锐、孔凡建、王雁茹等；从中国传统社会德育的思想中寻找对当今社会德育启示或借鉴的研究，如张盟从传统家风入手，认为传统家风是能够使家族成员的精神气质、思想意识、品质信仰、

① 高文苗．构建家庭、学校与社会联动的德育体系［J］．人民论坛，2019 (18)：56 − 57.

② 雷结斌．我国社会转型期道德失范问题研究［D］．南昌：南昌大学，2013：25 − 27.

道德观念、审美风格得以衍生传承的核心载体①；从课程的角度对社会德育资源进行整合，如将社会德育资源纳入语文综合实践之中，借以培养青少年健全人格②；从社会化媒体视角探讨社会德育的功能，尤其是主旋律纪录片、电影等媒体资料对弘扬主流意识形态的重要作用③；从比较教育的视角，对社会德育、家庭德育和学校德育进行分析，从而建立德育的横向衔接④。

第三，社会道德建设的研究主题呈现百花齐放状态。打破以往紧跟国家政策的学术研究状态，这一时期的研究主题开始回归到传统社会道德建设等延续前期研究的主题上来。如公民道德建设研究、职业道德建设研究、思想道德建设研究均占有一席之地，甚至能与社会主义核心价值观研究平分秋色；如持续、深入地研究社会转型时期、市场经济、全球化、高新技术等为社会德育建设所带来的挑战，等等。

二、社会德育研究的阶段特征

由于我国社会德育的发展与国家政策密切相关，加之特有的话语体系，使得关于社会德育的相关研究在学术资源库中进行搜索时，往往以“建设”来代替“培养、教育”等话语。鉴于此，本研究以中国知网为数据库，以“社会德育”和“社会道德建设”为核心主题词、关键词展开搜索，以 1983 年至 2022 年为时间线，描绘了改革开放以来我国社会德育研究的年度趋势。

---

① 张盟 . 传统家风对现代社会德育的价值［D］. 郑州：河南农业大学，2017.

② 陈乐 . 浅谈社会德育资源在语文综合实践中的运用［J］. 读与写（教育教学刊），2014，11（12）：264.

③ 陈茜 . 论社会化媒体视角下主旋律纪录片与社会德育价值的关系：以《厉害了，我的国》为例［J］. 新闻研究导刊，2020，11（15）：83 – 84.

④ 洪明 . 德育的横向衔接：含义、特征及意向分析［J］. 少年儿童研究，2013（18）：4 – 9.

（一）总体特征

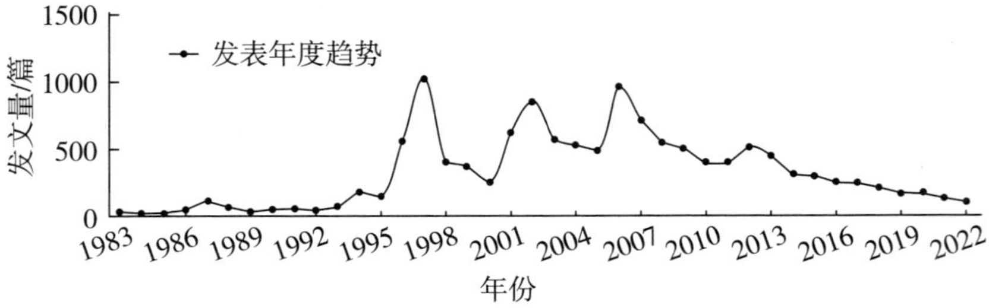

图 4-1　1983—2022 年社会德育研究论文发表的年度趋势图

从图 4-1 分析可知，当前对社会德育的研究总体呈现倒 U 形态势，在部分年份起伏较大。1983 年至 1993 年，社会德育研究一直处于低潮期，以社会主义精神文明建设为核心研究领域和核心研究议题；1994 年至 2012 年，社会德育研究呈现了高位发展态势，其中 1997 年、2002 年和 2006 年为研究的巅峰期，发表成果数量分别为 1020 篇、844 篇和 947 篇；自 2006 年后，相关研究数量则开始缓慢降低，在 2012 年左右有小幅度回升，达到了 507 篇，相关研究的发展态势一直持续走低。在短短的十余年间，社会德育研究表现出了大起大落的特点。

仔细分析相关数据，联系我国国家相关政策的发布时间，可以明显看到社会德育研究与国家政策之间有较为直接的、紧密的联系。从 1995—1998 年出现的研究高峰看，究其原因在于党的十五大召开前后国家对社会道德建设的持续性抓紧，以及社会转型时期社会道德问题引起的广泛关注。2001—2004 年出现的研究高峰，直接原因在于《公民道德建设实施纲要》的提出和实施，同时也有 21 世纪初的时代背景影响，研究成果在一定时期内集中出现，也表现出了社会德育研究紧跟时事的特点。2005—2008 年出现的研究高峰，聚焦于社会主义和谐社会的理论研究和建设。实际从 2006 年开始，社会德育研究数量就开始走下坡路，直到 2021 年底再也没有出现较大波澜。大致原因可以归结为两点：一是理论研究者学术理性的觉醒，不再坚持以量取胜；二是教育部持续跟进学校德育研究，加大对学校德育的投入，原来研究社会德育的大量研究者转入到中小学德育研究中，且社会德育问题的解决多依赖政府、学校、家长等主体的参与，很难通过研究者的力量改变出现的社会道德问题，因此这一领域的研究逐渐式微。

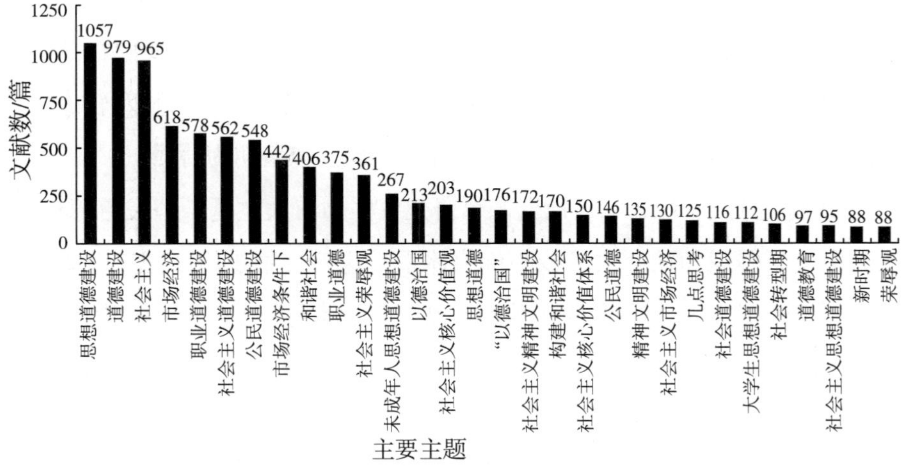

图 4–2　社会德育研究的主要主题分布图

本研究以中国知网为数据库，以“社会德育”和“社会道德建设”为核心主题词、关键词展开搜索，形成了图 4–2 社会德育研究的主要主题分布图。对图 4–2 的分析可知，当代社会德育研究的主题集中在思想道德建设、职业道德建设、学生德育、公民道德教育、社会主义核心价值观、社会主义荣辱观、社会主义精神文明建设、道德失范与困境等方面，时代性特征明显，以马克思、涂尔干等人的理论为支撑，涉及网络社会、新闻媒体等舆论场所，研究融入了日常生活的社会道德问题，表现出明显的理论与实践结合的倾向。在研究的学科分布上，以教育学、思想政治教育、伦理学、高等教育、新闻与传媒、社会学及统计学、哲学、心理学、政治学等学科为主。研究单位广泛分布在各师范院校和综合性大学，如中国人民大学、湖南师范大学、华中师范大学、中共中央党校、武汉大学等，还有一些研究院所如伦理学研究会等。从基金和资助情况看，国家社科基金独占鳌头，其次全国教育科学规划课题、教育部人文社科和各省级教育厅的人文社科项目比例也较高，说明教育部和地方教育厅均对社会道德建设主题表现出了浓厚兴趣。

（二）研究主题日益丰富

改革开放至 20 世纪末，我国关于社会德育的研究主要集中在社会主义精神文明建设和社会主义思想道德建设两个主题上，成果相对较少。成果前期以共产主义道德建设为背景，后期以社会转型期为背景。

21 世纪初至 2012 年，社会德育研究集中为三大主题：公民道德建设、社会主义荣辱观和社会主义核心价值体系。这三个主题均以国家政策为背景，是当时国家、社会的热点话题，也成为学术界的热点研究问题。这一时期的研究在理论上可以分为学校德育补充论、研究主体论；在内容上形成了经济、政治、文化和生态四种领域。

2013 年后，社会德育研究的主题虽然有所转移，但是其他社会德育研究的主题依然有所延续，如公民道德建设、思想道德建设等，呈现了百花齐放的状态。此外，社会德育的概念也被明确提出，开始区别于社会德育与国家德育。在理论上探讨了社会德育的功能，在内容上拓展了社会德育的范围。

（三）研究主题与国家政策高度相关

我国的教育研究受到政治的高度影响，这与教育和政治的关系有关。教育不可能脱离政治而存在，也必然受到政策的影响。因此，在社会德育研究中，其研究主题与国家政策密切相关，具有强烈的共时性。

在 1978—2000 年间，党和国家颁布了一系列的文件强调社会主义精神文明建设，因此这一时段的研究主题集中在社会主义精神文明建设上。1992 年，党和国家明确提出了市场经济体制改革，在同一时段的研究中出现了“市场经济条件”的主题词。

2001年之后的十年，社会德育研究紧跟时代背景和国家政策，即具有明显的国家政策导向。从这一阶段的研究数量和研究主题来看，以国家政策的出台为标志，其后两到三年内，该主题的研究成果批量呈现；其研究成员也以马克思理论专业的教授、博士为代表，形成了较为统一、系统的研究团队，产出系列性的研究成果。与其他研究不同的是，社会德育研究一开始就形成了以中共中央党校、中共中央宣传部、中共省委党校等党校为核心的研究团体，使得整体研究具有鲜明的政治性、政策性和时代性。

2013年后，虽然社会德育研究主题表现出了百家争鸣之象，但不少研究依然紧跟国家政策，形成了社会主义核心价值观研究的成果群。不过，从这一时期的研究主题上看，研究者们的研究正在逐渐个人化、兴趣化，学术自由之风又显。

以上研究表明，第一，社会德育的发展态势证明了社会转型所产生的巨大连锁反应，折射出人们对社会教育现实、德育认识的不断深化。社会德育的演变充分体现了人们对社会道德教育这一领域认识的辩证性发展，也体现了国家意志在引领社会道德发展中的指导性作用。在社会道德发展过程中，从对社会生活中存在的普遍失德现象的谴责，再到对社会主义核心价值观的践行，实现了从现象到价值本质的哲学提升。第二，社会德育的变迁与社会转型中政治、经济、文化领域的变迁密切相关。经济基础决定上层建筑，由计划经济向市场经济的转变在政治、文化领域引发了连锁反应。作为文化领域重要内容的社会德育也不能独善其身。莫兰在复杂论中说，复杂性是有序性、无序性和组织的联结者，并在组织的概念内部把统一性和多样性联结起来。[①] 社会德育从精神伦理视角将政治变革、经济变革和文化变革的细节整合起来，最终引发了系统性的社会德育变革。第三，社会的德育功能不仅客观存在，而且其价值指向越来越表现为完整人

① 莫兰．复杂性思想导论［M］．陈一壮，译．上海：华东师范大学出版社，2008：1－3.

格的发展，是对人的自由自觉性的类本质的高层次归复。社会性是人的本质属性，因此，社会性既是社会教育的显著特征，也是社会德育功能的本质体现，社会德育的功能就在于实现人的道德社会化和政治社会化。因此，国家成为社会德育的主要载体，把个人的目的变成普遍的目的，把粗野的本能变成合乎道德的意向。社会德育的发展演变反映出人们对社会德育功能认识的深化，是对社会德育功能本质的不断揭示，是对人的类本性的不断趋近。第四，社会德育不仅源于社会生活，而且不断向高层次的社会生活实践延伸，社会德育也就能得到愈加充分的呈现。人类社会教育的发展不是向着消灭学校教育、依赖生活教育的社会教育形态的简单回归，而是在教育不断分化整合的基础上，以不同的形式更加广泛地进行社会学习，积极扬弃各种教育“定在”环节的德育思想，认真吸收其合理内核，以不时反思的心态回归。也就是说，社会德育直接源于人的社会生活，但不是简单遵循自然主义的生活原则，人还要接受包括学校在内的各种教育，以更加丰富的知识积累拓宽人的生活视野，提升人对社会生活的理性认识，才能更加有利于人的完整人格的生成。社会德育体现在不同的社会生活之中，随着人类社会生活的不断发展，社会德育的内容也变得愈加丰富。

第五章
社会德育的基本论题

社会德育的兴起与社会转型密切相关，当前我国社会改革已经进入深水期，市场经济、全球化、新兴科技革命等都推动着社会改革走向不同的路向。与此同时，这些推动因素也给人们带来了不同的价值观和道德选择。如何理解社会道德的价值和内涵？社会德育如何在现实生活中扎根、实践？这些问题都亟待解决。社会德育是德育系统的重要内容，衔接着家庭德育、学校德育，是青少年进入社会后的重要价值引领。越来越多的研究者已经意识到社会德育的重要性，并对社会德育展开了一系列的研究，形成了三个核心论题：社会德育基本理论、社会德育实践形式和社会德育主要议题。

第一节　社会德育的基本理论

社会德育基本理论问题研究以社会德育的概念与相关概念辨析、社会德育的特征、社会德育的功能等问题为研究对象，是对社会德育的基本概念、原理的把握，指导着社会德育的研究方向和发展方向，影响着社会德育的实践模式和责任划分。因此，从理论的高度对社会德育的基本问题进行研究，是社会德育后续研究的基础和动力源泉。

一、社会德育内涵

概念是人类认识事物的基础，也是认知思维体系中最基本的构筑单位。对于概念的解释和理解限定了词汇的使用范围和应用条件。对社会德育概念的不同理解构成了不同的研究方向。以“社会德育”作为关键词进行搜索，可以发现研究学校德育的文献较多，而专门探索社会德育的研究则相对较少。基于凤毛麟角的研究成果，得以窥知不同视角下的社会德育内涵和理解，简要归纳为如下几类。

（一）从“社会教育的德育功能”理解社会德育

社会教育的德育功能，严格而言并不是一个概念而是一个词组，它是社会教育的下位概念，从从属关系而言，其主体为社会教育，对象为德育功能，更多是属于社会教育学的基本内涵探讨。这样看来，它与社会德育的核心概念尚有较大差别。有研究者认为，社会教育的德育功能是人们在社会生活和社会交往中所受到来自于社会制度、社会组织、大众媒介、社会活动、社区文化以及人际交往等各种德育影响的总和效应，其根本特征在于实施主体的多元化和受教主体的全民性。[①]

社会教育的德育功能是社会教育的客观属性和潜在能力，是一种历史性的客观存在，是人的一种生存和发展形态。自人类社会产生以来，社会教育就具有基本的德育功能属性，是人类道德文明传播的根本途径与方式。在人类社会发展过程中，教育活动不断分化出新的教育形态，但作为本源形态的社会教育始终存在并不断获得新的发展。

① 李绍伟. 社会教育的德育功能研究［D］. 徐州：中国矿业大学，2014：摘要.

（二）从“学校德育的社会化”理解社会德育

德育社会化与社会德育是从不同的视角出发来研究德育问题。德育社会化是与德育知识化相对的概念，其含义就是学校与社会紧密结合，让学生走向社会，把社会的德育元素引进学校，开展一系列与社会有关的活动，在活动中提升学生的道德认知，培养学生的道德情操，帮助学生形成良好的道德品质。[①] 德育社会化的出发点是德育，其落脚点是实现学校德育的社会价值；而社会德育的出发点在于社会教育，落脚点是社会教育的分支内容——德育。因此，两者有着较大不同。

德育社会化作为社会发展的必然趋势和应然要求，对于促进德育现代化有重要意义。已有的大部分研究均侧重于研究高校德育社会化或大学生德育社会化。在高校德育社会化的内涵界定中形成了三种观点：一是德育适应社会发展需要的观点；二是德育与社会双向互动的观点；三是德育价值取向的社会观点。[②] 与这三种观点相关，也构成了不同的德育社会化的实现路径。

（三）从“德育资源”角度理解社会德育

社会德育资源与德育资源在来源上不同：社会德育资源来自社会，而德育资源的来源则包括家庭、学校与社会。很明显，社会德育资源是德育资源的一部分，两者属于部分与整体的关系。已有研究多从德育资源入手，讨论德育资源的价值和作用。常立飞认为，德育资源是德育存在和发展的支撑，是德育的源泉和基础，德育资源对德育的作用是一个有机的复杂过

① 程红兵．学校德育社会化实践行动研究［J］．课程·教材·教法，2019，39（4）：42－45，17.

② 刘忠孝，孙丽丽．近十五年来高校德育社会化研究综述［J］．思想政治教育研究，2010，26（6）：17－20.

程，德育资源与德育效益构成一对矛盾共同推动德育的发展，提倡培植新的德育资源；对于德育资源的概念理解，他认为德育资源是指德育活动所需要的一切因素，是德育发展不可或缺的物质和精神等条件，包括知识、经验、信息等资源，也包括人力、物力、财力等资源。[①] 而对社会德育资源的探讨，则更侧重于从家校社“三位一体”的角度展开，社会德育资源作为学校德育的补充而存在。黄克永认为，社会德育资源泛指一切对于提高人的思想政治水平，塑造人们美好灵魂，形成科学世界观的有价值的资源。[②] 其落脚点也在于对学校德育工作的补充。

部分学者认为应大力挖掘中国传统文化中的德育资源。佟宇、赵士初、邹德文、段清慧等认为中国传统德育文化是中国历代文化沉淀所蕴藏的文明精华，要大力挖掘中华优秀传统文化中的德育元素，将德育与中华民族优秀的传统文化相结合，积极探索开发传统德育文化资源的途径和方法，构建中华优秀传统文化体系，积累社会德育资源。[③]

（四）从“社会环境”的角度理解社会德育

社会环境是社会德育的重要条件。社会环境是青少年思想道德成型、定型的重要影响因素。陈正良认为，宏观的社会德育环境是包含了国内外的政治、经济、文化、科技等领域的历史、现实和发展变化的趋势所构成的大环境系统。[④] 也有研究者认为，所谓社会德育环境，就是对学生进行

---

① 常立飞 . 我国德育资源配置现状、原因和对策［J］. 北京大学学报（哲学社会科学版），2004（S1）: 149 − 155.

② 黄克永 . 社会德育资源重在发掘［J］. 天津教育，1995（12）: 2.

③ 佟宇，赵士初，邹德文 . 挖掘中华优秀传统文化德育资源　建设网络德育阵地［J］. 中国高等教育，2020（24）: 41 − 43；段清慧 . 弘扬传统文化，提高德育水平［J］. 教育艺术，2014（6）: 13.

④ 陈正良 . 冲突与整合：德育环境的系统建构［M］. 北京：中国社会科学出版社，2005：78 − 79.

德育的社会条件。[①]

当前对社会德育环境的研究主要包括三个方面：第一，以中国古代优秀传统文化为依托，探讨古代社会德育环境的建设。如明成满认为，风俗环境是社会德育环境的重要组成部分，风俗环境的形成与地理环境、道德教化、统治者的示范作用等因素有密切的关系。[②]第二，以家校社合作为出发点，将社会德育环境纳入更大的德育环境之中，为个体品德教育提供良好的外部条件。[③]第三，从网络道德教育入手，发挥网络在社会德育工作中的积极作用，营造和优化对学生开展社会德育的环境。[④]

（五）从“社会伦理”角度理解社会德育

社会伦理与社会道德在当代经常被混用，然而中国古代就明确提出了伦理和道德两个词语。社会伦理侧重于社会习俗与风气，以及社会成员约定俗成的相处规则，一旦被公众认可就有一定的外在约束性，成为衡量人们德行的准则，引导人们德行发展的方向。比如，我国传统社会的儒家伦理所倡导的“五伦”是父子有亲、长幼有序、夫妇有别、君臣有义、朋友有信，到了现代社会，民主、自由、平等成为新的伦理规则。社会道德则是社会成员的道德品性及所形成的群体性的道德观念和道德行为。在两者关系上，社会伦理是社会道德的客观基础，社会道德是社会伦理的具体表现。从这个意义上而言，社会伦理研究与社会德育研究是基础与现象之间的关系，关系紧密。也正因此，人们经常把这两者混同在一起。

---

① 郑永廷 . 美国、日本的德育环境建设［J］. 高等教育研究 , 1992 (4) : 75 － 81.

② 明成满 . 中国古代社会德育环境思想及其当代启示［J］. 教育评论 , 2016 (6) : 157 － 161.

③ 韩晓丹 , 林世选 . 论个体品德教育与社会德育环境的整合［J］. 课程教育研究 , 2014 (1) : 77.

④ 马琴 . 加强网络道德教育优化社会德育环境［J］. 科技视界 , 2015 (28) : 220 , 246.

（六）从“社区德育”角度理解社会德育

还有学者从社区资源的开发及利用来理解社会德育，特别是社区志愿服务活动，是社区德育的重要内容。社区志愿服务活动具有内容丰富、自主选择性较强、时间安排自由灵活等特点，充分尊重了学生的主体地位和个性差异，结合个体的特殊需要和兴趣指向，学生自主选择志愿服务内容，在丰富多彩的社区志愿服务活动中实现道德品质的提升。[①]

当然，社区还具有因素复杂和交往自由等特点，这在一方面能促使青少年在适应社区生活的过程中塑造自己，使自己逐步成为一个社会人的角色，但同时，社区复杂的环境、非正式群体交往的自由频繁，特别是由于社区管理的相对松散所造成的一些消极文化因素的顽强存在，会对涉世不深的青少年带来极大的影响。[②]

（七）从“成人德育”角度理解社会德育

成人德育，一般是指以完成学校教育的人为对象而进行的道德教育和成人自己进行的德育活动。从教育对象上看，成人德育的对象是完成学校教育的成人；而社会德育的对象是社会全体成员，除成人外，还包括儿童和青少年，因此成人德育包括在社会德育之中。从教育的内容和范围上看，成人德育的教育内容和范围也包括在社会德育之中。总体而言，成人德育是社会德育的一部分。但显然，这种理解没有包括未成年人的社会德育，因此是片面的。

---

① 尤亮．从供给侧改革看校外德育资源的挖掘和利用［J］．江苏教育研究，2016 (26)：28 – 30.

② 陈正良．论德育环境的系统建构和优化［J］．当代青年研究，2001 (1)：17 – 20.

（八）从“大德育”角度理解社会德育

将德育作为系统工程来认识和研究是近些年来德育研究的主流，也成为学界共识。社会德育作为德育系统中的一个重要内容，深受研究者的重视。包国庆认为，德育系统工程从横向坐标上看包括家庭、学校和社会，社会德育支撑着德育系统的完整运行。[①] 闫昌锐认为，社会德育属于德育系统中的环境系统，从广义上讲，社会德育是有意识地培养人的德行的各种社会活动；从狭义上讲，社会德育指由政府、社会团体或私人所设立的各种社会文化教育机构及场所，以培养全体社会成员的社会道德和个体道德，从而以促进人的全面发展为目的所进行的独立的道德教育活动。[②] 因此，从德育系统的角度理解社会德育则更突出其教育场所的特殊性和德育主体的特殊性。

我们认为上述八类从不同维度对社会德育进行的理解，大多只抓住了其中的部分特征，并未抓住整体。事实上，我国学者经常把教育分为学校教育、家庭教育和社会教育。依据此，德育通常也被划分为学校德育、家庭德育和社会德育。从这个角度而言，在社会中，由学校和家庭以外的社会机构或组织开展的有目的的德育活动，如政府、党团组织、社会组织、社会场馆以及社会媒体等所开展的以提升公民品德为直接目的的活动都属于社会德育的范畴。这样，我们的研究主体就明确了。社会德育的开展形式包括各类社会文化活动，如理论阐释、舆论宣传、新闻媒体传播等。

---

① 包国庆．道德建设的系统论研究：从今天到未来·现代德育的发展学思考（之一）［J］．现代教育论丛，1997（1）：7－10.

② 闫昌锐．系统德育论［D］．武汉：华中师范大学，2019：63－67.

二、社会德育特征

社会德育的特征与社会德育的内涵息息相关。由于社会德育面向的群体是广大的社会人员，因此其主体具有广泛性，其教育对象也具有泛在性；其内容指向精神领域，因此内容必然是丰富充实的；社会德育的资源来自于开放的社会，因而其教育方式和评价也具有开放性，社会德育产生的效果是内隐的、无意识的，因而具有潜在性。

（一）社会德育主体的广泛性

社会德育主体与学校德育和家庭德育的主体存在着很大差异。学校德育和家庭德育的主体主要是教师和家长。从影响的角度看，社会德育的主体可以是多种多样的，党和政府、媒体、社会组织、社会机构、个人、文艺作品，等等，都可以发挥德育作用，都是潜在的社会德育主体。因此，社会德育的承担主体可能是人也可能是组织或物。不过就当前研究而言，社会德育的组织者和领导者一般为机构或组织，如中共中央或者政府，承担者和实践者主要为社会组织、机构和个人。当然还有一些社会机构、组织或场馆要专门承担各类德育功能，如中国青年志愿者协会、博物馆、体育馆、青少年宫、科技馆等。

（二）社会德育对象的泛在性

众所周知，学校德育的对象主要是中小学生，家庭德育对象主要是未成年子女，两者的教育对象都是其所属的成员且明确而具体，而社会德育的对象则是面向社会的成员，对象范围相对不确定，可大可小。当德育的实施主体是政府或社会媒体时，则其受教育对象具有一定的全员性，受教育对象的范围就比较大；如果德育实施主体是某一类机构，比如青少年宫，则其受教育对象主要是青少年群体。但两者都有一个共同特征，即虽然在教育对象的预想上是面向全体或部分成员，但具体是哪些成员，不像学校和家庭教育那般明确，而是泛在而流动的，具有鲜明的泛在性。比如，某一青少年宫所开展的德育活动，只能确定的对象是少年儿童，但到底是哪些少年儿童，要依据参加少年宫活动的儿童而定。同样，某一电视台或广播电台所开设的德育节目，尽管是面向全体少年儿童的，但到底是哪些少年儿童能够接收其节目，则具有极大的不确定性。

此外，社会德育的对象不仅指向个人，还指向社会组织或机构，比如，最近几十年，一些学校、企事业单位或区域都成为社会主义精神文明评价的重要对象。因此，社会德育的对象是泛在而不确定的。

（三）社会德育内容的丰富性

在我国现当代社会，社会德育的主要目标和内容主要指向社会主义精神文明建设。社会主义精神文明建设的基本内容，包括两个方面：即思想道德建设和教育科学文化建设，而这两方面的内容是非常丰富的。

思想道德建设要解决的是整个民族的精神支柱和精神动力问题；教育科学文化建设要解决的是整个民族的科学文化素质和现代化建设的智力支持问题。这两个方面密不可分，缺一不可。其中，思想道德建设是精神文明建设的灵魂，决定着精神文明建设的性质和方向，对社会的政治经济发展有巨大的能动作用。思想道德建设解决的是精神文明建设的根本问题。社会主义思想道德建设的基本任务是：坚持爱国主义、集体主义、社会主义教育，加强社会公德、职业道德、家庭美德建设，引导人们树立建设中国特色社会主义的共同理想和正确的世界观、人生观、价值观。思想道德建设的基本内容可以归纳为理想建设、道德建设和纪律建设三个方面。其中，理想建设是思想道德建设的核心，道德建设是思想道德建设的主体内容，纪律建设是思想道德建设的保证。

教育科学文化建设是精神文明建设不可缺少的基本方面，它既是物质文明建设的重要条件，也是提高人民群众思想道德水平的重要条件。具体包括：发展社会主义教育事业，科学事业，卫生事业和体育事业以及文学艺术和其他文化事业等。[①]

（四）德育方式与评价的开放性

社会德育存在于现实生活世界，而现实世界是一个开放而丰富的世界。开放性是社会德育的一个重要特征，无论是在理论研究还是在实践操作上都能体现其开放性。[②]社会德育包括空间的开放、目标的开放、方式的开放、内容的开放和评价的开放等。空间的开放不仅包括物理空间的扩大，向更广阔的场馆以及以外的教育领域延伸，而且还赋予了合作参与者可使用空间以及可持有资源的权利，使用权限的丰富性大大增加。目标的开放是指社会德育的目标不仅仅包括在活动开始前预设的目的，还包括在活动中和活动后生成的、非预设的、潜在的目标。方式的开放包括教学方法和模式的多样性，面对丰富的社会资源，社会德育工作者在教学方法的选择、创新上有着更大的自由，也更能够创造出更适当的教学模式，更能迎合德育受众的心理和兴趣。内容的开放性也依赖于社会资源的丰富性，社会场馆所持有的德育潜力从课程角度而言是广阔的，“广义上讲，任何形式的社会资源都可转化为德育的内容”[③]。评价的开放是指无论是何种社会德育主体，以何种方式方法、传递何种德育价值或内容，均没有确定的标准，这是与社会德育目标的开放性相对应的。

（五）德育效果的潜在性

社会德育效果并非短时期内形成的，而是在多种德育力量的影响下潜移默化形成的。潜在性是指社会德育像空气一样以一种内隐的、无意识的

---

① 中央文明办组织．社会主义精神文明建设概论［M］．北京：人民出版社，2005.

② 马慧婷．回归生活世界德育模式的构建［J］．教书育人，2010(6)：82－83.

③ 闫昌锐．系统德育论［D］．武汉：华中师范大学，2019：67.

方式融入德育对象的内心，使对德育活动的引导不知不觉地得以实现，其中情感的融入是隐性引导方式不可或缺的部分。[①]

三、社会德育功能

社会德育的功能是指社会道德教育作为相对独立的系统对于社会的存在与发展所具有的功效和能力。社会德育与德育、学校德育、家庭德育、社会教育、社会道德之间有着密切的联系，同时也与时代的需要、社会转型的需要、人民发展的需要等密切相关。当社会德育渗透到社会领域的各个方面，并对社会生活进行调控，才能发挥其独特的社会功能，不断提高社会的道德水平，推动人类社会的不断进步。

（一）道德教化和品性养成功能

社会德育面向整个社会和全体社会成员的性质，使得社会德育的功能不局限在学校德育所表现出的强制性、制度性等方面，而是更突出人类实践活动的自主性和创造性。因此，社会德育最基本的功能在于道德教化。在中国语境下，道德教化强调了政风教化和教育感化的意蕴，“其本质在于使人脱离人的本能状态，向精神性和道德性的存在状态提升”[②]。《学记》有云:“化民成俗,其必由学。”社会德育的教化功能来自国家和社会的需要，从国家和社会的需要中总结形成社会规范或社会价值共识，从而规范社会成员的行为，服务于社会伦理秩序和安排。我国自改革开放以来，党和政府持续性地开展精神文明建设，在抓物质建设的同时着力抓精神文明，实际上也是从国家和社会发展的角度对社会成员的行为进行引导和规范。其后又提出公民道德教育、社会主义荣辱观教育、社会主义核心价值观教育

① 袁洁.试论德育活动类型及其功能的发挥[J].教育与教学研究,2012,26(7):57－60.

② 李绍伟.社会教育的德育功能研究［D］.徐州:中国矿业大学,2014:53.

等，均是从国家高度对整个社会的风气进行的引导和规范，表现出社会德育功能的国家属性。

社会德育对于个体社会成员而言具有品性养成功能。社会德育内容和方式的丰富性、开放性、复杂性等都在潜移默化地影响个体道德的形成。党和政府、社会组织和机构、场馆与文艺作品、媒体等都通过多种手段来规范和培养社会成员的责任感，形成正确的价值观和理性信念，激发社会成员对核心价值的认同和兴趣，使得社会成员在践行美好品德的过程中享受到精神上的满足和愉悦。这是社会德育基本的功能之一。

社会德育的道德教化和品性养成功能，其实质是社会德育的社会化功能和个体化功能，社会德育通过对社会成员个体的品性养成，从而提高整个社会的教化水平，反过来整个社会的教化水平也能影响社会成员个体的品性养成。

（二）价值引导功能

德育本身具有价值引导功能，社会德育也承袭了这一功能。价值引导功能是指“引导教育对象营造明丽的内心生活，建构坚实、丰富、光明的精神世界，引导着人们的心灵对人生的意义和价值作深切的体认，引导人生对世俗功利和有限性的超越，唤醒、弘扬、提升人性深处对正义和光明的期待”①。社会德育是将教育对象引向正确的价值观。

引导功能有四个方面的含义：一是在方向上引导，即把握教育对象的发展方向。社会德育希望将人们的思想和行为引导到社会期望的方向上来，以维持社会的稳定和健康。二是通过引导的方式实现社会要求的目的。社会德育不具有强制性，因此其引导方式多种多样，手段也相对温和和开放。引导本身带有尊重的意味，是遵循社会成员的个性条件而进行的。三是导

① 张耀灿，徐志远．现代思想政治教育学科论［M］．武汉：湖北人民出版社，2003：417.

向的内容主要包括思想倾向和行为选择，这两者都非外力能强制改变的，必须用导向的方式。四是方式上引导是一种德育艺术，能以让受教者愉悦的态度和形式进行德育工作，其效果也更为显著。[①]

社会德育的价值引导功能表现在很多方面：舆论导向、目标导向、行为导向、价值导向。社会德育通过在街道、社区、媒体等方面营造舆论氛围，传达核心价值。国家通过政策、文件和倡议书等形式，引导社会成员向着确立的核心价值和目标发展；通过社会德育实践，使社会成员参与到社会德育实践中，在做中学，在做中体验，在做中感悟，在做中强化德育的内容；通过举办专题讲座、讨论会、设立报刊专栏等形式，使全民参与德育讨论热潮，实现价值的引导。

（三）稳定和发展功能

社会德育具有发展功能。鲁洁等在《德育新论》中认为："道德具有两重文化功能，其一是维系功能，其二是变革功能。道德的维系功能就是保持文化的相对稳定；道德的变革功能就是，当文化不能满足主体和时代的发展需要，人们就要改变它，重新创造一个文化世界。"[②]在这里，道德具有了发展性和稳定性。与之相应的社会德育也具有这两个功能。

社会德育是适应社会有序运行的客观要求而形成的。社会稳定功能是指社会道德在共同体的政治、经济利益和正常的生活秩序等方面所具有的稳定作用。[③]社会德育通过制度公正、法律、政策、管理等方式实现与社会各子系统关系的维系。社会的维系以正义为基础，亚里士多德的政治学、罗尔斯的正义论、契约伦理等都重点研究了政治制度体系所建立的社会结构中各个部分的权利和义务分配问题，如何更好地体现和实现社会正义。

---

① 曹影．德育职能论［D］．长春：东北师范大学，2006：68.

② 鲁洁，王逢贤．德育新论［M］．南京：江苏教育出版社，2010：28.

③ 邵南征．社会道德论［D］．武汉：华中科技大学，2011：20－21.

社会德育有着推动人类社会前进的功能。正如科学的发展、技术的发明、生产工具的改进、政治的民主化，等等，都能够推进社会的发展，而社会道德的进步也是社会进步的明显表征。“社会道德具有提高人类精神境界、促进人类自我完善和全面发展的作用。”[①] 社会德育通过自身与德育对象的互动而不断提高社会成员的整体道德水平，与此同时，也在促进社会成员的认知能力发展，使其能够理智地进行价值选择和行动确认。

（四）学校德育补充功能

在现实社会中，制度化的学校德育是德育建设的主阵地，然而由于社会转型时期社会上出现的种种道德困境或道德失范问题让人们不断追问，学校道德教育能否承担起德育的全部责任。答案很明显，学校德育的效力在社会领域欠佳。学校德育的有效性原本就受到广大教育者的质疑，学校德育被困境所包围：价值性与工具性的矛盾、人文性与科学性的矛盾、全球化与民族化的矛盾、社会性道德危机与个体信仰危机等。[②] 因此，学者们从社会哲学、过程哲学等视角对学校德育的低效性进行了分析。学界一致认为，德育要回归日常生活世界，生活是道德的源泉和根基，道德是生活的升华和旨归。[③]

回归日常生活并不是简单地回归家庭德育。家庭德育给人一种熟悉感、舒适感，有助于人们通过榜样、模仿等方式接受德育。但是随着现代家庭结构规模越来越小，家庭德育的功能出现了明显的弱化现象，祖父母一代的影响的削弱，同胞关系与手足关系的消逝，邻里关系也逐渐消退，家庭德育资源被大规模削减，因此，仅仅依靠家庭德育和学校德育已经不能适应当今社会变革中的道德要求。

---

① 邵南征．社会道德论［D］．武汉：华中科技大学，2011：171.

② 刘志山．当前我国高校德育的困境和出路[J].华中师范大学学报，2005 (3)：136 − 140.

③ 李绍伟．社会教育的德育功能研究［D］．徐州：中国矿业大学，2014：2.

社会德育的产生或者是研究的兴盛，主要来自对现实的学校德育与家庭德育的不满。社会德育的功能是人们在社会生活和社会交往中所受到来自社会制度、社会组织、大众媒介、社会活动、社区文化以及人际交往等各种德育影响的总和效应，其根本特征在于实施主体的多元化和受教主体的全民性。[①]社会德育功能的实现是构建社会主义和谐社会、促进人的全面自由发展的重要手段。

第二节　社会德育的实践形式

随着社会转型过程中出现的社会道德困境越来越多，众多研究者从不同的视角、不同的主体对产生社会道德问题的原因进行了分析。教育行政系统、各级政府机关、企事业单位、城市社区、农村基层组织、社会场所（博物馆、图书馆、青少年宫等）、社会团体（少先队、共青团、妇联、工会等）、节日、纪念日等都成为当代社会德育的实践载体。不同类型的社会德育的载体发挥着多样的德育功能。党的十八大报告中明确提出要“营造劳动光荣、创造伟大的社会氛围，培育知荣辱、讲正气、作奉献、促和谐的良好风尚……深化群众性精神文明创建活动，广泛开展志愿服务，推动学雷锋活动、学习宣传道德模范常态化”。良好风尚、和谐的社会氛围的创建，均需要社会德育实践载体的参与。

一、社会基层组织的德育实践

社会基层组织是人民群众自己成立的一种社会管理组织，是政府联系

① 李绍伟．社会教育的德育功能研究［D］．徐州：中国矿业大学，2014：摘要．

群众的纽带，是管理基层社会的基点，也是国家政权赖以生存的基础。我国有着悠久的社会基层组织历史，改革开放以来，我国的社会基层组织主要包括城市社区、农村社区。当然，企业和家庭是嵌入到社区中的另一维度的社会基层组织。

（一）社区德育实践

社会基层组织包括城市社区组织和农村社区组织，两者都是以政府为主导进行的行政划分。在社会德育的承担载体上，可以分为政府主办的社区教育机构和民办的社区教育机构。其中以政府主办的社区教育机构为主导，占有绝对优势，这不仅能够体现国家对社区教育的重视，也可以给社区教育机构以官方吸引力。而民办社区教育机构则可以解决当前社区教育经费短缺的问题，也为社区教育注入了新的血液和活力。

社区德育对个体文明素质的提升、社会发展与国家稳定发挥着重要作用。发展社区德育不仅体现着人本主义情怀，有利于提升社会全体成员的素质水平，而且也证明了德育工作已经成为社区教育的重点之一，是社区教育的重要组成部分，道德教育的好坏与管理质量的高低会对社区成员产生直接性影响，对社区成员综合素质的培养与提升起到关键作用。[①]社区德育树立起公平正义的发展意蕴，利于推动全民终身学习的学习型社会的构建与民族国家的稳定发展。[②]

社区德育是社区教育的重要组成部分，在不同的学科视角下有不同的理解。社会学视角认为，社区德育是指在一定地域内，借助一定的社会控制手段，使社会成员接受通行的价值观念，遵从相应的社会规范的教育；

---

① 桑彤．新时代社区德育体系的构建与路径探析［J］．创新创业理论研究与实践，2021 (8)：170－172.

② 叶飞．公民教育与公民意识的培养：兼论公民教育在学校德育中的实施［J］．思想理论教育，2008 (5)：13－16.

心理学认为，社区德育是由社区组织实施的，旨在对社会群体意识和个体品德产生特定影响的活动；政治学认为，社区德育是社区为维护国家政权利益所进行的宣传教育活动；教育学认为，社区德育是指社区利用各种教育资源，根据一定的社会要求，有目的、有计划地对社区成员施加某种影响，把社会对人们在政治、思想道德等方面的要求，转化为社会成员的思想品德的教育活动；从社区教育的角度来看，社区德育是指社区教育者利用社区内各种教育资源，根据特定社会的要求，有目的、有计划地组织有益于社区成员思想品德发展的社区价值环境建设，促进社区成员在道德认知、思想情感、民主法治精神和政治信仰等方面不断发展和成长的教育活动。①

社区德育的内容包括文明习惯教育、基本道德品质和家庭美德教育、公民道德教育、道德理想教育等四个方面。社区德育的资源可以包括有形资源和无形资源，有形资源包括社区内的各类学校、教育及培训机构等教育实体及其所提供的学习资源和培训课程；社区内的图书馆、博物馆、宣传栏、活动中心等开展社区德育活动的物质载体；社区所处的自然环境和地理环境、社区的布局结构、建筑特色等社区德育物质环境。无形资源主要指社区文化，包括政策、制度的建设；思想、观念的表现和丰富多样的实践活动，等等。②

社区中拥有丰富的人力资源、物质资源和环境资源，开发和利用社区中的优秀资源能够更好地整合社会德育资源，实现社会德育的发展。社区成员构成多种多样，包括先进人物、知名人士、企业人士、专家学者、技术人员、党政干部等。这些成员都可以成为社区的人力资源，为社区开展技术服务、经济援助，提供社区德育活动的实践基地，传授职业技能培训，提供经验支持，在社区当志愿者，联系不同社区成员，协调组织社区德育

---

① 侯怀银．社区教育［M］．北京：北京师范大学出版社，2015：156.

② 同①156-207.

活动等。社区内的物质文化资源如图书馆、体育场、电影院、公园、宣传栏等，都可以成为社区德育活动的场所和载体，通过潜移默化的影响，为社区开展德育提供便利。社区的环境资源包括市场化、社会化的资源环境和信息化、数字化的资源环境。前者能够通过强化社区德育与社会、经济、文化、卫生、体育、科技等方面的联系发挥作用；后者能够提供泛在的学习场所、学习资源。

（二）企业德育实践

企业也构成了城市社区中独特的风景。企事业单位作为重要的社会主体，进行道德教育有利于在全社会树立良好的社会风气。企业文化对学生德育具有多重补充作用，能够提高学生岗位竞争力，推动校企合作深度化，促进校企可持续发展，促进德育理念开放化，扩展德育效能。①企业员工德育培训属于成人教育的范畴，是指企业在员工受到正规教育以后针对企业精神开展的一种思想、政治、道德和心理品质的教育，使员工在获得有关自己岗位的新知识、新技能的同时，形成正确的人生观、价值观，认同企业发展理念，端正自身工作、行为态度，以适应企业发展的需要。②而德育激励则是以社会主义核心价值观为核心，以社会公德、职业道德、家庭美德、个人品德的四德教育为重点，结合业务范围和岗位职责开展的德育工作，通过榜样、主题会、荣誉、物质等方法来激励员工形成正确的“三观”，以适应企业时代发展需要的一种关于思想、政治、品德和心理品质的教育方式。

---

① 张绍娟，张晓峰，王伟．企业文化教育对学生德育教育的补充作用［J］．商讯，2020(3)：15.

② 郭宁月．企业员工德育培训的问题及对策［J］．河北大学成人教育学院学报，2014，16(4)：4；章杰瑛．小微企业德育激励模式的探索与创新［J］．今日财富，2019(11)：180.

（三）家庭德育实践

家庭作为最基本的社会单元，是社会德育工作的最终受体，家风作为家庭成员道德水平的集中体现，也是社会德育的重要组成部分。所谓家风，即一个家庭在数代人的繁衍过程中，逐渐形成的较好的稳定的生活作风、生活方式、传统习惯、家庭道德规范，以及待人接物、为人处世之道等，其中主要的是家庭的思想意识方面的传统。①

家风依托中华民族优秀的传统文化，以家庭为纽带来传承良好的行为习惯、人文素养和道德风尚。习近平总书记 2015 年 2 月在春节团拜会上的讲话中指出："家庭是社会的基本细胞，是人生的第一所学校。不论时代发生多大变化，不论生活格局发生多大变化，我们都要重视家庭建设，注重家庭、注重家教、注重家风。"在我国传统社会，家训、家书与家教三者融为一体，形成了独特的家风文化体系。②传统家训家规内容十分广泛，道德教育的主要内容包括：以德为本，修身养性；勤勉好学，立志成才；齐家以德，振兴家族；为官勤政，施德于民。③

二、社会团体的德育实践

社会团体主要包括少先队、共青团、共产党、妇联、工会等组织。少年队、共青团的主要载体为学校，社会德育责任主要表现为发挥其社会德育功能，加强与社会团体的联系等方面；中国共产党的社会德育实践主要是为广大人民群众树立正确的"三观"和榜样；妇联的社会德育责任更侧重维护妇

---

① 戚务念．试论家庭德育的几个问题［J］．江西教育科研，1998 (4)：59 － 62.

② 毛新梅．论民俗文化的德育意蕴及其实施路径［J］．教育研究与实验，2018 (5)：21 － 25.

③ 明成满．中国古代家庭德育环境及其当代启示［J］．教育学术月刊，2017 (6)：53 － 59.

女儿童合法权益、推动良好家风建设等方面。

（一）少先队的德育实践

中国少年先锋队是党创立和领导的中国少年儿童的群团组织，是少年儿童学习中国特色社会主义和共产主义的学校，是建设社会主义和共产主义的预备队。长期以来，在党的坚强领导下，中国少年先锋队团结、教育、引领一代又一代少年儿童听党话、跟党走，在革命、建设、改革的各个历史时期健康成长，为党的少年儿童事业发挥了不可替代的重要作用。我国始终高度关注少年儿童的德育工作，强化对少年儿童的政治启蒙和价值观塑造，对于确保党和人民事业薪火相传、后继有人，对于红色基因代代相传，具有重大而深远的意义。

自党的十八大以来，中共中央颁布了一系列政策推动新时代少先队的工作。2012 年 9 月，教育部颁布了《关于加强中小学少先队活动的通知》，指出在新的历史条件下，进一步加强少先队活动对于改进未成年人思想道德建设有十分重要的意义；2017 年 2 月，共青团中央、教育部、全国少工委印发《少先队改革方案》，进一步提出要改革和创新少先队活动。一系列举措为解决少先队在发挥社会德育责任方面存在的问题，如以学校少先队的德育活动为主，忽视与社会团体的关联；校外少先队实践教育基地较少，且联系并不紧密；校外少先队德育脱离学生的经验，学生往往不能体会到活动的意义和价值等[①]提供了便利。

2021 年 2 月，中共中央颁布了《关于全面加强新时代少先队工作的意见》，强调突出实践育人特色，推动新时代少先队社会化发展，要求建立校内外互为补充、有机联动的少先队实践教育体系，不断拓展实践活动项目和载体；以“争做新时代好队员”主题实践活动为统揽，分层系统开展

① 郑心慰．基于建构主义德育方法的少先队活动反思［J］．青少年研究与实践，2018，33（4）：67－73.

学工、学农、学军和生产一线岗位体验、夏冬令营、文化体育、少年科学院、科学普及、志愿服务等丰富生动的实践活动；要构建资源有效整合、队伍有效动员、阵地有效利用、队员广泛参与的少先队社会化工作体系，充分利用新时代文明实践中心、爱国主义教育基地、青少年教育基地、中小学生研学实践营地（基地）、博物馆、科技馆、美术馆、基层党群活动场所和青少年宫、儿童活动中心、青年之家等各类文化场馆、社会资源，建设少先队校外实践教育营地（基地）。

为了进一步推动该意见的实施，2022 年 3 月，全国少工委印发了《全国红领巾中队创建活动实施办法（试行）》，以奖励、推优、评选的方式推动少先队的社会化进程，实现少先队的社会责任与社会担当。

（二）共青团的德育实践

共青团是广大青年在实践中学习中国特色社会主义和共产主义的学校，是中国共产党的助手和后备军。党的十一届三中全会以来，共青团紧密围绕改革开放和经济建设开展工作，为推进社会主义现代化建设事业作出了重要贡献。中国特色社会主义进入新时代，共青团紧扣时代主题，锐意改革创新，坚持从严治团，团结带领广大青年在党的领导下奋力投身伟大斗争、伟大工程、伟大事业、伟大梦想的生动实践。

共青团是实施社会德育工作的重要组织之一，对青年进行思想政治、道德伦理教育，引导青年一代的健康成长是共青团最重要、最基本的任务。共青团在德育方面一直发挥着重要作用。2000 年 6 月，江泽民在中央思想政治工作会议上指出："思想政治工作是全党的工作……各级行政部门和工会、共青团、妇联等都有做群众思想政治工作的责任。"

共青团在新时代的基本任务是：高举中国特色社会主义伟大旗帜，以习近平新时代中国特色社会主义思想为指导，坚定不移地贯彻党在社会主义初级阶段的基本路线，以经济建设为中心，坚持四项基本原则，坚持改革开放，切实保持和增强政治性、先进性、群众性，把培养社会主义建设者和接班人作为根本任务，把巩固和扩大党执政的青年群众基础作为政治责任，把围绕中心、服务大局作为工作主线，用社会主义核心价值体系教育青年，在建设中国特色社会主义的伟大实践中，造就有理想、有道德、有文化、有纪律的青年，努力为党输送新鲜血液，为国家培养青年建设人才，团结带领广大青年，自力更生，艰苦创业，积极推动社会主义经济建设、政治建设、文化建设、社会建设、生态文明建设，踊跃投身全面建设社会主义现代化国家、全面深化改革、全面依法治国、全面从严治党实践，为实现“两个一百年”奋斗目标、实现中华民族伟大复兴的中国梦贡献智慧和力量。

共青团作为社会德育中的重要力量，在学校中主要通过教学、管理、日常团队活动开展德育，在学校之外也创造了一批有品牌效应的“工程项目”，如青年志愿者活动、希望工程、大学生暑期“三下乡”活动、保护母亲河行动等，这些活动成为青年人提高品德修养、服务社会的重要抓手和平台。

（三）中国共产党的德育实践

中国共产党是中国社会的领航者，是中国政治、经济、文化、教育发展的领导核心。中国共产党用百年的奋斗历程证明了所争取的一切都是为了最广大人民群众的根本利益，共产党人充分发挥了自身的社会责任意识，通过大力倡导集体主义、爱国主义和中国化的马克思主义思想，教育广大人民群众树立正确的“三观”。[①] 通过宣传长征精神、延安精神、铁人精神、抗洪精神、航天精神等社会主义典型精神文明，增强社会的凝聚力，大力培养民族的荣誉感，规范广大人民的不良行为，提高人们的思想道德意识和文化素质，提高公民道德，坚定人们的马克思主义信仰，实现中华民族

① 陈翠岚．中国共产党社会责任意识的德育功能［J］．社会科学家，2015（11）：49－52.

的伟大复兴。

德育是中国共产党领导革命、建设和改革开放取得胜利的重要法宝。中国共产党的社会德育工作经验可以概括为六个坚守：坚守马克思主义的指导地位；坚守德育的社会主义方向；坚守以中华优秀传统文化为根；坚守立德树人的根本任务；坚守爱国主义、集体主义、社会主义教育；坚守德育工作的规范化。[①]

（四）妇联的德育实践

妇女是建设社会主义和谐社会的重要力量。中华全国妇女联合会是全国各族各界妇女为争取进一步解放与发展而联合起来的群团组织，是中国共产党领导下的人民团体，是党和政府联系妇女群众的桥梁和纽带，是国家政权的重要社会支柱。新时代，中华全国妇女联合会担负着团结引导各族各界妇女听党话、跟党走的政治责任，以围绕中心、服务大局为工作主线，以联系和服务妇女为根本任务，以代表和维护妇女权益、促进男女平等和妇女全面发展为基本职能。

妇联作为实施社会德育的重要社会团体，承担着参与社会治理与公共服务、维护妇女儿童合法权益、营造男女平等和妇女全面发展的社会环境、推动形成良好家风、开展家庭文明建设等职能。从2010年起，全国妇联积极发展基层组织建设，部署农村、社区“妇女之家”建设，通过项目带动、示范创建等，整合发挥综合维权、创业就业、教育培训、家庭教育、社区文化、家政信息、婚姻家庭、帮扶救助、娱乐活动等多种服务功能。多年来，全国妇联举办了多种榜样评选活动，宣传表彰优秀妇女典型，培养、推荐女性人才，如“三八红旗手”“创业创新巾帼”“最美家庭”等，同时也通过乡村振兴巾帼行动、巾帼建功等行动实现社会德育功能和价值。

---

① 冯建军．中国共产党德育工作的百年坚守［J］．中国教育学刊，2021 (7)：16 – 22.

三、社会场馆的德育实践

社会场馆包括青少年宫、博物馆、图书馆、科技馆、文化馆、艺术馆、体育馆、文化广场、主题公园、科普馆、展览馆、教育基地等场所。社会场馆承担着举办文化体育活动、培养学生兴趣、提高全民素质的重任。

（一）青少年宫的德育实践

青少年宫是青少年校外教育的主阵地，是青少年德育的活动基地和艺术教育的培训基地。青少年宫的基本任务是："向少年儿童进行以爱祖国、爱人民、爱劳动、爱科学、爱社会主义为基本的思想品德教育；普及科学技术、文化艺术、体育卫生、劳动技术等方面知识；培养他们多方面的兴趣、爱好和特长；培养他们独立思考、动手动脑、勇于实践和创新的精神，促进少年儿童全面发展，健康成长。"[①] 青少年宫教育作为学校教育的延伸和补充，在很大程度上促进了学生的全面发展，极大肯定了青少年宫作为校外教育阵地的重要性。[②]

以公益性、思想性、趣味性、科学性为指导思想，以少年儿童的兴趣爱好为出发点，以整个社会为大课堂，以实践体验为特征的各类少年儿童校外教育活动，是青少年宫实施素质教育的主要渠道、载体和教育模式。[③] 青少年宫要发挥校外德育的功能和作用，面向全体成员，以普及型互动为主，把思想道德教育融入丰富多彩、形式多样的活动中，拓展学校德育功

① 王漪．青少年德育教育的有力推手：少年宫德育功能研究［J］．新校园（理论版），2012（5）：29－30.

② 陈瑛琪．青少年宫教育：学校教育的延伸与补充［J］．中国校外教育：(理论)，2008（9）：33，142.

③ 徐建生．关于青少年宫开展校外教育实践活动的几点思考［J］．中国校外教育（理论），2007（11）：1，14.

能并与学校德育进行衔接，在理念上应始终坚持“立德树人”思想，从根本上将青少年宫的素质教育与学校教育联系起来，持续进行教育内容、教育方式、教育理念等方面的有机互补，在保持自身特点的同时，积极主动地向学校教育靠近。[①]

（二）博物馆的德育实践

博物馆承载着收藏、研究、展览、教育等的基本功能，是德育工作的阵地之一。博物馆作为社会组织，对学生团体开展的德育活动具有指导性，能够提供多样的探究式过程，资源更为直观、更具有稀缺性。[②] 博物馆分为科普、历史、革命等不同的类型，虽然不同类型的博物馆所陈列的物品有所不同，但均肩负社会德育的责任。如红岩革命历史博物馆，就充分整合历史、艺术等优势资源，建立了“红岩革命历史博物馆青少年教育体验活动项目库”，根据不同学段的孩子设立二级项目库，将图书、影视、剧目、主题活动、班队活动、拓展实践、情景体验、学习活动、征文演讲、展览等不同形式的教育体验项目纳入进来[③]，让人们在体验活动中受到爱国主义、革命精神等德育熏陶。

新型的博物馆教育，以群众为核心，以文物资源为依托，有意识地提出一些“核心话题”，为群众营造一个讨论、界定、发展和合作的空间，为群众在智力和情感两方面建立与馆藏资源的联系，通过表达、体验、讨论等获得潜移默化的社会道德教育。博物馆与学校活动相结合形成学校拓展活动，博物馆与社区活动相结合，让博物馆德育资源进入社区中，能够更好地实现博物馆德育功能对青少年学习的广覆盖。

---

① 周伟清．学习型社会环境下青少年宫教育功能转型研究［J］．名师在线，2021（35）：92－93.

② 吕欣姗．德育新沃土：博物馆德育项目的研究与开发［J］．博物院，2018（5）：73－77.

③ 邓春晓．用好历史博物馆的德育功能［J］．中国德育，2014（5）：78－79.

同时，还可以通过开展体验周活动、专家讲座等活动加强博物馆与社区的合作与联系。

（三）图书馆的德育实践

图书馆是一个独特的文化场所，是社会价值、文化熏陶的重要载体，是学生们课堂学习之外的第二课堂，是人们搜集信息、获取知识的重要窗口，也是实现全社会育人的重要渠道。因此，深入挖掘、发挥图书馆的社会德育价值，对于潜移默化地提升整个社会的道德水平、提高全民素质有着重要作用。

图书馆是精神文明建设的重要窗口，是社会主义精神文明建设的重要阵地，具有较强的育人价值，无论是校内图书馆还是面向社会的图书馆，都是知识和文化的聚集地，也是德育发挥作用的阵地。有研究者认为，图书馆的德育功能，在于使人在图书馆的实践活动中规范自身的行为，检验自身的诚信品质，培养文明阅读习惯和公共道德意识。[①] 无论是规范行为、培养文明习惯还是诚信品质、公共道德意识，均是公共道德的重要内容。图书馆以拥有的丰富馆藏为基础开展各项文献服务活动，其间渗透着德育的内容；图书馆高雅的文化环境和文明的服务氛围，使读者受到长期的、渐进的、日积月累而又潜在的熏陶，在学习科学知识的同时，还能够正确地看待社会问题和人生问题，锻炼科学的思维方法。[②]

图书馆营造了和谐、宽松、安静、自在的文化环境和学习环境，有助于读者受到“润物细无声”的舆论引导和精神引导，为读者提供价值观、世界观上的选择，陶冶情操。图书馆的服务、管理、活动等都蕴含着德育的价值。良好的人文关怀服务使读者感受到尊重的力量；规范的管理制度

---

① 樊健．论大学图书馆的育人功能［J］．大学图书馆学报，2013，31（5）：32－35.

② 莫其强．网络环境中图书馆的思想政治教育职能［J］．图书馆论坛，2005（4）：44－46，190.

能够让读者规范自身的言行；图书馆与多种社会组织合作创办的读书交流会、演讲会、学术讨论会、文化讲座、宣传会等活动，能够让读者在知识的海洋中提升自身的思想道德素质和科学文化素质。

四、仪式性节日的德育实践

节日、纪念日等仪式性社会活动既是对青少年进行主题教育的良好机会，也是社会德育渗透的良好平台。通过对传统节日的参与，培养广大群众传承中华优秀传统文化的意识，树立中国文化自信；通过举行纪念日活动，形成多种形式的育人实践，养成良好的社会风气。

（一）传统节日的社会德育

我国是一个有着几千年历史的文明古国，长期的历史积淀已经形成了一批世代相传、富有中华民族文化特色的传统节日，承载着厚重的中华文明，也凝聚着许多民族情感，春节、端午节、中秋节等传统节日有着悠久的历史渊源、深厚的文化内涵和丰富的民俗活动并为广大人民群众普遍重视。2006 年 5 月，国务院把春节、清明节、端午节、七夕节、中秋节、重阳节六个节日列入第一批国家级非物质文化遗产名录；2008 年，国家相关部门对国家法定节假日进行了调整，将清明节、端午节、中秋节三个传统节日增设为国家法定节假日；2017 年 1 月，中共中央办公厅、国务院办公厅印发的《关于实施中华优秀传统文化传承发展工程的意见》指出要"深入开展'我们的节日'主题活动，实施中国传统节日振兴工程，丰富春节、元宵、清明、端午、七夕、中秋、重阳等传统节日文化内涵，形成新的节日习俗"。

中国传统节日是中国传统文化的重要组成部分，是中华民族的精神代表，表达了中国人民对智慧与伦理道德的追求和向往。我国的传统节日大致可以分为两类：自然类，如二十四节气、清明、中秋等；情感类，如春节、端午节、七夕、重阳节等。

传统节日承载着丰富的文化内涵，是对民众进行价值观教育和道德准则教化的重要载体。一般而言，传统节日具有鲜明的教化功能。[①]在年复一年的传统节日中，人们受到持续性的伦理道德和风俗习惯的熏陶，可以实现榜样模仿和文化传承的目的。在传统节日中蕴含着大量的传统文化和仪式规范，能够潜移默化地规范人们的价值观。由于传统节日会营造特定的文化环境，为青少年提供了了解、认同传统文化的场景，使青少年能够亲身体验、身临其境地参与到文化场景之中，更容易实现人的社会化。传统节日还具有行为约束功能，仪式、礼仪的存在实际上是一种道德约束，是人们生活伦理道德的一部分。传统节日“是一种无声的命令，不是法律的法律，不管地位高低，贫贱富贵，都得遵守，否则就会受到社会的指责，人们的嘲笑”[②]。近年来，在党和国家的高度重视下，发挥传统节日在社会主义精神文明建设中的重要作用，取得了一定的成效。

（二）纪念日的社会德育

纪念日主要是指国家、政府为了纪念某个重大的历史事件、历史人物或是因其他特殊寓意而确定的重要日子。如建党节、建军节、国家公祭日、“一二·九”学生爱国运动纪念日，等等。纪念日具有深刻的德育价值，是国家、社会、个体的精神纽带，是历史、当下、梦想的使命传承，是资源、导向、路径的效果承载。[③]爱国主义教育纪念日、生态教育纪念日、劳动教育纪念日等，作为文化活动，通过鼓励青少年的社会参与，实现青少年的社会化、文化化；通过纪念日的活动，实现实践育人、管理育人、协同育人。

---

① 刘惠 . 传统节日：青少年德育的重要载体［J］. 教育导刊，2010，443 (6)：63 − 65.

② 杨景震 . 中国传统节日风俗的形成及其特征［J］. 中华文化论坛，1998 (3)：5.

③ 史炳松 . 纪念日活动的德育价值及实施策略［J］. 江苏教育，2018 (23)：14 − 16.

以历史事件为标志的纪念日活动主要培养人们的爱国主义、不怕牺牲、追求自由、无私奉献等精神；以历史人物为标志的纪念日活动主要是学习奉献精神、不怕牺牲精神、艰苦奋斗精神等；以环境保护为标志的纪念日主要是为了增强人们的环境保护意识，厉行节约意识等；还有一些其他纪念日，如“艾滋病宣传日”“国际禁毒日”等均为特殊事件纪念日，所承载的价值各有不同。对于纪念活动，要注意创新形式，纳入主要节庆日，制定学生传统文化德育日历，形成传统文化系列活动，针对每一节日设计、宣传主题活动、社区服务，总结升华，一年一个周期，经过年复一年地对传统节庆日文化的宣传与强调，使其沉积于每一位学生心中，内涵为一种文化心理①，有利于渲染德育氛围，形成良好的社会风气。

第三节　社会德育的主要议题

纵观当代社会德育研究，可以发现，在不同的历史时期涌现出了一些较为典型的研究议题，如社会转型时期的社会道德失范问题、社会主义精神文明建设议题、市场经济条件下的公民道德建设议题、社会主义核心价值观研究议题。本节内容将围绕这四个议题展开，简要阐释相关的研究成果。

一、社会道德失范问题

研究我国当代社会道德失范问题，必须放到我国特定的时代背景之中考量，即社会转型期。对社会转型期的概念解读虽然存在不一致情况，但

① 安桂清，张昱瑾．研学旅行主题课程的设计：以红色教育基地的学习为例［J］．上海教师，2021 (2)：92 － 98.

学界都认同当前中国正处于社会转型之中。在这一背景之下研究社会道德失范问题，产生了众多的研究成果。

（一）社会转型期的背景研究

社会转型是借用了社会学的概念，主要是指改革开放以来的社会变迁。有研究认为，社会转型主要强调社会变化、发展过程以及这一变化过程所涉及的基本内涵。[①]也有学者认为社会转型是指中国社会从传统社会向现代社会、从农业社会向工业社会、从封闭性社会向开放性社会的社会变迁和发展[②]，或者是中国的社会生活和组织模式由传统走向现代，迈向更加现代和更新现代的过程[③]。总体而言，研究者们所提到的社会转型均强调了社会结构、性质发生变化、发展的过程。

我国社会转型的时间主要有两种划分方法：第一种追溯到1840年的鸦片战争，这是当前社会转型的起点[④]；第二种认为十一届三中全会是当前中国社会转型的开端[⑤]。社会转型的内容包括经济体制转型、社会结构转型和思想观念转型。经济体制转型指从社会主义计划经济转向社会主义市场经济体制；社会结构转型是从传统的农业社会向工业社会、信息社会、智能社会转变；思想观念转型是人们思想观念从以儒家为代表的家国文化转为以契约为主的法治文化。[⑥]社会转型的特点包括：艰巨性、紧迫性、复合性、

---

① 李彬．走出道德困境：社会转型下的道德建设研究［D］．长沙：湖南师范大学，2006：1－2.

② 陆学艺，景天魁．转型中的中国社会［M］．哈尔滨：黑龙江人民出版社，1994：1－2.

③ 郑杭生．改革开放三十年：社会发展理论和社会转型理论［J］．中国社会科学，2009(2)：10－19，204.

④ 吴忠民．略论20世纪中国的社会转型［C］//中国现代史学会，中共上海市委党校．中国现代社会转型问题学术讨论会论文集．北京：中国环境科学出版社，2002：15.

⑤ 杨辉蓬．十一届三中全会与当代中国社会发展的转型［J］．实事求是，1999(1)：31－34.

⑥ 李羊城，叶姜霞．社会转型期的价值迷失与价值重塑［J］．社会科学家，2011(1)：111－113.

非规范性、不确定性和后发性等。[①]

（二）社会道德失范的内涵研究

对于社会道德失范的含义，主要包括两类解释：一类是以高兆明为代表的定义型，他认为道德失范是指“在社会生活中，作为存在意义、生活规范的道德价值及其规范要求或者缺失，或者缺少有效性，不能对社会生活发挥正常的调节作用，从而表现为社会行为的混乱”[②]，强调的是对社会道德规范的背离和缺失。另一类是以汪应曼为代表的描述型，认为道德失范是用来描述社会转型期的一种道德状态，在这种状态中，社会既有的价值观念、行为模式被普遍怀疑、否定，或被严重破坏，逐渐失去对社会成员的影响力与约束力，而新的价值观念、行为模式又尚未形成，或尚未被人们普遍接受，对社会成员不具备有效影响力与约束力，从而使得社会成员的行为缺乏明确的社会规范约束力，呈现出某种紊乱与无序。[③]这一概念是根据社会道德失范的现状来进行描述的。

（三）社会道德失范的表现与原因研究

学界对社会道德失范的表现研究大致可以分为三大类：第一类是行政道德失范，如刘志平认为行政道德失范表现在公共行政活动之中，是行政行为出现无序混乱状态，行政道德失范的本质是行政权力主体放弃或违背行政权力的公共性，追求实现非公共利益。[④]第二类是职业道德失范，根据职业的不同，研究较多的包括记者道德失范、会计道德失范、教师道德

---

① 范燕宁．当前中国社会转型问题研究综述［J］．哲学动态，1997 (1)：19 － 22.

② 高兆明．制度公正论：变革时期道德失范研究［M］．上海：上海文艺出版社，2001：15.

③ 汪应曼．我国社会转型过程中的“道德失范”分析［J］．海南金融，2003 (4)：62 － 64.

④ 刘志平．试论当前我国行政道德失范及其治理［J］．福建广播电视大学学报，2010 (4)：43 － 45.

失范、警察道德失范等。第三类是家庭伦理道德失范，如家庭暴力、婆媳关系、夫妻关系、亲子关系、兄弟关系等的失调和失范。[①]由于现代家庭已经转变为了小型家庭单元，因此家庭道德失范也表现出了新的特点。

社会道德失范的表现还可以从政治、经济、文化的角度进行描述和分析。如在经济领域商人缺乏诚信意识、偷税漏税、恶意哄抬物价、商业贿赂等；在政治领域公权力被滥用、收受贿赂、枉法裁判、官商勾结、公款消费、任人唯亲、权色交易等；在思想、文化领域主要为公德丧失、私德不守等。

社会道德失范产生的原因大致可以归为三个：第一是市场经济的负面影响，如市场经济等价交换的规律不恰当地侵入一切生活领域，或者是重视经济利益而忽视精神文明建设等。[②]第二是政策设计、执行的偏差，一些政策缺乏广泛的群众论证和调研，或者是在执行过程中发生了异变或扭曲，存在简单化、政治化处理等。第三是道德教育的扭曲，主要表现在道德教育以灌输为主，简单粗暴，空泛且缺乏代入感，教育形式单一、僵化，教育内容空洞、脱离实际[③]，道德理论与道德实践脱节明显，反差严重，等等。

（四）社会道德失范的解决途径研究

针对社会道德失范的表现和产生的原因，学界提出了解决社会道德失范的路径。第一，进一步建立和完善社会主义市场经济，必须要改善道德依赖的经济条件才能更好地规范人们的道德行为。第二，加强道德教育，国家先后颁布了多项法规政策，从社会主义精神文明到公民道德，从社会

---

① 朱巧香．论家庭伦理道德的失范及建构途径［J］．江西社会科学，2002 (5)：15 － 17.

② 朱蕴丽，潘弘韬．试论当前社会道德失落的原因及其应对策略［J］．江西师范大学学报（哲学社会科学版），2011，44(4)：71 － 75；李昌国．市场经济的道德失范现象及其规制［J］．经济导刊，2010 (11)：88 － 89.

③ 蔡炎斌，刘铁芳．当代大学生思想道德现状及对策分析［J］．国家教育行政学院学报，2006 (1)：74 － 78.

主义荣辱观到社会主义核心价值观，都从国家的高度引导全社会建立良好的公序良俗。第三，加强社会主义法治建设，加快政治民主化进程，不仅要以德治国，也要依法治国，将道德与法律相结合，在民众心中树立两条防线。第四，要与中华优秀传统文化相承接，从我国优秀传统道德文化中吸取营养，如勤劳节俭、尊老爱幼，等等。

二、社会主义精神文明建设

社会主义精神文明建设是改革开放后党中央为了解决物质文明与精神文明失衡的问题提出的，是对社会道德失范现象的反思。其内涵经过了长期的酝酿，也形成了较为宏观的内容体系，是我国改革开放后精神文明领域的重要研究主题。

（一）内涵及理论基础

理论界普遍认为，“社会主义精神文明”这一科学概念是在以邓小平为核心的党的第二代领导集体在中国实践中提出的。以 1986 年和 1996 年的两个决议为代表，逐步形成了社会主义精神文明建设理论体系。[①] 具体来说，从 1979 年 9 月 29 日，叶剑英同志在庆祝中华人民共和国成立 30 周年大会上的讲话中，提到了要建设高度的社会主义精神文明，这是首次由国家领导人提出的概念。其后的几年间，社会主义精神文明这一概念频频出现在各大讲话和决议之中。到 1986 年 9 月，十二届六中全会召开，在《中共中央关于社会主义精神文明建设指导方针的决议》中明确表述了精神文明的内涵和任务。针对十三大、十四大后国际国内形势的变化，在 1996 年 10 月十四届六中全会上通过了《中共中央关于加强社会主义精神

① 《中国共产党思想政治教育史》编写组．中国共产党思想政治教育史［M］．北京：高等教育出版社，2016：343－359.

文明建设若干重要问题的决议》，该决议对精神文明建设的总要求进行了概括，突出了以科学的理论武装人，以正确的舆论引导人，以高尚的精神塑造人，以优秀的作品鼓舞人的重要思想，形成了思想道德建设体系的基本框架。

（二）内容体系

社会主义精神文明建设是一个庞大的社会系统性工程。有研究者认为，它包括理想建设、道德建设、民主建设、文化建设、理论建设，以及思维方式、生活方式、婚姻方式、审美意识、商品意识、精神生产、人的发展等各个方面。①

社会主义精神文明建设包括两个基本内容：一是思想道德建设，二是教育科学文化建设。思想道德建设包括思想建设和道德建设两个方面。从思想建设来说，主要包括理论建设、理想教育、爱国主义、集体主义、社会主义教育、世界观、人生观、道德观教育、艰苦创业教育和民主法治教育等。道德建设包括社会公德、职业道德、家庭美德、个人品德的建设等。在十四届六中全会决议中，将思想道德建设总体表述为：坚持爱国主义、集体主义、社会主义教育，加强社会公德、职业道德、家庭美德建设，引导人们树立建设有中国特色社会主义的共同理想和正确的世界观、人生观、价值观。教育科学文化建设包括教育、科学、文学艺术、新闻出版、广播电视、卫生体育、图书馆、博物馆等各项事业的发展和人民群众知识水平的提高，也包括健康愉快、生动活泼、丰富多彩的群众性娱乐活动的开展，等等。②

---

① 刘德福．论社会主义商品经济条件下的精神文明建设［D］．北京：中共中央党校，1990 : 1.

②《中国共产党思想政治教育史》编写组．中国共产党思想政治教育史［M］．北京：高等教育出版社，2016 : 285.

（三）建设路径

在党的两次关于社会主义精神文明的决议中，都提出了一些基本建设路径：第一，用共同理想动员和团结全国各族人民；第二，树立和发扬社会主义的道德风尚，建立和平发展、团结、友爱、互助的社会主义新型关系；第三，加强社会主义民主、法治、纪律的教育；第四，普及和提高教育科学文化，自觉地依靠科学，发扬尊重科学、追求知识的精神；第五，坚持马克思主义在精神文明建设中的指导作用，马克思主义是社会主义事业和党的领导的理论基础，是社会主义意识形态的最重要的组成部分，对整个精神文明建设起着重大的指导作用。① 在该决议的指导下，有研究者整理和总结了精神文明建设的机制，从启动、构建机制，资源优化机制，承续创新机制，利益率引机制，“自建”“共建”机制等方面促进精神文明建设不断前进。②

三、市场经济条件下的公民道德建设

2001 年 9 月 20 日，党中央颁布了《公民道德建设实施纲要》，要求在全民范围内开展多样化、多层次的学习和宣传。相关的公民道德研究也随之增加。从 2001 年至 2002 年，相关研究就从 16 篇增至 296 篇。通过中国知网的搜索，以“公民道德建设”为搜索主题，有关公民德育的研究数量高达 7000 多篇。研究主题分布广泛，研究范式包括理论研究、历史研究、比较研究、落实研究等，其中理论研究和比较研究相对较多。研

---

① 中共中央文献研究室.社会主义精神文明建设文献选编[M].北京：中央文献出版社，1996：244－256.

② 周晔.社会主义精神文明建设与素质教育研究[D].北京：中共中央党校，2000：88－93.

究视角包括哲学视角、法学视角、伦理学视角、政治学视角、社会学视角、心理学视角、全球化视角和多元化视角等。在研究方法上，以定性研究为主，主要采用文献研究法、哲学思辨、历史研究法、政策分析法、比较分析法等。从总体上看，对公民德育的研究还处于理论分析和比较借鉴的阶段。

在这一时期，公民道德研究队伍初步形成，不少高等院校设立了专门的公民道德研究中心，开设了相应的课程，如北京师范大学公民道德教育研究中心、郑州大学公民教育研究中心等。一些社会团体也成立了专门的公民道德研究组织。高校和社会团体专门研究机构的设立，提升了公民道德的学术交流和学术研究层次，涌现了大批高质量的研究成果。

（一）公民道德建设的相关概念研究

大多对公民道德建设概念的研究都兴起于国家颁布的《公民道德建设实施纲要》这一权威性文件之后，因此，很多学者以政策解读的姿态来总结公民道德教育的概念，即“以为人民服务为核心，以集体主义为原则，以爱祖国、爱人民、爱劳动、爱科学、爱社会主义为基本要求”，以“社会公德、职业道德、家庭美德、个人品德建设作为着力点”。还有学者从政治学的视角出发将公民道德理解为是一种关于国家与公民关系的价值同构和协同创新的“间性”道德，是一种嵌于公民身份与公共生活的生成性道德①；伦理学的视角认为公民道德教育是公民在参与社会公共生活中应该遵守的行为规范，是一种公共性的要求②；教育学的视角认为公民道德教育的本质是将公共生活的道德准则内化为公民自主自觉的道德意识与行为选择的教育③；等等。

---

① 李兰芬 . 国家认同视域下的公民道德建设［J］. 中国社会科学 , 2014 (12) : 4 − 21 , 205.

② 谢军 , 段志义 . 公民社会道德建设之探讨［J］. 道德与文明 , 2009 (6) : 77 − 82.

③ 高峰 . 公民 · 公民教育 · 思想政治教育［J］. 东北师大学报 , 2002 (4) : 40 − 47.

（二）公民道德建设的背景

公民道德教育研究的背景主要分为两类：第一类是将公民道德建设置于社会转型的大社会背景之中，如多元化时代、智能化时代、信息化时代、社会转型时期、新时期、全球化、市场经济条件下，等等。这些背景为公民道德教育研究提供了研究问题的来源，限定了研究问题的时期。第二类则是从某一社会背景入手研究其对公民德育的影响，主要研究集中于技术背景，如大众传媒影响了公民德育的方式，使得公民德育不局限于具体的时空之中，其次还有网络文化、自媒体、新媒体等，都在创新公民德育的方式和模式。

（三）公民道德建设的主要内容

对公民道德建设内容的研究也包括两大类：一类是从总体上勾勒、说明、阐释公民德育的内容；另一类则是对公民德育进行了分类，从家庭美德、职业道德、社会公德、个人品德等方面进行具体的考察和研究。

第一类研究多为政策解读，通过对文件的解读和阐释，形成学习读本、著作等。第二类研究将学科视角与政策文本相结合，如焦国成主编的《公民道德论》，从伦理学视角辩证讨论了以国家与公民、公民与社会、公民与公民为主的基本伦理关系；公民道德的感受性、反思性和规范性的关系；公民道德中的权利和义务关系以及公民道德中的责任与自由关系。[①]王志强著的《当代中国家庭道德教育研究》是从家庭德育的角度对家庭德育的价值取向、教育内容和方法进行研究。[②]靖国平写的《教育智慧伦理：教师职业道德的新境界》一文从职业道德的角度对教师的职业道德建设的价值取向、主要目标、实践路径等方面进行了探讨，认为当前需要在教育规

---

① 焦国成．公民道德论［M］．北京：人民出版社，2004.

② 王志强．当代中国家庭道德教育研究［M］．杭州：浙江大学出版社，2013.

范伦理的基础上，转向更加符合教育的特点和规律的教育智慧伦理上来。①还有一些研究者从医学生职业道德、艺术生职业道德、媒体记者职业道德等方面进行研究等。

（四）公民道德建设的实施路径

公民道德建设是一项系统工程，需要各方力量的协同配合。方爱东认为："公民道德建设是一个系统工程，需要综合运用政策、法律、舆论、教育等多种途径方能达到理想的效果。"②只有将德行培养与制度规范相结合，才能真正实现公民德育的目的。已有研究也正是从个人德行养成与制度规范两个方面着手的。一方面是正面宣传，积极引导，将道德规范引入公民日常生活；另一方面强化外在管理机制，完善社会主义市场经济、健全民主法治、优化社会制度，等等。③具体而言，公民道德建设的路径大致可以分为四个方面：第一，遵循道德生成规律，促进公民道德养成。提高道德认知、丰富道德情感、强化道德意志、坚定道德信仰。第二，完善制度化建设，为公民道德教育提供保障。建立公平正义的社会运行制度，健全完善道德奖惩的社会调节机制。第三，优化环境，为公民道德教育提供崇善向上的社会氛围。坚持正确的舆论导向，发挥道德模范的榜样作用，将公民道德教育融入群众性精神文明创建活动中。第四，完善组织领导，贯穿公民道德教育始终。④

---

① 靖国平．教育智慧伦理：教师职业道德的新境界［J］．上海师范大学学报（哲学社会科学版），2015，44（1）：46－51.

② 方爱东．论公民道德建设的有效途径［J］．科学社会主义，2001（6）：45－48.

③ 张永奇．推进国家治理现代化中道德问题的生成逻辑与治理路径［J］．河南大学学报（社会科学版），2017，57（6）：1－7.

④ 江瑛林．新时代公民道德教育研究［D］．北京：中共中央党校，2020：109－128.

四、社会主义核心价值观教育

2013 年 12 月，中共中央办公厅印发了《关于培育和践行社会主义核心价值观的意见》，在全国范围内开展学习社会主义核心价值观的活动。有关社会主义核心价值观的研究一时激增。根据中国知网的检索，2013—2022 年的十年间，以“社会主义核心价值观”为主题的期刊论文研究高达 5.3 万，博士学位论文 1292 篇，硕士学位论文 8732 篇。研究的主要主题有社会主义核心价值观、思想政治教育、习近平、新时代、社会主义、文化自信、大学生社会主义核心价值观教育、中华优秀传统文化、课程思政、高校思想政治教育等。研究学科包括教育学、文化学、政治学、马克思主义、新闻学、经济学、哲学、伦理学、法学等多个学科。研究类型以实证研究、理论研究、管理研究、历史研究、政策研究等为主，研究机构以东北师范大学、西南大学、武汉大学、华中师范大学、中国人民大学、中共中央党校等综合类高校和师范类高校为主，研究的代表人物有黄蓉生、江畅、王学俭、陈延斌、邓心强、石中英、杨永志等。目前形成了以下研究成果。

（一）社会主义核心价值观的科学内涵研究

已有研究对价值观、社会主义核心价值、核心价值体系等相关概念进行了讨论和分析。基本形成了三种认识：第一种认为社会主义核心价值体系是由社会主义核心价值观组成的体系，代表人物有高放、邓国玺、陈新汉等人。第二种认为社会核心价值体系是由核心价值形成的，尤其强调核心价值的地位与作用。代表人物有包心鉴、李青等。第三种认为社会主义核心价值、社会主义核心价值观与社会主义核心价值体系几个概念之间不存在什么本质的差别与不同，代表人物有廖曰文、陈新汉、宋惠昌等。

关于社会主义核心价值观的主要内容，研究最为集中，大致可以分为两类：一类是从大家普遍认同的核心价值中概括提炼出社会主义核心价值观，如社会公正、集体正义、以人为本、民主公正、爱国、自由、法治，等等；还有一类是用单个概念来概括社会主义核心价值观，如普遍幸福主义、自由全面发展、公平正义、为人民服务等。这些研究为2013年国家提出的社会主义核心价值观奠定了基础。2013年12月，中共中央办公厅印发《关于培育和践行社会主义核心价值观的意见》，从三个层面阐述了社会主义核心价值观：富强、民主、文明、和谐是国家层面的价值目标，自由、平等、公正、法治是社会层面的价值取向，爱国、敬业、诚信、友善是公民层面的价值要求。自此，社会主义核心价值观在全社会践行。

（二）社会主义核心价值观的理论研究

有不少学者讨论了社会主义核心价值观的培育意义，如应对国际社会多极化、全球化的浪潮的需要；完善社会主义核心价值观对价值哲学研究和促进科学社会主义内涵理解的需要；实现社会发展与转型的需要；提升我国整体文化软实力、增强社会主义意识教育的需要；塑造良好国家形象、建立和谐社会、培养现代公民等目标的需要。[①] 不同学者从不同视角讨论了社会主义核心价值观的特征，大致可以总结为：全局性、时代性、概括性、稳定性、导向性、大众化、普遍性、民族性、崇高性等。[②] 一些学者探讨了社会主义核心价值观的逻辑起点、历史发展、文化传承等内容，如以当代核心人物为线索展开研究，从毛泽东、邓小平、江泽民、胡锦涛等党的核心人物的理论中寻找社会主义核心价值观的思想传承；以中国共产党的奋斗历程为线索展开研究，从不同历史时期党作出的重大决策、意义中寻

---

① 温小勇．社会主义核心价值观与传统价值观的伦理互通与哲学契合［J］．理论月刊，2013 (7) : 35 – 38；葛霖杉．中国传统价值观涵养社会主义核心价值观研究［D］．长春：吉林大学，2016；黄蓉生．社会主义核心价值观的文化视域思考［J］．中国高校社会科学，2015 (1) : 30 – 41.

② 王永贵．社会主义核心价值观培育的目标指向和实现路径［J］．思想理论教育，2013 (3) : 8 – 14.

求社会主义核心价值观形成的历史原因。①

（三）社会主义核心价值观的践行研究

随着研究的深入，不少学者对社会主义核心价值观的实现路径进行了分析，主要分为四条：第一条是自上而下的思想教育路径，主要通过党、政府和学校的宣传，如榜样示范、新闻媒体宣传、社会组织协助，等等。第二条是上下互动的道德价值认同路径，强调全民上下的道德认同、道德行动。第二条路径无疑更容易被群众接受。第三条是市场经济条件下的利益驱动路径，通过利益将人们联系起来。第四条是机制建设路径，即通过制度的方式保证社会主义核心价值观在全社会顺利践行。②当然，大部分研究者是将这四条道路融合在一起讨论，如要坚持以人为本，大力建设；理论在前，志在探索；从教育方面着手，将思想调整到一个方向上，摒弃错误、落后的观念；价值体系和四个文明建设工作同步进行③；以受众群体分化为着手点，重视内心价值认同，重塑礼仪规范体系，通过多元化的途径进行传播④等。

综上可知，当前社会德育的研究尚是一个没有受到整体关注的领域，只是从局部对该领域进行了深入研究。从基本理论层次而言，尚未形成共识性的概念，在关键问题上还存在着理论上的分歧，如社会德育是社会教育的德育还是德育中的社会德育问题；社会德育是社会道德教育还是社会

---

① 高地．中国共产党社会主义核心价值观教育研究［M］．北京：人民出版社，2013；林守珠．中国特色社会主义核心价值观形成的历史分期［J］．党史研究与教学，2015（1）：8－12.

② 王芳．当代中国社会主义核心价值体系建设研究［D］．北京：中共中央党校，2014：10－12.

③ 陆树程，杨倩．论培育和践行社会主义核心价值观的内在机制［J］．毛泽东邓小平理论研究，2014（8）：52－57，92.

④ 江畅．培育和践行社会主义核心价值观与中国价值观构建［J］．思想理论教育，2014（4）：4－9.

伦理教育等。关键概念的模糊和混淆导致后续研究都处于自说自话的状态。而关于社会德育的具体内容、类型、特征和功能研究，则更加少。因此，在未来社会德育研究中，最关键也最为迫切的当是社会德育的基本理论问题研究。

另外，关于社会德育的基本论题的研究，从类型上更倾向于实践探索，或实践经验、实践模式，或实践形式、实践总结，往往处于较低的思维水平，缺乏对实践经验的抽象加工。作为工作经验存在的社会德育实践，难以从顶层进行设计和组织,也难以获得理论界的认可。因此,未来社会德育研究，需要更多理论研究者的加入，将成功的、有效的实践经验进行更高思维水平的加工，实现实践与理论的双向建构。

我们还可以看到，社会德育的实现范围在不断扩展，不仅更加面向社会的全体成员，而且更加关注社会德育功能实现的形式。成人教育、终身教育、全民教育等教育理念的提出，使社会教育对象的关注点发生了深刻的改变，不仅涉及社会所有成员，而且涉及每个个体的整个生命历程和生活的各个方面。这是社会德育思想的重大历史性进步。在社会德育的实现方式上，不仅突破了以人为本位的主体性德育思想以及以社会为本位的训育式德育思想，而且从克服现代性社会危机的视角，提出以交往伦理精神为指导的主体间性社会德育思想，使人在平等的沟通交往中实现道德认识水平的提升。加强社会德育研究，不断丰富人的精神世界，满足人的精神文化需求，在全社会倡导文明向上的精神，塑造文明健康和谐的社会氛围，平衡社会物质文明和精神文明建设，满足人的社会性发展需求，进而引导社会积极健康地发展，是社会德育研究的终极目的。

第六章
媒体与德育关系的发展脉络及其研究

“媒体”主要有两种含义：一是承载、呈现信息传播的载体，包括书籍、报纸、广播、电视等[①]，二是指传播媒介[②]。影响媒体发展的因素有政治、经济、社会文化和技术创新等[③]，随着信息技术和网络通信技术的发展，出现了以互联网、手机、平板电脑等为载体的“新媒体”。新媒体是一个相对概念，从学术上来说，新媒体是“数字化交互式新媒体”，具有应用数字技术、互动性、可无限传播等特点[④]，其中“数字化”“互动性”[⑤]是新媒体的根本特征。当前，以数字媒体和网络媒体为代表的新媒体已被列入主流媒体的行列，与传统媒体形成了交融之势。传统媒体和新媒体对社会的影响广泛而全面，涉及政治、经济、文化等领域，改变着人们的生活方式和思维方式。在数字化、网络化的信息时代，媒体的广泛应用也渗透到教育和德育领域，成为开展德育的重要方式以及德育思想表达

---

① 李良荣，周宽玮．媒体融合：老套路和新探索［J］．新闻记者，2014 (8)：16 － 20.

② 信险峰．媒体迭代：传统媒体的“新媒体”历史及传统媒体新媒体化［J］．北方传媒研究，2020 (1)：34 － 40.

③ KORTTI J.Media history and the mediatization of everyday life［J］. Media History, 2017, 23 (1)：115 － 129.

④ 李钟隽．新媒体与传统媒体的互动与融合［J］．学术交流，2010 (5)：205 － 207.

⑤ 匡文波．“新媒体”概念辨析［J］．国际新闻界，2008 (6)：66 － 69.

和传播的重要手段。

相对于前文所讨论的家庭德育和社会德育，媒体德育作为思考德育问题的一个崭新领域，具有更强的互动性、便捷性、广泛性等特点。“媒体德育”是指通过媒体展开的德育或在媒体中进行的德育，即德育是目的和内容，而媒体是背景或手段。这与“德育媒体”有着根本区别，“德育媒体”是以德育为目的的媒体，聚焦于一种媒体手段而非德育目的。媒体德育关注人、媒体、德育和社会生活之间的关系，并以多种方式看待这些关系。媒体德育关注媒体的使用途径，以及如何解释媒体德育在人的发展、德育功能等方面发挥的作用。明确“媒体德育”的概念是对媒体与德育关系变迁讨论的基础。

本章立足于数字化、网络化的时代特质，在媒体广泛应用的背景下探讨改革开放以来媒体与德育关系的发展脉络。从传统媒体到新媒体，德育的媒体形式、宣传观、思维方式等都发生了转变，影响着媒体德育的形式、手段和内容。是以，本章主要从两个方面对媒体德育进行讨论：首先，阐述改革开放以来中国媒体在形式、宣传观和思维方式的变迁；其次，在此基础上总结概括媒体与德育关系变迁的基本特征。

第一节　媒体形式的发展与变迁

纵观媒体发展史，媒体的发展可以划分为六个阶段：第一阶段，直接用手工方式在物质载体（如石头、树干）上记录；第二阶段，活字排版印刷术的发明使得纸媒广为流传；第三阶段，无线电技术的发展使得声音可以被记录、传输和重放，出现了广播这一媒体形式；第四阶段，成像技术的发明和传输技术的发展推动了电视媒体的应用；第五阶段，计算机的发明以及随之而来的数字化多媒体技术，带来了互联网媒体的普及；第六阶段，移动通信技术的出现将新媒体引入日常生活。[①]纵观我国传媒研究的历史脉络，媒体研究通常有着不同的起点，比如距今1300多年唐宋时期的“邸报”；距今200多年被西方传教士引入中国的现代报刊办报理念；以及在改革开放以来确立的“实践是检验真理的唯一标准”“解放思想、实事求是”等思想路线基础上开展的传媒研究等。[②]相较而言，改革开放为我国学术发展奠定了决定性的政治基础，学术研究开始从“跟风套话”向实事求是的理论追求转变[③]，同时，技术和资本也成为影响中国媒体发展的主要因素[④]，具有划时代意义。是以，本章以1978年改革开放作为中国媒体研究的起点，从媒体的形式、宣传观和思维方式对改革开放40多年以来我国媒体的发展与变迁进行梳理。

一、媒体形式的变迁

改革开放以来，中国不同历史时期的信息技术革新使得媒体发展呈现出了阶段性特征。互联网时代到来之前，媒体以报纸、杂志、图书、广播、音像制品、电视等为代表[⑤]；随着互联网、数字技术的诞生，出现了诸多新的传播形式，如2006年，IP电视、手机电视、地面移动电视成为研究者解读新媒体的三大部分[⑥]；2011年，研究者对于新媒体的认知扩充到30种[⑦]，

---

① 姚勤毅．记录媒体发展史简述［J］．记录媒体技术，2003 (1)：19－21.

② 欧阳宏生，唐希牧．改革开放以来中国传媒研究发展历程回顾［J］．重庆交通大学学报（社会科学版），2018，18 (5)：79－87.

③ 余三定．新时期学术发展的回瞻［M］．北京：北京大学出版社，2005：1－6.

④ 王薇．中国传媒产业40年发展历程及动因［J］．未来传播，2019，26 (1)：71－77，122.

⑤ 李焕征，李聪．试论全媒体时代的电视媒体变革：互联网＋［J］．当代电视，2019 (1)：83－86.

⑥ 虢亚冰，黄升民，王兰柱．中国数字新媒体发展报告［M］．北京：中国传媒大学出版社，2006.

⑦ 宫承波，庄捷，翁立伟．媒介融合概论［M］．北京：中国广播电视出版社，2011：9.

“新媒体”作为一个时代范畴开始进入人们的视野。“新媒体”自 20 世纪 60 年代首次提出[①]至今，已经发展成包括互联网、手机等为代表的新媒体。整体而言，媒体形式可以分为以纸质媒介为代表的传统媒体，以及当前以互联网为主要特征的新媒体，我们将从这两个方面对媒体的变迁进行梳理。

（一）传统媒体的发展

传统媒体是通过物理介质，以传统的大众传播方式向社会公众发布信息的媒体形式，报刊、广播、电视是三大传统媒体形态。[②]已有研究多从媒体研究的发展历程角度[③]和传媒产业发展角度[④]对媒体发展的变迁阶段进行划分，整体可分为四个阶段：萌芽期（1978—1983 年）、拓展期（1984—1992 年）、繁荣期（1993—2008 年）、转型期（2009 年至今）。这四个阶段中传统媒体所表现出的不同的形式特征如下。

报刊是改革开放后最早开始发展的传统媒体形式。在传统媒体发展的萌芽期，党的十一届三中全会把工作重心转移到社会主义现代化建设上来，全国恢复和创办了一批报纸，报业乘着改革开放的东风飞速发展。在起步期，报业的发展表现为自办发行的兴起；坚持正面宣传为主的方针，正确实行舆论监督；为事业单位企业化经营服务等方面。[⑤]拓展期的报业顺应市场经济的大潮迎来了第二个发展高潮。这一阶段信息量增多、报道面扩大、都市晚报迅速崛起，报业集团开始形成。[⑥]在繁荣期，由于市场成熟和资本力量的壮大，报业在改革和创新中寻求发展路径，继续深化改革，

---

① 殷俊，袁勇麟．新媒体产业导论［M］．成都：四川大学出版社，2009：13.

② 余丽蓉．中国报业新媒体转型研究［D］．武汉：武汉大学，2014：8.

③ 欧阳宏生，唐希牧．改革开放以来中国传媒研究发展历程回顾［J］．重庆交通大学学报（社会科学版），2018，18（5）：79－87.

④ 王薇．中国传媒产业 40 年发展历程及动因［J］．未来传播，2019，26（1）：71－77，122.

⑤ 黄世永．简析改革开放以来报刊发行模式的演变［J］．新闻传播，2021（12）：165－167.

⑥ 文有仁．改革开放二十年与新闻事业［J］．新闻爱好者，1998（12）：5－9.

上市融资，借助技术力量升级传统报业。近几年，随着信息技术和数字化的发展，中国报纸的印刷量逐年递减，根据CTR市场研究的调研数据，从2004年至2006年，报纸的日到达率从69.1%降至65.5%，下降幅度为5.2%。[①]究其原因，主要是很多报纸媒体开始开设电子报，以及大部分人开始采用新媒体的途径接收信息。[②]由此，报业开始进入转型期，探索加速融合发展和数字化转型的道路。[③]

广播媒体和电视媒体作为传统媒体的主要形式，与报刊媒体的最大区别在于，它们以电子媒介为基础，共同用到无线电波信息通信技术，电视媒体在运用无线电波信息通信技术的同时，还运用到影响信息传播的光电技术。[④]1980年10月召开的第十次全国广播工作会议重提坚持"自己走路"方针，1983年3月，第十一次全国广播电视工作会议强调"扬独家之优势，汇天下之精华"，中国广播媒体开始了尊重新闻规律和广播规律的实践探索。广播媒体调整了语态和受众意识，体现出贴近群众、沟通情感的特征；广播手段也从单一向多元化转变，广播内容更加丰富且趋向类型化、专业化[⑤]；广播行业从一家综合台到多个频率，遍及全国。广播搭建了一个社会各种声音汇聚的大平台，这个平台彻底颠覆了从前广播一对众的传播模式，体现出一对一、众对一、众对众的传播关系。[⑥]电视媒体的发展经历了类似的转变，改革开放带来了中国广播电视体制机制的改革。1979年11月，中宣部发布《关于报社、广播、电视台刊登和播放外国商品广告的通知》，

---

① 李锋．互联网对传统平面媒体的影响与启示［J］．中国报业，2007 (6)：49－51.

② 杨晓华．报纸媒体的发展现状及时代应变［J］．中国报业，2021 (11)：106－107.

③ 卓宏勇．中国报业改革发展40年［J］．中国出版，2018 (23)：12－17.

④ 张金海，黎明．媒体演进的价值规律［C］//新闻学论集编辑部．新闻学论集（第25辑）．北京：经济日报出版社，2010：47－67.

⑤ 刘逸帆，王求．辉煌三十年：而今迈步雄关越［J］．中国广播，2008 (12)：4－9.

⑥ 王求．在"变"与"不变"中创新发展：回望改革开放30年的中国广播［J］．中国记者，2008 (12)：16－18.

拉开了电视媒体面向市场经营的序幕。[①] 电视媒体的内容也逐渐摆脱原来的说教和浓厚的观念色彩，以新闻、专题、晚会和电视剧为主转向服务民众、关注民生、平和自然等方面。[②]

总的来说，20 世纪是大众媒体的时代，报刊、广播、电视等包揽了 20 世纪的人类信息生活的主要部分；进入 21 世纪，大众媒体开始衰微，被称为传统媒体，互联网被称为“新媒体”。[③] 传统媒体的优点在于经过多年的发展已经形成了一整套科学、严谨的传播机制，拥有畅通的传播渠道、成熟专业的从业团队、数量庞大的受众人群以及较为权威的公信力，不足的是其信息传播中的传受关系是单向的，且交互性差，另外传播方式存在时间和空间的局限等。[④]2010 年之前，传媒产业结构主要由纸质媒体、电波媒体、互联网媒体、手机移动媒体构成，如今从传媒市场来看，传统媒体相加只占整个传媒市场的五分之一左右。[⑤] 网络和信息时代的到来使人们的生活方式和获取信息的途径发生了诸多变化，对传统媒体特别是对以纸质方式为媒介的报纸产生了强烈冲击。当前，新媒体的出现凸显了传统媒体在经营发展、传播时效、便捷性等方面的局限性，为了满足人们的生活需求，传统媒体也走上了转型的道路。但整体而言，媒体的形式更加多元，新媒体的诸多形式已经成为人们日常生活的重要组成部分。

（二）新媒体的兴起

互联网的发展是新媒体兴起的前提。大体上，中国网络媒体发展经历

---

① 杨伦，郑勇华，刘洋. 改革开放 40 年：中国广电产业的六个关键节点[J]. 今传媒，2018，26 (11)：12－13，43.

② 朱虹. 改革开放和中国电视［J］. 中国电视，2008 (12)：11－13.

③ 崔保国. 传媒蓝皮书：中国传媒产业发展报告 (2018)［M］. 北京：社会科学文献出版社，2018：5.

④ 余丽蓉. 中国报业新媒体转型研究［D］. 武汉：武汉大学，2014：8.

⑤ 同 ③.

三个阶段：以门户网站、新闻网站为载体的萌芽发展阶段，以博客、播客为载体的快速发展阶段，以及以“两微一端一网”为载体的融合发展阶段。

1994 年，通过一条 64K 的国际专线，中国互联网实现了与国际互联网的全功能连接，中国从此进入了一个崭新的互联网时代。[①] 这一时期（萌芽阶段），网络媒体的政策导向是规范媒体如何接入和使用互联网、推动重点新闻网站建设等，随着 Web 2.0 技术的全面应用与推广，中国互联网进入快速发展阶段。[②] 在此背景下，中国网络媒体迅速发展，可分为网页媒体和移动互联网媒体两类。

在中国互联网的快速发展阶段，出现了博客、播客、社交网络服务（SNS）、多人协作写作系统（WIKI）等互联网网页媒体新方式。1994 年，曙光论坛（BBS）建立；1998 年左右，国内涌现了各类论坛，如新浪论坛、搜狐社区、网易论坛、天涯、猫扑等。1999 年，腾讯推出远程在线实时通信软件 QQ，获得大量国内用户。2000 年，方兴东等人开通博客中国，博客进入中国，开启了中国人生活的在线记事簿；2005 年前后，中国出现了饭否、人人网、豆瓣、QQ 空间、QQ 校友等网络社交平台。[③]

网页媒体发展的同时，智能终端和通信技术的发展也推动了移动互联网媒体的兴起。2000—2003 年是移动互联网的萌芽期，2000 年“移动梦网”计划和 2003 年彩铃的推出扩大了移动互联网的市场规模。[④] 随后，腾讯 QQ 成为国内通信交流和生活分享的主要移动网络平台。2009 年 8 月，新浪网推出“新浪微博”内测版，成为国内第一家提供微博服务的门户网站，同时也将我国微博网站发展推向新阶段，腾讯、网易、搜狐等国内其

---

① 刘璐，潘玉．中国互联网二十年发展历程回顾［J］．新媒体与社会，2015 (2)：13 － 26.

② 国家信息中心 .2019 中国网络媒体社会价值白皮书［R］. 2020：5.

③ 陈建功．中国 SNS 网站的发展历史，现状和趋势［J］．传媒，2013 (6)：13 － 15.

④ 王波．中国移动互联网行业研究［D］．武汉：华中科技大学，2013：7 － 8.

他网站门户也纷纷开通微博业务。[①]2011 年 1 月，微信首次发布，次年 8 月，微信推出微信公众平台，成为一个社交媒体、社交网络服务、移动商业应用、民政工作服务的“超媒体”生态系统。[②]微博和微信以其强大的社会网络和影响力让“双微”成为链接政府、企业、用户以及信息内容消费的中间力量。[③]

无论是网页媒体还是移动互联网媒体，网络媒体从无到有、从小到大逐步发展壮大，在提供信息传播、引导社会舆论、反映民众心声、影响思想潮流等方面发挥着不可替代的作用，正在日益改变和深刻影响着人们的社会活动和生产方式。随着互联网技术迭代更新，网络媒体在新闻信息传播、网络舆情引导、社会公共事务等方面发挥更加重要的作用，进入媒体融合发展的新时期。“两微一端一网”成为网络媒体传播的标配，视频流、云直播、传感新闻等成为新业态，网络媒体也承担了更多社会责任。[④]

总的来看，改革开放以来信息技术的发展和互联网的普及对原有传统媒体如报纸、电视等产生了冲击。网络媒体、自媒体、融合媒体在人们生活中出现的频率越来越高。根据 2021 年 8 月 27 日中国互联网络信息中心在北京发布第 48 次《中国互联网络发展状况统计报告》，截至 2021 年 6 月，我国网民规模达 10.11 亿，互联网普及率达 71.6%。报告显示，我国的网络信息技术日益成熟，体现在数字新基建领域的基础不断夯实，信息产业技术多个领域取得积极进展，数字经济规模总量位居全球前列等。[⑤]这些因素都标志着我国正处于并仍将继续处于互联网大国的阶段。“互联网 +”时代的来临，打破了各个领域在时间、空间和距离上的三维限制，实现了

① 续迪 . 我国微博网站的发展历程［J］. 新闻世界，2012 (5) : 79 － 80.

② 方兴东 . 微信蓝皮书　2014［M］. 北京 : 电子工业出版社，2015 : 10 － 27.

③ 赖炜 . 中外社交媒体发展历史之比较研究［J］. 青年记者，2019 (32) : 2.

④ 国家信息中心 .2019 中国网络媒体社会价值白皮书［R］. 2020 : 7.

⑤ 中国互联网络信息中心 . 第 48 次中国互联网络发展状况统计报告［R］. 2021 : 1 － 8.

整个世界的虚拟化、实时化和同构化，这必将革命性地改变整个社会的内部结构和治理模式，形成社会发展的新形态[①]，影响整个社会的生产生活方式，进而重塑社会的文化价值理念。同时，网络媒体在舆论宣传、社会使命方面的“新责任”——在服务国家重大战略等方面提供良好舆论氛围，在“举旗帜、聚民心、育新人、兴文化、展形象”等方面肩负重要责任[②]，也将引领中国德育迈向一个新的时代，即互联网德育时代。

二、媒体宣传观和思维方式的变迁

当前传媒产业发展进入大众自媒体传播时代，网络媒体与传统媒体的融合取得了很大进展。网络媒体在提供信息知识、引导社会舆论、影响思想潮流等方面发挥着越来越大的作用，深刻地影响着人们的信息获取方式以及思维、生活方式。[③]与此同时，媒体承担社会责任、体现社会价值的意义也日益凸显，承担着一定的社会伦理培养功能。[④]媒体宣传观和思维方式的变迁能够帮助我们理解媒体德育价值观和内容变迁的背景。

改革开放以来，中国社会发展大致经历了三次思想解放时期，直接影响着媒体宣传观的变化。第一次思想解放时期（1978年5月至1992年1月），从《实践是检验真理的唯一标准》的发表到党的十一届三中全会召开，再到邓小平同志南方谈话，我们确认了实事求是的路线，破除了思想僵化的束缚。第二次思想解放时期（1992年1月至2003年1月），以邓小平南方谈话和党的十四大为起点，至2003年10月党的十六届三中全会，

---

① 李国仓.“互联网+”时代的高等教育之“变”[J].现代教育管理，2016(10):55－60.

② 国家信息中心.2020中国网络媒体发展报告:新表现·新生态·新责任[R].2021:12.

③ 国家信息中心.2019中国网络媒体社会价值白皮书[R].2020:前言.

④ 饶德江，莫梅锋，熊蕾，等.2005年中国媒体发展研究述评[J].中国媒体发展研究报告，2005(00):66－157.

这一阶段被称为“第二次思想解放期”。[①] 这次思想解放冲破了姓“资”还是姓“社”的困扰，使媒体坚定了市场化、产业化的步伐。第三次思想解放时期（2003 年 10 月至今），以党的十六届三中全会、十七大召开为标志，称之为“科学发展期”。媒体的工作重点放在了制度的创新和建设上，进一步加快了媒体市场经济的步伐，打开了中国媒体通向全球化的道路。在这样的背景下，媒体宣传观也呈现出阶段性变化。在第一次思想解放时期，表现出媒体宣传内容转向以经济建设为重心，宣传观点以“实现社会的安定团结”为核心，宣传活动以“坚持社会效益”为最高准则等特点；在第二次思想解放时期，我国媒体宣传观有着政治和经济两大属性，开始突出强调舆论导向的重要性；在第三次思想解放时期，媒体宣传观的特点表现为强调以人为本，促进全球化语境下社会主义和谐文化的构建的特点。[②]

语言是思想的能指符号，因此，媒体作为传递语言符号的工具同时传递着思想。改革开放以来，我国媒体思维方式的转变与时俱进，其过程充满着张力与矛盾，是社会的缩影。媒体思维方式的特征和张力表现为：固守本土的封闭性思维与全球化的开放性思维；历史延续的道统思维与着力创新的时代性思维；求同从众思维与个性化、趋同性并存思维；混沌本质论思维与计量精算性思维；“主义”取向思维与“问题”取向思维；单纯实体性思维与虚拟性思维等。[③]

---

① 黄世虎 . 改革开放以来我国主流意识形态建设的基本经验［J］. 实事求是 , 2017 (2) : 16 － 19.

② 何婕 , 陈治 . 改革开放以来媒体宣传观的变迁［J］. 延边党校学报 , 2010 , 25 (4) : 87 － 90.

③ 佘金枝 . 新媒体时代思维方式的变迁［D］. 广州 : 广州大学 , 2017 : 35 － 47.

第二节　各类媒体中的德育发展与变迁

社会文化和价值取向中的“教育价值走向在变迁的任一阶段都与国家不同时期的政治、经济、社会、文化任务紧密相关，存在于社会变迁偶然性的必然性之中”[①]。媒体形式、媒体价值取向和思维方式作为社会文化和价值取向的传播的方式，直接影响着德育的发展和变化，随着媒体的广泛应用，媒体德育成为德育工作和德育研究中的重要内容。

本节依据上一节对改革开放以来传统媒体、网络媒体、移动网络媒体出现的时间节点和发展趋势、特点的不同，将各类媒体形式中的德育发展与变迁分为三个阶段：第一阶段是以报纸、广播电视等传统媒体为主导的发展阶段（1978—2004 年），第二阶段是以博客、MSN 等网站为载体的网络德育快速发展阶段（2005—2010 年），第三阶段是以微博、微信等移动网络媒体出现后网络德育的新发展（2011 年至今）。具体而言，三个阶段的划分依据如下：首先，1978 年改革开放是传统媒体发展的起点，形成了以报纸、广播电视等为载体的德育内容和特征，2005 年后网络媒体迅速发展，网络媒体在生活和德育中所占的比重和影响力逐渐上升，传统媒体德育逐渐失去主导地位，因此，将传统媒体为主导的媒体德育划分为第一阶段。其次，网络媒体经历了两个阶段的发展，相应地带来网络德育的两个发展阶段。2005 年至 2010 年，博客、MSN 等网站媒体发展带来了网络德育快速发展[②]，形成了诸多与网络德育相关的研究主题和广泛的影响力。2010 年前后，移动网络媒体如微博、微信等被广泛应用，移动网络媒体德育迅速崛起，形成了有别于以网站为载体的移动网络媒体德育特征，发挥了

① 马维娜．社会变迁中的中国教育研究［J］．教育研究与实验，2022 (2)：1 − 14.

② 国家信息中心．2019 中国网络媒体社会价值白皮书［R］．2020：5 − 6.

移动网络媒体独特的德育价值。因此，2005 年后网站互联网媒体的快速发展和 2011 年后移动网络媒体的崛起成为划分网络德育的时间依据。需要注意的是，时间阶段的划分并不意味着在新的媒体形式出现后前一阶段的媒体德育不复存在，而是为了明确媒体德育在每一个发展阶段的主题和特征，便于对已有研究展开讨论。

一、以传统媒体为载体的发展阶段（1978—2004 年）

传统媒体德育形式的变迁依托于传统媒体形式的变迁，如前文所述，自 1978 年改革开放开始至 2005 年互联网快速发展之前是传统媒体主导的阶段，同时也是传统媒体德育主导的阶段。改革开放以来，我国的传统媒体主要为报刊、广播和电视，在很长一段时间里承担了社会宣传责任，在德育领域发挥了重要作用。对这三类媒体形式中的德育文献进行梳理得知，与传统媒体德育相关的研究自 1992 年之后热度较为稳定，在 2015 年达到顶峰后逐渐回落。传统媒体德育的研究主题围绕中小学和高校现有的德育工作展开，以思想政治教育为主，主要形式有校园电视、校园广播、校报等。

（一）传统媒体德育的历史渊源与具体内容

从传统媒体对思想政治教育影响的历史渊源和内容来看，报纸是最早进行媒体德育的载体，率先开启了马克思主义在中国的传播。“中国报刊介绍马克思主义，最早可追溯到 1899 年 2 月上海《万国公报》发表的李提摩太节译、蔡尔康笔述的《大同学》一书”，十月革命和五四运动之后，马克思主义开始在中国广泛传播，在此基础之上，中国早期马克思主义者们创办了一系列刊物宣传马克思主义。[①] 报纸在思想政治教育方面面向社

① 张长立，刘婧宜．论报纸媒介在马克思主义大众化中的作用［J］．新闻爱好者，2010 (6)：176 − 177.

会全体成员[①]，其作用一直延续至今，并成为学校特别是高校中德育的主要载体[②]。在报纸的基础上，高校发挥自主性创立校报，从而在学校范围内进行媒体德育。校报是报纸在学校范围内的分支，是在学校党委的领导下为学校党建、行政、教学、科研、校园文化活动等服务的校园文化传播载体，具有较强的政治性和舆论引导性[③]，成为开展思想政治教育的重要阵地[④]。

广播电视在德育中的内容相对于报纸来说更加多元，形式更加丰富，在整合传统大众媒体的基础上构建出跨越地域的广泛的信息传媒体系。广播电视的德育内容主要体现在思想政治教育、精神文化建设等方面。以CCTV广播电视台为例，其报道面广泛、信息含量大、报道讯息及时等特点，让大众在最短的时间里了解到我国党和政府的最新动态和国际时事。[⑤]《实话实说》《焦点访谈》等评论类的新闻节目，建立互动引导机制，针对社会热点问题进行讨论，德育的过程充满互动性和参与性。[⑥]广播电视对青少年德育的作用在于，正确的广播电视导向有助于青少年身心健康地成长，培养和树立青少年的现代观念。[⑦]

---

① 周少四．大众传媒在大学生思想政治教育中的作用［J］．当代教育论坛（综合研究），2010 (9) : 32 − 34.

② 陈文慧，刘经纬，李洪峰．论高校思想政治工作中的宣传舆论阵地建设［J］．思想政治教育研究，2005 (3) : 59 − 60.

③ 李洪华．充分发挥高校校报的思想政治教育载体作用［J］．学校党建与思想教育，2010 (7) : 51 − 52.

④ 和曼，焦飞越．发挥高校校报的思想政治教育功能［J］．中国高等教育，2021 (7) : 37 − 38.

⑤ 张晓琳．论大众传媒在思想政治教育中的应用［D］．西宁：青海师范大学，2012 : 18 − 21.

⑥ 宋振雷．广播电视思想政治教育的创新分析［J］．西部广播电视，2015 (18) : 71.

⑦ 刘家国．广播电视对青少年德育教育的两面性［J］．南阳师范学院学报（社会科学版），2006 (10) : 108 − 109.

（二）传统媒体德育的优势与不足

报刊、广播和电视因其特点和优势的不同，对于德育形式、效果的影响有一定差异。报纸作为德育的载体，具有版式排列固定、便于携带和保存、权威性强、信息量大、阅读自由度高等优点，随着广播、电视等传统媒体的出现，报纸暴露出对读者的文化程度要求高，相比于广播电视，生动性和趣味性不足等局限。[①]电视与广播的形式则更加生动鲜活、通俗易懂、喜闻乐见[②]，有利于媒体德育的开展。具体而言，广播在德育上的优势在于：传递迅速、时效性强，覆盖面广，感染力强；局限在于广播声音转瞬即逝、不留痕迹，选择性弱，听众处于被动的接受状态。[③]电视作为视听复合媒体，在德育方面的优势还表现为：直接性，能够超越空间距离向每一个愿意观看电视的人提供信息；形象性，声画结合、图文并茂，全面调动人的视听潜力，为现代文化传播开辟了一片新天地；接近性，由于声画的结合使视听者与制作者消除了空间距离感。[④]电视的局限性在于电视属告知型媒体，不适于对信息进行分析、解释、说理，不适于表现深刻的事理和复杂的内容。广播和电视德育的指导思想明确、教育内容具有连续性、工作方式的主动性，特别是广播影视自身的形象、生动和直观等特点，在学生德育中发挥着越来越大的作用，成为课堂之外的重要德育阵地和载体。[⑤]

---

① 张长立，刘婧宜．论报纸媒介在马克思主义大众化中的作用[J]．新闻爱好者，2010 (6)：176－177.

② 董树彬．论当代中国马克思主义大众化的社会传播路径［J］．学习与实践，2010 (4)：81－87.

③ 贺才乐．思想政治教育载体的形态及其特点［J］．理论与改革，2003 (6)：104－106.

④ 杨锋．校园电视与高校德育［J］．保山师专学报，2002 (4)：16－18.

⑤ 于红．论高校广播、影视的德育功能［J］．徐州师范大学学报，2001 (4)：147－149.

（三）传统媒体德育的价值与意义

相对于学校德育、家庭德育和社会德育来说，媒体德育有着独特的价值和意义。首先，传统大众媒体的特征和功能使得其在德育领域内发挥出独特价值。由于传播速度快，波及范围广，关涉的感官通道多等特点，传统媒体在思政教育中发挥了重要的教育作用、舆论作用和道德作用，有利于传播党的路线和方针，传播马克思主义和社会主义理论，对政府活动进行有效监督，推动塑造良好的社会风气等。[①] 从媒体的监视、控制、教育、娱乐等功能来看，其对于思想政治教育的意义表现在多个方面，如营造了开放实时的学习氛围——“没有围墙的大学”、公共议题的“指向灯”和思想政治教育的演练场。[②] 其次，相对于传统课堂教学中的德育而言，媒体德育的形式更加多元，内容更加生动。例如，报纸德育能够有利于架设小政治教育到大政治教育的桥梁，全面提高学生的思想品德素质；有利于提高学生对德育课的学习兴趣，扩宽学生思想品德教育视野；有利于改善课堂教学结构，充分体现以教师为主导、学生为主体的课堂教学原则，全面实施素质教育；有利于培养学生的探究能力。[③] 对于校园电视而言，具有节目受众为广大学生、节目内容为丰富多彩的校园生活、节目制作主体为在校教师及学生、节目内容具有教育性、教学性的特点。[④] 这样的特点推动了信息在高校中的传播，激发教师工作的积极性，开拓学生的思维，提高教学质量，最终能实现教学最优化、现代化[⑤]；寓教于乐，电视通过对

---

① 管越峰 . 浅谈我国新闻媒体的思想政治教育功能[J]. 中国报业, 2013 (10) : 143 − 144.

② 张晓琳 . 论大众传媒在思想政治教育中的应用［D］. 西宁 : 青海师范大学 , 2012 : 8.

③ 王金花 . 报纸在中职德育课中的重要作用［J］. 德育之法 , 2014 (3) : 177.

④ 王剑梅 . 校园电视的德育功能刍议[J]. 山东省青年管理干部学院学报 , 2006 (3) : 63 − 65.

⑤ 熊佳慧 . 在新环境下中小学校园电视台的定位［J］. 中国现代教育装备 , 2008 (10) : 143 − 145.

信息的选择与编排进行客观的分析，形成正面信息传递给接受者并对其进行教育[①]。即使是逆反心理较强的学生也能在较长时间的潜移默化的影响中逐渐改变其片面看问题的习惯，从而以正确的立场、观点和方法分析问题并形成正确的人生观与世界观。[②]

二、以网站为载体的发展阶段（2005—2010 年）

2020 年中国国家信息中心发布的《2019 中国网络媒体社会价值白皮书》认为，1998—2004 年是中国网络媒体的萌芽期，2005 年开启博客元年之后便进入网络媒体快速发展期，博客、播客、SNS、WIKI 等成为网络媒体传播新方式，互联网上网人数爆发式增长，2005 年突破 1 亿人，2008 年跃居全球第一，产生了强大的规模经济效应。[③] 相对于传统媒体而言，这种以网站为传播媒介的媒体形式具有虚拟性、交互性、去中心化等特征，使得德育的环境、主体、客体、介体都发生了变化。这种新媒体的出现，打破了传统意义上的地域和时空的限制，使得信息可以在任何时间、任何地方、任何新媒体使用人群之间进行广泛的传播，为德育信息的传播、德育主体的广泛参与创造了前所未有的条件。[④]

研究者围绕网站媒体这一主题，以“网站”“网络”“博客”“MSN”并含“德育”为关键字在中国知网上对 2000 年至 2022 年的文献进行检索。可以看出，这一主题的研究以“网络德育”为主，近 20 年来相关文献有 2539 篇。该主题自 2000 年之后研究热度持续增高，在 2008 年达到顶峰后逐渐回落

---

① 巫兰. 利用校园电视推进中学德育教育［J］. 中国现代教育装备，2012 (20)：14 − 15.

② 吴光文. 发挥电视教育手段在德育课堂教学中的作用［J］. 广西水利水电，1994 (4)：1 − 5.

③ 国家信息中心 .2019 中国网络媒体社会价值白皮书［R］. 2020：5 − 6.

④ 赵敏，何文玲. 新媒体环境下德育模式的创新［J］. 山东青年政治学院学报，2012，28 (6)：70 − 74.

（图 6-1）。网络德育的研究主题有高校德育工作、网络时代背景下的德育工作、网络文化中的德育、网络环境对德育的影响与对策、高职院校德育工作等。

在以网站为载体的媒体德育发展阶段，我们可以看到研究者们采用的多是“网络德育”的概念，指以网络技术广泛应用为主要标志的信息时代的思想政治工作。① 在本章以媒体发展阶段为前提的划分方式下，网络德育与以网站为载体的德育内涵一致，并与下一阶段的移动媒体形成区分。具体而言，网络德育包括三个层面的内容：网上的道德规范及教育问题，利用网络作为条件和工具进行德育工作，网络环境下的德育工作。网络德育的开展，是对传统德育的发展和创新。特别是以互联网为代表的高新传媒，具有信息传播速度快、信息量大、交互性强等独特优势，越来越受到人们的关注。② 网络德育涵盖了以互联网博客、MSN 等网站媒体德育的内容和特征。在博客、MSN 等以网站为载体的网络德育高速发展阶段，已有研究对于网络德育的探讨，主要体现在网络德育的重要性，网络德育的原则、内容和实施过程，网络德育面临的危机与对策等方面。

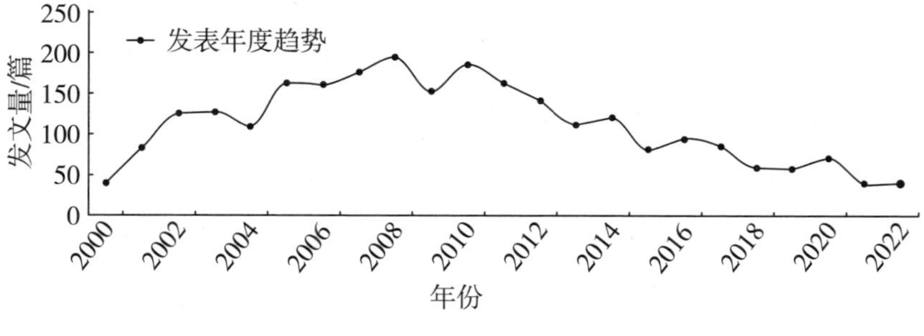

图 6-1　2000—2022 年“网络德育”研究趋势图

（一）网络德育的兴起及其重要性

一部分研究者认为外部环境的变化使得德育形式发生转变，网络德育

---

① 杨艳萍．网络德育初探［J］．学校党建与思想教育，2001（Z2）：51－53.

② 同①.

成为德育内容中的重要组成部分和实施方式。改革开放以来，我国经历了由农业社会向工业社会又向信息社会的转变，特别是随多媒体及网络技术发展而形成的网络社会，带来全新的德育环境。社会在发展，科技在进步，网络就像一张无形的网，将学生、学习和社会网罗在一起。① 这种全新的德育环境，必然对正处于社会化过程中的儿童产生影响，对传统的学校德育来说，既是一种挑战，也是一种机遇。德育如何适应这种新的网络道德环境，建立网络德育理念，建构网络德育模式②，便非常现实地摆到了广大德育理论者和实践工作者的面前。如果说“网络教育”是一场“21 世纪的教育革命”③，那么网络德育便是一场 21 世纪的德育革命④。

此外，研究者指出网络德育兴起的重要原因在于传统德育具有无法避开的局限性。在传统德育中，人们通常把追求做“完人”作为根本和最终的目标，但事实上，道德并非一种需要人们竭力维护其吸引力的意识形态，而是人类作为生物的必然需求，道德具有生物学上的根源，是人们获得快乐与幸福的重要源泉。⑤ 现代德育是与传统德育相对应的一种新的德育范式，主体性、发展性是现代德育的本质规定。现代德育以新时代的社会发展、人的发展为基础，以促使受教育者思想道德现代化为中心，促进社会现代化发展的德育。⑥ 德育的现代化如同社会现代化一样，是现代科学技术发展所带来的一种必然结果。科学技术不仅仅是生产力，而且是第一生产力。人类正处于网络时代，在新的时代里，不断发展的现代科学技术在推动人

---

① 邵俊吉．试论网络环境下高职德育工作的创新［J］．记者观察，2018 (2)：98.

② 班华．现代德育论［M］．合肥：安徽人民出版社，2001：9.

③ 嘉格伦．网络教育：21 世纪的教育革命［M］．北京：高等教育出版社，2000：51－68.

④ 刘守旗．网络德育：21 世纪的德育革命［J］．南京师大学报（社会科学版），2003 (6)：69－75.

⑤ 甘绍平．伦理智慧［M］．北京：中国发展出版社，2000：8－9.

⑥ 同② 10－12.

类社会前进过程中将起着越来越重要的作用。[1]

（二）网络德育的原则和实施途径

从网络德育的原则来看，已有研究主要对网络德育内容的原则进行了讨论。李书华认为，网络德育对于青少年的思想教育和健康成长来说非常重要，是全党、全社会高度重视的大事，网络德育的进行应该以德育课件为依托，遵循育德性、系统性、交互性、生动性、仿真性等原则。[2]杨艳萍认为，网络德育的原则是网络德育过程中确定网络德育内容、选择网络德育途径必须遵循的具体指导思想和基本要求，网络德育的实施也不意味着对过去的全盘否定，而是在继承传统的基础上，总结历史经验，结合客观条件，分析现实情况，不断进行自身的发展和完善，因此，必须坚持继承性与创新性的统一、系统性与开放性的统一、现实性与前瞻性的统一。[3]吴倬、张瑜认为，主体性原则、实践性原则、疏导性原则、前瞻性原则、渗透性原则是当前高校网络德育工作中需要注意的重要原则。[4]

在网络德育实施方面，研究者们普遍认为应该结合网络德育的原则和内容进行。如杨艳萍认为首先应该建立德育网站，通过设立网上"知识库""思想站""信息窗"和"连心桥"等，把正面灌输教育与潜移默化影响相结合，提高德育工作的实效性。其次，建立思想动态反馈系统，随时收集、存储、检索、分析、处理来自学生各方面的思想信息，动态地了解情况、发现问题、找出根源，采取对策。最后，实现网络德育与大众传媒的整合、互补，拓宽德育信息源。通过对大众传媒信息的理性分析，提高

---

① 戚继颖．网络环境下高校德育创新研究综述［J］．和田师范专科学校学报，2007 (1)：74 – 75.

② 李书华．网络德育：一个紧迫的时代课题［J］．人民教育，2000 (6)：50 – 51.

③ 杨艳萍．网络德育初探［J］．学校党建与思想教育，2001 (Z2)：51 – 53.

④ 吴倬，张瑜．论高校网络德育工作的几个基本原则与方法［J］．思想教育研究，2009 (1)：8 – 12.

受教育者的分析鉴别能力，增强网络德育的辐射力、吸引力和感染力。① 吴倬、张瑜认为要在网络德育工作的具体实施过程中贯彻主体性原则，应该做到尊重德育对象的个体差异性和引导德育对象发挥主观能动性，即充分了解学生需要及其使用网络的目的和接受网络影响状况的差异，做到在网络德育工作中抓住他们思想和行为发展阶段上的主要矛盾，满足其成长成才的需求，提高他们接受网络教育的能动性，从而实现对青年思想发展的有效引导。②

（三）网络德育面临的危机与化解对策

网络德育面临的危机与化解对策也是网络德育研究的一个重要问题。网络技术的迅猛发展正在给整个人类社会的发展带来革命性的、前所未有的变化，给教育带来了许多影响，也对我国媒体德育的理论和方法提出了严峻的挑战。

互联网的快速发展与深入应用给学生的德育带来了很大的影响与冲击，主要表现在三个方面。首先，网络时代信息传播的海量化、信息表达的碎片化、信息接纳的受控化等特征使得学校网络德育的开展受到冲击。③ 其次，互联网的普及导致一些传统意义上的榜样与优秀人物受到网络上居心不良人士的诋毁与抹黑，从而使得榜样的光辉形象受到质疑，榜样力量有所弱化，进而导致德育中榜样的权威难以发挥；网络信息传播的途径与速度得到空前的提高，负面信息容易被扩大；网络的复杂性和多元性容易导致学生沉迷其中。④ 最后，还存在部分教师的网络信息意识淡薄、信息

---

① 杨艳萍．网络德育初探［J］．学校党建与思想教育，2001（Z2）：51－53.

② 吴倬，张瑜．论高校网络德育工作的几个基本原则与方法［J］．思想教育研究，2009（1）：8－12.

③ 吴小英．微时代视阈中高校网络德育困境及对策［J］．学校党建与思想教育，2011（10）：84－86.

④ 熊慧珺．网络环境下德育工作创新研究［J］．中国新通信，2021，23（17）：241－242.

敏感度低；网络道德氛围缺失，网络信息良莠不齐；网络信息技术防范措施较为落后，网络监督体系不健全等方面的问题。

对于以上不同类型的危机和问题，研究者们也提出了相应的对策。首先，要将网络与学校教育进行融合，构建师生有效沟通的网络渠道，提高学生的网络素养，做好校园文化道德的促进与建设工作。① 其次，应该从了解学生思想和心理特点入手，营造师生互动交流的氛围，增强应对突发事件的能力，提高德育工作者的网络素质。② 最后，需要开辟多方位舆情新阵地，加强高校思政自媒体建设，完善管理机制，控制校园舆论导向权，建立系统的校园自媒体工作架构等。③

三、以移动网络为载体的新发展阶段（2011 年至今）

随着新的移动网络媒体的出现和发展，媒体德育进入到第三发展阶段——移动网络媒体德育阶段。移动网络媒体主要包括以微博、微信“双微”为主要媒体的平台，其不同功能和特征也时刻影响着德育的开展。以微博、微信等有代表性的移动网络平台的出现时间为依据，将移动网络媒体德育发展阶段的时间起点定为 2011 年。④

（一）移动网络媒体德育的兴起

微博即微型博客的简称，是一个基于用户关系的信息分享、传播以及获取平台。微博的出现具有划时代的意义，它标志着个人互联网时代的到

---

① 熊慧珺．网络环境下德育工作创新研究［J］．中国新通信，2021，23 (17)：241 － 242.

② 吴小英．微时代视阈中高校网络德育困境及对策［J］．学校党建与思想教育，2011 (10)：84 － 86.

③ 唐琳，许琛，徐昕．自媒体时代大学生网络德育的问题分析及对策研究［J］．高等教育研究学报，2012，35 (4)：86 － 88.

④ 国家信息中心．2019 中国网络媒体社会价值白皮书［R］．2020：10.

来。[①] 其中，具有代表性的是 2009 年推出的新浪微博。[②] 微博移动客户端平台的开放互动性改变了 Web 1.0 时代“网站—受众”这一线性的信息传播方式，移动客户端的微博平台不再是单向传播信息的主体，网民在微博平台上参与实时互动，进而在转发、评论中产生二次内容。

微信作为一款跨平台的工具，支持单人、多人参与互动，通过手机网络发送语音、图片、视频和文字。2011 年 1 月 21 日，微信首次发布，2012 年 8 月推出微信公众号平台。之后不久，它便以迭代的方式搭建起了一个全新的基础生态链，在改变人们沟通方式的同时引发了媒体变革。[③] 表现为传统纸媒、电视媒体向微信公众号迁移，将自己的受众转移到微信移动端，同时，媒体传播的主体也不再仅限于某些精英群体。[④]

“微信”和“微博”催生了“自媒体”发展，自媒体是随着互联网等新技术发展产生的一种交互性媒体报道方式，其特征有：传播主体的隐形化，传播速度及时便捷，信息通信随意性大，信息受众不确定，信息传播难以管理调控等。[⑤]

随着互联网、移动通信技术的发展，新媒体德育的方式不再局限于网页媒体，微信、微博等媒体形式也成为德育的重要组成部分，由于微博、微信平台的算法、用户群体不同，在网络德育方面发挥着不同的作用。以“微信德育”“微博德育”“自媒体德育”等为关键字在中国知网上对 2000 年以来的文献进行主题检索发现，近 20 年来有 103 篇关于微信德育和微

---

① 尹晓敏.微博兴起背景下大学生思想政治教育的挑战与应对[J].思想教育研究，2011(2)：49 – 52.

② 国家信息中心.2019 中国网络媒体社会价值白皮书［R］. 2020：6.

③ 祁亚楠.微信引发的新媒体变革［J］.中国广播，2013(5)：88 – 90.

④ 王嘉.思想政治教育视域下的网络意见领袖研究［D］.大连：大连理工大学，2013：7 – 9.

⑤ 王秀林，郭鹏杰，张贺祥，等.自媒体时代高校思想政治教育研究：基于高校官方微信、微博等网络平台建设视域［J］.传承，2014(5)：76 – 77.

博德育主题的研究，该主题自 2011 年之后开始出现，研究热度持续增高，在 2016 年达到顶峰后逐渐回落。与传统媒体相似的是，研究者对自媒体德育的研究仍然集中在高校思想政治教育的危机和解决对策等方面。

（二）移动网络媒体德育面临的挑战

微博、微信庞大的用户群体和传播信息的泛在性，使得新闻事件报道迅速、思想观点交锋充分，“从传统媒介那里‘抢’走了部分议题设置权”，建构了一种新的舆论形成机制。[①] 研究者们普遍认为微信、微博等移动网络媒体的交互性、快捷性、移动性[②]、传播的封闭性强、接受度高、重复性强[③] 等诸多特点给德育带来了挑战。首先，网络言论空间朝向非秩序化的方向发展[④]，不便于高校对学生的管理。其次，学生的判断力、道德观念、政治信仰受到冲击，虚拟世界中获得的价值观容易影响现实生活。[⑤] 最后，传统德育方式缺少活力与互动性，内容缺乏针对性，在掌握学生思想动态和加强思想政治教育方面难度较大，在移动网络媒体的背景下，传统德育者的引导性、针对性等优势难以发挥。[⑥] 在种种原因下，大学生思想政治教育的可预见性、教育传统载体的功能、传统方法的效果以及高校思想政治

---

① 谢耘耕，徐颖．微博的历史、现状与发展趋势[J]．现代传播(中国传媒大学学报)，2011 (4)：75 − 80.

② 顾建平．“微博”背景下大学生思想政治教育的挑战及对策研究［J］．学校党建与思想教育，2014 (5)：66 − 68.

③ 陈思宇．微信朋友圈与大学生思想政治教育［J］．长江大学学报(社科版)，2014，37 (9)：122 − 124.

④ 夏雨禾．微博互动的结构与机制：基于对新浪微博的实证研究［J］．新闻与传播研究，2010，18 (4)：60 − 69，110 − 111.

⑤ 张明明．微博、微信网络环境下高校思想政治教育研究［J］．思想理论教育导刊，2014 (4)：104 − 106，110.

⑥ 郝胜杰．思想政治教育如何应对“微博”的挑战［J］．扬州大学学报(高教研究版)，2010，14 (2)：48 − 52.

教育者的主体地位和主导作用被严重削弱了。

（三）移动网络媒体德育的应对策略

移动网络媒体的出现在带来挑战的同时也提供了新的机遇，如拓宽了德育平台、丰富了德育手段等。[①] 基于此，对于以上挑战，研究者们从德育工作者的德育理念、德育网络平台的建设、德育主体、德育内容等方面提出了相应策略。首先，提高德育工作者的素质。德育工作者要积极主动地利用好微博、微信等自媒体开展思想政治教育，树立起利用微博优势开展思想政治教育工作的理念[②]，摆正微博、微信等移动网络媒体在学生德育特别是思想政治教育中的地位。其次，充分利用微博功能开展好大学生思想政治教育，搭建宣传主流价值观的传播平台，提高德育工作者和受教育者的网络素养，警惕微博对现实生活的冲击，及时对网络舆情进行监控预警，同时要有积极的应对策略。[③] 再次，从德育主体入手，加强思想政治教育师资队伍建设，加强对学生的教育和引导，构筑服务式和陪伴式的育人平台等。[④] 最后，应该整合网络德育内容，紧密跟踪社会热点、焦点问题，及时进行有关话题的策划、引导工作，创新网络德育内容体系，提供有德育价值的社会议题和讨论素材，增强网络德育的关注度和吸引力。[⑤]

---

① 杨占良.对新媒体时代大学生思想政治教育的思考[J].教育探索，2013（6）：132－133.

② 杨立淮，徐百成."微博"网络生态下的高校网络思想政治教育[J].中国青年研究，2011（11）：114－116.

③ 沈媛媛，杜伟泉.自媒体在大学生思想政治教育中的运用[J].南京邮电大学学报（社会科学版），2014，16（4）：120－124.

④ 杜成煜.微博兴起背景下的大学生思想政治教育工作探析[J].南昌教育学院学报，2012，27（9）：25－26.

⑤ 杨威."微时代"中思想政治工作如何突破[J].思想政治工作研究，2010（4）：28－30.

第三节 媒体德育的研究趋势

本节基于前文对德育媒体的变迁形式、关注主题等内容的梳理，概括出这一领域内的整体研究趋势特征。同时，考虑到目前媒体德育研究的现状，本节将立足于新时代背景和媒体德育自身特点，从整体对其研究进行反思和回顾。

改革开放以来，我国的时代主题和媒体形式不断更新，研究趋势也随之改变，主要呈现出三个方面的特征。

首先，改革开放以来，媒体德育范式在现代化的推动下不断寻求转型，过程中呈现出传统范式与现代范式的博弈之势。德育范式是指在德育思维方式指引下，由德育过程、德育内容、德育方式等诸因素共同构成的德育发展模式。[①]改革开放以来，媒体德育范式的转型与德育范式的整体转型趋势一致，总体上呈现出由规范德育向主体德育、由知性德育向人文德育的转变。具体而言，在德育思维和过程方面体现出由以外在性规范或政治目的为指导塑造教育对象到尊重教育对象的主体性和自由（如尊重差异、提倡创新和批判思维）、贴近教育对象生活、培养教育对象“完满人性”（如生命德育、美育）的转变。在媒体德育的方式上，从理论说教转变成提供可操作性的建议。[②]可以看到,时代变迁推动媒体德育范式转变的同时，中国传统历史文化中秉承“人伦”的伦理观念也影响着德育理念及思维方式，二者在转型过程中呈现出博弈之势。

其次，新媒体德育研究增多，传统媒体德育与新媒体德育呈交融之势。

① 李西顺.我国德育范式的特征及转型趋势［J］.教育发展研究，2010，30（24）：47－50.

② 张瑞瑞.我国中小学德育范式变迁的人性化思考：以《中小学生守则》为例［J］.上海教育科研，2020（6）：10－14，37.

如前文所述，新媒体德育是就传统媒体德育而言的一个相对概念，在本章中泛指与报纸德育、广播电视德育相对应的网络德育、微信德育、微博德育等。随着 Web 1.0 和 Web 2.0 的发展，新媒体自身不断更新迭代，新媒体德育和传统媒体德育在德育信息传播、思想道德教育引导、社会公共事务价值观引领等方面共同发挥着重要作用，呈现融合发展的新趋势。

最后，媒体德育研究紧扣时代主题，牢牢把握政策导向。改革开放以来，媒体德育受国家宣传政策和德育政策导向的影响，反映出一定时期的国家意识形态。媒体德育研究的价值观和思维方式始终紧扣时代发展主题，如开放初期颁布的《中共中央关于教育体制改革的决定》（1985 年）、《中国教育改革和发展纲要》（1993 年）等，共同构成了我国改革开放初期媒体德育工作的思想指南。党的十八大以来，以习近平同志为核心的党中央进一步提出习近平新时代中国特色社会主义思想，为我国的媒体德育工作提供了科学方法论。媒体德育研究者正是在上述科学理论和政策的指导下，坚持解放思想、实事求是，推进了我国媒体德育工作的发展。

第七章
媒体德育研究的基本论题

本章主要任务是梳理媒体德育的基本论题，聚焦媒体德育关注的核心问题和主要内容。在我国，媒体德育的研究始于20世纪90年代，在20世纪末受到学界广泛关注，无论是研究的数量还是深度都有大幅提升。近些年，媒体德育研究已经成为德育研究中的热门主题。

媒体德育涵盖宽泛，是传统媒体德育、新媒体德育（及自媒体德育）等的统合。在30余年的发展历程中，媒体德育完成了传统媒体德育到新媒体德育的转向。承接上文对媒体德育的定义，媒体德育是以媒体为载体开展的德育活动与行为，媒体是背景或手段，德育是目的和内容。依托媒体德育，我们得以审视教育主体、媒体、德育和社会生活之间的关系，并以多种方式看待这些关系。媒体德育有助于我们了解媒体的使用途径，以及解释其在人的发展、德育功能等方面发挥的作用。

在第一节中，从宏观层面对媒体德育研究的基本论域作梳理。在第二节中，按照历史发展的顺序，依次介绍不同媒体德育类型的基本情况、作用与挑战。在第三节中，回到整体，对媒体德育的整体环境、挑战、形象建设与发展建议作详细述评。总体论述是总—分—总框架，遵循从理论到实践的逻辑。

第一节　媒体德育研究的基本论域

通过对已有研究的分析可知，改革开放以来媒体德育研究的主题有相关内涵和原则、媒体德育要素等，其中，媒体德育的要素包括媒体德育的教育者、教育对象、媒体德育的目的、媒体德育内容、媒体德育情境和手段等。目前的研究主要存在以下问题：研究类型多事理研究少学理分析，研究方法侧重于经验论述，研究内容比较单一，研究结论缺乏深度。研究趋势表现为紧扣时代主题，牢牢把握中国特色社会主义研究方向。同时，随着新媒体德育研究的增多，传统媒体德育与新媒体德育呈交融之势。

一、媒体德育的研究主题

（一）媒体德育的相关内涵和原则

已有研究尚未对“媒体德育”进行概念界定，但对“网络德育”作出了清晰的概念界定。“网络德育”是指以网络技术广泛应用为主要标志的信息时代的思想政治工作，包括网上的道德规范及教育问题，利用网络作为条件和工具进行德育工作以及网络环境下的德育工作。[①] 针对不同的德育主体，研究者也提出了相应的原则，如育德性、系统性、交互性、

---

① 杨艳萍．网络德育初探［J］．学校党建与思想教育，2001（Z2）：51－53.

生动性[①]、创新性、前瞻性[②]、疏导性、渗透性[③]等。

通过与媒体德育相关的德育概念如“家庭德育”“社会德育”“网络德育”等比较,我们可以将“媒体德育”的内涵定义为:通过媒体或在媒体中,由各类社会人群对儿童和青少年施加有意识的教育或无意识的影响,将一定的道德规范、思想意识、政治观念转化为受教育者品质的一种教育活动。从内涵来看,“德育媒体”与“媒体德育”有着根本区别。“德育媒体”是以德育为目的的媒体,聚焦于一种媒体手段而非德育目的。而“媒体德育”关注人、媒体、德育和社会生活之间的关系,并以多种方式看待这些关系。“媒体德育”关注媒体的使用途径如何,以及如何解释媒体德育在人的发展、德育功能等方面的问题。从“媒体德育”的外延来说,将德育作为目的和内容,通过媒体展开的德育或在媒体中进行的德育都可以称为媒体德育,如“报纸德育”“广播电视德育”“网络德育”“互联网 + 德育”“微博德育”“微信德育”等。

（二）媒体德育的要素

总体而言,已有研究中媒体德育要素包括道德教育者、教育对象、德育目的、媒体德育内容、媒体德育情境和手段等。从研究进路上看,主要以“问题表征—对策路径”这一思路展开研究。

第一,媒体道德教育者的研究。从广义上来看,媒体德育的主体包括社会各界人士;从狭义上看,中小学、中职、高职、高校等不同学校构成了媒体德育的主体,道德教育者即不同类型学校中的辅导员。已有研究遵循“问题—对策”的研究路径,主要对媒体道德教育者存在的问题和教育

---

① 李书华 . 网络德育 : 一个紧迫的时代课题 [J] . 人民教育 , 2000 (6) : 50 − 51.

② 杨艳萍 . 网络德育初探 [J] . 学校党建与思想教育 , 2001 (Z2) : 51 − 53.

③ 吴倬,张瑜 . 论高校网络德育工作的几个基本原则与方法[J].思想教育研究 , 2009 (1) : 8 − 12.

者主体建设路径进行研究。当前，辅导员普遍存在德育专业知识不足，思想政治教育与媒体结合不充分等问题，针对这些问题，研究者提出应该首先提高辅导员群体的思想政治素养，贴近学生生活，以学生为本通过媒体展开德育工作。

第二，媒体德育对象的研究。从广义上来说，任何接触媒体、通过媒体接受德育的主体都是媒体德育的对象；从狭义上来看，媒体德育对象主要指在校学生，如中小学生，中职、高职、高校学生这一学生群体。已有研究主要对狭义范围内的主体进行研究，围绕学生群体的身心发展特点和媒体的使用范围、内容以及如何发挥媒体德育优势避免媒体带来的不良影响等方面展开讨论。

第三，媒体德育的目的。改革开放以来，时代主题和媒体形式的变迁使得媒体德育的价值观和内容发生变化，也影响着媒体德育的目的。在时代背景和价值观上，媒体德育先后经历了政治化背景下的无私利他、寻求集体与个体的平衡、注重环境与精神文明建设、关注个性化发展四个阶段。① 相应的，媒体德育的目的也经历了四个阶段的变化。

第四，媒体德育的内容研究。媒体德育的内容主要包括思想政治教育、道德教育、媒体德育面临的危机与对策等。目前的研究认为，应该充分发挥媒体快捷性、开放性、交互性② 等特征，结合学生对网络媒体和移动媒体使用偏好的特点，发挥媒体对教育对象开展思想政治教育和意识形态教育的优势。同时，针对信息碎片化③、网络信息良莠不齐、教师信息敏感度低等问题，要从学校道德和网络环境建设、教师和学生素养提高等方面进

① 梁作甲．改革开放以来德育政策的历史演变与经验启示［J］．佳木斯教育学院学报，2014 (6)：32，36.

② 顾建平．“微博”背景下大学生思想政治教育的挑战及对策研究［J］．学校党建与思想教育，2014 (5)：66 － 68.

③ 吴小英．微时代视阈中高校网络德育困境及对策［J］．学校党建与思想教育，2011 (10)：84 － 86.

行改善[①]。

第五，媒体德育实施的情境和手段研究。媒体德育实施的情境和手段是指对教育对象进行德育过程中创设的德育情境和方法手段。已有研究将其分为思想层面的方法和操作层面的方法：在思想层面摆正各类媒体在德育中的地位，紧扣时代主题加强对媒体这一思想、道德阵地的建设；在技术层面提高信息技术和数字化水平，通过在学校中创设媒体德育平台推动学校媒体德育建设。目前研究主要集中在教育方法存在的问题与优化策略等方面。

二、媒体德育的研究问题

研究者们通过“现状—问题—原因—对策”的形式对媒体道德教育者、教育对象、目的、内容和情境手段进行了较为全面的研究，提供了一些可借鉴的思路与结论。但从整体上看，目前学界对媒体德育的研究仍有一些不足。

（一）研究类型多事理研究少学理分析

媒体德育的学理研究是指在理论观念层面对其进行剖析和阐述，从理论层面而非经验或事实层面进行探究。媒体德育的事理研究则是指对媒体德育现象的研究，如网络德育、微博思想政治教育、微信公众平台意识形态教育等现象的研究，媒体德育的事理研究包括对媒体德育现象的现状、过程以及形成因素的研究，从实施经验出发并通过事实经验得以证明。

已有研究对“媒体德育”的学理性探究仅仅体现在内涵、特征、原则等方面，得出的结论往往只是对思想政治教育或道德教育理论的移植，缺

---

① 熊慧珺．网络环境下德育工作创新研究［J］．中国新通信，2021，23（17）：241－242.

乏深入的探讨，如，媒体德育的目的与合理性是什么？媒体德育何以成为一个独立和必要的研究话题？媒体德育与家庭德育、社会德育以及学校德育的联系和区别在哪里？媒体德育在德育培养中起到何种作用与影响？等等，都是需要进行系统、深入讨论的问题。总体而言，相较于国外从技术哲学角度对媒体德育展开的研究，国内的媒体德育研究缺乏学理层面的分析。在当前的信息化背景下，借助技术设备、互联网和大量的在线分享平台，信息和图像获取率比以前更高，媒体成为德育的“双刃剑”。因此，当涉及大众艺术和社交媒体时，需要辨别可靠的信息来源、错误信息、骗局、诈骗和假新闻，需要德育主体批判性地、创造性地、协作性地和富有同情心地参与日常生活中遇到的多种来源和不同的观点。[①] 此外，国内大部分研究和论述主要从事实层面出发，沿“现状—问题—原因—对策”思路展开讨论，缺乏创新性和深入细致的研究。

（二）研究方法侧重于经验论述

研究方法的科学性和适切性直接影响研究结果的科学性和可靠性，从研究方法的分类来看，可以分为传统研究方法、质性研究方法、量化研究方法和混合研究方法。“传统研究方法包括思辨法、经典文献法、经验总结、历史研究、比较研究等；量化研究方法是以实证研究为基础的研究方法，包括实验法、问卷法、测量法等；质性研究是以研究者为工具对思想政治教育现象进行解释、建构的研究方法，包括民族志、叙事研究、访谈研究和个案研究等。”[②] 混合研究法则是将质性研究方法和量化研究方法相结合的方法。

---

① D' OLIMPIO L. Media and Moral Education: A Philosophy of Critical Engagement [M]. New York: Routledge, 2017 : 1 − 18.

② 佘双好 . 思想政治教育的科学研究现状、特点及发展趋势探析[J]. 思想理论教育导刊，2009 (10) : 83 − 89.

当前，国内媒体德育的研究方法比较单一，以传统研究方法为主，质性、量化和混合的实证研究不多，因而科学性有待提升。第一，传统研究方法以经验总结为主；第二，质性研究较少，且以案例研究为主，仅呈现微信、微博等媒体德育的现状；第三，通过问卷调查进行的研究以问卷发放和简单的百分比统计为主，严格意义上来说不能称之为量化研究；第四，尚未有使用混合研究方法开展的研究，大多是基于媒体的缺点对危机的讨论和在此基础上的对策建议研究。虽然此类研究为媒体德育工作者提供了一些思考的方向，避免了因对媒体特性了解不足而导致的德育方面的缺憾，但同时，此类研究未能基于实证材料进行讨论，其展望、对策指向空泛，对于媒体德育的实践来说缺乏具体的分析和指导。

（三）研究内容单一、研究结论缺乏深度

国内对媒体德育的研究主要从媒体形式的特点出发讨论德育问题，从形式上来看，媒体德育的变迁与媒体形式的变迁息息相关，经历了从报纸德育、广播电视德育到互联网媒体德育、移动媒体德育的形式变化。从内容上来看，媒体德育的内容主要集中在思想政治教育特别是高校思想政治教育，一般而言，德育内容包括爱国主义、集体主义、“三观”教育[①]、道德品质教育、心理健康教育[②]等，而已有媒体德育研究主要关注思想政治教育方面的内容，从德育的内容来看有些单一。

得出研究结论是学术研究的重要环节，反映了研究者对自己研究的认知状态，有利于总结、反思研究，也有利于推动相关领域知识的完善和发展。哈贝马斯在《认识与兴趣》中将人类认知旨趣分为三种类型：“经验—分

① 郑敬斌，王立仁．学校德育内容衔接的困境与出路［J］．教育科学研究，2012 (4) : 57－61.

② 李俊．中小学德育的不足及对策探析［J］．现代教育科学（小学校长），2007 (4) : 27－28.

析的科学研究”蕴含技术的认知旨趣；“历史—解释学的科学研究”蕴含实践的认知旨趣；“具有批判倾向的科学研究”蕴含解放的认知旨趣。研究者对研究的认知通过研究结论得以显现，因此，在哈贝马斯的三种认知旨趣下便形成三种知识结论形态，对于媒体德育研究而言这三种知识结论形态分别是：一是事实性知识结论，即关于媒体德育如微信、微博、网络德育中的现象以及事实的经验知识；二是规范性知识结论，即对媒体德育的原则和实施过程中的正确性、必要性进行论证的知识；三是批判性知识结论，即对媒体德育中的缺陷和不足进行分析和批判的知识。

已有的媒体德育研究结论主要集中在事实性知识结论这一类型上，即主要是微信、微博、网络平台中的德育状况，特别是思想政治教育状况的结论。同时，也包括对诸多媒体德育情况的原因及对策的经验性知识的呈现。但是由于媒体德育研究内容较为局限、研究方法科学性不足，导致研究结论呈现出千篇一律的状态，例如“要认清媒体对德育的双面性，发挥媒体优势避免媒体的负面影响”等结论。此外，研究结论是否科学精准、是否具有典型性、普遍性和推广性，都是值得我们反思的问题。目前，规范性知识结论和批判性知识结论尚且较弱甚至处于空白状态。

作为跨媒体、德育两个领域的研究论题，媒体德育的研究已经有了明确的研究主题和要素，并表现出媒体德育的独特性。但总的来说，媒体德育在研究类型、研究内容、研究方法、研究结论等方面仍待深入。

三、媒体德育的研究展望

在习近平新时代中国特色社会主义思想为理论基础与理论指导的背景下，结合德育媒体相关研究的趋势和特征，从以下三个方面对媒体德育的未来进行思考和展望。

（一）紧扣新时代主题，加强学理研究

媒体德育是育德育人的工作，无论媒体的形式和特征如何变化，不变的都是对人的道德品质和理想信念的教育。时代的变迁带来媒体形式的更新换代，也带来了不同的时代主题和德育使命。新时代媒体德育的新使命，就是在中国特色社会主义进入新时代的历史方位中，以马克思列宁主义、毛泽东思想、邓小平理论、“三个代表”重要思想、科学发展观、习近平新时代中国特色社会主义思想为指导，紧紧把握新时代特征，围绕新时代中国特色社会主义建设的总任务总目标，凝聚共识，汇集力量，保障和推动社会主义现代化强国和中华民族伟大复兴的目标早日实现。[①] 新使命对媒体德育提出新要求，媒体德育要准确把握新时代的丰富内涵，抓住新时代的主要矛盾，紧扣新时代的总目标，掌握主要对象和群体特征，深入学理研究。

学理研究和事理研究，都是为了提高媒体德育理论和实践水平，已有研究侧重于事理研究，在学理研究方面可以进一步加强。首先，在新时代德育研究主题中确定媒体德育研究主题，并深入学理研究。如，在新时代媒体德育的现状、成因探索的基础上，进一步对其过程特征和形成机制进行学理分析；对新时代媒体德育的内涵、目的、价值正当性进行深入的学理分析等。其次，需要将媒体德育的学理研究和事理研究相结合。当前事理研究较多，一方面推动了研究者对媒体德育的认识和了解，从事理研究中得出的结论和判断有助于学理研究的深化，也为媒体德育的实践提供了操作性指导；另一方面，从某些具体的案例入手难以了解媒体德育本身的属性，因此，需要结合学理层面的分析，形成对案例和媒体德育普遍属性的判断，并从规范性的角度指导媒体德育实践。

---

① 张毅翔．新时代思想政治教育的新使命和新要求［J］．思想教育研究，2017（11）：19－23.

（二）注重研究方法的科学性和多样性

严格的科学方法是得出科学有效的结论以指导其实践的前提，同时，媒体德育跨学科的特征也要求在对其进行研究时采用不同的研究方法，避免单一化、片面化。具体而言，媒体德育研究方法的使用需要注重以下方面。

第一，在经验总结的基础上加强思辨。哲学思考是科学研究的前提[①]，现有的研究方法以经验总结为主，缺乏深度思辨，因此在媒体德育的概念辨析、理论建设方面有缺陷。思辨研究方法有助于媒体德育概念、理论的明晰，也有助于研究者发散思维，提出新的相关理论。

第二，提高使用量化研究方法的科学性。量化研究有助于大样本数据的收集和分析，对研究者把握媒体德育的整体情况十分必要。当前的量化研究仅仅停留在问卷调查这一简单统计阶段，需要从问卷设计、样本选择、统计学分析等方面提高量化研究方法的科学性。

第三，加强质性研究方法的应用。当前对媒体德育的质性研究较少，且已有研究以案例分析为主，回答了媒体研究“是什么”的问题。从质性研究方法的特征来看，仅仅回答“是什么”的问题是不够的，还需要回答“为什么”或“如何”之类的问题，因此，还需要深化质性研究在媒体德育研究中的应用。

第四，加强混合研究方法的应用。如前文所述，媒体德育具有跨学科的特征，数字化时代中媒体的应用非常广泛，相对于家庭德育、社会德育，媒体德育的复杂性更加明显。因此，为解决不同的媒体德育问题，需要加强混合研究方法的使用。在混合研究方法的应用上，注重内部不同方法之间的适恰性、协调性和目的统一性，从而使整个研究形成一个逻辑严谨的“理论论证—实证佐证—结论确证”闭环，最终使理论研究结论、历史研

---

① 乔晓春．中国社会科学离科学还有多远？［M］．北京：北京大学出版社，2017：168.

究结论和实证研究结论之间可以相互补充、完善和证明。

（三）立足媒体特征，完善研究内容、深化研究结论

无论是传统媒体还是新媒体，相比于家庭和社会来说都具有更强的开放性、实时性、广泛性和互动性，媒体是一把“双刃剑”，其特征对德育研究内容和结论有着重要影响。

1. 完善媒体德育的研究内容

第一，从整体上丰富、拓宽媒体德育内容的研究范围。已有研究以高校思想政治教育为主，需要进一步拓宽研究内容的范围，从爱国主义、集体主义、“三观”教育、道德品质教育、心理健康教育等方面完善媒体德育研究的内容。

第二，分层次深入、细化媒体德育的局部内容研究。在从整体上拓宽对媒体德育的基本论题研究的同时，也要从局部对媒体德育问题研究进行深化。例如，在爱国主义、集体主义、思想品德教育等研究内容下，对媒体德育各部分要素如媒体道德教育者、德育对象、德育目的、德育情境手段进行研究。

第三，注重媒体德育研究内容之间的协调统一。不管是整体拓宽还是局部深化，都要在媒体德育的研究内容上互相关照。在进行整体研究时，要突出具体问题的重难点；在进行具体问题研究时，要把握局部与整体的关系，理解二者之间的相互作用，从而实现整体和局部的协调统一。

2. 深化媒体德育的研究结论

从研究结论的知识形态来看，当前研究中媒体德育结论以事实性知识为主，未来可以从以下三个方面深化媒体德育的研究结论。

第一，补充媒体德育中的规范性知识结论，凸显媒体德育的价值引领。媒体德育的规范性和价值引领一方面体现在新时代背景下政治的正确性和先进性，另一方面体现在德育本身的原理性。因此，未来的媒体德育研究结论要在紧扣时代主题的同时与经典的、前沿的德育理论进行对话，从而

实现媒体德育研究的价值引领性。

第二，发展和完善已有的事实性知识结论，提高其科学性和有效性。已有研究主要采用传统的经验研究方法，缺少实证数据的支持以及对数据的分析和阐述，导致媒体德育的事实性知识结论停留在经验层面，科学性不足。未来的研究应该对事实性知识结论进行完善，针对具体研究问题采用适切的科学研究方法，从而得出对理论和实践具有指导性的科学结论。

第三，增加批判性知识结论。批判性知识结论一方面体现在对媒体德育实践中存在的问题、误区和局限性等方面的批判反思，通过批判和反思性的研究结论丰富媒体德育的理论，指导媒体德育的实践；另一方面，媒体德育兼具媒体的“工具性”和德育的“价值性”，因此，还需要对媒体本身的工具性进行批判性思考。媒体作为一把“双刃剑”，为德育带来了机遇和挑战。研究者应把握媒体的发展规律，认识到媒体的特性及其待开发的潜能，并认可德育与教育教学目标、教育价值之间关联的媒体；应认识到媒体并不具有完全的自主性，它的价值属性取决于为谁控制与如何利用[①]，充分发挥政府、学校、师生、家庭等各方主体的主观能动性；应认识到媒体的工具理性与教育的价值理性之间的差异，并在差异中寻求平衡。

第二节　媒体德育类型研究

承接上一章中对媒体德育发展与变迁的论述，从纵向的历史梳理，媒体德育大致可以分为以传统媒体为载体、以网站为载体、以移动网络为载体的三个阶段，从横向的媒体德育论题梳理，又可以从前到后大致梳理出五种典型，分别是报刊类、广播类、电视类、网页类、微博微信类媒体德育。

---

① 阎光才．信息技术革命与教育教学变革：反思与展望［J］．华东师范大学学报（教育科学版），2021，39（7）：1－15.

在本节中，对各类型媒体德育的基本情况、作用与挑战作相关论述。

一、报刊类媒体德育

据现有材料，中国的“报纸”可追溯到唐朝的“进奏院状”（或称“状报”“报状”），至宋代发展为“邸报”，后又经明清两朝发展，但基本都是官报的状态，主要内容是皇帝的诏旨与起居、臣僚的奏章、官吏的任免、军事消息等。[①] 近代意义上的中文报刊最早的是英国传教士米怜于 1815 年在马六甲创办的《察世俗每月统记传》，主要在东南亚华侨中散发，一部分流入了广东。最早的中国人自办成功的、具有政治评论意味的报纸，是 1874 年 1 月 5 日创刊于香港的《循环日报》，宗旨是“强中以攘外，诹远以师长，变法以自强”，创办目的主要是借报纸来宣传变法自强的主张。[②] 新中国成立前后，中国共产党创办的报纸中，最为著名的有 1938 年创刊的《新华日报》，1941 年创办的《解放日报》和 1948 年创刊的《人民日报》。延安时期，《解放日报》通过改版改革，从强调新闻性转移到重视党的思想，重视党性教育，贴近受教育对象，让更广大人民群众易于接受上来。[③] 这一转变为报纸的发展与原则奠定了整体基调。

《人民日报》在改革开放后经历了多次重要改版，最为重要的一次是 2009 年，考虑到增加国际话语权的需要，报纸新增了一个国际新闻版，拓宽了国际新闻报道。[④] 除了国内外环境不同外，《人民日报》还考虑到媒介环境也日新月异，网络、手机等新媒体形式不断涌现，打破了传统社会

---

① 黄瑚．中国新闻事业发展史：第 2 版［M］．上海：复旦大学出版社，2009：6－15.

② 董天策，陈映，黄晓赟，等．中国报纸类型的历史发展［J］．西南民族大学学报（人文社科版），2005 (4)：254－257.

③ 康华．浅析延安时期报纸的思政教育特色［J］．新闻战线，2014 (9)：133－134.

④ 周琴，郭云强．扩版之后话改变：专访人民日报总编室主任谢国明［J］．新闻与写作，2009 (8)：5－7.

舆论与媒体的格局，于是 2003 年改版后《人民日报》的“东方新闻周刊”板块（每周五出版）设置了一个“媒体冲浪”版，选摘网络观点与信息呈现。当然，那时的改革还未涉及跨媒介的深度融合，仅仅只是观点和资源的偶尔引用。到 2009 年改版时，明确提出：“要更贴近人民群众，善于从群众视角发现问题、提出问题、分析问题。”于是《人民日报》开始向更高层次媒介融合的探索，如新闻协调部和人民网共同策划推出《人民观察》栏目，刊发有特色的深度报道。[①]

总体来看，改革开放以来《人民日报》向更为开放、多元、贴近群众、贴近生活的方向发展，但依然保持着极强的政治属性，比如在 2009 年改版后，还增设了《议政建言》《党建周刊》等栏目，内容大胆深刻，对极深极难的话题也敢于下真功夫、苦功夫来讨论，在思想政治与价值引领层面，《人民日报》做得深入且有针对性。直至今日，报纸依旧是舆论导向最重要的工具之一，《人民日报》等党媒依旧是舆论导向的“领头雁”，在重要话题上起着目光长远的导向引领作用。改革开放以后，报纸还有一大发展特征，是越来越多的公众言论以各类体裁和形态走上媒体，涂光晋概括有群言式小言论、社会评论、新时期杂文和时事评论等多种形式。[②]可以说，报纸在改革开放以后，融入越来越多民众的政治言论，更接地气，成为公众进行舆论监督、参与社会生活和实现自身话语权的重要方式与途径。总而言之，报纸作为德育的载体，优势是排版固定、信息量大、阅读自由度高等，缺点是对读者文化程度要求高，趣味性、生动性与交互性不足。

在报纸的基础上，高校发挥自主性创立校报，从而在学校范围内进行

---

① 林明娟 . 党报改革的“变”与“不变”：比较分析改革开放后《人民日报》三次重要改版［J］. 新闻知识，2011 (1)：18 − 20.

② 涂光晋 . 公众言论走上媒体：改革开放以来我国报纸评论的一个显著变化［J］. 新闻三昧，2006 (8)：4 − 6.

媒体德育。校报是报纸在学校范围内的分支，是在学校党委的领导下为学校党建、行政、教学、科研、校园文化活动等服务的校园文化传播载体，具有较强的政治性和舆论引导性。[①]直至今日，校报依旧是学校内传递信息、引领舆论的重要阵地，沿袭了报纸的特性与优势并发扬光大。

新闻媒体是党、政府和人民的喉舌，是党的重要思想舆论阵地。而报纸是思想传播的通道、信息的承载工具，报纸在传播过程中总是扮演着舆论代言人的角色，具有强烈的意识形态倾向。[②]当然，在一些报纸坚持党性原则与政治思想引领时，也有一些报纸忘却自身责任与定位，片面追求发行量，一味迎合受众，这是报纸“放弃话语权”的行为，这类报纸在媒体时代的冲刷下注定会被逐渐淘汰，这也或给报纸的发展指明了原则与方向。

二、广播类媒体德育

广播是指通过无线电波或导线传送声音的大众传播媒介。广播这一媒体相较于更为传统的报纸媒体，其优势在于：时效性强，传播迅速，覆盖面广，感染力强；局限在于：广播声音转瞬即逝、不留痕迹，选择性弱，听众处于被动的接受状态。[③]比起报纸的严格形式、政治功能强，广播更为贴近群众生活，甚至还出现了广播教育节目，专门进行各类教育，其宗旨是“贴近实际、贴近生活、贴近群众”，向受众提供教学服务、传递教育信息，为受众答疑解惑、排忧解难，广播教育功能形象化、具体化、专

① 李洪华．充分发挥高校校报的思想政治教育载体作用[J]．学校党建与思想教育，2010(7)：51－52.

② 尹海鹰．报纸在思想政治工作中的作用［J］．青年记者，2012(20)：127.

③ 贺才乐．思想政治教育载体的形态及其特点［J］．理论与改革，2003(6)：104－106.

业化，是指导性高、实用性强、针对性好的一种节目类型。[①]

20世纪80年代是我国电视业快速发展的重要时期，人们获取信息的渠道逐渐从只有声音的广播，转向有声音带图像的电视。可以说，大致在改革开放后，随着电视的介入，广播发展逐步式微。在此之前的很长时间里，《新闻与报纸摘要》《新闻联播》承担着中国新闻界重要的播报工作，起到了引领潮流、引导舆论的重要作用。但在此之后，中央和地方的电台不得不进行节目的创新与转型，除了以往的小说连播、革命音乐、曲艺等外，还增加了文学欣赏、外国古典音乐、轻音乐、广播剧、电影录音剪辑等节目，在20世纪80—90年代，地方的一些电台创新很快，比如《伊甸园信箱》，大胆回应听众的生活与感情问题，在当时独树一帜。这些创新节目，给予了德育丰富的实践空间与发展空间，听众在潜移默化中完成了人生观、价值观的塑造，正确的广播节目导向也有助于青少年身心健康地成长，培养和树立青少年的现代观念。

三、电视类媒体德育

随着时代进步与科技发展，电视这一媒体形式出现并获得较快发展，相较于传统媒体，如报纸、广播等，电视的优势明显，集"文字""声音""图像"于一体，图文并茂、声画结合，消除了受众与信息的空间距离感。[②]而电视媒体的局限性在于电视依然属于告知型媒体，不宜于呈现复杂的内容与深刻的事理。

电视相比起报纸、广播等传统媒介，除了以上优缺点，还完成了传媒行业的两大整体转向，具体有：传媒信息全球化，过去无论是报纸还是广播，都脱离不了本国文化、立场，而电视成为各个国家与地区间、国家与地区

① 夏哲．如何做好广播教育节目［J］．西部广播电视，2021，42（15）：85－87.

② 杨锋．校园电视与高校德育［J］．保山师专学报，2002（4）：16－18.

内部从事政治经济文化活动和教育活动的重要通道与平台；传媒行业市场化，过去的报纸、广播，多是听从“行政命令”，而电视节目属于一种“产品”，容易被市场淘汰，因此市场经济法则就是电视传媒的重要指挥棒。[①]这两大重要转变也使得电视作为德育的平台，其内容大大扩充，其方式更趋群众的日常话语，其形式更契合群众喜闻乐见的模式。时至今日，电视依然在新闻播报、新闻信息传播、生活娱乐节目放映等领域占据着极为重要的位置，也始终是广大群众接受隐性德育的重要渠道。

电视作为德育传播平台的案例较多，如各大电视剧、节目，在当季就容易成为在校学生热谈的话题，电视剧、节目中的人物表现与行为，也极易成为学生模仿与崇拜的典型。有一线老师指出，如学校能通过正面教育积极引导，利用电视媒介的形象性与生动性，对学生进行思想教育，则德育的成效会大大上升[②]，比如利用1998年抗洪抢险播报、2008年汶川赈灾播报等，灵活运用《今日说法》《实话实说》《焦点访谈》等节目，唤起与丰富学生的爱国与革命英雄主义思想、法治意识、时事见闻，也使得电视成为德育的“好帮手”“正面平台”。

在中学，出现了一类“校园电视”，直至今日在学校中依然较为常见。学校电视在每学期开学为学生播放《开学第一课》，每天利用一段时间转播中央电视台的《新闻联播》[③]，更有爱国主义题材的电影、校园新闻播报等形式，或通过转播，或通过学生自制德育节目，促使学生敞开心扉积极接受自我教育，接受德育、参与德育、热爱德育。

随着互联网的加入，电视也在不断更新，互联网协议电视（IPTV）成为电视发展的新趋势，是集互联网、通信、多媒体等多种技术于一身，向

① 孙剑坪．当代电视传媒功能扩张趋势对高校德育的影响［J］．学校党建与思想教育，2004 (7) : 36 － 39.

② 谢南南．利用电视进行德育［J］．江西教育，2000 (Z1) : 27 － 28.

③ 巫兰．利用校园电视推进中学德育教育［J］．中国现代教育装备，2012 (20) : 14 － 15.

受众提供包括数字电视在内的多种交互式数字媒体服务的崭新技术。互联网电视颠覆了过去电视受众被动接受、电视传媒传播的关系，使两者成为相互共享的关系。[①]

四、网页类媒体德育

随着网络的加入，兴起了一批官方德育网站。网站作为道德教育平台，优势是资源丰富、直观方便、便于学习交流、便于信息查找，不同于传统媒体的时效性弱、互动性差，网站可以更好地完成交流学习过程，并且打破了地域对学校资源的限制，使得所有中小学构成了共享共建的关系；缺点是受上网条件的制约，不易与学生学习直接对接，且德育内容较为严肃，更倾向于服务学校与教师而非学生。

具有代表性的网站有：中小学德育服务平台，主要内容板块有"党史学习""德育视频""学科参考""班主任工作""德育示范校""活动专区""实践基地"等，包括了德育要闻播报、政策文件汇集、资源共享等具体功能；全国少工委办公室创办的中国少年先锋队网，主要内容板块有"少先队基本知识""咨询""培训""文化产品""辅导员集体备课平台""文件库"等，还包含了少年说、少年听、少年唱、少年画等具体展示栏目；此外还有共青团中央创办的中国共青团网，主要内容板块有"工作""特稿""讲话""文件""通知""全团要训""工作简报""视频""青年之声"等。这些网站栏目规整、内容丰富、覆盖知识面广，充分利用了网站作为德育平台的优势与特性。

直至今日，这些权威的官方德育网站，依旧是学校开展德育工作重要的"风向标"。以这些网站为代表的一类官方德育网站，在理念指引、资

① 赵敏．新媒体视阈中的大学生道德教育创新研究［D］．济南：山东大学，2012：32.

源共享、信息交流、政策整合、案例宣传上起着极大的作用。

五、微博微信类媒体德育

手机在网络之后出现，成为继报纸、广播、电视、网络之后的“第五媒体”，彻底改变了人们的信息交流形式与沟通模式。手机比电脑等网络设备更为便捷，互动更为即时，同时还使传播成本进一步降低，大众化特征更为明显，传播范围也大幅度增加。但同时，其同样面临着网络媒体传播缺乏权威性、难辨真实性等问题。

如上章所述，随着手机为代表的新移动网络媒体的出现和发展，网络媒体德育进入到最新阶段——移动网络媒体德育阶段。移动网络媒体主要包括以微博、微信“双微”为主的媒体平台，其作为全新的德育平台深刻影响着德育工作的开展。

微信通过微信公众号等形式传播信息，微博通过热搜、话题等形式对信息进行分类与筛选，并通过算法推送“你感兴趣”的话题。尽管微信、微博也有相应的网络监管，但由于发布数量巨大、信息混杂，往往出现监管不及时，真假、好坏信息混杂的情况。现如今，《人民日报》等传统官媒在“两微”上都有账号，实时发布信息，对舆论的引导作用很强、很及时。除主要官微外，大量高质量的公众号、微博博主也及时跟进实时报道，团结在官方媒体周围，发布正能量与优质的创作内容，对德育的正向传播起着举足轻重的作用，比较著名的有半月谈、冰点周刊、南方周末等公众号与媒体。此外，个人也可以创建公众号与微博，给德育的传播与丰富带来了草根力量。

尽管从结果来说，微信、微博作为德育平台面对许多层出不穷的新问题，比如信息质量不高、真假难辨等问题，有分散受众注意力的可能。但其带来的海量信息，独特的用户自主选择信息的方式，也给德育传播带来了新的机遇，更开放、多元、交互的德育模式正逐步出现。高校首先把握住了这一机遇，付蓉芬等人认为微信通过点对点的独特信息推送方式，将重要信息直接投送到学生每日几乎必看的微信账号上，进而大幅提升了学生接受德育信息的可能性。[①]学校、学院可以通过开设公众号、企业号等，将信息快速便捷准确地推送给学生，在过去，这主要靠低效的短信、电话、张贴告知等完成，从这一角度来看，微信、微博作为道德教育的平台，彻底改写了德育的传播方式、媒介、效率等。刘迎认为，微博、微信有助于学校及时了解学生的思想动态，于第一时间规劝与引导，还可以丰富学生思想政治教育内容，在实践中“对症下药”，及时处理问题。[②]

对媒体德育的研究大致在2000—2010年完成转向，在此之前，媒体德育的研究对象以报纸、广播、电视为主，在此之后，媒体德育的研究以网页与手机端（包括微信、微博等）为主要对象。学界研究重心也发生如此转移，从传统媒体转向对新媒体的研究。总而言之，微信、微博作为道德教育的平台，尽管带来了许多新问题，但总体开启了德育的新蓝图。微博、微信提供了德育的新载体、新内容、新教学方式，广大德育工作者唯有尽快熟悉并加入这一新平台，才能顺应时代潮流发展，更好地教育与引导思想状态日益多元化的学生。

第三节　媒体德育发展状况

在本章的最后，笔者将梳理现实环境中媒体德育发展的实践状况，从媒体德育发展的全局出发，思考媒体德育的所处环境、挑战、问题与出路。

---

① 付蓉芬，于涵宇，姚瑶．微信在高校思想政治教育工作中的应用研究［J］．教师，2013(17)：5－6.

② 刘迎．“微时代”背景下大学生思想政治教育的“微思考”：以高校官方微信、微博等网络平台为例［J］．华北水利水电大学学报（社会科学版），2015，31(3)：48－50.

因此，本节首先梳理了媒体德育发展的整体环境，其次梳理了媒体德育面对的挑战，再梳理了媒体德育建设现存的问题，最后就媒体德育的未来建设提出可行的对策与建议。

一、媒体德育的整体环境

1994 年，中国开通互联网国际信道，实现 TCP/IP 链接，中国从此进入了一个崭新的互联网时代。伴随着 1998 年新浪、搜狐、网易、腾讯等商业网站相继成立，2000 年经国务院新闻办公室批准，8 家中央媒体、24 家地方媒体成为国家首批重点新闻网站。[①] 中国网络媒体发展进入了“萌芽发展期”。这一时期信息的传播方式主要是受众通过互联网进行咨询浏览的线性模式，因这一时期的传播形式主要是文本形式和文件极小的图片传播，且内容总体并不丰富，因而德育形成在此阶段并未发生较大改变。

2005 年，中国互联网上网人数首次突破 1 亿人，并于 2008 年首次跃居世界第一。[②]2005 年前后，中国出现了饭否、人人网、豆瓣、QQ 空间、QQ 校友等网络社交平台。因此可以认为，在 2005 年前后，网络媒体进入快速发展阶段，其传播形式包含了越来越多的数字摄影、数字音视频等。在这一阶段，尽管已出现了改变媒体德育传播的重要基础，比如出现数字图片与音视频等新传播形式，受众与受众的互动更为便捷，受众可以个性化选择网站内容等，互联网上网人数也“井喷式”上涨，但这主要是进一步发挥与呈现了网络媒体的经济价值与社会价值。德育作为教育之首，仍对此持极为谨慎的态度。在这一阶段，媒体德育有了传播与发展的基础，但仍未深入到互联网之中发展。

---

① 国家信息中心 .2019 中国网络媒体社会价值白皮书［R］. 2020 : 3.

② 同 ① 6.

随着互联网技术逐步迭代更新，2009 年，新浪网推出新浪微博；2011 年，微信首次发布；2012 年今日头条上线；2016 年，被视作移动直播元年。大致从 2010—2011 年开始，伴随着微博、微信的落地，网络媒体进入到“融合发展阶段”，这一阶段“网络信息传播从个人网页到邮件列表刊物，从博客到微博客，从 App 客户端到微信公众账号”[①]。互联网技术总体发展已发生质变，从传播方式来看，“两微一端一网”（指官方微博、微信、新闻客户端、门户网站）逐步成为网络媒体传播的标配；从传播主体来看，中央媒体与地方媒体、商业媒体与政务媒体、传统媒体与新兴媒体不再界限分明，而成为水乳交融的一体，在信息内容、技术应用、平台终端、管理机制等方面实现深度融合发展[②]；从传播功能来看，网络媒体已不再只承担新闻信息传播这一功能，还逐步发展出了网络舆情引导、社会公共事务服务、政治监督、民意传达、公益推广、文化传播等多方面的功能；在传播速度和传播人数上都大幅上升，伴随着“4G”与“5G”时代先后到来，以及中国网民规模迅速上升，互联网成为媒体发展的重要阵地。在这一阶段，媒体德育真正有了自己的平台、门户，德育在这一阶段也面对着全然不同的网络环境，其特点可以概括如下。

（一）资源多元化

相比起传统媒体如报刊、广播和电视，网络媒体有更为广阔的资源渠道，其充分利用自身特性，发挥“人人均可创办”的特色，使传播者不再仅限于主流媒体与资深专家，因此任何人都可以在网上找到发布信息、传播德育的空间。新闻单位、网络信息公司、个人构成了网络媒体的三大主要传播者，新闻机构垄断信息发布权被打破，但依旧承担着新闻核实与

① 国家信息中心 .2019 中国网络媒体社会价值白皮书［R］. 2020：7.

② 同①9.

权威新闻发布的职责。[①] 个人能够发布信息，也使得“人人都成为信息的收集者”，人人都可以参与创造内容，并在平台与网络的支持下共建共享。过去的媒体德育主要来自于权威书籍、刊物、专家言论，但网络时代，媒体德育可以吸收海内外、乡土间、现实中发生的海量信息，这些信息成为媒体德育发展与壮大的重要“养料”。

此外，比起传统媒体的书面文本、少量乃至微量的图片、价值单向的音频，网络媒体无疑大大丰富了资源内容，动图、短视频、微视频等新的形式将图片、视频、音频融为一体，使用户在极短的时间内就可以获得更高的信息量。此外，网络媒体虽无“教材”与“教参”，但其知识涵盖古今中外、各门各类，并不局限于一个学校、一个学科、一个教师，而是所有学校、所有学科、所有教师的信息集合，这也使得德育开展可覆盖与利用的资源更为丰富。最后，网络媒体信息本身的观点迥异，具有极强的发散性，可以给学生广阔的想象与思维空间，也可以以此鼓励学生发散思维、健全人格。

（二）方式在线化

在传统媒体时代，德育开展的核心阵地主要在学校，开展活动的主要方式是在线下，由老师对学生进行言传身教，这一方式存在素材短缺落后、方式僵化古板、效率较低等问题。而在互联网时代，德育的中心逐步由学校转移至“学校—网络”阵地，学校依旧是德育的主要阵地，但网络已成为德育发生的重要载体、重要工具，而社会通过网络这一载体间接对德育的过程与内容施加影响。可以说，网络媒体彻底改写了德育的教授模式，突破了过去由单一的政工机构、专职德育工作人员来做德育工作的情况，使得德育的很大部分工作从线下转移到了线上，从专门的时间、地点转移

---

① 钱伟刚．第四媒体的定义和特征［J］．新闻实践，2000（Z1）：45－46．

到了学生的日常生活、学习和工作中，从更有形的形式转化为更无形的各种影响。

（三）行为个性化

传统媒体是大众化覆盖，是一种大众传播，而网络媒体可以做到“私人订制”、提供个性化服务。在网络传播中，用户可以灵活巧思，搭配使用各类平台与工具，还可以依据趣味爱好与需求，选择个性化的信息投放。

依托数字化技术支撑的网络媒体彻底改写了过去受众使用传统媒体时必须同步进行的境遇，实现异步进行，大大便捷了受众，受众由此可以自由选择任意时间、任何形式来收看、收听感兴趣的话题。这也使得德育的对象——儿童有了更为广阔的学习空间、更为个性的学习方案、更为灵活的学习内容与方式，而德育工作者，则可以灵活借用网络媒体作为德育内容的补充，这使得德育的主体与行为方式都从过去的呆板、单一形式中解放出来，拥有了更为个性化的发展空间。

二、媒体德育面临的挑战

尽管媒体德育大大丰富了德育内容，拓宽了德育渠道，更新了德育方式，但在德育内容、德育方法、德育权威性、德育成效等方面仍然面临不少挑战，具体表现如下。

（一）德育内容偏重思想政治理论，难以满足学生的需求

尽管目前中小学德育以强调伦理道德教育为主，少数中小学也开设法治教育课程、劳动教育课程、心理教育课程等，但在中高考的压力下，效果并不理想。德育内容也一直存在政治理论化的问题，这样培养的学生，

亟须进一步加强伦理道德和心理健康等方面的教育。[①]而目前高校与职业院校德育的主要渠道是德育课程与德育活动，前者是由马克思主义理论课程和思想品德教育课构成，后者是由党团组织教育、党校教育等构成。高校以此为基点开设了政治、思想、道德教育相应的具体课程，比如毛泽东思想概论、邓小平理论概论、思想道德修养等课程。

从内容来看，中小学德育与高校德育、职业教育德育都面临德育内容偏重思想政治理论的问题，伦理道德教育、品德教育相对薄弱，这也导致德育远离了学生具体而真实的学习与生活环境，具有抽象化和政治化的趋势。此外，信息技术的飞速发展改变了学生的生活方式和思维习惯，意识形态层面的冲击尤为明显。当前，我国社会正处于发展机遇期、矛盾浮现期，经济社会、利益格局面临着深刻的变革调整，思想文化也日趋多元化，各种思潮在网络乃至社会的方方面面传播扩散。[②]各类信息正冲击着学生的价值取向、思想认识和行为方式，也对现有的学校德育内容提出了更高、更新的要求。目前来看，学校德育的内容与形式过于单一呆板，缺少与现实的紧密相连，缺乏吸引力与感染力，无法适应当前学生的个性发展需要，在一定程度上与学生的现实生活脱节，难以满足学生的伦理与心理需求。

（二）德育方法的单向灌输，与网络的主体交互产生冲突

在传统媒体时代，教师是德育主体，处于主导地位，学生虽也是主体，但处于相对被动的地位。网络媒体则彻底改写了这一局面，学生完全可以通过先进快捷、实时互动的网络先教师一步获取大量德育信息内容，这也使得过去师生间单向灌输的德育活动不复存在——教师不再享有信息上的优先权与主导权，进而使教师教学从僵化的“一言堂”走向了开放、互动、

---

① 张琰焱．网络影响下的高校德育变革［D］．上海：华东师范大学，2002：79－83.

② 徐洪娟，张阳．微媒体时代高职学生思想政治教育的内容优化与质量提升［J］．教育与职业，2020 (7)：80－84.

平等的样态。

随着新兴媒体日新月异的发展，对传统德育单向灌输的实践模式提出了新的挑战，不仅在师生关系上，在教学内容、教学方法上也提出了新的可能。众所周知，过去学校德育内容缺乏时效性，往往陈旧呆板，在授课方法上以填鸭式教育为主，僵硬机械，较少关注学生的情感与心理，较少与学生平等沟通等，这种德育方法使得学生的理论世界与真实生活情境严重脱节，德育效果也因此备受质疑。[①]“老师教得辛苦，学生学得迷惑”是常态。而在网络媒体时代，交互开放的网络平台、更具人性化的匿名保密系统和丰富多样的德育表现载体，使得德育实践方式从封闭走向开放、从单向走向互动多元，这一过程也是学生主体性彰显的过程。此外，网络时代的德育方法呈现多样态的变革，比如德育网站与论坛的开办、德育软件与课件的研发、校园网的建设以及学生在网上进行自我教育等。在网络时代，德育方法呈现出“百花齐放”的发展趋势，尤其在高校与职业院校，有了广阔的发展空间。

（三）学校作为德育主要阵地的权威逐步消解

长期以来，学校德育因其目的性、计划性和组织性强而一向是在学生成长过程中除家庭德育以外的主要德育阵地，甚至有取代家庭德育地位的趋势。但在网络时代，学校德育主体的权威地位面临挑战。面对网络德育瞬息万变的新形势，德育工作者也很难用过去的德育理念来约束学生、教育学生。在过去传统媒体主导的德育环境下，学校和教师几乎垄断了德育知识乃至所有知识信息资源的分配与解释，德育资源也因此成为一种稀缺资源。中国传统师生观的师道尊严也得以一直延续下来，让学生在身心上信服于师者的权威地位、专业素养与知识优势。这些原因综合起来

---

① 高彩萍 . 大数据视域下学校德育工作的困境与出路［J］. 教育科学论坛 , 2016 (10) : 19 － 22.

赋予了学校和教师至高无上的权威地位。

在网络时代，网络的发展大大拓宽了信息来源渠道，学生可以自主、便捷地选择感兴趣的教育资源。且现如今的学生接受能力强、接受新鲜事物快，获取信息的方式和渠道甚至可能超过学校和教师。因此，学生群体中流行的网络名词、社会热词、潮流观点可能是教师闻所未闻的。当教师、学校的资源变得不再稀缺，信息变得落后，观念跟不上现实发展时，其作为德育的主阵地的权威也将备受质疑和挑战。甘剑梅指出，在中国古代，教师的教育身份要通过其道德身份来确认，教师被抬升到教化他人的“道德精英”角色，而在当前社会，教师的道德身份与教育身份逐步分离，不应也不能再被视作社会的道德标杆。[①] 可以说，学校与教师道德权威的消解进程，网络媒体的发展在其中起了极大的推动作用。

（四）德育成效面临严峻挑战

当前媒体环境下复杂多元的信息，使得学生的思想观念、价值理念、伦理道德向复杂化、个性化与多样化发展。这有利有弊，在丰富学生道德接受渠道、数量之外，也使得学生极易陷入价值迷茫之中，在一定程度上催生了“你想怎样就怎样”“怎样都行”的伦理相对主义与反叛主流价值、破坏伦理规则的无政府主义。从社会层面来讲，全世界范围内都在发生着显性和隐性的意识形态争夺战，尽管监管已日趋严格，但不可否定，我国开放、自由的平台正无可幸免地受到大量不法分子、敌对势力的思想渗透、文化入侵。大量鱼龙混杂、真假难辨、有害危险的信息在媒体网络上难以监管，对青少年影响极为恶劣，也可能使个人失去有效的道德判断力，丧失个人追求与道德操守。

当代学生是生于网络、长于网络的“数字原住民”，一方面，他们追

---

① 甘剑梅.教师应该是道德家吗：关于教师道德的哲学反思[J].教育研究与实验，2003(3)：25－30.

求个性、自由、独立，对新生事物包容性强，但另一方面又严重缺乏社会经验，缺乏辨别信息真伪的能力，容易受到不良信息的侵害。因此，如何增强学生对真伪善恶的辨别能力，如何利用媒体丰富和强化主流思想、正能量的引领作用，如何继承发展学校德育的时空优势，巩固学校德育在学生道德成长中的战斗堡垒作用，充分发挥学校德育的育人作用，成了广大德育工作者面对的时代难题。

此外，不少学者还提出了媒体给德育成效带来的挑战与问题，比如邹太龙等人提出媒体依靠大数据等手段监测学生道德有违伦理，保留的数据缺乏监管，对学生的个人信息保护带来挑战等。① 赵敏提出新媒体使学生交往从直接交往走向通过数字化符号间接交往的模式，这可能会减少人与人交往的感情色彩，不利于全方位关系的形成，此外，由于新媒体传播的开放性、全球性，造成信息监管难度大等问题。② 汪益民等人根据网络技术的特性，认为德育存在信息传播不平衡、跨地域、跨文化，信息多元交互、复杂难辨，信息缺乏监管，行为主体数字隐身化的四大挑战。③ 尹晓敏认为以微博为代表的自媒体给大学生思想教育带来极大挑战，包括分化了大学生思想教育载体的集中性功能等。④ 唐琳等人指出高校德育工作者由于信息敏感度低、网络意识淡薄、知识更新速度慢等原因仍保持传统的德育模式，短时间内更新换代有现实困难。⑤

---

① 邹太龙，易连云.大数据时代学校德育面临的危机及应对策略[J].中国教育学刊，2017(4)：81－86.

② 赵敏．新媒体视阈中的大学生道德教育创新研究［D］．济南：山东大学，2012：47.

③ 汪益民，范钧，吴为进．挑战与对策：网络时代研究生德育途径的探索［J］．学位与研究生教育，2001(1)：11－13.

④ 尹晓敏.微博兴起背景下大学生思想政治教育的挑战与应对[J].思想教育研究，2011(2)：49－52.

⑤ 唐琳，许琛，徐昕．自媒体时代大学生网络德育的问题分析及对策研究［J］．高等教育研究学报，2012，35(4)：86－88.

（五）家庭德育过程与关系发生重构

德育过程与关系变化尤为深刻的，是家庭德育场域。孟惠娟指出青少年理应亲身去经历富有人情味的事件，在丰富多彩的日常生活与活动中，切身体会信任、关心、同情等价值。[①] 然而，信息化的时代，瞬息万变的信息大量涌来，人们足不出户就能接触到各种信息，其中不乏大量负面信息。这些负面信息冲击着选择能力较弱的青少年，冲击着传统的家庭道德教育。

道德作为一种意识形态，主要发生在家庭场域中，遵循着代际传递模式。而在网络媒体冲击下，家庭德育代际上下传递的模式濒临解构。黄一帆等人认为，信息技术的发展颠覆了代际间原有的道德传递方式，网络媒体改变了人与人之间的互动方式，弱化了整个道德教育氛围，此外，家长权威过早丧失，削弱了代际传递的先导作用。[②] 这与学校权威的式微一样，但似乎也孕育着新机——更为民主、平等、开放的代际关系、师生关系可能借此萌发。

此外，中国传统社会奉行“家国同构”，家庭德育在教育内容上以“孝、悌、仁、义”为核心，以家规家训家法为德育要求、德育内容。而随着时代发展，家庭德育的内容和标准在继承中不断突破创新。比如传统伦理道德的一元内核逐渐转向多元化、重视民主、自由、公正的公民道德教育。道德相对主义盛行，家庭道德的判断力、选择力大大减弱，削弱了原本稳固的道德内容与标准。

媒体不仅给青少年成长带来了严峻的问题与挑战，同样也给家长带来了负面的影响。尽管这方面的理论研究极为稀少，但实践样态发展很快。

---

① 孟惠娟．当代青少年的家庭德育研究［D］．天津：天津师范大学，2009：24.

② 黄一帆，陈勃．新媒体时代下青少年家庭德育问题研究［J］．教育评论，2019 (1)：104－107.

如抖音、快手、微博、小红书等软件正快速掠夺着家长群体的注意力，大量价值迥异的信息挑战与重塑着家长们的教育观、道德观。如 2022 年 2 月，伴随着北京冬奥会的举办，“谷爱凌”式的育儿经验一时成为全网热议的话题，缺乏价值引领的家长群体极易受这类信息影响，永远用“别人家的孩子”作比较，家庭德育也因此丧失了能动性，成为“照搬照抄”的德育。一些不良教育机构、自媒体不断煽风点火，鼓吹竞争文化、竞争教育，使得不明真相、经验不足的新手家长往往被信息推动，而产生焦虑与压力，进而逐步形成社会群体现象，发展为宏观社会情绪。李沁柯就指出，各种线上教育机构、育儿社群推波助澜，家长的教育焦虑在群际间传染、滚动放大，最终形成焦虑感染和竞争异化。①

陈华仔等人认为家长群体背负着“教育落后”的恐慌，“教育重负”的压力，“教育无用”的担忧。② 最终，这些压力与负担会潜移默化地施加在青少年身上。媒体推动与助长了家长的担忧，使今天的家庭德育面对更多的风险与挑战。

更让人担忧的是，家长群体似乎有衍生出“家长主义”的趋势。“家长主义”是布朗（Phillip Brown）提出的一个反映政治意识形态的社会学概念，其强调在竞争性教育话语下，教育成为依家长的财富和意愿而非学生的能力和努力的体系。③ 金一宏指出“家长主义”或催生了家长与学校关系走向市场化，由此，家长成了教育产出的消费者和“买单者”，通过消费完成教育目的，表面上这是尊重家长的自主选择权，实际上却是将教

---

① 李沁柯．“鸡娃”情绪唤起：城市中小学家长的教育焦虑与社交媒体使用［J］．东南传播，2021 (11)：120 － 123.

② 陈华仔，肖维．中国家长“教育焦虑症”现象解读［J］．国家教育行政学院学报，2014 (2)：18 － 23.

③ BROWN P, The “Third Wave”: Education and the ideology of parentocracy［J］. British Journal of Sociology of Education,1990，11 (1)：65 － 86.

育当作企业经营，与家长进行赤裸裸的利益交换。[①]

随着“双减”政策进一步落地，资本逐步退出教育市场，但对家长、青少年的影响却没有随之快速退去。在传统的道德观、教育观被打破重塑后，回到过去似乎已希望渺茫。

三、媒体德育建设问题

（一）网络媒体自身的环境令人担忧

由于媒体虚拟性、开放性等特征，加之网络监管易存有漏洞，使得媒体自身的环境不尽如人意。比如，大量信息传播主体，为了追求网站、空间、微博等载体的高点击率，往往选择性报道、博人眼球，客观上造成虚假信息蔓延，也为监管带来很大挑战。再比如，利益驱使网络色情信息泛滥，极端情绪发泄以及西方意识形态渗透等都给媒体自身建设带来了危险与挑战。最后，媒体自身发展带来的比如标新立异的网络名称、形式多变的网络语言、多重扮演的网络角色、监管缺失下野蛮生长的网络道德等，使得媒体环境呈现出鱼龙混杂的局面，对道德教育产生了巨大的冲击。

（二）媒体德育缺乏有力的法律制约

我国目前暂无专门的法律对媒体发展加以制约，2000 年正式颁布的《全国人民代表大会常务委员会关于维护互联网安全的决定》是唯一一部涉及媒体表达规范的法律，对各类违法犯罪的网络行为进行了刑事、行政和民事界定。2012 年正式出台的《全国人民代表大会常务委员会关于加强网络信息保护的决定》是唯一一部涉及媒体用户信息保护的法律。此外，有关

① 金一虹，杨笛．教育“拼妈”：“家长主义”的盛行与母职再造［J］．南京社会科学，2015 (2) : 61 − 67.

媒体发展与监督的法律法规，都属于部门规章或地方性文件，据不完全统计，已有公安部、国家广电总局、工信部、国务院新闻办公室等部门对自媒体的信息发布进行了发文规范。

尽管立法存在多头管理、不重视发展引导等问题，媒体行业（尤其是自媒体行业）存在自律欠缺等不足。但媒体总归是有人监督管理，有法律约束。而媒体德育虽以媒体为媒介，但却由于隐蔽性，约束其的道德标准要高于法律的底线等特征，而难以约束与监管。因此，如有人在网上发布不当言论，即便是严重违背道德的，仍很难受到法律的制裁。面对一些性质尤为恶劣的情况，相关部门也很少予以重罚，往往是以批评教育为主。因此，也使得法律法规的约束力、威慑力严重不足，网络信息鱼龙混杂，德育媒体缺乏有力的监管，面临很大的挑战。

（三）媒体环境中教育的合力作用发挥不明显

教育学领域的合力主要指学校、家庭、社会三者的教育力量彼此协调、互相联系、合作共生，最终形成以家庭教育为基础，以学校教育为主体，以社会教育为依托的协同育人格局。面对日新月异的媒体环境，学校、家庭、社会没有形成应有的合力。目前，学校是发挥媒体德育作用的主要阵地，通过网站、微信、微博等方式开展活动，但家庭、社会没有较好的机制、途径加入进来，学校没有搭建一个三方合力发挥发展的平台。现实中，随着媒体德育进一步发展，已经出现了实践形态远快于理论研究的现实情况，如在 B 站（Bilibili）、微博、微信公众号等媒体载体中，有大量优质的德育资源，随着人们素质与眼界的提高，家长群体的德育潜力也不容小觑，社会和家庭有巨大的潜力与学校一同加入到媒体德育自身的闭环之中。

（四）仅用媒体进行德育的效果不理想

当前媒体德育呈现出碎片化、简单化、直观化等特征，从数量上来讲，媒体可供利用的信息总量很大，但信息密度却不高，大量鱼龙混杂、真假难辨的信息掺杂在各个平台中，因此媒体中并非一切德育资源都可供受众使用。仅依靠媒体进行德育是远远不够的，德育必须明确传播载体的主次性，从当前情况来看，媒体仅仅只能作为德育的次要与补充手段，学校德育和家庭德育依旧占领德育的主要阵地。当然，仅用媒体进行德育的效果不理想，并不意味着可以忽视媒体对德育的作用，相反媒体已经成为不可或缺的德育阵地，时代呼唤新的模式、新的样态，将媒体、社会、家庭、学校、学生融为一个整体，共同开启德育的新篇章。

四、媒体德育建设的对策与建议

（一）树立多元、开放的德育观

许多学者认为媒体时代应持有多元、开放的德育观。易连云等人提出要将“封”与“堵”的被动参与德育模式转变为“疏”和“导”的主动参与模式。[①]张静芳等人指出学生呼吁多元化、开放的、引导式的德育课堂，不再满足于传统的灌输式课堂。[②]这种开放、引导的德育模式与自媒体的气质相吻合，但要注重辨识、批判意识的能力培养。网络时代开启了德育的新篇章，德育不能被动地接受改变，也应向多元、开放的方向主动发展。

总而言之，在观念上应尽可能遵循学校道德教育与媒体传播本身的规律，并灵活处理好中国伦理与西方伦理、传统伦理与现代伦理、现实与虚

① 易连云，兰英．新媒体时代学校德育面临的危机及应对策略[J]．高等教育研究，2010，31 (5)：67 − 70.

② 张静芳，陈进华．新媒体时代高校德育环境的挑战及其对策［J］．道德与文明，2012 (6)：115 − 119.

拟空间等几对极具张力的矛盾关系，才能使德育不偏不倚、张弛有度。

（二）主动构建立体化的网络德育平台，使网络媒体成为德育新阵地

时代呼唤新的、立体化的网络德育平台，网络媒体将逐步从幕后走到台前，成为德育的新阵地。陈传枝指出学校应认识到自媒体在德育中的多重优势，可借由自媒体轻松诙谐的网络语言、丰富多变的传播形式，建立和扩展高校思政新天地。① 当然，仅有学校建构平台是远远不够的，应充分利用技术手段，把握媒体的特征与优势，提升德育的广度、速度与深度，实现德育内容的动态化、开放化、多样化，打造一个全新的、覆盖面更广的、更适合当下青少年生活学习的德育平台与空间。

传统德育是“平面化”的，而媒体德育则趋向于“立体化”，这是指媒体德育不局限于单一的学校、社会或是家庭时空，而是以无形的网络与技术虚拟时空构建起网络媒体平台。德育工作者完全可以借助平台优势，与青少年进行全方位、无死角的交流互动，进而对青少年产生更为个性化的影响，让德育更有针对性与时效性。同时，应该加强学校、社会、家庭的三方合力，认识到媒体环境应由三方乃至更多主体共同创设完成。由此，学校、社会、家庭、学生才能建构起立体的、多方互动的网络德育平台。徐洪娟等人就指出，广大思政工作者可以建立多样的“微课堂”，形成师生频繁互动的“微讨论”，充分调动发挥学生参与社会的热情，倡导学生参与“微公益”社会实践活动，并探索协同推进家校形成思政教育合力。②

可以说，构建立体化、多层次的网络德育平台是大势所趋，德育工作

---

① 陈传枝. 自媒体背景下大学生思想政治教育［J］. 长江大学学报（社会科学版），2012，35 (10)：128 − 130.

② 徐洪娟，张阳. 微媒体时代高职学生思想政治教育的内容优化与质量提升［J］. 教育与职业，2020 (7)：80 − 84.

者将改变过去被动的局面，选择网络平台作为新阵地“主动出击”，协同学校、社会、家庭等多方的合力，为德育开启全新的局面。

（三）加强媒体德育队伍建设

媒体德育发展离不开队伍的建设，具体而言有三种主张。第一种主张是强“管理”。即对媒体队伍要重视管理，比如发挥宣传部门、教育部门等政府部门的主导作用，发挥社会团体和媒体企业的主体性作用，加大对管理人才的培养力度等。

第二种主张是强“舆论引领”，选培和管理常规性舆论引导队伍。比如高校可以设有网络信息员和网络评论员等具体职位，前者负责本单位网络安全、保密管理、网络维护等工作，后者可以从高校党委宣传部、学生处、团委等的干部和部分学生干部中选任，负责网络监管工作。必要时，可以将一些官方媒体平台、公众号等的部分职权交由学生干部来管理，既培养了干部德育监督、德育评论的能力，又使得德育工作开展有年龄梯度，便于面向多年龄段的受众。与此同时，也要注重非常规性舆论引导队伍的培养，随着媒体的发展进步，网络大V、微博博主、知名公众号、专家、明星、学者等都具有不容小觑的舆论引领作用，往往对舆论事件的发展起到至关重要的作用。应善于团结这些群体，培养他们的社会责任感与主人翁意识。最后应做好常规性与非常规性舆论引导队伍的协调配合，线上线下协力完成媒体的舆论引导工作。

第三种主张是加强“学校媒体队伍建设”。首先是高标准选人，把好入门关，制定科学的选拔标准，组建一支素质优良、业务精湛的德育队伍。其次要加强德育队伍的媒体素养、信息素养。最后是建立科学的考核与激励机制，让德育工作者有工作实现感，时刻在工作中保持奋斗精神、进取精神。此外，秦宏毅等人指出可以强化领导新媒体，建立思想政治工作新机制，定期召开工作碰头会、研讨会，制定新媒体工作相关方案，组建新媒体类学生组织等。[①]娄超提出可以进一步建立健全传媒从业人员的自律机制，培养“专家型”思政教育工作者，发挥多种媒体优势互补的作用。[②]

（四）优化媒体德育环境

中国传统社会以血缘、亲缘、地缘为纽带，形成“熟人伦理”，而以网络为载体的新媒体，催生了跨时空的交往形式，网络社区中的人们普遍进行着“陌生人社会”的人群交往，这种模式可能对人际交往提出新的挑战。此外，媒体促使着社会向伦理相对主义和伦理多元化发展，传统社会的道德是一元的、中心化的，即便到今天，国人观念中依旧蕴含着儒家道德内核。媒体有利于去中心化的实现，社会德育欢迎多元共存、多元并包。

媒体自身环境也亟待净化。新媒体的快速发展对我国的新媒体监管提出了较高的要求。尽管目前我国在媒体管理中积累了一定经验，网络安全监管初见成效，对不良及违法内容整治、合法权益保护累积了一些经验。但仍存在一些不容忽视的问题亟须解决，如政府对新媒体的管制权过于分散，新媒体相关政策制定和实施严重滞后，新媒体重内容规范管理、轻产业发展推进，侧重信息整治和安全维护，新媒体整体价值失衡等问题。[③]

学校是最需要媒体德育环境净化的场域。具体可依靠的手段有：健全媒体管理制度，培养媒体管理人才，培养学生文明上网习惯，综合运用行政、法律和技术手段等。张静芳等人指出改善德育环境是复杂的系统性工程，应当依靠学校、家庭、社会、学生形成多位一体的立体教育与管理监

---

① 秦宏毅，谢斯玮．新媒体时代高校思想政治教育现状及对策［J］.湖南工业大学学报（社会科学版），2017，22（3）：94－98.

② 娄超．新媒体环境下大学生思想政治教育的创新［D］．成都：西南交通大学，2010：26.

③ 高宏存．比较视野下网络新媒体管理机制探索［J］．行政管理改革，2010（12）：75－79.

督体系。[1]从这个角度来讲，澄清媒体德育环境，仍然任重道远，还需形成全社会参与德育环境改善的强大合力。

① 张静芳，陈进华.新媒体时代高校德育环境的挑战及其对策[J].道德与文明，2012(6)：115－119.

第八章
家校社协同育人研究

人无德不立，育人的根本在于立德。在学生品德养成上，家校社协同历来是我国道德教育开展的重点。自2021年始，我国密集出台了《中华人民共和国国民经济和社会发展第十四个五年规划和2035年远景目标纲要》《关于进一步减轻义务教育阶段学生作业负担和校外培训负担的意见》《中华人民共和国家庭教育促进法》等一系列教育政策和法律，都明确提出要加强家校社协同育人，2023年1月，教育部等十三部门联合印发《关于健全学校家庭社会协同育人机制的意见》，更是明确将家校社协同育人的机制建设摆在重要位置。在当前我国加快建设高质量教育体系、实施教育“双减”政策、助推家庭教育发展新形势下强调的家校社协同育人，与改革开放后家校社德育一体化、家校社德育三位一体的探索相比具有了新的特性。为此，我们有必要厘清改革开放后家庭、学校和社会协同育人的研究背景与发展历程，系统梳理家校社在学生品德养成上的关系脉络，以便更加清晰在新形势下我们何以再次强调家校社协同育人以及三者如何协同育人。

第一节　家校社协同育人的研究背景及变迁

改革开放后，随着国家战略重点转移到经济发展领域，教育承担起培养人才、提高民族素质的重任，德育在人才培养中的重要性也被不断强调。1978 年，邓小平在全国教育工作会议开幕式上的讲话中指出“我们希望从事教育工作的同志，各个有关部门的同志，整个社会的家家户户，都来关心青少年思想政治的进步”。改革开放后对于家校社协同育人的探索和研究，与其社会背景和教育背景是分不开的。

一、家校社协同育人的研究背景

（一）社会背景

随着改革开放后国家方针政策的调整，我国开始进入社会主义商品经济时代。社会资本和社会阶层的流动在市场资源的配置下整体处于活跃状态，人们逐渐挣脱血缘、地缘和其他依附性群体的桎梏，开始以一种自由、平等和独立的身份参与到社会生活和经济活动中来，个人独立性和自主性大幅度提升。此外，全球化浪潮的席卷、市场经济的发展也带来了多元化的价值观念和伦理观念，个人权利获得正当性的同时，享乐主义、物欲主义以及功利化等消极价值观念也大幅度抬头，使得社会的育人环境变得更加复杂。2000 年 12 月，中共中央办公厅、国务院办公厅颁布的《关于适应新形势进一步加强和改进中小学德育工作的意见》强调，“个人主义、拜金主义、享乐主义等消极腐朽思想给青少年学生带来了消极影响”。

宏观社会背景孕育出了新的社会关系和人际关系，也为道德教育的开展提供了社会前提和基础。面对社会价值多元化的冲击，1988 年 12 月，中共中央发出《关于改革和加强中小学德育工作的通知》，强调“努力建立适应社会主义商品经济和民主政治不断发展需要的德育工作新格局，是摆在我们面前的一项十分紧迫的任务”。关于道德教育的时代吁求，鲁洁指出当代中国的道德教育应该以培养独立人格为坐标轴心，但这种独立人格是“超越了个人主义的单子式独立人格，是一种共在型独立人格”[①]。

（二）教育背景

宏观社会背景以及对道德教育的新要求迫切需要学校德育在观念、内容以及途径方法上进行相应的调整和跟进，家庭、学校和社会协同作为德育理念和方式便进入到德育研究者和实践者的视野，大家逐渐认识到“未成年的道德教育是个复杂的系统工程，单纯依靠学校自身很难取得明显效果”[②]。20 世纪 90 年代较早一批研究家校社德育一体化的学者胡守棻指出，“要把学校教育力量和社会教育力量有机地结合起来，形成全社会给学生进行德育的总体环境”，“充分依靠学校附近社会各方面的教育力量，建立校内外教育基地，为学生创造一个接触社会，认识社会，增强社会责任感的广阔天地”。[③]

不过，改革开放后家校社德育一体化的探索和推广在实践中面临着多重阻碍。首先，学校教育重智轻德，片面追求升学率，对德育的地位和作用缺乏足够的认识。其次，学校德育“孤军作战”，德育制度以及德育内容和方法等缺乏实效性。面对宏观社会背景的要求，靠学校单一的教育资源和教学环境已经不能满足转型需要，需要一整套与之相适应的、具有时代性的社会道德规范标准和体系。[④]最后，家庭、社会和学校在德育过程中存在明显的不协调之处，例如部分家庭教养方式不当、教育环境不良，以及社会不良文化氛围等因素影响，导致“社会、家庭的负影响因素抵消

---

① 鲁洁．转型期中国道德教育面临的选择［J］．高等教育研究，2000 (5)：6 − 10.

② 申奕，钱志刚．论学校——社区德育互动的制约因素：以安徽省B市B社区为个案［J］．佳木斯教育学院学报，2013 (5)：84 − 85，87.

③ 胡守棻．学校・家庭・社会德育一体化［M］．福州：福建教育出版社，1992：10.

④ 马农．整合德育资源 建立德育网络［J］．中国职业技术教育，2003 (22)：49 − 50，54 − 55.

了学校的正影响因素”[①]。

从相关社会背景和教育背景来看，改革开放后家校社协同育人所承担的任务其实是非常清晰的，即在社会转型的复杂背景中，家庭、学校和社会通过一体化协作的方式培养学生适应现代社会的德行品质，但家校社德育一体化[②]的落实和实施也面临着来自于学校、家庭以及社会多方面的阻碍。所以，家庭、学校和社会之间应该如何在德育问题上互相协作？又应该如何克服现实中存在的种种障碍？如此种种问题便成为相关研究和实践关注的重点。

二、家校社协同育人的研究变迁

1988 年 8 月，国家教育委员会发布《中学德育大纲（试行）》，明确提出“形成学校、家庭、社会互相配合的教育网络”，并组织力量开展德育一体化的研究。此后，家校社德育一体化正式进入研究领域。家校社德育一体化包括两个层面的内容：一是指学校、家庭和社会在德育观念和目标上的一致性，即对德育的重要意义、德育的目标要求以及德育的内容、途径和方法形成一致的认识，营造教育一致的良好氛围；二是指组织结构的统一协调性，主要指学校、家庭和社会形成一种多渠道、多层次、同步协调的德育组织体系，将德育单一渠道教育转变成为多渠道、多方面对学生施以统一的教育，以避免各方教育要求之间的冲突。[③]通过概念界定，可以发现家校社德育一体化作为德育的方法和途径，是指家庭、学校和社会之间应该通过德育目标、组织体系、内容途径等方面的协调形成统一的网络系统，从而使得学校德育、社会德育和家庭德育能够整合统一。我们将

---

① 王佑萌．试论“一体化”德育工程［J］．江西教育科研，1993 (2)：45 – 46.

② 也有研究使用“家校社三位一体”的概念．

③ 胡守棻．学校·家庭·社会德育一体化［M］．福州：福建教育出版社，1992：2 – 3.

改革开放后至 2004 年之间的研究划分为阶段一，这段时间的研究重点集中在家庭、学校和社会三方主体如何在德育目标、组织体系和内容途径等方面构建起一体化的德育网络。

2005 年教育部印发《关于整体规划大中小学德育体系的意见》，提出大中小学德育要进行纵向衔接、横向贯通和螺旋上升，大中小学德育一体化开始进入研究范畴，而家校社德育一体化的概念使用则逐渐减少。相关研究开始使用家校社德育“三位一体”或家校社协同育人[①]的概念，但多数研究仍循着之前的研究结论进行阐述，研究创新性不足。值得注意的是，有学者开始对家校社德育的“一体化”进行批判反思，认为德育为什么要走向家校社“三位一体”、走向怎样的“三位一体”、如何走向“三位一体”等基本问题仍然缺乏基于德育本身的专业性阐释。[②]不过，遗憾的是对德育一体化的理论反思并未形成浪潮，以至于近几年有学者指出，目前缺乏对“德育一体化”概念所指向的复杂社会议题及其可能包含的诸多理论和现实张力的深入分析[③]，认为德育一体就是一个空泛的问题[④]。我们将 2005 年至 2011 年之间的研究划分为阶段二，这段时间内的研究数量相对下降，且研究内容与第一阶段的重复度比较高，但开始出现对家校社德育一体化的批判研究，此外，家校社德育一体化作为概念本身逐渐淡出，近些年来，只有非常少量的研究仍在使用该词汇。

2012 年 11 月，党的十八大将“立德树人”作为教育的根本任务，2017 年 1 月，国务院印发《国家教育事业发展“十三五”规划》，提出为落实立德树人根本任务，要“全面构建‘全员育人、全过程育人、全方位

---

① 赖华 . 良好习惯重在培养和塑成［J］. 科教导刊（上旬刊）, 2010 (13) : 69 − 70.

② 刘雪苏 . 走出“围墙”的德育 : 从“三位一体”说开去［J］. 教育科学研究 , 2006 (8) : 46 − 49 , 5.

③ 韩春红 , 沈晔 . 推进大中小学德育一体化的现实困境及机制建设探究［J］. 中国电化教育 , 2021 (2) : 8 − 13.

④ 陆无功 .“德育一体化”是个空泛问题［J］. 教育科学研究 , 2018 (10) : 1.

育人’体系”。在此背景下,家校社协同育人的相关研究在数量上明显递增。2021年后,《关于进一步减轻义务教育阶段学生作业负担和校外培训负担的意见》《中华人民共和国家庭教育促进法》《关于健全学校家庭社会协同育人机制的意见》等关于家校社协同育人的政策伴随着我国各类教育教学改革密集出台，更使得家校社协同育人成为重点研究领域。这一阶段的研究集中在理论探索，围绕家校社协同育人的基本理论问题进行研究与辨析，如家庭、学校和社会在协同育人中的责任定位①，家校社协同育人的目标、对象、重心与方式②,家校社协同育人的机制建设③等。此外,需要指出的是,目前多数研究仍将研究重点放在家校协同而非家校社协同问题上，有学者认为这种研究倾向反映出当前研究以促进学校育人为中心，家庭教育尤其是社会教育仍然处于边缘地位。④但也有学者认为“家”作为“社”的构成单元，家校社协同育人的内核和基本单元是家庭与学校，家校共育等同于家校社协同育人。⑤

需要强调的是，家校社德育一体化或家校社德育三位一体的概念完全指向学生品德的养成，但新形势下，已有研究所使用的家校社协同育人却是一个相对宏观的概念，定位于学生“德智体美劳全面发展，培育学生的核心素养与关键能力”⑥。在本章内容中,我们仅围绕“家校社协同育人”在学生品德养成层面的研究展开，不涉及包括学生学业、成绩等其他方面

---

① 廖婧茜,龚洪.家校社协同育人的责任伦理[J].民族教育研究,2023,34(1):13－20.

② 邵晓枫,郑少飞.新形势下的家校社协同育人:特点、价值与机制[J].现代远程教育研究,2022,34(5):82－90.

③ 马颂歌,李静静,徐雄伟.家校社协同育人机制如何生成:基于跨界革新实验室的方法探索[J].教育发展研究,2022,42(22):40－50.

④ 同②.

⑤ 赵亮,王兆璟,倪娟.协同育人视域下家庭教育的离场与复归[J].南京社会科学,2023(5):135－145.

⑥ 顾理澜,李刚,张生,等.“双减”背景下数字化赋能家校社协同育人研究[J].中国远程教育,2022(4):10－17.

的研究。

第二节　家校社协同育人的政策发展历程与特征

回溯家校社协同育人的学术研究和探索，可以发现其深受我国政府各部门颁布的相关政策影响，尤其是当涉及家校社协同育人的具体建议时，很多研究更是直接借用政策中的规定或倡导。基于此，我们有必要梳理改革开放后我国家校社协同育人政策的历史脉络，分析家校社协同育人政策的发展特征，从而厘清政策层面家校社协同育人的重点和方向。

一、家校社协同育人政策的发展阶段

在学生道德问题上，坚持学校教育与家庭教育、社会教育相互结合，几乎体现在自改革开放后我国所有与德育相关的政策文件中。分析 40 余年的政策文件，可以将其划分为正式推进、奠基深化、战略提升三个阶段，其中，每个阶段都与其时代发展主题密切相关。

（一）正式推进时期（1978—1999 年）

改革开放后我国教育事业逐渐步入正轨，儿童发展和学校教育受到空前重视。不过，伴随着改革开放的推进以及商品经济的发展，学生德育工作开始面临许多新的问题，学校教育很难独立承担起道德教育的重担。于是，家校社协同育人作为开展德育工作的重要渠道开始进入政策视野。

第一，社会和家庭配合学校，为学生道德教育的开展创设良好育人环境。以这段时间内中共中央层面颁布的三份政策文件——《关于改革学校思想品德和政治理论课程教学的通知》（1985 年）、《关于改革和加强中小学德育工作的通知》（1988 年）、《关于进一步加强和改进学校德育工作的

若干意见》（1994年）为例，均提倡家庭教育、社会教育要与学校教育密切配合，形成全社会共同关心青少年学生健康成长的舆论和风气，并将其作为开展道德教育的重要途径。1990年，国家教委《关于进一步加强中小学德育工作的几点意见》强调，“教育行政部门和学校，要主动争取家庭、社会各方面的支持和配合，在实践中探索‘三结合’教育的形式和方法”。

第二，学校和社会指导家庭教育，提升家长素养成为家校社协同育人的重要任务。学校要通过家访、家长会、家长接待日、家长委员会等形式指导家庭教育。如1988年，国家教育委员会颁布《中学德育大纲（试行）》，指出“学校要通过家访、家长会、家长接待日、举办家长学校、开展家庭教育咨询、建立家长委员会等多种方式，密切与家长的联系，指导家长提高家庭教育的水平”。社区除举办各种形式的家长学校外，社区内各公共文化服务机构也要承担起家庭教育的指导和宣传工作。如1992年，国务院下发《九十年代中国儿童发展规划纲要》，要求“在城市以社区为依托，举办新婚夫妇学校、孕妇学校和婴幼儿、小学生、中学生的家长学校，向不同年龄阶段儿童的家长提供较全面的家庭教育知识和方法；在农村，通过广播父母学校与县、乡、村的家长学校、家庭教育辅导站、辅导员相结合的方式，推广正确的保育、教育方法”。

第三，社会教育的形式逐渐确定，多途径发挥社会德育的价值与功能。一方面，由多主体组建社会德育师资力量，构建社会教育网络。如1988年《中学德育大纲（试行）》要求充分利用社区各种教育力量，如：“和附近街道委员会、村民委员会以及工厂、商店、部队、机关建立固定联系，逐步建立学校与社会相互协作的教育形式，聘请各行业的先进模范人物、离退休干部、退休工人、校友等担任校外辅导员，形成社会教育网络。”另一方面，着力建设青少年校外活动基地，通过校社互动的方式挖掘校外活动基地的德育价值。《中学德育大纲（试行）》（1988年）、《关于进一步加强和改进学校德育工作的若干意见》（1994年）等政策文件提出学校要主动与校外德育基地，如青少年宫、文化馆、博物馆及各类场馆和景点进行合作，加强青少年德育。此外,《关于改革和加强中小学德育工作的通知》(1988 年) 提出建立社区教育委员会，“要采取多种方式加强学校和社会的联系。城市的区或街道可通过试点，逐步建立社区（社会）教育委员会一类的社会组织，以组织、协调社会各界支持、关心学校工作，优化社会教育环境”。

（二）奠基深化时期（2000—2011 年）

进入新世纪后，随着素质教育的提出与推进，青少年学生的道德教育开始面临新的问题。2000 年，中共中央办公厅、国务院办公厅《关于适应新形势进一步加强和改进中小学德育工作的意见》明确提出，“面对国内外形势的新变化、教育改革与发展的新任务和青少年思想教育工作的新情况，中小学德育工作还很不适应”，为此，应该“全社会共同努力，各部门通力协作，保障青少年健康成长”。在素质教育背景下，家校社协同育人在政策上开始逐渐走向奠基深化阶段。

第一，家校社协同作为实施素质教育，尤其是加强道德教育的重要手段成为政策规定的重要导向。《关于适应新形势进一步加强和改进中小学德育工作的意见》(2000 年) 强调中小学德育问题突出表现在“重课堂教学轻社会实践，重校内教育轻校外教育的倾向比较严重”，因此“必须坚持教育与社会实践相结合，理论与实际相结合，促进学生认知和行为的统一”。此外，市场经济的发展不仅使得社会育人环境发生变化，而且社会流动的增速也给家庭教育带来了挑战与难题，家庭、学校和社会应该紧密结合起来，共同促进青少年学生思想道德建设。2004 年，中共中央、国务院颁发《关于进一步加强和改进未成年人思想道德建设的若干意见》指出，“全社会关心和支持未成年人思想道德建设的风气尚未全面形成”，“随着人员流动性加大，一些家庭放松了对子女的教育，一些家长在教育子女尤其是独生子女的观念和方法上存在误区，给未成年人教育带来新的问题”。因此要进一步加强家校社协同育人风气。

第二，以制度化方式保证家长在学校中的参与，同时家长委员会的建设成为重点内容。以 2003 年教育部印发《关于加强依法治校工作的若干意见》为起点，首次突出对家长支持以及参与学校管理的重视，并将家长委员会作为重要载体。[①]2012 年，教育部印发《关于建立中小学幼儿园家长委员会的指导意见》，作为国家层面出台的第一个专门规范家校合作的法规，规定家委会应"与学校共同做好德育工作。要及时与学校沟通学生思想状况和班集体情况，经常向家长了解学生在家庭的表现和对学校、教师的看法，与学校和教师一起肯定和表扬学生的进步，解决和化解学生遇到的困难和烦恼，做好思想工作。经常通过家长了解学生所在班级的情况，及时发现班集体风气和同学之间关系存在的问题，推动形成积极向上、温暖和谐、互助友爱的班集体"。

第三，社区基层组织以及各级行政单位和组织单位被补充到社会德育的力量中。《关于进一步加强和改进未成年人思想道德建设的若干意见》（2004 年）强调"城市社区、农村乡镇和村民委员会，以及其他一切基层组织要切实担负起加强未成年人思想道德建设的社会责任"。关于基层组织的具体工作，一方面要持续优化社区教育环境，"整合利用各种教育资源和活动场所，开展富有吸引力的思想教育和文体活动"，另一方面也要通过办家长学校、家庭教育指导中心等方式"担负起指导和推进家庭教育的责任"。城乡各基层单位应"关心职工、居民的家庭教育问题，教育引导职工、居民重视对子女特别是学龄前儿童的思想启蒙和道德品质培养，支持子女参与道德实践活动。注意加强对成年人的思想道德教育，引导家长以良好的思想道德修养为子女作表率。要把家庭教育的情况作为评选文明职工、文明家庭的重要内容。特别要关心单亲家庭、困难家庭、流动人口家庭的未成年子女教育，为他们提供指导和帮助"。

---

① 边玉芳，周欣然．我国 70 年家校合作：政策视角下的发展历程与未来展望［J］．中国教育学刊，2021 (3)：1 − 6.

（三）战略提升时期（2012 年至今）

2012 年，党的十八大首次提出将“立德树人”作为教育的根本任务。在新时代立德树人的视域下，在党和国家高度重视家庭教育和社会教育的契机下，家校社协同开始步入战略提升阶段，成为落实立德树人根本任务的重要战略举措。

第一，随着党和国家对“培养什么人”这一教育根本问题的进一步澄清，家校社协同育人的意义与价值被提升到战略新高度。2017 年，《国务院关于印发国家教育事业发展“十三五”规划的通知》明确规定为落实立德树人根本任务，要“全面构建‘全员育人、全过程育人、全方位育人’体系”，即要发挥家庭、学校和社会各自的育人优势，通过家校社协同形成育人合力。2019 年，中共中央、国务院印发《中国教育现代化 2035》再次提出重视家庭教育和社会教育，构建学校和各级党政机关、社会团体、企事业单位及街道、社区、镇村、家庭协同的育人格局。2023 年，教育部等十三部门发布《关于健全学校家庭社会协同育人机制的意见》强调要“落实立德树人根本任务，弘扬中华优秀传统文化，坚持科学教育观念，增强协同育人共识，积极构建学校家庭社会协同育人新格局，着力培养德智体美劳全面发展的社会主义建设者和接班人”。党的十八大后，一系列政策文本对家校社协同育人的规定，均显示出家校社协同育人将长期作为教育发展重要任务的战略地位。

第二，对家庭教育、社会教育的重视，使得家校社协同育人迎来新的发展契机。之前的政策文件虽强调家庭教育的重要性，但一直未对家庭教育的内容作出具体规定。直到 2021 年《中华人民共和国家庭教育促进法》的颁布，才对家庭责任作出了详细说明，并从六大方面提出了家庭教育的主要内容，既包括政治思想层面的教育未成年人爱党、爱国、爱人民、爱集体、爱社会主义，铸牢中华民族共同体意识，也包括道德层面的教育未成年人崇德向善、尊老爱幼等家庭美德、个人品德、法治意识和社会公德，还包括引导未成年人树立正确的成才观，保证未成年人身心健康以及树立正确的劳动观念和劳动习惯等。社会教育的内容也不断丰富，近年来的相关政策除重视原有实践活动之外，还增设了研学旅行活动，如 2016 年教育部等 11 部门联合发布《关于推进中小学生研学旅行的意见》。另外，将课堂教学积极与社会实践相结合也是近年政策关注的焦点。2014 年，教育部印发《关于全面深化课程改革落实立德树人根本任务的意见》，强调中小学要探索把课堂教学与社区服务、研究性学习与社会实践相结合的方法。家庭教育和社会教育的逐渐确定，使得家校社协同育人愈来愈走向清晰化和可操作化。

第三，强调建立规范化、系统化的家校社协同机制。早在 1992 年，国务院下发《九十年代中国儿童发展规划纲要》，便强调要“建立起学校（托幼园所）教育、社会教育、家庭教育相结合的育人机制，创造有利于儿童身心健康、和谐发展的社会和家庭环境”。之后的政策文件也多次强调家校社协同机制建构的必要性，如 2021 年出台的《中华人民共和国国民经济和社会发展第十四个五年规划和 2035 年远景目标纲要》和 2022 年政府工作报告都确定了健全学校家庭社会协同育人机制的工作任务，党的二十大报告对健全学校家庭社会协同育人机制提出了进一步要求。2021 年出台的《中华人民共和国家庭教育促进法》，明确规定建立健全家庭学校社会协同育人机制。直到 2023 年，《关于健全学校家庭社会协同育人的意见》针对当前家校社协同育人职责定位不清晰、协同机制不够健全、条件保障不够到位等问题，以专门政策制定的方式呼吁建立“学校积极主导、家庭主动尽责、社会有效支持的协同育人机制”，并提出到 2035 年，要“形成定位清晰、机制健全、联动紧密、科学高效的学校家庭社会协同育人机制”。

二、家校社协同育人政策的特征

纵观改革开放后我国家校社协同育人的政策演变历程，我们可以清晰地看到党和国家始终重视通过家校社相互合作的方式促进学生道德养成，且随着时间的推移，相关要求日趋规范和完善。政策演变的过程反映了随着时代变迁，我们对培养什么人、如何培养人、怎样培养人的认识不断深化。总体来说，40 余年的政策演变反映出以下特征。

（一）家校社协同育人的根本目标始终是学生道德养成

回顾我国家校社协同育人 40 余年的政策历程，虽然不同阶段的政策强调重点不同，但是家校社协同育人的根本目标始终是学生道德养成。青少年学生道德品质和行为规范的养成，本身便是极为复杂的系统工程和长期发展的持续过程。改革开放后，“为了坚持社会主义的政治方向，为了保证青少年一代的健康成长”，必须“把我国中小学德育工作提高到一个新的水平”。① 面对日益复杂的国际环境，同时为助推素质教育的实现，扭转学校重知识教育轻道德教育的现状，家校社协同育人的意义与价值不断提升。随着中国特色社会主义迈入新时代，立德树人被确立为教育的根本任务，为把立德树人的工作落实到位，必然需要学校、家庭和社会齐心协力，共同承担立德树人的教育责任。可以说，自改革开放以后，家校社协同作为一种育人方式和手段，从观念、认知、行动以及情感等多个维度养成学生道德，从而为学生的未来幸福奠基，也为社会的未来发展奠基。

（二）家校社在学生道德养成中的责任与关系逐渐明晰

在家庭、学校和社会三者的关系中，学校因其系统性的教育制度始终在学生的道德教育中居于主导地位，社会教育始终为学生的道德发展提供着宏观的环境舆论支持和微观的社区参与支持，家庭教育则为学生道德发展和养成提供基础保障。分析政策语境中家校社在学生道德养成中的责任和关系，我们可以发现，家庭、学校和社会彼此间的沟通与交流不断深化。

---

① 胡守棻．学校·家庭·社会德育一体化［M］．福州：福建教育出版社，1992：1－2.

政策逐渐保障家庭在学校中的参与权，也不断深化校社之间的合作，从不断完善校外德育场馆/场地的建设，到逐渐意识到应该在参与过程中培养学生的道德。此外，通过上述政策文本的梳理，我们可以发现家庭虽然逐渐被赋予其在学校中的参与权，但却始终处于被指导的地位，社会和学校均承担着指导家庭教育的责任。学校通过家长会、家访、家长委员会等常设形式以及成立专门的家庭教育队伍指导家庭教育的正确开展，社会也通过家长学校、社区委员会或村委会等基本组织以及其他组织进行持续的家庭教育宣传和支持，从而提升家庭教育能力和对学生道德发展的正确认识。另外，值得强调的是，学校和社会对家庭教育的持续指导凸显了政策话语中家庭教育的公共性，“意味着家庭教育不再只是由家长负责，而是一项重要的社会事务，反映着我国家庭教育的性质开始由‘私’走向‘公’”[①]。

（三）逐渐形成全社会共同参与的网络化德育体系

截至目前，我们在政策上已经基本形成纵向上各级政府通力合作，横向上各组织间相互配合的网络化德育体系，各级党政机关、社会团体、企事业单位及街道、村镇、学校、社会活动中心或群团组织以及家庭共同育人的格局初步形成。在这一组织体系中，“社会”包含内容最为广泛，既指向宏观社会层面的社会舆论环境和媒体环境，也指向微观社区层面的各级各类政府或行政组织、青少年活动中心或各类场馆等，以及相关领导干部、校外辅导员、专家学者和各类模范人物等。依据相关政策，网络化德育体系主要承担着两大任务：第一，通过统摄宏观社会和微观社区的影响以及多维度的家庭教育，形成全社会的育人合力。第二，为学校道德教育提供人员支持和实践支持。其中，人员支持是指校外辅导员、专家学者、各类模范人物等被吸纳进学生道德教育队伍之中；实践支持是指各类青

① 程豪，吕珂漪，李家成，等．我国家庭教育的内涵反思与时代重构：基于“构建服务全民终身学习的教育体系”的视域［J］．现代远距离教育，2021(6)：3－12.

少年宫、博物馆、文化馆、历史和爱国基地、各类活动中心以及研学基地等，扩充了校外德育场所和内容的同时，也为学生通过实践方式进行道德教育提供支持。当然，全社会的育人合力也在无形之中保证或促进学生的道德教育。2017 年，中共中央办公厅、国务院办公厅印发《关于深化教育体制机制改革的意见》，强调“健全全员育人、全过程育人、全方位育人的体制机制”，“加强学校教育、家庭教育、社会教育的有机结合，构建各级党政机关、社会团体、企事业单位及街道、社区、镇村、家庭共同育人的格局”。

第三节　家校社协同育人的基本论题

回溯已有研究，家校社协同育人的基本论题主要集中在家校社协同育人的价值与目标研究、家校社协同育人的组织与机制研究、家校社三者之间的职责与关系研究、家校社协同育人的实践探索四大方面。基于现实需要以及相关政策的规定和引领，相关研究尝试在家校社协同育人的理论研究方面有所建树，广大一线学校也致力于在实践中推进家校社协同育人。

一、家校社协同育人的价值与目标研究

教育目标直接决定了整个教育系统协调行动的逻辑起点和路径选择，家庭教育、学校教育和社会教育应该具有相对一致的教育目标，这也是学校、家庭和社会协同育人的先决条件。[①] 相关研究认识到家校社在价值取向上的差异容易导致学生思想的疑惑和混乱，不利于学生道德品质的养成，

① 殷飞，缪建东．建构高质量的家庭教育实践体系：校家社协同育人的困境与突破［J］．教育发展研究，2023，43 (6)：26 － 34.

三类主体在德育目标问题上的协调一致，是对学生进行良好德育的基础和前提。[①] 但直至今日，家庭、学校和社会之间的教育目标不一致甚至相反时有发生，导致家校社协同育人实践难以真正落地。[②]

厘清家校社育人目标出现分歧的原因是关键，有研究将其归因于家校社在合作中呈现出严重的功利化价值取向，学校的教育价值取向是提高升学率，家庭的教育价值取向是让子女上好的学校和取得高学历，社会上各种培训班的主要价值取向是盈利，三者之间的价值分裂使得彼此之间不能形成合力[③]；也有研究从家校社三者的社会性质予以解释，家长倾向于从私人立场或个人利益的角度理解家校合作，而学校更倾向于从公共立场看待家校合作[④]；此外，也有研究从社会信任[⑤]、文化区隔[⑥]、教育内容以及教育形式的差异[⑦]等视角解释家校社之间为何难以达成协同共识。基于此，有研究指出家校社坐落于不同的空间位置，其成员或从业者的认知结构和认知习惯不同，存在育人资源隔阂、育人基础隔阂、育人方式隔阂、育人文化隔阂等。[⑧]

---

① 贾艳霞，冯文全．家庭、学校、社会三位一体的德育现状探析［J］．成都中医药大学学报（教育科学版），2009，11（2）：54－55．

② 殷飞，缪建东．建构高质量的家庭教育实践体系：校家社协同育人的困境与突破［J］．教育发展研究，2023，43（6）：26－34．

③ 邵晓枫，郑少飞．新形势下的家校社协同育人：特点、价值与机制［J］．现代远程教育研究，2022，34（5）：82－90．

④ 陈思梦，夏正江．家校合作的公共性判定及其实现［J］．教育研究与实验，2023（3）：33－42．

⑤ 桑志坚．从划界到跨界：家校信任的逻辑与实践［J］．湖南师范大学教育科学学报，2022，21（6）：83－88．

⑥ 洪晨，常亚慧．错位与贴合：教育时间中的家校相遇［J］．教育发展研究，2022，42（22）：59－66．

⑦ 同②．

⑧ 马颂歌，李静静，徐雄伟．家校社协同育人机制如何生成：基于跨界革新实验室的方法探索［J］．教育发展研究，2022，42（22）：40－50．

关于家校社协同应达至何种育人目标，20 世纪 80 年代后期的多数研究基本从“大德育”的框架下进行讨论，如胡守棻明确提出家校社德育一体化要由过去形成的“小德育观念”转向到形成“大德育观念”[①]；谢矜强调德育一体化必须在大德育的框架下促进青少年的全面发展，培养热爱国家、遵纪守法、品德优良，具有道德观念、社会公德和文明行为习惯的合格公民，营造良好社会风气和精神风貌[②]。近些年来，相关研究则将落实立德树人根本任务视为家校社协同的育人目标。[③]有研究指出，教育兼具个体发展目标和社会发展目标，以学校为主导的教育目标只有得到家庭和社会的认同才能形成协同育人同频共振的局面，当前学校最根本的教育任务就是立德树人，培养德智体美劳全面发展的人是中国特色社会主义学校教育的最终目标。[④]习近平总书记 2018 年在北京大学座谈会上的讲话指出，“要把立德树人的成效作为检验学校一切工作的根本标准”，“做到以树人为核心，以立德为根本”。因此，有学者指出，“家校社协同育人”概念本身凸显了“育人”的特质，“育人”才是落脚点。[⑤]此外，也有研究强调新形势下的家校社协同育人应助力完善终身学习体系，建设学习型社会；助推“双减”政策实施，构建良好教育生态；推进教育现代化，特别是家庭教育和社会教育现代化；全面提高教育质量，建立高质量教育体系。[⑥]

---

① 胡守棻 . 学校 · 家庭 · 社会德育一体化［M］. 福州 : 福建教育出版社 , 1992 : 207.

② 王黎 , 汪旦旦 , 莫唯然 , 等 . 协同一体化发展背景下探索青少年德育新路径 : 专访清华大学青少年德育研究中心谢矜主任［J］. 大学 , 2021 (38) : 1 － 5.

③ 冯建军 . 构建立德树人的系统化落实机制［J］. 国家教育行政学院学报 , 2019 (4) : 8 － 18 , 46.

④ 殷飞 , 缪建东 . 建构高质量的家庭教育实践体系 : 校家社协同育人的困境与突破［J］. 教育发展研究 , 2023 , 43 (6) : 26 － 34.

⑤ 邵晓枫 , 郑少飞 . 新形势下的家校社协同育人 : 特点、价值与机制［J］. 现代远程教育研究 , 2022 , 34 (5) : 82 － 90.

⑥ 同⑤.

二、家校社协同育人的组织与机制研究

家校社协同育人的价值与目标达成需要借助于规范化的组织与运行机制。在 20 世纪 80 年代后开始的家校社德育一体化研究中，其关注点便是通过设置相关的常设组织以及制定相关的制度，在学校、家庭以及社会成立育人一体化网络。

（一）家校社协同育人的组织网络研究

20 世纪 80 年代家校社德育一体化的目标实现需要借助于规范化的组织体系。已有研究从组织和制度层面讨论家校社德育一体化，主要通过一定的制度使得“学校、家庭和社会形成一种多渠道、多层次、同步协调的德育组织体系”[①]，从而为家校社德育一体化的开展和运行提供常态化的制度和组织保障。

第一，在学校网络的建立上，已有研究主要讨论成立学校德育指导小组、年级班级德育小组、班级学科教师德育研究小组等专门的德育研究团队[②]，以及组建“校长主要负责，党支部监督执行，德育小组具体实施，各部门齐抓共管，各学科有效渗透”的德育管理体系的学校领导团队[③]。总之，德育一体化层面的学校网络建设是指“在学校内部，构建在党委领导下，校长及行政系统为主实施的德育管理体制，形成各部门分工合作，齐抓共管的德育工作网络，充分发挥全体教职员工，以及各个教育环节，各种教育途径的德育功能，形成全员育人，全程育人的良好校内

① 胡守棻．学校·家庭·社会德育一体化［M］．福州：福建教育出版社，1992：2－3.
② 郭继东．构建学校管理的社会参与体系［J］．中小学管理，1999 (12)：30－31.
③ 王佑萌．试论“一体化”德育工程［J］．江西教育科研，1993 (2)：45－46.

环境”[①]。

第二，在家庭网络的建立上，已有研究主要从家庭与学校的网络、家庭与社会的网络两个层面进行探索。在家庭与学校的网络上，已有研究认为学校应该主动牵头，成立家长学校、家庭教育委员会、家庭教育互助组等，实现学校与家庭的德育叠加效应，避免“家庭与学校任何一方在德育上失控和德育时间、空间上的断裂层和空白点”[②]。此外，学校也要通过定期的家长视察工作日、校长接待日，班主任与家长联系卡，家访等制度，与家长保持经常联系以充分发挥家长与家教的作用。[③]在家庭与社会的网络上，应提供保障家长对教育问题发表意见或观点的渠道，如有研究指出，应保障家长可以“通过社会上的专门渠道，如通过人民代表向地方教育委员会、国家教育部等提交议案等，对国家和社会的教育制度或政策提出自己的一些见解，进而影响到学校教育政策的制定”[④]。

第三，在社会网络的建立上，相关研究一方面建议可以聘请当地老党员、老工人、老农民、老教师、科技工作者等先进模范人物为校外辅导员，丰富校外德育团队；另一方面强调应该积极争取民政、经济、城建、园林、交通等部门的支持，建立一定的校外实践、劳动实习、军训等基地[⑤]；另外，也有研究提出应该重视社区基层组织的作用，将“建设文明城市、文明社区、文明村镇。把德育纳入社区精神文明建设的重要内容，努力构建社会

---

① 罗元. 科学发展观视野中的道德教育：道德教育一体化的思考[J]. 广州大学学报(社会科学版), 2004 (9) : 82 − 86, 96.

② 王佑萌. 试论“一体化”德育工程[J]. 江西教育科研, 1993 (2) : 45 − 46.

③ 刘朝宾. 适应形势需要加强德育工作基本建设[J]. 山东教育科研, 1994 (1) : 22 − 23, 81.

④ 车广吉, 丁艳辉, 徐明. 论构建学校、家庭、社会教育一体化的德育体系：尤·布朗芬布伦纳发展生态学理论的启示[J]. 东北师大学报(哲学社会科学版), 2007 (4) : 155 − 160.

⑤ 同③.

化的德育新体系”[①];也有研究者提出可以成立由“地方党、政、群组织代表，以及企事业单位、居（村）委会、家长、校外辅导员和学校各社会阶层代表组成”的关心下一代协会或德育工作协会，对学校德育工作发挥沟通和联系作用[②]。

总之，已有研究认为德育一体化网络为家长和社会各界参与学校的育人工作提供了畅通的渠道，也使学校在德育管理方面摆脱了孤军奋战的局面，实现了家校社的优势互补和资源环境共享。此外，为了更好地保障德育一体化网络系统的组织运转，有研究提出有必要成立三位一体的“德育委员会”，专门负责通过联席会议的方式将家庭、学校、社会三方力量召集起来[③];也有研究提出应该建立相应的考评制度，即由社会、学校和家庭共同组织考核，考核内容既包括家校社各级岗位的达标情况，也包括对学生德行实际情况的全面评估[④]。

（二）家校社协同育人的机制研究

自2021年颁布的《中华人民共和国家庭教育促进法》提出“建立健全家庭学校社会协同育人机制”，从法律上确认家校社协同育人及其机制的重要性及必要性；随后如《关于健全学校家庭社会协同育人机制的意见》等一系列政策法规的出台均将构建家校社协同育人机制视为重点内容。应国家之需，学界开始广泛探讨家校社协同育人机制的建设问题。

目前学界对家校社协同育人机制的建设问题，主要集中于以下几个层

---

① 罗元.科学发展观视野中的道德教育:道德教育一体化的思考[J].广州大学学报(社会科学版),2004(9):82－86,96.

② 王佑萌.试论“一体化”德育工程[J].江西教育科研,1993(2):45－46.

③ 马农.整合德育资源 建立德育网络[J].中国职业技术教育,2003(22):49－50.

④ 同②.

面：第一，从国际比较的视角寻找我国家校社协同育人的借鉴与启示。例如有研究从相关理论，如美国家校社合作的层次理论①、交叠影响域理论②出发对我国家校社协同育人提出建议；也有研究通过分析美国、日本家长教师协会和新加坡的社区与家长辅助学校咨询理事会等协同教育组织的组织愿景、运行机制及作用发挥，对我国家校社协同的顶层设计提出建议③。第二，从原则方向的视角呼吁家校社协同育人应以“学生为本”④“各扬所长”⑤等。例如有研究者强调，家校社协同育人首先要确立人全面发展的教育价值观，深刻认识到协同育人是培养全面发展的人的必然要求，只有联合学校、家庭和社会的力量，集合人类的智慧、知识与各种教育资源，建立大教育体系，取长补短，才能有效地整合教育资源。⑥第三，从青少年宫建设、开放学校建设、家委会建设等机构建设的角度提升家校社协同育人质量。有学者建议可以建立有关家校社协同育人的管理机构，可以考虑在地方教育局下设家校社协同育人的管理部门，配备专门人员，统筹现有的家庭教育指导服务中心等机构，使家校社三方能统筹资源、协调行动。⑦最后，从机制要素的视角进行阐述，例如有研究从执行、保障、管理和评

① 张永．美国家校社合作的两种层次理论及启示[J]．全球教育展望，2021，50（3）：106－117.

② 张志欣，张建波．美国家校社合作的交叠影响域理论及启示[J]．常州工学院学报（社科版），2021，39（2）：130－134.

③ 赵澜波，赵刚．学校、家庭、社会协同机制与体制研究：基于美国、日本、新加坡协同教育组织的比较［J］．外国教育研究，2021，48（12）：20－38.

④ 周洪宇，齐彦磊．“双减”政策落地：焦点、难点与建议［J］．新疆师范大学学报（哲学社会科学版），2022，43（1）：69－78.

⑤ 施久铭，董筱婷，魏倩，等．让家校社协同回归“育人”初心［J］．人民教育，2021（6）：36－39.

⑥ 邵晓枫，郑少飞．新形势下的家校社协同育人：特点、价值与机制［J］．现代远程教育研究，2022，34（5）：82－90.

⑦ 同⑥.

估等方面构建家校社协同育人机制[①]；还有研究从内在动力、必要前提、制度保障以及主要路径构建家校社协同育人的机制[②]。

在组织社会学中，机制是指事物间“经常发生的、易于识别的因果关系”[③]。因此，有研究者认为家校社协同育人机制中的“机制”是指教育研究者或政策制定者关于如何能实现育人目标的假设，“育人”是果，“机制”是因。[④]家校社协同育人的机制探讨是协同和育人之间的因果关系及其运作，即何种协同的“因”会带来何种育人的“果”。机制的特性是因果之间的联系并不会像公理和定理那样明确、严谨而普适，家校社协同的因果关系在哪里发生、如何识别、如何运作等就成为不可回避的问题。[⑤]因此，当前对家校社协同育人机制的研究理念原则偏多，且多数理论研究缺乏系统的论证与说明，另外，实践性的方法指导也多泛泛而谈，缺乏针对性。因此，有研究指出，当前几乎未见系统的家校社协同育人的机制生成方法论指导，未来需要高适切性的理论和方法予以阐释、推进。[⑥]

三、家校社三者之间的职责与关系研究

在家校社协同培养学生品德问题上，家庭、学校和社会三方所承担的具体职责及其相互关系也是重点研究论题。

---

① 马晓丽，白芸．家校社协同育人的基本内涵、关键要点与过程机制［J］．福建教育，2021 (24)：6 − 9.

② 邵晓枫，郑少飞．新形势下的家校社协同育人：特点、价值与机制［J］．现代远程教育研究，2022，34 (5)：82 − 90.

③ 周雪光．组织社会学十讲［M］．北京：社会科学文献出版社，2003：15 − 16.

④ 刘庆龙．家校社协同育人机制何以落实：基于“愿景—权能—风险”行动逻辑的分析［J］．湖南第一师范学院学报，2023，23 (3)：59 − 66.

⑤ 马颂歌，李静静，徐雄伟．家校社协同育人机制如何生成：基于跨界革新实验室的方法探索［J］．教育发展研究，2022，42 (22)：40 − 50.

⑥ 同⑤.

（一）家校社三者的职责

已有研究多从学校、家庭和社会各自的性质以及在学生道德教育中承担的角色对家校社的育人职责进行讨论。有研究指出，在学生道德养成中，家庭作为培养道德品质的摇篮应承担起培养儿童良好品格的责任和义务；学校应把社会普遍认同的道德准则传授给学生，使之成为个体行动的参考；社会德育则应通过鼓励学生参加社会实践活动促进其道德行为习惯的最终形成。[①] 也有研究指出家校社三者的职责在于：学校教育主要承担的是知识传递和集体环境中的公德教育；家庭教育主要承担的是生活习惯、健康保健、生活规范等道德教育中的私德教育；社会教育除知识传递、公德教育等职责外，还主要负有终身教育之责。[②] 还有研究指出家庭教育指向学生的人格修养，是人自我实现的人性基础；学校教育指向人的社会化，是人自我实现的生长点；社会教育指向人的未来发展，是人自我实现的助推器。[③] 已有研究认为家校社三者虽有区别，但又紧密联系，相互影响、不可分割。[④]

（二）家校社三者的关系

家校社协同育人的前提是三者具有平等的教育地位，并且各主体有自身教育的优势，这是三方形成教育合力的前提条件。[⑤] 但是在教育实践中，

---

① 黄志红．论家庭、学校、社会德育功能的一体化［J］．涪陵师范学院学报，2003（S1）：91－93.

② 缪建东．家庭教育学［M］．北京：高等教育出版社，2009：252.

③ 廖婧茜，龚洪．家校社协同育人的责任伦理［J］．民族教育研究，2023，34（1）：13－20.

④ 邵晓枫，郑少飞．新形势下的家校社协同育人：特点、价值与机制［J］．现代远程教育研究，2022，34（5）：82－90.

⑤ 殷飞，缪建东．建构高质量的家庭教育实践体系：校家社协同育人的困境与突破［J］．教育发展研究，2023，43（6）：26－34.

学校教育处于教育生态系统的绝对核心位置，家庭教育和社会教育处于相对边缘和弱势的地位。有学者指出当前家校社协同更多指向的是家庭配合学校的教育，社会参与协同育人是其中的薄弱环节，学校教育对家庭教育和社区教育存在僭越现象。[①]在具体研究中，问题焦点主要集中于学生道德养成过程中学校与家庭、学校与社区、家庭与社区之间的关系建构。

1. 家校关系研究

关于家校关系，通过第二节的政策分析，我们可以发现虽然政策赋予家庭有制度保障的学校参与权，但家庭教育一直处于被指导和被教育之中。在学术研究中，相关研究也倾向于从学校立场出发探究改善家庭教育问题的同时完善家庭和学校的协同育人。例如有学者认为学校德育应通过精准摸清儿童真实的家庭道德表现、开展有效的家长教育、弥补家庭道德教育的缺失、建构协商互助的家校社共育机制等措施，从学校系统之外的家庭教育中寻求道德缘由、德育资源与动力支持。[②]有学者对家校合作实践中的基本问题，如责任与边界、活动载体等进行了研究。已有研究认为学校教育公共性和家庭教育个体性之间的矛盾、学校的制度化权威、家庭作用的日渐突出与家庭能力滞后的矛盾等导致家校之间角色错位、责任边界模糊，某种程度上出现“家庭教育学校化，学校教育家庭化”等问题，使得双方始终未能建立良好的合作关系，甚至出现竞争性合作关系。在家委会这一家校合作的重要桥梁中，相关研究认为家委会虽有利于家长平等参与学校事务，但在具体运行中存在着动力不足、发展不平等、随意性大、参与流于表面等问题，学校愈来愈工具化地对待家委会，将其简单理解为上

---

① 张浩，邓忠波．推动形成“社会育人为社会”的理念：社会参与协同育人机制构建的关系特征与实现路径［J］．人民教育，2021（8）：26－29.

② 唐爱民．学校德育获取家庭教育支持的内在逻辑、不良因素与改进路径［J］．教育科学，2021，37（4）：26－32.

传下达的工具。[①]也有研究者指出，当前家校之间缺乏系统性和长期性的合作机制，在内容上缺乏连续性和系统性，家校合作在实践中通常处于不得已而为之的状态，家长会、家长开放日等并未很好地利用，而更多地变成信息的单向传递而非双向沟通。[②]

2. 校社关系研究

在此论题上，广大中小学的实践探索多将校—社关系中的“社”理解为社区教育，并窄化为校内德育拓展和延伸的社会实践基地。相关理论研究主要从学校—社区关系出发讨论学生的道德养成，且研究视角多集中于“社会行动”意义上的参与或服务。例如有研究者指出，社区生活是公共生活的重要组成部分，学校教育通过引导学生参与社区生活和社区服务，展开“服务学习”，实现课程知识与社区生活服务的结合。此外，学生积极参与各类社会活动，如环境保护活动、志愿活动等，可以帮助学生学会真正关怀他者、关心社会，勇于担当公共责任，成为具有公共道德及公共精神的道德主体，最终促进个人和社区的共同发展。[③]最后，已有研究也关注到学校德育需要回应社会转型的需求。例如，有研究认为当前情感型社会形态和契约型社会形态在我国社会中共存，学校道德教育要根据社会的需要进行道德教育目标的设计、道德内容的选择和道德方法的运用。[④]也有研究指出，现代人摆脱了家庭、公共生活、道德和人情等方面的“负担”，社会转型使得当今学校由类似家庭的感情共同体演变成了科层制机构，变成了“道德贫乏”的地方。面对现代人和现代学校的境遇，现实中的学

---

① 谢文庆.我国学校家长委员会主体性的缺失与对策[J].中国教育学刊，2012（11）：35－38.

② 李家成.敬畏家校合作的力量：基于促进学生成长的立场[J].人民教育，2014（6）：33－37.

③ 叶飞.当代道德教育与“公共人”的培育［J］.南京社会科学，2020（8）：146－151.

④ 郑富兴，郭强.传统道德教育的现代意义、实践困境与发展路向［J］.当代教育科学，2021（11）：3－11，88.

校德育也在制造着贪婪、自恋和冷漠的个体人。[①]

3. 家社关系研究

自 20 世纪 80 年代以来，社区教育逐渐在我国萌芽、发生、发展和壮大。在我国，社区教育初始的价值定位便是作为中小学校外德育补充所出现的。[②] 直到 1996 年，教育部在《全国教育事业“九五”计划和 2010 年发展规划》中提出面向全体社会成员开展社区教育试点工作，1999 年国务院在批转教育部《面向 21 世纪教育振兴行动计划》中提出在全国开展社区教育实验工作后，社区教育逐渐成为我国终身教育体系的重要载体，社区教育的服务对象逐渐从青少年转向社会成员，教育内容从过去的中小学校外德育转向提高社区居民综合素质和生活质量的多元教育。[③] 相关研究对社区教育多集中于政策性建议、总结陈述以及区域性发展状态分析等[④]，聚焦于家庭—社区关系的研究非常少，从道德教育层面进行的研究就更为稀少。在为数不多的研究中，胡守棻较早讨论了家庭教育与社会教育的合作，提出家庭教育与社会教育之间的合作方式主要包括教育功能的结合、教育资源的结合以及教育内容的结合三种。[⑤] 近年来，有研究者总结了上海市普陀区通过社区教育的力量创建学习型家庭的策略，学习型教育是一种以推进家庭成员养成良好的学习态度、行为与习惯，发展健全人格和人生态度为价值取向的现代家庭教育，其具体策略包括创建家庭学习角以营造家庭学习氛围、开展家庭学习以改变传统教育模式、开办家长学校以提高科

---

① 高德胜．论道德作为现代教育之代价［J］．高等教育研究，2013，34（10）：1－9.

② 鲁文，胡焱．作为社会实践的社区教育：基于社区教育政策发展史、研究史和实践史的探究［J］．教育学术月刊，2019（12）：24－34.

③ 沈光辉，陈晓蔚．我国社区教育政策的演进历程、文本分析和改进策略［J］．中国远程教育，2019（5）：11－18，92.

④ 崔珍珍，王甲乐，赵新元．我国社区教育研究热点的文献可视化分析［J］．中国远程教育，2021（1）：66－75.

⑤ 胡守棻．学校·家庭·社会德育一体化［M］．福州：福建教育出版社，1992：214－230.

学育儿水平、举办家教超市以方便居民各取所取、培育优秀个案以提供家庭学习师范等。[①]

四、家校社协同育人的实践探索

相比理论研究，家校社协同育人在实践层面的推进研究可以说更为丰富，且实现了从幼儿园到高校的全覆盖。当前几乎每所学校都设有家委会、家长开放日等家校沟通平台，很多学校也纷纷向社区敞开大门，并积极利用社区内的教育资源。

在 20 世纪的学校实践中，上海市真如中学和北京市怀柔一中是家校社德育一体化探索相对成熟和深入的学校之一。北京市怀柔一中以学校、社会、家庭三结合教育委员会、年级家长委员会、班级家长会为桥梁，以提高学生道德品质、行为规范为目标，以学校教育为中心，社会、家庭配合并参与学校教育的决策与管理，从而使三者达成“一体化”，“一体化”运行机制是在社区领导、单位领导关系上，以上促下，以单位促家庭，形成以学校为轴心，向外辐射，同时又有社会、家庭参与和学校管理的德育网络。[②]上海市真如中学在社区成立由镇政府、学校、企事业单位联合组成的“真如职工学社教委”，在实现社会与学校沟通和调节的同时，还建立了家校社德育一体化网络和德育工作序列，其中，学校德育序列主要重视思想政治课德育序列、各学科教学德育序列、年级班级团队德育序列；家庭德育序列主要任务包括思想品德指导、自主学习指导、独立生活指导、人际交往指导等；社会德育内容则包括爱国主义教育、集体主义教育、社

---

① 范以纲. 社区教育发展三十年：以上海市普陀区为例[M]. 上海：学林出版社，2016 : 6.

② 北京怀柔一中课题组. 学校 · 社会 · 家庭德育一体化研究[J]. 教育科学研究，1996 (2) : 37 – 40.

会主义民主与法制教育、劳动教育等。[①]

进入21世纪以来，全国各地学校也在陆续探索家校社德育一体化的实践路径。例如，广东省广州市天河区石碑小学以石碑社区资源为基础，通过开发德育课程和社区建设等方式构建人人都是道德学习者、人人都是德育工作者、事事都是德育契机、处处都有德育资源的家校社德育一体化路径。[②] 重庆市秀山民族中学则通过发挥学校在家校社德育一体化的主导作用、挖掘作用和纽带作用，借助课堂、校园环境、社会管理等构建家校社德育一体化的实践路径。[③] 山东省潍坊市则将“社会实践”常态化列入德育课程，安排本土教师对组成的家庭教育队伍开展父母公益讲座、系列化家庭教育活动等，还制定了一系列保障家长参与学校治理的制度，形成一套完整的工作运行及推进机制。[④]

当前，我国大多数地方采取的都是以学校为中心的家校社协同育人模式，如北京一〇一中学设立翔宇学院，整合各类资源，专门负责学生成长发展。[⑤] 但值得注意的是，也有一些地方正在探索以社区为中心的协同育人模式。例如浙江省杭州市上城区采荷街道与采荷第二小学教育集团建立“幸福学堂”，作为融通学校与基层社区的新枢纽和新机制，幸福学堂的“中心理事会”成员由该街道中多所学校校长、街道办事处负责人、家长代表以及该街道中的若干社会企业代表共同组成，作为融合中心的决策与领导

---

① 叶立安．社会参与教育 教育面向社会："真如中学社会教育委员会"刍议［J］．华东师范大学学报(教育科学版)，1990 (3)：81 − 87.

② 周洁．"无墙德育"：构建学校、家庭、社区一体化的德育机制［J］．教育导刊，2013 (8)：46 − 49.

③ 杨正祥．谈学校、家庭、社会一体化对学生思想品德的促进［J］．2006 (Z1)：14 − 16.

④ 冀晓萍，陈为友．把德育从一部分变为全部：山东省潍坊市中小学德育课程一体化观察［J］．人民教育，2018 (21)：49 − 52.

⑤ 陆云泉，刘子森，杨双伟，等．学生成长共同体：家校社协同育人模式的实践探索［J］．人民教育，2022 (1)：60 − 62.

机构。同时，该中心下设立了若干个分委员会，负责不同的职能。在日常运行机制上，理事会和分委员会定期召开会议，合作开展协作性、可持续性的活动来促进儿童和基层社会的共生式发展。①

第四节　家校社协同育人研究的反思与展望

通过对改革开放以来家校社协同育人相关学术研究和实践探索的梳理与分析，已有研究明确了家校社协同育人的价值与目标，并尝试建构家校社协同育人的长效运行机制，同时广大一线学校也在逐步探索家校社德育一体化的落地方式。本章结合家校社协同育人的既有研究，在对其研究不足进行研判的基础上对其未来研究进行反思与展望，希望对家校社协同育人的未来研究及实践提供帮助。

一、突破基于学校立场的研究，关注家庭和社会的声音

在协同育人中，家庭、社会和学校因其性质差异而存在合作边界甚至合作隔阂，隔阂的存在会带来协同机制不顺畅、育人效率低下等困境。正如有研究指出，家校社协同育人本质上便是要求家庭、学校和社会通过“跨界协同（boundary crossing）来实现新实践的创造、嵌入和维系”②。家庭、学校和社会协同培养学生道德的研究从20世纪80年代延续至今，但相关研究多从学校立场出发，一定程度上忽视了来自家庭和社会的声

---

① 卜玉华，齐姗．融合育人：学校与基层社会关系的历史脉络、现有经验与关键对策［J］．华东师范大学学报（教育科学版），2023，41（6）：38－46．

② 马颂歌，李静静，徐雄伟．家校社协同育人机制如何生成：基于跨界革新实验室的方法探索［J］．教育发展研究，2022，42（22）：40－50．

音。以至于在家庭德育层面，我们难以了解家庭在何种意义上愿意或能够参与到家校社协同育人之中，不同家庭在具体参与过程中是否存在差别、又遇到了哪些困境等。在社会德育层面，其内容既包括广义的社会舆论环境和媒体环境，社区中各类场馆、青少年宫以及各类研学基地等，还包括一般意义上的社区生活，但已有研究缺乏对不同社会德育内容的深度研究。

当前研究对家庭、学校和社会在协同育人中的责任边界、角色定位和关系界定等基本问题有所争议，例如有学者便对学校是否有资格或能力教育家长提出了质疑。① 此外，家庭教育和社会教育如何以系统化和长期化的方式参与到家校社协同育人中，不仅实践中的探索存在较多问题，而且学术研究也并未对其进行系统的探索。在学生道德成长过程中，学校教育因其专业性和系统性，毋庸置疑承担着主导者的角色。但是，如果缺乏对家庭和社会的研究，学校便容易将家庭和社会作为其开展道德教育的工具性支持，忽视家庭和社会的多样性、独特性与本土性。学校和教师只有倾听来自家庭和社会的声音，不断更新德育观念，才能不断反思家庭和社会的德育潜能，开发蕴含在家庭和社会中的德育资源，更好地联合家庭和社会对学生进行道德教育。因此，未来家校社协同育人的相关研究和实践亟须突破学校立场，积极关注来自不同家庭和不同社会主体的声音。

二、立足本土文化，构建家校社协同育人的理论体系

已有理论研究多倾向于从“政策呼吁”或“应然角度”出发建构家校社德育一体化，“呼吁”和“建议”总体大于“研究”。虽然有相关研究借

---

① 高德胜.“家长执照”与家长教育问题审思[J].山西大学学报(哲学社会科学版)，2022，45 (1) : 94 − 101.

鉴国外交叠影响域理论、系统生态理论、责任分散理论等，但一方面这些理论并非关于道德教育的理论，另一方面这些生成于西方社会背景下的理论也未必适用于我国社会。事实上，不同国家和文化一方面对学生道德教育的理解有所不同，相比其他国家，我国一直坚持大德育传统，即把思想教育、政治教育、法治教育甚至心理教育等都归于德育范畴，而且，不同国家对家庭、学校和社会的关系也存在不同理解。例如在英国，相比学校教育和政府机构，孩子的保育问题更多被视为家长的责任；瑞典对于学校与家庭的理解基于社会民主的理念，主张家庭与学校在孩子社会化与保育方面共享责任。[①] 我国历来把孩子的道德养成视之为家庭、学校与社会的共同责任。在社会全面转型的今天，我国的社会制度、社会结构和社会关系不仅面临着重塑与调整，而且对人的相关道德素养也提出了不同要求。因此，如何结合中华文化背景，立足现代社会要求进行家校社德育一体化的研究是未来研究的重要方向。

研究者认为，相关理论建构应立足本土文化，至少应该关注以下问题：第一，家校社协同育人的目标层次及目标分类研究。已有研究虽在“立德树人”意义上对家校社协同育人的目标和价值追求达成共识，但一则因为立德树人的概念太过于宏大，实践中不易于直接借鉴和操作，二则因为对于不同阶段的学生而言，其所着意养成的道德品质或能力也存在差异。有研究者认为，新时代的社会背景也对学生道德素养有着不同期待，德育一体化中“德”的一体化事关德育存在的合法性，其存在形态具有历史变化性和文化相对性，所以要处理好变与不变、同与异的关系。[②] 但是，已有研究对家校社协同育人中“德”的问题缺乏深入研究。第二，家校社之间

① 李艳，李家成．学校教育视域中的家长参与：研究范式、取向与反思［J］．教育学术月刊，2019 (8)：11 － 19.

② 班建武．德育一体化的社会向度及其实践要求［J］．国家教育行政学院学报，2022 (3)：67 － 76.

应该如何搭建长期性的协同机制。这既需厘清家庭、学校、社会在道德教育上的责任与边界，又要在宏观与中观环境中建构三者互动的组织体系与实施路径。有研究者认为，这一问题本质上是一个科学的求真问题，需要对间接德育、隐性德育加强科学性研究，需要厘清家校社在德育问题上的职责边界等问题，但是当前研究多是在经验层面进行探讨和实践，对于其背后的规律性、原则性等科学问题的认识相对滞后。①

三、加强实践研究，注重研究方法的科学性与多样性

尽管当前我国开展的家校社协同育人实践活动内容丰富、类型多样，也产生了诸多可供借鉴的经验，但多数研究仅围绕学校自身探索经验进行总结与概括，研究深度不足，且存在较高的重复性。有研究强调，家校社协同育人的相关研究中，“解决策略”“改进策略”等词汇在近年来才开始出现，方法指导类研究偏少。②可以说，当前家校社协同育人的实践虽屡见不鲜，但真正的实践研究却微乎其微。

在教育教学实践中，家校社协同育人关注家庭、学校和社会通过协作提升德育过程和德育方法的有效性。学生如何在家校社之间的多元复杂系统中，通过交往与互动养成社会所期待的道德品质，这既需要扎根于微观的质性研究挖掘家校社协同育人的具体路径和影响因素，也需要量化研究关注学生道德的初始状态和结果状态。最后，为了更好地推进家校社协同育人，研究者认为有必要在乡村以及城市进行家校社协同育人的实验研究和样本研究，从而为其他地区更好地开展家校社协同育人实践提供可以直

① 班建武.德育一体化的社会向度及其实践要求[J].国家教育行政学院学报，2022(3)：67－76.

② 石义娜，杨福敏，李艳琴.“家校社”协同育人的研究特点及实施路径：基于2012—2022年的文献计量分析[J].辽宁师专学报（自然科学版），2023，25(1)：14－20.

接借鉴的路径与方法。因此，未来家校社协同育人的探索既要加强理论研究，从学理角度挖掘研究深度，又要加强实践研究，注重研究方法的科学性和多样性，搭建理论研究和实践探索之间的桥梁。

主要参考文献

一、中文文献

[1] 萨克斯 . 文明的代价 ：回归繁荣之路 [M] . 钟振明 , 译 . 杭州 : 浙江大学出版社 , 2014.

[2] 莫兰 . 复杂性思想导论 [M] . 陈一壮 , 译 . 上海 : 华东师范大学出版社 , 2008.

[3] 金耀基 . 从传统到现代 [M] . 北京 : 中国人民大学出版社 , 1999.

[4] 范以纲 . 社区教育发展三十年 : 以上海市普陀区为例 [M] . 上海 : 学林出版社 , 2016.

[5] 彭波 . 潘晓讨论 ：一代中国青年的思想初恋 [M] . 天津 ：南开大学出版社 , 2000.

[6] 叶光辉、杨国枢 . 中国人的孝道 : 心理学的分析 [M] . 重庆 : 重庆大学出版社 , 2009.

[7] 刘英 . 家庭德育与子女成才 [M] . 石家庄 : 河北科学技术出版社 , 1992.

[8] 詹万生 . 家庭德育（16–20 册）[M] . 北京 : 中国民主法制出版社 , 1998.

[9] 詹万生 . 学校德育文库 : 学校家庭社会德育网络 [M] . 北京 : 中国民主法制出版社 , 1998.

[10] 缪建东 . 家庭教育学 [M] . 北京 : 高等教育出版社 , 2009.

[11] 阎云翔 . 私人生活的变革 : 一个中国村庄里的爱情、家庭与亲密关系 :1949 – 1999 [M] . 龚晓夏 , 译 . 上海 : 上海书店出版社 , 2006.

[12] 王志强 . 当代中国家庭道德教育研究 [M] . 杭州 : 浙江大学出版社 , 2013.

[13] 胡守棻 . 学校 · 家庭 · 社会德育一体化 [M] . 福州 : 福建教育出版社 , 1992.

[14] 蔡志良 , 蔡应妹 . 道德能力论 [M] . 北京 : 中国社会科学出版社 , 2008.

[15] 迟福林 . 第二次转型 : 处在十字路口的发展方式转变[M]. 北京 : 中国经济出版社 , 2010.

[16] 鲁洁 , 王逢贤 . 德育新论 [M] . 南京 : 江苏教育出版社 , 2010.

[17] 侯怀银 . 社区教育 [M] . 北京 : 北京师范大学出版社 , 2015.

[18] 班华 . 现代德育论 [M] . 合肥 : 安徽人民出版社 , 2001.

[19] 陈映芳 . 不再陌生的公民社会 [J] . 南风窗 , 2006 (24) : 50 – 51.

[20] 陈映芳 . 行动者的道德资源动员与中国社会兴起的逻辑 [J] . 社会学研究 , 2010 , 25 (4) : 50 – 75 , 244.

[21] 陈宗胜，王晓云，周云波. 新时代中国特色社会主义市场经济体制逐步建成：中国经济体制改革四十年回顾与展望[J]. 经济社会体制比较，2018(4)：24－41.
[22] 樊浩. 当前中国伦理道德的“问题轨迹”及其精神形态[J]. 东南大学学报(哲学社会科学版)，2015，17(1)：5－19.
[23] 樊浩. 伦理道德现代转型的文化轨迹及其精神图像[J]. 哲学研究，2015(1)：106－113.
[24] 胡鞍钢. 第二次转型：以制度建设为中心[J]. 战略与管理，2002(3)：34－38.
[25] 张康之. 全球化、后工业化时代的社会特征[J]. 河南大学学报(社会科学版)，2012，52(5)：98－107.
[26] 贺照田. 从“潘晓讨论”看当代中国大陆虚无主义的历史与观念成因[J]. 开放时代，2010(7)：5－44.
[27] 许敏. 现代中国家庭伦理方式的蜕变[J]. 东南大学学报(哲学社会科学版)，2015，17(4)：55－60，147.
[28] 邵晓枫，郑少飞. 新形势下的家校社协同育人：特点、价值与机制[J]. 现代远程教育研究，2022，34(5)：82－90.
[29] 殷飞，缪建东. 建构高质量的家庭教育实践体系：校家社协同育人的困境与突破[J]. 教育发展研究，2023，43(6)：26－34.
[30] 马晓丽，白芸. 家校社协同育人的基本内涵、关键要点与过程机制[J]. 福建教育，2021(24)：6－9.
[31] 施久铭，董筱婷，魏倩，等. 让家校社协同回归“育人”初心[J]. 人民教育，2021(6)：36－39.
[32] 廖婧茜，龚洪. 家校社协同育人的责任伦理[J]. 民族教育研究，2023，34(1)：13－20.
[33] 叶飞. 当代道德教育与“公共人”的培育[J]. 南京社会科学，2020(8)：146－151.
[34] 卜玉华，齐姗. 融合育人：学校与基层社会关系的历史脉络、现有经验与关键对策[J]. 华东师范大学学报(教育科学版)，2023，41(6)：38－46.
[35] 高德胜. “家长执照”与家长教育问题审思[J]. 山西大学学报(哲学社会科学版)，2022，45(1)：94－101.
[36] 班建武. 德育一体化的社会向度及其实践要求[J]. 国家教育行政学院学报，2022(3)：67－76.
[37] 邓新民. 自媒体：新媒体发展的最新阶段及其特点[J]. 探索，2006(2)：134－138.
[38] 甘剑梅. 教师应该是道德家吗：关于教师道德的哲学反思[J]. 教育研究与实验，2003(3)：25－30.
[39] 何华征. 论“新媒体”概念的基本内涵[J]. 武汉科技大学学报(社会科学版)，2016，18(1)：103－107.

[40] 李书华 . 网络德育 : 一个紧迫的时代课题 [J] . 人民教育 , 2000 (6) : 50 − 51.
[41] 李西顺 . 我国德育范式的特征及转型趋势 [J] . 教育发展研究 , 2010 , 30 (24) : 47 − 50.
[42] 廖祥忠 . 何为新媒体? [J] . 现代传播 (中国传媒大学学报), 2008 (5) : 121 − 125.
[43] 张忠华 . 论中国特色的德育概念之研究 [J] . 现代大学教育 , 2008 (3) : 86 − 92 , 113.
[44] 周靖 . “家国同构” 与 “家国异构” : 中西传统家国关系对法的影响的比较 [J] . 法制与经济 (下旬) , 2012 (1) : 125 − 126.
[45] 孔新峰 . “家国同构” 的家国之理 [J] . 人民论坛 , 2020 (17) : 134 − 135.
[46] 刘则渊 , 王贤文 , 陈超美 . 科学知识图谱方法及其在科技情报中的应用 [J] . 数字图书馆论坛 , 2009 (10) : 14 − 34.
[47] 许鑫 , 冯诗惠 . 互联网金融领域研究热点与前沿探讨 : 基于 Citespace 的分析 [J] . 华东师范大学学报 (哲学社会科学版), 2015 , 47 (2) : 133 − 139 , 172.
[48] 刘爱芳 , 初春 . 家庭和学校德育教育合作中的机会主义行为分析 [J] . 学术论坛 , 2015 , 38 (10) : 161 − 165.
[49] 张莉 . 二孩家庭中大孩的心理与行为变化及其疏导[J]. 学前教育研究 , 2019 (7) : 85 − 88.
[50] 关颖 . 世纪之交 : 家庭德育面临的新问题 [J] . 当代青年研究 , 1999 (6) : 17 − 20.
[51] 檀传宝 . 试论家庭环境的特殊性及其对学校德育的环境作用 [J] . 江西教育科研 , 1995 (1) : 32 − 35.
[52] 关颖 . 大众传媒对家庭德育的挑战及应对 [J] . 中国德育 , 2008 (7) : 75 − 77.
[53] 欧阳鹏 , 胡弼成 . 家庭德育 : 为人一生的发展奠基[J]. 大学教育科学 , 2018 (4) : 10 − 17.
[54] 戴斌荣 . 离异家庭子女的心理缺陷与教育 [J] . 天津师大学报 (社会科学版) , 2000 (1) : 30 − 34.
[55] 吴霓 . 农村留守儿童问题调研报告 [J] . 教育研究 , 2004 (10) : 15 − 18 , 53.
[56] 杨静慧 , 张长立 . 家庭变迁对道德教育的影响及其优化 [J] . 学术论坛 , 2016 , 39 (4) : 166 − 170.
[57] 任晶惠 , 赵志军 . 家庭德育 : 任务、优势、策略 [J] . 东北师大学报 (哲学社会科学版) , 2022 (2) : 162 − 167.
[58] 风笑天 . “后独生子女时代” 的独生子女问题 [J] . 浙江学刊 , 2020 (5) : 64 − 73.
[59] 周莉 , 罗月丰 . 离异家庭影响青少年心理健康的因素与建议 [J] . 中国青年研究 , 2006 (10) : 14 − 15.
[60] 陶红梅 , 许燕 , 张小方 , 等 . 北京打工子弟学校与公立学校初中生心理健康状况的比较研究 [J] . 中国特殊教育 , 2004 (9) : 87 − 92.
[61] 范兴华 , 方晓义 , 刘勤学 , 等 . 流动儿童、留守儿童与一般儿童社会适应比较 [J] . 北京师范大学学报 (社会科学版) , 2009 (5) : 33 − 40.

[62] 冯留建 . 社会主义核心价值观培育的路径探析 [J]. 北京师范大学学报 (社会科学版), 2013 (2) : 13 − 18.
[63] 韩大元 , 孟凡壮 . 中国社会变迁六十年的公民宪法意识 [J]. 中国社会科学 , 2014 (12) : 123 − 142 , 208.
[64] 燕继荣 . 社会变迁与社会治理 : 社会治理的理论解释 [J]. 北京大学学报 (哲学社会科学版), 2017 , 54 (5) : 69 − 77 , 2.
[65] 马维娜 . 社会变迁中的中国教育研究 [J]. 教育研究与实验 , 2022 (2) : 1 − 14.
[66] 欧阳宏生 , 唐希牧 . 改革开放以来中国传媒研究发展历程回顾 [J]. 重庆交通大学学报 (社会科学版), 2018 , 18 (5) : 79 − 87.
[67] 熊慧珺 . 网络环境下德育工作创新研究 [J]. 中国新通信 , 2021 , 23 (17) : 241 − 242.
[68] 阎光才 . 信息技术革命与教育教学变革 : 反思与展望 [J]. 华东师范大学学报 (教育科学版), 2021 , 39 (7) : 1 − 15.
[69] 杨艳萍 . 网络德育初探 [J]. 学校党建与思想教育 , 2001 (Z2) : 51 − 53.
[70] 管越峰 . 浅谈我国新闻媒体的思想政治教育功能 [J]. 中国报业 , 2013 (10) : 143 − 144.
[71] 尹晓敏 . 微博兴起背景下大学生思想政治教育的挑战与应对 [J]. 思想教育研究 , 2011 (2) : 49 − 52.
[72] 罗斌 . 网络自媒体研究 [D]. 兰州 : 兰州大学 , 2010.
[73] 许慧霞 . 自媒体时代下研究生德育困境研究 [D]. 武汉 : 华中师范大学 , 2015.
[74] 王歌雅 . 中国婚姻伦理嬗变研究 [D]. 哈尔滨 : 黑龙江大学 , 2006.
[75] 赵敏 . 新媒体视阈中的大学生道德教育创新研究 [D]. 济南 : 山东大学 , 2012.
[76] 李彬 . 走出道德困境 : 社会转型下的道德建设研究 [D]. 长沙 : 湖南师范大学 , 2006.
[77] 周晔 . 社会主义精神文明建设与素质教育研究 [D]. 北京 : 中共中央党校 , 2002.
[78] 邵南征 . 社会道德论 [D]. 武汉 : 华中科技大学 , 2011.
[79] 闫昌锐 . 系统德育论 [D]. 武汉 : 华中师范大学 , 2020.
[80] 余金枝 . 新媒体时代思维方式的变迁 [D]. 广州 : 广州大学 , 2017.
[81] 张晓琳 . 论大众传媒在思想政治教育中的应用 [D]. 西宁 : 青海师范大学 , 2013.
[82] 杨静慧 . 家庭变迁背景下未成年人道德养成研究 [D]. 徐州 : 中国矿业大学 , 2018.
[83] 东长孟 . 转型期家庭道德教育对儿童道德人格养成影响研究 : 以山东省泰安市某地区为例 [D]. 武汉 : 湖北大学 , 2014.
[84] 国家信息中心 .2019 中国网络媒体社会价值白皮书 [R]. 2020.
[85] 国家信息中心 .2020 中国网络媒体发展报告 : 新表现 · 新生态 · 新责任 [R]. 2021.
[86] 中国互联网络信息中心 . 第 48 次中国互联网络发展状况统计报告 [R]. 2021.

二、外文文献

[1] GILLMOR D. We the Media: Grassroots Journalism By the People, For the People [M] . California: O'Reilly Media, Inc, 2006.

[2] ESPING-ANDERSEN G.Social Foundations of Postindustrial Economies [M] . New York: Oxford University Press, 1999.

[3] BOWMAN S, WILLIS C.We Media. How audiences are shaping the future of news and information [J] . The Media Center at the American Press Institute, 2003 (66) : 13 – 20.

[4] LEITHE R S.Conservative familialism reconsidered: the case of Belgium [J] . Acta Politica, 2005, 40 (4) : 419 – 439.

后　记

我从事教育基本理论和学校教育研究已经30多年，但今年我却主编了这样一本以家庭和社会德育为主题的书。这既有偶然性，也有必然性。偶然性是因为主编此书的事完全在我的研究计划之外。2020年6月，我在华中师范大学参加全国少先队学科建设委员会的学术年会，会后，应“中国德育研究大系”丛书檀传宝教授和杜时忠教授两位主编之邀参加该丛书的策划会，并建议我承担这本书的编写工作。我本不想承接这样一个相对较陌生的领域的研究，但出于两位主编的信任，我还是“硬着头皮”接下来了。至于必然性，这源于我最近十年研究视域的拓展。2007年开始，我每年都给华东师范大学教育学系的研究生开“教育伦理学”课程，对德育领域的研究状况整体上并不陌生；2013年，我负责华东师范大学教育学系“少年儿童组织与思想意识教育”研究生专业建设任务以来，一直在关注社会宏观问题，比如国家政策和社会发展的道德热点议题，因此，我对中国社会发展与教育的互动关系问题也有一定的认识基础；2016年，我在承担全国教育科学研究项目“学校生活中的儿童形象研究”这个项目时，主要从社会文化学视角研究社会、学校和儿童之间的互构关系，对我国一百多年社会文化的发展状况有了更为全面的认识。所以，当两位主编给予我这一任务时，我在忐忑不安的同时，也多少有些底气。因此，要感谢两位主编的信任，让我通过这个主题的研究对中国家庭德育和社会德育发展与研究状况有了进一步的认识。

事实上，研究家庭和社会德育的挑战远比我们想象的大。首先，如何把握家庭德育、家庭教育、社会德育和社会教育等概念的内涵和边界就很不容易，而这又涉及我们对研究资料对象和范围的准确把握问题。同时，学术界其实对这两个领域在范畴、边界、命题方面并没有比较严谨的阐释和讨论，因此，准确而全面地把握这两个研究对象或研究领域的边界不是件容易的事。比如，媒体德育这个领域的概念或话语虽然在日常生活层面并不陌生，但专业研究层面只是零零散散，系统而规范化的研究非常少。所幸本书作者都是教育基本理论出身，他们有着较扎实的理论素养，边梳理边建构，勾勒出了 40 多年的研究成果。这本身就算得上是一种贡献吧！所以，要感谢撰写这本书的诸位作者！

各章分工：导论、第一章由卜玉华负责，第二章由冯毓负责，第三章由郑蕊负责，第四章、第五章由齐姗负责，第六章由戴孟负责，第七章由戴逸帆负责，第八章由杨晓娟负责。同时，杨晓娟博士还参与本书统稿和格式调整等工作。

我们深知，20 世纪 70 年代末以来的 40 多年，是我国家庭和社会生活发生翻天覆地变化的时期，研究议题和研究观点丰富多样，需要深厚的学术功力进行抽丝剥茧，方能把握其一二要义。我和我的研究团队在此方面都是新手，学术功力有限，估计只是触摸其冰山一角而已，权当本书是一块“砖”吧。如果因其不足而能引发学界的关注与讨论，那也不失为一种贡献。

湖北教育出版社和两位丛书主编对这套大系的出版一直寄予厚望，并给予大力支持。丛书研究团队也不断地互动，相互鼓励与启发，我们从中学习颇多，也收获不少勇气。著作在创作和出版过程中，许梅和朱琪两位编辑给予我们最细致而耐心的指导。在此一并谢过！

卜玉华

2023 年 7 月 24 日